U0138847

# Revisiting Theories on
# Cross-Strait
# Relations

重新檢視 爭辯中的兩岸關係理論 包宗和、吳玉山 主編

翟德明、張五岳、張亞中、張啟雄、冷則剛、陳陸輝、耿曙、石之瑜、關弘昌、吳秀光、林繼文、明居正、袁易

# 再版序

Preface

　　兩岸關係是一個攸關國家命運，而又快速變動的主題。一般對於兩岸關係的研究都是集中於現況的發展、政策的評議，或是研究者基本政治價值的論述，而較少有基於學術理論的分析，當然也更少對於兩岸關係理論本身的探討。在十四年前，我和宗和兄商議，希望能夠推動兩岸關係研究理論化的風氣，藉以深化分析的層次，並決定從檢視既有文獻中的各家理論著手。為了實現這個目標，我們爭取經費，在八十七（1998）年十一月於台大舉行了「兩岸理論研討會」，並且從一開始就以專書的架構來進行會議的規劃，希望集結成書之後，能夠很快地擴展影響力。結果我們在會後出版的《爭辯中的兩岸關係理論》一書，迄今已經再版八次、長銷十四年，在研究兩岸關係的學界中，產生了極為深遠的影響，而且不僅在台灣聞名，也為對岸的學術界所認真參考。

　　在《爭辯中的兩岸關係理論》出版十年後，我們感覺到兩岸關係的變動劇烈，包括第二次政權輪替後馬英九政府推出全新的大陸政策，而各種相關的研究途徑又快速發展，因此有必要重新結合學術界的力量，再來檢視一遍兩岸關係研究的理論基礎。在九十八（2009）年四月，中研院的政治所與台大政治系主辦了「重新檢視爭辯中的兩岸關係理論」學術研討會，銜接了十年來的知識傳統，從根本來理解兩岸關係研究的發展狀態，並進行了回顧與前瞻。會後我們依計畫整理出版了《重新檢視爭辯中的兩岸關係理論》，作為「中研政治系列叢書」的第三輯。這本書和其前身一樣，受到學術市場很大的歡迎，很快就進行二刷，並且現在推出了第二版。這個新的版本納入了從九十八年迄今兩岸關係在理論和實證上的最新發展，希望能夠回應學術社群和知識大眾對本書的熱烈期待。

　　近年來我們看到大家逐漸瞭解到兩岸關係的重要（例如在一○一年總統大選的辯論主軸便是環繞著兩岸關係的議題），以及對其進行深入學術研究的必要性。而我們也懍於自身的學術使命和社會責任，兢兢業業地來耕耘這本指標性的專書。在整個過程當中，宗和兄以其學術領導的聲望，以及在國際關係學界的龍頭地位，不遺餘力地給予支持，參與合編合著，是這整個計畫能夠成功的關鍵性因素。我們也感謝各位專章的作者能夠共襄盛舉，從各個角度評述了兩岸關係研究的途徑與理論，增添了本書的廣度和深度。在再版的過程中，中研院政治所的賴芊卉小姐不憚其煩、鉅細靡遺地進行聯絡與校正，讓本書維持了它的高水準。而五南的劉靜芬主編與李奇蓁小姐更是再版的主要推手，在此一併致謝。

　　十四年來我們努力結合學術研究和國家需求，以理論的角度來探討兩岸關係這個台灣所面對的最大政治挑戰與發展契機。結果證明我們並沒有曲高和寡，反而能夠獲得大家的共鳴與支持，讓學術知識能夠用在迫切需要它的地方，這是最令人欣慰之處，也是支持我們持續深耕兩岸關係研究最為重要的力量。期盼學術與實務能夠在兩岸的議題上緊密地結合，讓學者在這個重中之重的領域中提供有效的知識，而不只是悠遊於抽象之境、變數之間，僅以論文的特定指標與積分為志業。

吳玉山

識於南港中研院

民國 101 年 7 月 16 日

# 初版序

　　大約七個多月前，吳主任玉山兄找我商量，表示十年前出版的《爭辯中的兩岸關係理論》一書，引起學界廣泛的迴響，五南圖書出版公司很希望能以原班人馬為班底，再出一本有關兩岸關係理論的書籍。玉山兄認為不妨以「重新檢視爭辯中的兩岸關係理論」為題，依上次的做法，先辦一場研討會，所有原作者均受邀撰稿，分別就幾年前的文章提出回顧與檢閱，並邀請更多的學者專家，加入一些新的子題，然後再集結成冊，作為「中研政治系列叢書」的第三卷。我當即贊同此一構想。其實玉山兄的提議也正是我近幾年來想做的，因為當年的觀點引發學界諸多討論，研究生中也不乏據以引申為論文內容，有創新，也有批評。此時由當初撰稿人做系統性的回應，並提出新的論點，未嘗不可再創兩岸關係理論探討之盛況。

　　事實上，兩岸關係是一個相當複雜的議題，任何單一理論均很難說明和解釋其全貌。《爭辯中的兩岸關係理論》及如今出版的《重新檢視爭辯中的兩岸關係理論》這兩本書，所蒐錄的論文不僅涵蓋了不同的理論層面，也包含了不同的理論派別。前者如社會層面、國家層面及國際體系層面；後者如現實主義、自由主義、建構主義、行為主義、文化心理分析模式、規範性理論、名分秩序論等等。多元化的理論呈現提供了兩岸關係競爭性的詮釋架構，學者可就自己的偏好興趣各取所需，也可做跨理論的整合，以發展出新的論述。而重新檢視也可發揮理論延伸建構的功能。

　　「重新檢視爭辯中的兩岸關係理論」研討會由台灣大學政治學系與中央研究院政治學研究所籌備處共同舉辦，分為兩岸互動、歷史途徑與理性抉擇、國內政治及國際環境等四個場次。第一場次包含分裂國家模式、規

範性研究及權力不對稱理論；第二場次則包括名分秩序論、賽局理論及空間模型；第三場次包含全球化、統獨意識及選舉行為；第四場次包括體系論、戰略三角個體與總體論及建構主義。研討會大致延續幾年前的架構，但也加入一些新的議題，目的在使理論不至於有所偏廢。相當難得的是研討會請到了美國柏克萊加州大學政治學系教授羅德明（Lowell Dittmer）博士蒞會做專題演講，題目是「解析兩岸關係的糾結」（Analyzing the Tai- wan Strait Tangle），分從國家認同，政治經濟學及國際關係理論三方面透視兩岸關係的本質與問題，為研討會注入了宏觀的視野。這篇講稿已蒐錄在新書當中，作為主題引言。

　　感謝本次研討會論文發表人及評論人的投入、參與和付出，使集體智慧能成為新書出版的動力。而兩次研討會及兩本書的順利誕生，玉山兄可謂功不可沒。若沒有幾年前玉山兄之源起及幾年後的熱心推動，此一規劃可能迄今仍無法付諸實施。至於研討會的籌備及新書付梓過程的處理，均仰仗玉山兄在中研院政治學所籌備處所提供的行政資源協助。這包括出力最大的賴芊卉小姐以及蘇軍瑋同學、蘇建文同學、李佳蓉同學、吳昀展同學和林俞君同學，均此一併致謝。此外，研討會承國立台灣大學政治學系蘇主任彩足鼎力支持，亦感激至深。深盼此次兩岸關係理論界的再度集結，能為兩岸關係的過往與未來提供更深層的思考，也能為國際關係理論激盪出更豐富的內涵。

包宗和

識於國立台灣大學

民國九十八年六月二十八日

# 主題引言人暨作者

## Keynote Speaker & Authors

## 主題引言人

### *Lowell Dittmer*（羅德明）

　　美國芝加哥大學政治學博士（1971 年），現任美國柏克萊加州大學政治學系教授、Asian Survey 主編。研究領域為當代中國政治、東北亞與環太平洋區域研究。具體研究主題包括改革開放對中共政治權威之影響、東亞國家非正式政治之模式，與美中台三角關係。發表之專書包括 *Sino-Soviet Normalization and Its International Implications*、*China's Quest for National Identity*、*South Asia's Nuclear Crisis* 等。

## 作者簡介

### 包宗和

　　美國德州大學奧斯汀分校政治學博士（1986 年），現任國立台灣大學政治學系教授、台灣大學公共政策與法律研究中心主任。研究領域為國際政治、外交決策、美國外交政策、國際衝突、國家安全、博奕理論、國際政治理論、兩岸關係。研究論文曾發表於 *Issues and Studies*、*Chinese*

*Political Science Review*、《國際關係學報》、《理論與政策》、《政治科學論叢》、《問題與研究》、《政治學報》、《社會科學論叢》等學術期刊。曾獲 11 次國科會甲種研究獎，並被美國 National Bureau of Asia Research 推選爲 1995 年亞洲研究專家。

## 吳玉山

　　美國柏克萊加州大學政治學博士（1991 年），現任中央研究院政治學研究所特聘研究員兼所長、國立台灣大學政治學系合聘教授。曾任國科會政治學門召集人、國科會人文處諮議委員與中國政治學會秘書長。曾獲得美國政治學會最佳博士論文獎、三次國科會傑出研究獎、台灣大學首屆教學傑出獎、教育部學術獎、二次國科會特約研究，與傑出特約研究員獎。研究領域包括社會主義國家政治與經濟轉型、民主化與憲政設計、兩岸關係與國際關係理論等。研究區域包括台灣、中國大陸、東歐與俄羅斯。著作及編寫了 15 本中英文專書，及百餘篇期刊與專書論文。最近之著作包括 *Semi-Presidentialism and Democracy*（2011 年，與 Robert Elgie 與 Sophia Moestrup 合編），*In Search of China's Development Model: Beyond the Beijing Consensus*（2011 年，與 S. Philip Hsu 與 Suisheng Zhao 合編），與《權力在哪裡？從多個角度看半總統制》（2012 年，與沈有忠合編）。

## 張五岳

　　國立政治大學法學博士（1991 年），現任淡江大學中國大陸研究所副教授兼所長、陸委會諮詢委員、經濟部顧問、海基會顧問。曾任國家政策研究中心政策研究員兼大陸組召集人。研究領域爲兩岸政經專題、中共對台政策、兩岸談判協商、兩岸經濟與亞太區域經濟整合機制、港澳議題。著有《分裂國家互動模式與統一政策比較研究》、《中國大陸研究》、《兩岸關係研究》等專書，並有十餘篇論文收錄於由遠景基金會等

機構所出版的兩岸關係研究系列叢書。研究論文發表於 *Issues & Studies*、*China Aktuell*、《中國大陸研究》等學術期刊。

## 張亞中

　　國立政治大學政治學博士、德國漢堡大學社會暨哲學院哲學博士（1992 年）。現任國立台灣大學政治學系教授。在大學部教授國際關係，在研究所教授全球化、歐洲統合、兩岸關係等課程。

## 張啓雄

　　日本東京大學社會學博士（1989 年），現任中央研究院近代史研究所研究員。研究領域為中國近現代國際關係史、兩岸關係，並旁及戰後日本政經關係。目前致力於「中華世界秩序原理」研究領域的開拓。著有《外蒙主權歸屬交涉，1911-1916》與〈「中華世界帝國」與近代中日紛爭〉、〈論清朝中國重建琉球王國的興滅繼絕觀〉、〈琉球棄明投清的認同轉換〉、〈国際秩序原理の葛藤──中韓宗藩原理をめぐる袁世凱の名分秩序観〉、〈東西國際秩序原理的衝突──清末民初中暹建交的名分交涉〉、〈中華世界秩序原理の起源──先秦古典の文化的価値〉、〈日本第一 vs. 和平崛起──冷戰前後東北亞國際秩序的衝突與整合〉、〈台海兩岸加入 GATT/WTO 的政治紛爭──從「名分秩序」論「加盟模式」的建構〉、〈「航線共同體」整合概念的中國海洋發展策略──海權發展與中外歷史經驗〉等論文六十餘篇。

## 冷則剛

　　美國維吉尼亞大學政府與外交博士（1995 年），現任中央研究院政治學研究所研究員兼副所長、國立政治大學政治學系合聘教授。曾任政治大學政治學系專任教授兼主任、國際關係研究中心研究員。研究專長

爲兩岸關係、全球化政治、中國大陸政治經濟發展。著有 *Governance of Biodiversity Conservation in China and Taiwan*、《資訊產業全球化的政治分析》、*The Taiwan China Connection: Democracy and Development Across the Taiwan Straits* 等專書，與 "Centrally-Administered Municipalities: Locomotives of National Development" 等專書論文。研究成果亦發表於 *The China Journal*、*Asian Survey*、*Journal of Contemporary China* 等學術期刊。

## 陳陸輝

美國密西根州立大學政治學博士（1999 年）、國立政治大學碩士及學士，現任政治大學選舉研究中心特聘研究員兼主任，且擔任《選舉研究》總編輯以及政治大學外交學系與政治學系兼任教授。研究領域爲政治行爲、計量分析、民意調查、研究方法與政治社會化。近年開始進入中國大陸城市基層治理的研究領域，並以調查研究等相關經驗資料分析兩岸關係。近年著作發表在 *Social Science Quarterly*、*Issues & Studies*、《選舉研究》、《台灣政治學刊》、《東吳政治學報》、《政治學報》、《問題與研究》、《臺灣民主季刊》、《中國大陸研究》、《當代中國大陸政治研究報告》等 SSCI、TSSCI 與 CSSCI 中外文期刊以及專書篇章數十篇。

## 耿曙

美國德州大學奧斯汀分校政府系博士（2001 年），主修比較政治經濟與政治社會學，現任上海財經大學公共經濟與管理學院副教授。主要研究興趣爲比較政治經濟、兩岸政治經濟、台灣認同變遷等。

## 石之瑜

美國丹佛大學國際研究博士（1988 年）、哈佛大學碩士。現任英國

Routledge 出版社學術期刊 *Asian Ethnicity* 主編，並在國立中山大學與國立台灣大學開授中國研究與知識史等相關課程，另指導中國大陸事務學會迄今逾 20 年。曾任英、德、美、日等地訪問學者，並發表 *Civilization, National and Modernity in East Asia* 等英文專書 15 本。

## 關弘昌

美國德州大學奧斯汀分校政治學博士（2007 年），現任國立台灣師範大學東亞學系助理教授。研究領域為國際關係、比較政治、兩岸關係。研究論文曾發表於 *Issues & Studies*、《政治學報》等學術期刊。

## 吳秀光

美國羅徹斯特大學政治學博士（1989 年），現任國立台北大學公共行政暨政策學系教授。研究專長為公共選擇論、博弈理論、政治學、實證政治學理論及其方法、衝突理論、公共政策、國際組織行政、談判學研究、東北亞地區安全政策研究。研究論文曾發表於 *International Studies Quarterly*、*Security Studies*、*Issues and Studies*、*Journal of Conflict Resolution*、《政策研究學報》、《政治科學論叢》、《公共行政學報》、《亞洲研究》、《中國大陸研究》、《現代研究》等學術期刊。

## 石冀忻

美國德克薩斯農工大學經濟系博士生。研究領域為統計學、計量經濟學、產業經濟學、個體經濟學理論以及政治經濟學。

## 林繼文

美國加州大學洛杉磯分校政治學博士（1996 年），現任中央研究

院政治學研究所研究員，並於國立政治大學政治學系以及國立台灣大學政治學系授課。研究領域為比較政治制度、選舉制度、賽局理論。研究論文曾發表於 *Party Politics*、*Journal of Democracy*、*Electoral Studies*、*China Quarterly*、*Journal of East Asian Studies*、*Issues & Studies*、《選舉研究》、《政治科學論叢》、《人文及社會科學集刊》、《台灣政治學刊》、《政治學報》、《東吳政治學報》、《政治與社會哲學評論》等學術期刊。曾獲得行政院國科會傑出研究獎（2003-2005年）、中央研究院年輕學者研究著作獎（2002年）。

## 明居正

美國聖母大學政治學博士（1986年），現任國立台灣大學政治學系教授。研究專長為中共政治、中共外交、國際關係、中國外交（清末與民國）及兩岸關係。研究論文曾發表於《政治科學論叢》、《台灣民主季刊》、《政治學報》、《近代中國雙月刊》、《展望與探索》、《共黨問題研究》等學術期刊。

## 袁易

美國威斯康辛大學麥迪遜分校政治學博士（1993 年），現任國立政治大學國際關係研究中心中國政治研究所研究員、國立台灣大學政治學系兼任教授、《政治科學論叢》編輯委員。研究領域為國際關係理論、國際安全建制、中國安全政策。教學課程包括國際關係理論、理念與國關理論、防擴散與國際安全，以及國關理論與兩岸關係等。曾任美國蒙特利防擴散研究中心、美國布魯金斯研究院客座研究員以及《中國大陸研究季刊》主編。著有《中國遵循國際導彈建制的解析》及主編 *Cross-Strait at the Turn- ing Point*、*Is There a Greater China Identity?* 與 *Rethinking New International Order in East Asia* 等專書。

# 目　錄　Contents

## 國內政治面向　141

## 第六章　國家、全球化，與兩岸關係　143

## 第七章　台灣民眾統獨立場的持續與變遷　167

# 第十四章 規範建構主義與兩岸關係：理論與實踐 **365**

# 圖表目錄

Tables and Figures

## 圖目錄

# 表目錄

# 主題引言

## 解析兩岸關係的糾結
## Analyzing the Taiwan Strait Tangle

羅德明（Lowell Dittmer）著

李佳蓉、吳昀展、蘇軍瑋譯

　　自從中華民國政府在國共內戰中失敗遷台以來，台海兩岸關係一直是台灣對外政策的首要課題。台灣與中國成為眾多分裂國家之一，分裂的主因並非源於冷戰（雖然冷戰強化了分裂的情勢），而是先前發生的國共內戰。就許多方面而言，這個課題的本質一直未曾改變。這是國家主權之爭，也是國家安全的難題。在主權方面，中國大陸不斷與台灣在世界舞台上競爭著誰能代表中國，而要想結束這種競爭也只有一個辦法，那就是其中一方兼併另一方（在初期的 20 年內，雙方都具備這種威脅能力）。雙方對於「正當性」的競逐，又因二者在意識型態上的差異而愈發惡化，並在冷戰時期世界兩大陣營的對壘中益顯突出，因此即便在冷戰結束之後意識型態的重要性稍退，卻仍舊至關重大。除了對政權正當性的挑戰以外，兩岸分裂的問題一直以來也是國內分歧的主因，尤其在 1980 年代台灣實施民主化之後更形明顯；而對中國大陸而言，卻又是能在內部有效動員民族主義的焦點。兩岸的分裂一方面阻礙了國家認同的充分發展，另一方面卻又不斷造成兩邊民族主義的相互刺激、繼長增高。

　　兩岸對抗雖然從歷史連續性的角度上看有其一致性，但其性質在幾個轉捩點上還是發生了轉變。這些轉變不僅影響了台灣與大陸的雙邊關係，也影響二者在國際上的相互地位。為更清楚地解析兩岸關係的糾結，本文的第一部分將從 1950 年代談起，依時敘述；第二部分則將藉由不同學者所使用的三種最重要的分析途徑，來幫助讀者進一步瞭解兩岸的糾結。

# 壹、變化多端的互動

從 1949 年到 1971 年之間，中共對台政策是「解放台灣」，而台北的政策則是「反攻大陸」，雙方關係相互敵對，並無任何商業或外交上的接觸。當時雙方的全部心力都放在重建經濟。大陸急著從日本侵華與國共內戰的廢墟中復甦，急切地推動了「生產工具的社會化」；國民政府則在二二八事件之後，一方面壓制民怨強施戒嚴，一方面積極地推動土地改革與出口導向的工業化。國共內戰就在中國威脅侵略台灣，以及國民政府對大陸的突襲與情報戰中苦澀地延續著。在 1954 年到 1955 年以及 1958 年在台灣海峽的沿岸島嶼發生了大型的戰事，不過都在美國的干涉下收場。台灣得以進入美國市場，成為「自由世界」與反共陣營的一員，同時在美國的支持下，台北政府仍維持著聯合國安理會五大常任理事國之一的席位，並參與其他各種國際與區域組織；在此同時，北京則專注於在國際共產主義運動中扮演純正的意識型態角色，而漠視參與各種國際上「布爾喬亞式」的會議與組織。從安全的面向來看，在國共對峙的前 30 年內，台灣以精良的武器與相對活躍且穩定的經濟彌補了它在數量上的不足，並在總體上佔據優勢。雖然在 1960 年代中國獲得了核子武器而略微導致了平衡的移轉，然而台灣仍具備足夠的海空作戰能力來遏阻中共人民解放軍的入侵。

兩岸關係至少存在著三個決定性的分水嶺，第一個是外交權力平衡的移轉，發生於 1971 年至 1979 年間，起自尼克森總統訪問中國大陸，終於美國正式承認中國（同時停止承認台灣）。導致這項改變的絕大部分原因並不是台灣或是大陸的政治作為，而是由於兩岸關係所在的國際體系發生了重大的權力平衡轉移。因為察覺到蘇聯權力的提升（事後看起來其實有些誇大），而美國與中共的實力則相對下滑，致使美中結盟來對付蘇聯。雖然北京的地位比美國脆弱得多，但諷刺的是它能夠迫使美國接受了它所設定的結盟條件，主要就是停止承認台灣。1979 年元旦，美中正式建交。此一動作讓台北的外交頹勢再受到致命的一擊，又大幅增強了北京的地位。在這十年之間，北京已取代台北獲得聯合國安理會常任理事國

的席次，並贏得全世界多數國家的承認，然而台灣仍具有兩項補償性的優勢。首先，在美中關係正常化的同時，北京對台灣提出了「一國兩制」的統一方案，承諾給予極大的自治空間以吸引台灣。其次則是當北京說服愈來愈多的國家承認中華人民共和國就是「中國」，取代中華民國的位置，並提出和平統一以降低對「中國威脅」的疑慮時，國民黨的領導階層不得不尋求新的正當性基礎，並做出一連串的讓步，終於在 1980 年代之末帶領台灣進入了民主化。

第二個分水嶺是冷戰結束的 1989 年到 1991 年間，兩岸謹慎小心地相互開放，接下來就出現了 1958 年以來最和緩的關係，但接著又出現了最危險的對抗。天安門事件的推波助瀾促使了共產陣營的崩解，不僅讓中共在西方世界眼中的形象毀壞殆盡，也使許多人相信其政權也將注定走向崩潰。在此同時，台灣的民主化則開啓了前景看好的新外交攻勢。不過 1992 年鄧小平「南巡」之後，中國又興起了蓬勃的改革風潮，而台灣的外交榮景也就難以持續。當時國民黨的新領導階層推動「兩手策略」，一方面同意與北京向最終的統一邁進，另一方面又以「務實外交」儘量獲得世界更多國家的外交承認，或者至少提升台灣的外交地位。根據「九二共識」裡面的「一中各表」，北京與台北雙方審慎地安排在香港與新加坡的會談，解決了若干技術性的議題，同時兩岸也仍在國際舞台上進行外交競爭。兩岸交流的開啓同時也伴隨著蓬勃的大陸旅遊與經貿投資，在台灣島上引發一波前所未有的「大陸熱」。然而，這種「兩岸和解、國際競爭」的兩手外交政策卻也引發了猜忌，特別是當其中一方察覺並未得到對等回報的時候（譬如李登輝出訪康乃爾的「校友外交」）。在北京於 1995 年到 1996 年採取「強制外交」之後，兩岸的競爭重新成為主軸。接下來李登輝的「兩國論」更打消了任何緩和關係的可能。在陳水扁時代，儘管兩岸的貿易與投資往來仍持續成長，但雙方的「鷹派」相互增強了彼此的影響力，進而導致小型軍備競賽，並使衝突升高到戰爭的底線邊緣。在媒體推波助瀾下，雙方的競爭產生了一個可能出乎意料的副作用，那就是兩邊民族主義的滋長。在大陸方面，中共本來就試圖藉著愛國教育來支撐天安門事件後政權的合法性，兩岸的民族主義衝突適得其所。在台灣本土民族

主義的興起與民主化的主軸分途發展，使本省人與外省人之間的次族群裂痕重新浮現。國家認同的矛盾將兩岸關係推向兩極化，使得任何政治妥協變得極不可能。

　　第三個分水嶺出現在雙方冰凍關係的高點，由於雙方看不出維持僵局有任何益處，因此反向操作，並且帶來了類似 1990 年代初期那種政治和解的重現。中國大陸佈署了上千枚飛彈對準台灣，並不斷地發出威脅，但卻似乎造成了反效果。台灣的反中情緒在選舉結果中強烈體現，並引發了一波「去中國化」台灣認同的興起。在台灣，陳水扁發現，雖然他對深綠的支持者做出了台獨制憲的承諾，但是在大陸的持續反對（2005 年 3 月的《反分裂國家法》），和美國威脅要撤銷對台灣的防禦支持下，他無法實現諾言。北京當局在通過《反分裂法》之後，立即展開了政黨之間的破冰行動，邀請台灣反對黨領袖連戰、宋楚瑜進行了大張旗鼓的中國大陸「朝聖之旅」，隨之而來的是各式各樣的禮物以及經貿特許。這個重新建立的統一戰線使得民進黨陷入困境，造成黨內溫和派與基本教義派的路線分歧，更使泛藍陣營在 2008 年的國會與總統大選中獲得大勝。馬英九政府迅速擴展了兩岸透過國共平台所取得的共識，重新開啓了海基與海協兩會之間的常態性協商、達成了海空直航的協定、建立了兩岸「外交休兵」的默契、放寬了陸客來台觀光與兩岸貿易投資的限制、開放了陸資登台，並實現了兩岸之間的三通（通郵、通商、通航）。「兩岸經濟合作架構協議」（ECFA）也在此種情況下簽訂。ECFA 是自由貿易協定的一種，台灣希望藉此促進與中國大陸及其他東亞國家的貿易伙伴關係。此一和解與 1991 年至 1994 年不同，當時台北同意在若干前提條件之下（其中最重要的是希望中共走向民主化），經由和解走向終極統一。現在馬英九仍舊持續「凍結」《國統綱領》，並強調在其任內不與中共協商兩岸統一。北京同意他的做法，等於是在不清楚目的的情況下接受他所提出的手段。雖然兩岸這些飛快的進展似乎得到國內多數民眾的支持，卻受到反對黨的激烈反對，認爲是嚴重矮化台灣主權。北京挾著軍事與經濟的巨大優勢，卻願意克制對台灣的軍事威脅，並在目前經濟衰退之際做出種種片面的讓步，這無疑是由於北京對前民進黨政府追求台獨無比的憤怒，而當他們找到一

個至少形式上願意接受「一中原則」的對手時，心中又有無限的寬慰。

# 貳、分析

　　關於糾結的兩岸關係已經累積了大量的資料與分析，特別是在危機發生（如 1958 年八二三炮戰、1996 年的台海危機）、新政策實施（如三通）或新發展產生（如兩岸經濟整合）之時。本書所收錄的分析反映了此一文獻到目前最新的發展。我們可以簡單地將兩岸關係文獻分為三部分：一是民族主義以及國家認同，二是政治經濟學，三是以國際關係理論來檢視兩岸關係。

## 一、國家認同

　　分析國家認同這個困難的概念，不能不考量其定義。首先，我們得區分兩種認同：建構而成的國家認同和基於原生因素的族群認同。從族群認同來看，首先台灣有將近 98% 的漢民族（Han Chinese）以及 2% 的原住民。在漢民族內部，又可以進一步細分為兩種次族群：一是在明朝與清初時期來台，主要說著台語（閩南語）的福建移民後裔，一是當國民政府在內戰失利之後來台，說著北京話（或大陸各省方言）的移民及其後裔。在台灣的族群當中，70% 為閩南人，14% 為外省人，2% 為原住民，14% 為傾向支持國民黨的客家人。另一方面，國家認同則是政治建構的，是人們對「我們要什麼樣的國家」的看法。這個開放式的問題，卻常在公共性的民意調查上以封閉式的選項出現，也就是「國家未來偏好」（future of nation preference）。通常在民調中受訪者針對類似「你是中國人、台灣人或兩者都是」以及「你傾向獨立、統一或維持現狀」等問題的回答，會分別被用來測量台灣的族群認同與國家認同。自從台灣開始進行民調之後，調查結果就被不同民調機構有系統地蒐集起來。陳陸輝、耿曙與關弘昌在本書中都詳細地說明了戰後台灣的族群與國家認同所經歷的變化。在族群認同上，可以看到在 1992 年自認為是中國人的居最多，而到了 2008 年 12

月台灣卻取代了中國，成為多數人的族群認同，甚至超越了同時認同中國與台灣的人數。在國家認同上，支持統一的逐漸下滑而支持獨立的不斷上升，不過主張維持現狀的始終是絕大多數。國家認同的巨大改變，一般被歸因於一系列事件的總和，包括台灣人民針對中共一連串武嚇的反動、中共在國際上成功地獨佔了中國認同，以及台灣政客透過操弄符號所建立的族群與國家認同的鏈結（也就是所謂的「台灣人支持獨立，外省人支持統一」）。乍看之下，2008 年總統大選後，台灣當局的外交政策相對親中，似乎與國家認同的趨勢有所牴觸。然而，台灣仍對統一抱有反感，這代表國民黨的勝選可能與兩岸關係牽連不大（而可能跟其他的因素，例如前政府的貪污有關），或是國民黨「兩岸關係正常化」的大陸政策根本與統一無關，當然這兩種解釋也可能同真。

　　未來台灣的國家認同會如何發展仍是未知數。雖然國民黨連續贏得了 2008 年及 2012 年的大選，並且啟動了新的大陸政策，但是台灣的國家認同對於馬政府新路線的影響似乎主要是限制性的。從陳、耿兩位針對世代差異的研究中也可看出年輕世代對於統一的冷漠與疏離。然而，政治文化並非永遠不變。透過 1980 年代晚期民主化開始後所蒐集的資料，我們目睹國家與族群認同的巨大變化，經常反映了真實世界中所發生的事件。台灣從 1990 年代初期開始國際地位不斷衰退，人民普遍歸罪於中國大陸。倘若中共對台灣的「友善行為」繼續保持、兩岸關係持續升溫，那麼 1990 年代中期以後的認同轉向，也就並非不可能再次發生。此外，大膽的領導風格也可能影響民意走向，只是目前我們從新領導階層身上所看到的是相當程度的政治創新伴隨著順應民意的謹慎風格。當然，目前兩岸關係的升溫也可能步上 1990 年代的後塵。不論是台灣選舉的反動、大陸惠台政策的轉變、或雙方對於相對利得多寡的猜忌，都可能破壞兩岸的和解。的確，我們不能忽視認同議題在台灣所引起的激烈黨派之爭，以及高昂的民族主義對北京領導人所施加的限制。

## 二、政治經濟學

伴隨台灣民主化的，是從 1980 年代開始的間接對中貿易與 1990 年代開始的台資登陸。貿易的成長帶動了投資，兩者相互影響。根據新功能主義「經濟互動產生政治外溢效應」的邏輯，北京欲藉由大陸經濟對台灣的吸引力來完成最終的統一目標。在經濟吸納上北京已經收到了初步的效果：在 2010 年中國是台灣最大的貿易對象，兩岸貿易值大約為 1,200 億美元（中國目前佔台灣 30% 的出口以及 14% 的進口）；台灣到大陸的投資也在同年累計達 970 億美元，甚至超出了台灣全部 FDI（國外直接投資）的一半；接近 70% 的中國資訊科技業（IT）的出口是由台灣投資企業生產（Ma, 2009）。[1] 兩岸貿易上的順差，彌補了台灣對日本的貿易逆差。由於大量的台灣投資的產品是出口到美國市場，因此使得中國大陸取代了美國，成為台灣主要的出口國。此外，在制度的外溢效果上，台灣與中國大陸雙方都設立了許多半官方性質的組織來處理貿易事宜。對北京而言，最重要的是政治上的效益；但對台灣而言，生意人所著眼的只是短期的經濟機會。經濟誘因的效用驚人，使得兩岸之間貿易與投資的成長始終超越台灣國內生產毛額的成長。兩岸經濟的交流似乎不受政治情勢限制：在台灣，政治所扮演的抑制力量有限。中國所期待的「以商圍政」策略雖然收到些許效果，但和香港一比就大大地相形失色了。將近 100 萬的台商在中國拚經濟，但他們的政治偏好卻不見得親中，至少在投票的資料上看不出來（或許是因為台灣還沒有設立不在籍投票制度）。

從政治經濟學的角度來看，最重要的議題當然是頻繁的經濟交流所帶來的政治影響。雖然到目前為止台海雙方均可以從中各謀其利，但是其中任一方是否可能操弄此一關係來獲得更多的權力呢？台灣 70% 的 GDP 是來自國外貿易，其中大約一半是來自中國大陸，所以台灣對大陸的貿易依賴甚鉅，大約是大陸依賴台灣的兩倍，因此這種經濟依賴是不對稱的。在高科技產業跟隨勞動密集的夕陽產業進入中國大陸之後，產業空洞化的說

---

1　數據來自行政院大陸委員會網站「兩岸統計經貿類」。

法顯得相當具有說服力。而倘若今日在中國的台商被迫宣告破產或出走，無疑會對台灣經濟造成嚴重的打擊。不過如果中共對大陸的台商動手也會有其代價，包括在就業和技術轉移上的損失等，雖然損失的程度將不及台灣。到目前為止最值得注意的，不是兩岸經貿關係被當作政治的人質，反而是此種關係和政治的隔絕。中共對台商施加壓力的事情雖然也有聽聞（例如許文龍事件），但還是有限。不僅官方不易影響企業，企業對所處的政治環境也產生不了什麼影響，只能坐看兩岸關係在鬆弛和緊張間擺盪（唯一的例外是台商透過台商協會對當地社區似有若干影響力）。雖然中共仍反覆宣稱台獨將導致其武力犯台，但截至目前為止，即使面對台灣政客的挑釁，中共仍未真正將這種可能傷害到自身利益的做法付諸行動。巨大的經濟代價有可能扮演了嚇阻的角色。

## 三、國際關係理論

最後，從國際關係理論層面來看，兩岸關係是兩個具有外交自主權、處身於複雜的國際體系中的主權行為者之間的互動行為。在這裡有三個不同的途徑可以探討這項議題：雙人賽局、戰略三角理論，以及多邊賽局。

吳玉山曾經指出，兩岸雙邊關係中最顯著的特徵便是不對稱的權力分配。由於中國大陸的經濟成長十分快速，使其在 1991 年才 2 倍於台灣的國內生產毛額（GDP），到了 2002 年已經變成台灣的 4 倍之多。由於大陸的總體經濟規模始終大於台灣，而且現在雙方的差距還前所未有地大，因此權力移轉理論在這裡派不上用場。若從國家安全的角度來看，可以發現一個結構性的轉變：在毛澤東時代，台灣還可以靠著較先進的武器來抵抗中共的侵略。但是，在後天安門時代，中國投注在軍事預算的成長幅度甚至高於 GDP 的增長速度，而且這還不算從國外所購買的軍火在內——自從 1991 年開始，北京已經花費了 60 億美元購入俄國的高科技武器。另一方面，台灣的軍事預算從 1987 年佔政府總預算的 37.1%（GDP 的 4.7%）逐年下降到 1996 年的 22.5%（佔 GDP 的 3.1%），到了 2000 年代，台灣的軍事預算已經遠低於 GDP 的 3%。台灣究竟能否不仰賴外援打

一場保衛戰，不得不令人感到懷疑，而美國倘若馳援台灣，將面臨極大的軍事損失。

　　對一個面對強鄰威脅的小國來說，可以有抗衡（balancing）（尋求內部或外部的支持）與扈從（bandwagoning）（與強權合作）兩種選擇。小國在被大國威脅的情況下通常會選擇抗衡，畢竟扈從於一個具威脅性的強鄰是十分危險的。在整個冷戰時期，台灣扮演著典型的反共堡壘和「自由世界」最忠實支持者的角色，試圖抗衡對岸。現在兩岸之間在數量上（在某些方面甚至是質量上的）愈來愈大的差距是否提供台灣足夠的動機轉向扈從？如果答案是一個連續變項而不是一個是或否的選擇，則逐漸加強的不對稱性確實將促使小國逐漸轉為扈從。不過這裡有一個條件，就是強鄰並沒有威脅小國的意圖，它所求於小國的是對其權力的尊重（deference），而小國要的則是承認（acknowledgment）。就在這樣的情境之下，胡錦濤試著向台灣保證其「和平統一」的意圖。北京逐漸開始從國際層次而非國內層次來處理台灣議題，也就是將台灣視為「和諧世界」的一部分。因此，鄭必堅在他「和平崛起」的著名演講中提出三個層次的和平：國際的、國內的及台海的。[2] 胡錦濤在 2005 年 4 月與連戰的會面中宣示：「和平發展理應成為兩岸關係發展的主題」。倘若中國肯認兩岸關係的和平發展，台灣就能安全地選擇扈從。然而事實上，中國至今仍拒絕宣稱放棄使用武力，仍未停止在海峽西岸佈署飛彈。北京當局對此所做的解釋是，這樣的佈署已經不再是為了侵略台灣，而純粹是為了防止台灣宣示獨立而已。只要台獨還有可能（如民進黨未來重新執政），飛彈就不能夠撤。然而，北京持續主張對台主權，其實就是對台灣政權存在性的威脅。

　　我們是否可以把台灣的「新走向」（new course）詮釋為一種對兩岸間日益增長的權力不對等的合理回應呢？當然，對台灣來說「國家生存」

---

2　編者按：鄭必堅在 2003 年的博鰲論壇上提出「中國和平崛起」和「中國和平發展」論述，繼中共重要領導包括胡錦濤與溫家寶兩人前後背書並加以運用後，已成為中國大陸「『三和』理論」（即國內和諧社會、國際上和平發展、兩岸和平共處）的重要依據。

是確定的底線。中共對台的政經戰略，是讓它從對台灣來說具有最大的吸引力；而其安全戰略，則是儘可能讓台灣的支持者在制衡上要付出巨大的代價。在這裡我們所關切的不僅是一個現階段的權力平衡問題，更是未來的發展方向。當兩岸權力不對稱的情況持續拉大，不僅台灣自我防衛的力量相對降低，美國願意介入台海衝突的可能性也會因為風險增高而逐漸減少。美國副國務卿阿米塔吉（Richard Armitage）和國務卿鮑爾（Colin Powell）的談話也說明了這個事實。由於不滿陳水扁的「防禦性公投」，他們公開表示《台灣關係法》並不意味著美國承諾在台灣受到攻擊時提供任何協助。國民黨政府的政策轉向為的就是讓兩岸關係增溫，並在這樣的情境下，從它原本就無力阻擋的兩岸經貿交流中獲利，同時也試圖進一步拓展台灣與第三國的外交與貿易關係。很顯然地，中國大陸是想從這個不成比例優惠台灣的新經濟關係中，擷取自身的政治利益，但他們也會小心在這樣做的時候不要嚇跑了依然躊躇的台灣民眾。北京當局希望在胡錦濤卸任之前，為兩岸都能夠接受的最終政治局面，建立一些程序或是若干協商的論壇。在此同時，權力移轉理論指出，美國作為一個強權，將戮力於確保其利益不受到任何損害。倘若兩岸的和解進程基本確定且進展順利，那麼在美國看起來台灣遲早不會需要購買先進的武器、而美國也遲早會停止軍售台灣。美國的態度是基於不願意得罪中國，也是為了自身的安全。馬英九在他的任內不打算和對岸討論政治議題，部分正是由於瞭解到美國的此種考慮。

戰略三角中有三個理性且自主的行為者，他們彼此間任何一組雙邊關係繫於和第三者之間的關係。早在台灣和美國簽署《中美共同防禦條約》開始，兩岸關係中就加入了美國這個重要的角色。即使在這個同盟關係遭到華盛頓片面的撤銷後，美國仍是世界上唯一願意持續出售防禦性武器給台灣的國家。在廢止盟約的同時，華盛頓不再承認中華民國，轉而支持中華人民共和國所主張的「一個中國政策」（one-China policy）以及其所宣稱對台灣的主權，但強調這一切都必須以和平的手段達成。包宗和在他 1990 年的書中開創新說，用「僵持賽局」（deadlock game）與「囚徒困境賽局」（prisoner's dilemma game）來分析戰略三角關係。美國與北

京展開對話，鼓勵了後者將它和台灣的關係從「僵持賽局」轉向「囚徒困境」。隨著時間的推移，透過戰爭以達成統一的可能性逐漸降低，而經貿互動的利益則大幅增加，於是北京的偏好順序迅速從相互對抗轉移到互相合作。當台灣對中國大陸也開始轉向一個合作的「囚徒困境」賽局時，整個美中台的三角關係就從「羅曼蒂克型」（romantic triangle）轉變為三邊均為正的「三邊家族型」（ménage à trois）。雖然北京與台北沒有處於納許均衡（Nash equilibrium），但是雙方願意維持現狀。這當然與美國偏好維持區域和平有關。兩岸的和平態度會加強他們與美國的合作，而他們的相互對立則會被責備。包宗和在本書中引用了吳玉山的看法，認為在每一個戰略三角的格局中，會有一些角色的政治效用高於其他角色，然後他擴展了戰略三角的模型，不但分析三方的個別行為（微觀層次），又觀察整體戰略三角的結構（宏觀層次）。每一個行為者都致力於「角色提升」（如從「側翼」（wing）轉換為「樞紐」（pivot）），為整個賽局提供動能。大家都想要和另外兩方維持友好關係，但是又希望另兩方彼此的關係是敵對的。假設剛開始的時候 A 跟 B 處於友好的關係，而 C 是被孤立的，那麼為了脫離困境，C 將會尋求與 A 改善關係。如此一來，A 就會變成「羅曼蒂克三角」中的「樞紐」。在這樣的情況下，B 跟 C 也會為了要將自身的「側翼」處境提升為「樞紐」，而與其他二方交好（並試圖離間他們之間的關係）。這樣就會使得「羅曼蒂克三角」轉化成穩定的「三邊家族型」，並達到均衡。從微觀層次來看，「羅曼蒂克型三角」是最值得追求的；而從宏觀層次來看，「三邊家族型三角」則是效能總和最高，且是最穩定的三角關係。當然，看到賽局理論的邏輯被歷史結果驗證是讓人感到欣慰的。剩下來的問題，似乎就是為何這三方行為者會需要用這麼多的時間，才能達到理論上最佳的結果。不過當然政治從來就不是全然理性的，在複雜與高度爭議性的三角關係上更是如此。

　　林繼文從戰略三角的理論出發，探索國際關係理論中的另一個視角：國內政治利益與外交決策間的關係。戰略三角中任一方的位置都可以在政治空間裡用幾何的方法標示出一個理想點。環繞著這個點所畫出的圓代表對這個國家產生相等效用的各點的集合。三個圓形的交集處（如維恩圖

（Venn diagram）所示）就代表這些行爲者的利益重合處。如果這些圓圈擴大，就表示談判空間增加（除非是該國堅持激進否決，在這種情況下，談判空間會減少）。這是一個十分迷人的構思，而且有其直觀的道理。但問題是我們應該如何把幾何的概念用現實的政治經驗表述出來。例如，就一般的概念來說，「利益」的政治效用究竟如何決定？這顯然要看我們講的究竟是哪一種政治利益。有些政治利益可以想像能夠重疊（例如互補性貿易），有些利益則必然互斥（例如領土的要求）。


# 參、結論


　　在過去 60 年中，兩岸關係展現了各種可能的形式，有開放觀光，也有飛彈「試射」。從過去的歷史中我們發現兩岸關係的複雜度愈低，其危險性就愈高（如冷戰時的長期對峙）。然而我們不能因此認爲，既然兩岸進入了一個複雜而有趣的新階段，其中就沒有危險性存在。兩岸關係的新走向看起來會爲雙方提供前所未有的互利合作機會，但在這個過程當中，任何進展都可能只是暫時的，同時隨時都會有挫折產生。從技術面來看，其實兩岸仍處於戰爭狀態，而且兩支可觀的軍隊都仍然在充滿警覺地緊盯著對方。

　　我們可以預見社會科學對兩岸關係的動態發展會產生越來越多的興趣。然而，只有時間能決定在上述三種研究途徑中，何者具有更高的解釋力。在兩岸關係研究的理論舞台上，國際關係理論（諸如現實主義的戰略分析）率先粉墨登場，1980 年代繼之而起的是探討兩岸經貿活動的政治經濟分析途徑，最後出現的是在 1990 年代與 2000 年代關注激烈選舉競爭與國家認同的研究途徑。然而，最後出現的認同因素有可能是最具關鍵性的。台灣民族主義是因爲選舉競爭而登上政治舞台，選民在這裡所想像的是用投票來幫台灣抗拒中國。話雖如此，我們還是可以期待未來在兩岸關係中會出現更好、更多的材料來供政治經濟與國際關係理論的學者來研究。兩岸關係顯然是發展理論的絕佳溫床。

# 參考書目

Ma, Ying-jeou. 2009. "An Economic Power's Blueprint for Future Success." *Taiwan Journal*, April 2: http://taiwanjournal.nat.gov.tw/ct.asp?xItem=49504 &CtNode=436 (accessed July 3, 2009).

# 第一章
# 重新檢視爭辯中的兩岸關係理論

吳玉山

## 壹、框架與結構

　　兩岸關係的重要性，不論對於台灣、中國大陸、東亞地區，甚或整個世局，都是不言可喻。善加處理，則所有相關各方都可以獲得高度的利益；稍一不慎，則局勢可以超脫任何國家的控制，迅速走向對抗與決裂。由於關係到台灣的國家命運，又直接牽涉到美國與中國大陸這兩個後冷戰時期的強權，因此兩岸關係局勢的和緩或緊張具有重大的現實意義。從學術研究的角度來看，兩岸關係是政治學各家理論輻輳之所。不論是國際關係、族群意識、民主發展、政經互動、選舉研究、文化途徑等都是研究兩岸關係所必備的工具。面對這樣一個在實務上絕頂重要、在研究上引人深思的主題，台灣的學者們有責任提出自己的看法。然而正是因為兩岸關係在現實上的重要性，和太多人都切身相關，因此街談巷議、報導評論隨處充斥，結果反而對兩岸關係研究的發展構成了障礙。在這裡最大的問題便是學術界被一時的事件所牽引、著重於短期的政策，而欠缺理論的建構與發展。於是學術的深度無法建立，而對於兩岸關係的理解也就只能流於浮面。

　　在這樣的體認之下，十年前我們出版了《爭辯中的兩岸關係理論》一書，彙集各種視角、各家學說，從九個方向來看兩岸關係。我們主要的分析對象，並非兩岸互動的實際進程，而是研究兩岸關係的途徑和方法。這樣做的原因是基於「工欲善其事，必先利其器」，而研究各種理論與途徑就是「利其器」的基本功夫，是做好兩岸關係研究的前提要件。這個初

步的嘗試，獲得了學術界很大的迴響，不過隨著時間的逝去，我們也聽到越來越多期盼能更新這本書的聲音。十年前（1999 年）的台灣，正面臨「兩國論」的風暴，美中關係的劇烈波動（北約轟炸中國大陸在貝爾格勒的大使館），和國內的九二一大地震。當時國民黨的統治即將結束，一個新的時代正要開始。那時我們總結了兩岸關係的經驗，並且提出了各個不同角度的分析框架，試圖較爲全面地捕捉兩岸間的互動經驗，但是我們所分析的內容，自然相當程度上受限於當時所有的經驗知識。十年來兩岸關係與國際環境大幅改變，國民黨與民進黨在這段時間的頭尾兩次互換朝野角色，而新執政的國民黨已和十年前有大不相同的大陸政策思維。這十年來的局勢變遷與學術發展都極爲迅速。今天是到了我們必須重新檢視兩岸關係理論的時候了。

　　這一次我們對兩岸關係理論的重新檢視，和上一回所採用的多角度視野是緊密接續的。我們依然是從兩岸互動、國內政治和國際環境這三個面向來切入，希望能夠提供多元和全面性的觀點，而不是囿於一家之言。切入的面向固然相同，內含的理論途徑則因應著十年來的實際變局和學術思潮而展現了全新的內容。除了本章緒論提供總體架構之外，以下每一章都針對一個主要的兩岸關係研究途徑加以討論，包括其思想源流、理論架構、適用到兩岸關係的優缺點，與存續發展的可能性等。

　　詳細而言，在兩岸互動方面，我們整理出三種途徑：權力不對稱理論、分裂國家模式，和歷史途徑。在這一部分吳玉山指出權力不對稱是國際關係的常態，卻被國關理論所忽略。他又檢討了各種權力不對稱理論在兩岸關係上的適用性，以及此一途徑如何增益和補充其他的兩岸關係理論。張五岳和張亞中分別從經驗與規範的觀點討論了分裂國家模式如何適用於兩岸關係，以及在這個典範之下兩岸關係可能有怎樣的發展。張啓雄則從中國的歷史經驗中發展出「名分秩序」論，並將兩岸關係放置在歷史與文化的系絡當中。兩岸互動面向的各個理論途徑是直接從兩岸關係中抽繹出關鍵屬性（權力不對稱、分裂國家，與中華文化系絡），然後針對此一屬性做理論的分析。在國內政治面向當中，冷則剛指出了傳統的發展國家無法應付全球化下的兩岸關係，顯現經濟與社會環境對於政治的約制；

陳陸輝與耿曙追蹤台灣民眾統獨立場的轉變,強調政治世代與省籍所產生的影響;石之瑜則從精神分析的角度來探討台灣的政治領袖對中國大陸的決策情感,及其身分認同的轉變。上述經濟與心理因素對於政治的影響相當大程度是透過選舉而產生的,在這裡關弘昌嚴謹地檢視了選舉週期對於台灣朝野在兩岸關係上的政治言行所造成的影響。最後,吳秀光與林繼文以一般性的理論來探討兩岸談判的雙層賽局,以及國內政治對於戰略三角所產生的影響。在這些國內政治面向的分析途徑當中,重點都是指出關鍵性的國內因素(諸如經濟利益、心理認同、選舉週期、國內否決者)如何作用於兩岸關係。在國際環境的面向,明居正從國際關係現實主義的各個派別入手,特別著重提出了「體系影響派」來分析兩岸關係。包宗和把重心放到美中台的戰略三角關係,強調對戰略三角途徑中的總體論而言,「三邊家族」的三角關係具有高度的穩定性,而這對傳統的現實主義會產生衝擊。袁易則轉到國關理論中的規範建構論,指出台灣作為規範實體所具有的意義。這些國際環境的理論確認了影響兩岸關係的關鍵性外部因素(國際體系、三角關係、國際規範),並以相關的理論來說明外部環境如何作用於兩岸關係。以下我們將更為細膩地進入兩岸互動、國內政治和國際環境等三大面向,勾勒出 13 個主要研究途徑的輪廓,以為讀者閱讀本書的參考。

## 貳、兩岸互動面向

　　兩岸互動面向的研究是直接處理兩岸關係本身,而不去探究其國內政治的根源或是國際環境的影響。在這類的研究當中,經常會認定兩岸關係中的關鍵屬性,發展分析此一屬性的理論,而後將研究的結果適用到兩岸關係上來。在本書中,我們將集中於三個兩岸關係的關鍵屬性,它們分別是權力不對稱、分裂國家,與中華文化系絡。

　　在「權力不對稱與兩岸關係研究」中,吳玉山認為權力不對稱是兩岸關係中結構性的常態,是任何探討兩岸關係的理論所不能忽視的關鍵性因

素。但是台灣作爲弱勢的一方，卻在心態上不願意多談這個顯然的事實。這就使得台灣方面對於兩岸關係最重要的結構性特徵無法深入探究，也因而難以掌握其重大影響，並據以綢繆規劃政策方針。權力不對稱不僅在兩岸關係中沒有受到應有的重視，在整個國際關係理論中也是如此。傳統的國關理論僅關心大國之間的互動，卻忽略了大多數的國際關係發生在權力不對稱的國家之間。因此吳玉山試圖將兩岸關係研究和發展「權力不對稱下的國關理論」聯繫在一起。在文中他探討了四個相關的理論，包括大小國之間權力不對稱關係的自然演化模式；經濟發展程度的差距與外援的有無如何影響小國在面對大國時採取抗衡或扈從的策略；大小國間如果有不完全政府繼承關係和類似的政治文化傳統時，彼此的態度會受到如何的影響；以及大小國相互態度與外援有無一旦確定後會產生怎樣的結局，而對結局的預期又會如何影響小國的決策。接下來吳玉山把這些權力不對稱的理論運用到兩岸關係，探討了國民黨重新執政後大陸政策的變動、北京對台政策的轉變，以及雙方是否可能達成「尊重和承認的均衡」。最後，他用權力不對稱和其他主要的兩岸關係研究途徑對話，指出一旦加入權力不對稱的因素之後，其他途徑如何可以增加其解釋能力。

　　分裂國家是我們研究兩岸關係的另一個重點。兩岸關係的展開是始於1949 年國共內戰所造成的國家分裂狀態。正是由於有那樣的分裂狀態，因此在兩岸的法律架構中，至今都存在著一個中國的框架。不論是中華民國、或是中華人民共和國，都在法律上維持著一個統一中國的主張。分裂國家途徑的研究重心是分裂雙方的關係會如何發展，而這也正是此一途徑和兩岸關係研究最相關之處。在這裡的核心議題是分裂雙方如何處理相互衝突的主權要求。張五岳在「分裂國家模式之探討」中，提出了兩岸關係的研究可以參考兩德與兩韓模式。雖然在這三個案例當中，國家分裂的原因（內戰或外力）似乎並不相同，而分裂雙方的實力對比也相去甚遠，但是張五岳強調在比較分裂國家時，不應執著於「國際型分裂國家」或「內戰型分裂國家」，而是要探討促成分裂與將分裂定型化的諸多內外因素，至於雙方實力對比的差異，也不足以排除兩岸間走向兩德或兩韓模式的可能。分裂國家模式在本文中是被理解爲具有兩德與兩韓互動經驗的一群共

同特徵，其中包含著相互尊重、承認對等、對外接受雙重代表與將彼此的關係視爲「具有特殊性質的內部關係」等。這樣看起來，兩岸與兩德、兩韓最大的不同，就是北京對於本身在「一個中國」中優越地位的堅持。但是張五岳認爲這樣的堅持在兩岸關係緩和與經濟合作機制不斷推進的情況之下是有可能改變的。

相對於張五岳試圖以兩德與兩韓的經驗來搭建分裂國家的範式，並作爲兩岸關係的參考，張亞中在「兩岸關係的規範性研究──定位與走向」中，將其分析框架建立在三種與分裂國家相關的國際法概念表述之上：一種是就領土與主權而言，一方爲完整的國際法人、一方則非；一種是雙方均爲完整的國際法人；一種是雙方均僅就本身所轄領域事務爲完整的國際法人，但就整個國家而言，則雙方均非完整的國際法人。中國大陸始終堅持第一種看法，而台灣則游移在第一種與第二種之間。然而實際上最接近現實的卻是第三種情況，張亞中稱之爲「整個中國」，這是襲自西德法學者所發展出的「屋頂理論」。論文的後半從兩岸定位的客觀描述轉到兩岸走向的主觀倡議。在這裡張亞中提出在「整個中國」的框架之下落實屋頂理論的幾項主張，包括確定同屬整個中國、兩岸法律地位平等、雙方同意不使用武力，與兩岸成立共同體等。

對張啓雄而言，兩岸關係中的結構特徵並非是權力不對稱或是分裂國家，而是存在於雙方所共享的中華文化系絡當中。在「兩岸關係理論之建構──『名分秩序論』的研究途徑」當中，他以首創的「名分秩序論」來指出這個結構特徵。具體而言，就是「因名定分」、「依分求序」以及「循序運作」的一整套基於文化價值而相互整合的機制。名分既然是秩序的根源，「正名」便具有無上的重要性，這是兩岸對於名稱特別敏感的基本原因。許多兩岸間在國際上的競爭和衝突，都是爲了在國際組織中爭取名分，例如亞洲開發銀行、國際奧委會、世界貿易組織、亞太經濟合作會議、世界衛生組織等。而雙方在國號、年號、政府機構、官銜名稱上均各有堅持，其背後所反映的也是對於名分的要求。當國民黨在李登輝時期逐漸調整其自我定位時，在實質上已經放棄了「中國」名分，開始向「台灣」的國際名分轉移。此一態度在民進黨執政後更爲清晰。不過台灣的領

導階層所主張的名分內容雖有改變，堅持正名則始終如一。這是表示文化傳統不因去中國化而消失，反而持續引導執政者的作爲。在建立了名分對兩岸的重要性之後，張啓雄指出對弱國而言，「名」與「實」難以兼顧，也就是台灣如要參與國際組織，就必須接受不理想的名分，才有可能獲得北京的同意。他並且提出一個經驗模型，指出台灣的國際名分是受兩岸相互政策與國際組織的入會認定所決定的。總體而言，名分秩序論凸顯了兩岸關係中雙方競爭名分的現象，並給予其文化的解釋。就方法論而言，採用名分秩序論是用東方的文化來詮釋東方的國際秩序，可以避免西洋價值中心主義。它又是以歷史文化的途徑來處理兩岸關係，有其獨特與創新之處。

# 參、國內政治面向

　　兩岸互動的理論是直接分析兩岸關係的本身，國內政治面向則轉而探究兩岸關係如何受到國內政治的影響。在這裡我們集中討論幾項議題：經濟利益在國內政治中所扮演的角色、大眾認同心理的變動對政治所產生的影響、領導人的身分轉變如何作用於決策情感、選舉週期是否會改變朝野對兩岸關係的態度，以及國內政治的影響是否可以用兩階賽局與空間模型加以形式化。更精要地來說，我們想要探索經濟利益與心理認同如何轉變，它們如何透過選舉來影響兩岸關係，以及此種影響是否可以一般化與形式化，成爲可運作的理論模型。

　　冷則剛在「國家、全球化，與兩岸關係」中描述台灣的發展型國家如何在全球化的衝擊和國家社會關係的重整下逐漸失去以往的功效，無法拘束台商向中國大陸的移動和發展，而被迫重新調整介入產業發展的工具及方式。台商帶動了一股以民間爲主的驅力，隨著經濟情勢的轉移，與兩岸分工的演進，不斷改變著兩岸關係的實質內涵，也造成了兩組的政商互動，對雙方的國內政治都產生了影響。面對此種全新的局勢，台灣的發展型國家如何肆應？冷則剛提出了退縮範圍、彈性選擇、包容互動，與

網絡聯盟等對應形式。但不論如何反應，發展型國家已經失去了往昔的制高點，而必須回應社會對它的滲透與要求。本章從理論面探討發展型國家如何適應全球化下的政經互動，而以兩岸關係作為討論的核心。它一方面聯繫到政治經濟學的主流研究，一方面從理論的高度來觀照兩岸關係，探討它背後的驅力。除了經濟利益以外，社會心理也在國內政治中扮演重要的角色，從而影響到兩岸關係。在「台灣民眾統獨立場的持續與變遷」當中，陳陸輝與耿曙運用長期的調查研究資料，對台灣民眾過去十餘年來統獨立場的持續與變遷，做出細緻的刻畫。他們從受訪者的省籍與政治世代來分析歷年的統獨偏好調查結果，依變項是以傳統的六分法來構做（也就是「儘快統一」、「儘快宣布獨立」、「維持現狀，以後走向統一」、「維持現狀，以後走向獨立」、「維持現狀，看情形再決定獨立或統一」，與「永遠維持現狀」）。研究的結果發現整體而言，支持獨立的比例長期是上升的，支持統一的比例則是下降，但是超過半數的民眾則是選擇了兩種維持現狀的選項。個別來看，本省閩南人的獨立傾向較強，大陸各省市的則統一傾向較強，本省客家人居於其中。不過政治世代越年輕，則各群體彼此的意見越一致，基本上是偏向於維持現狀。這樣由省籍與世代所影響決定的統獨偏好，究竟是感性認同還是理性自利的產物，在文中有突出的討論。無論統獨偏好的根源是什麼，社會大眾的心理態度對於國內政治與兩岸關係都產生了極大的影響與制約。

　　相對於陳陸輝與耿曙的經驗研究，石之瑜在「兩岸關係的政治心理學：認同與形象的政治情感分析」中採用了完全不同的研究途徑。石之瑜以精神分析法和主流的認知心理學對話，以政治情感作為研究主題，試圖描繪台灣歷任領袖對中國大陸的決策情感。他認為人有認同自我與形象歸屬的自然需要，而這樣的需要會透過政治情感而轉化成行為。情感分為追求的熱情與排斥的仇恨（認同自我導向），及認可的焦慮與遭棄的沮喪（形象歸屬導向）。這一套的精神分析模式可以用來解析台灣領導人的身分認同，從兩蔣父子在台灣省的光復大陸，到李登輝在國民黨的民主化與本土化，到陳水扁在台灣國的主權獨立，再到馬英九在兩岸的不統不獨，都各自展現了認同自我與歸屬形象的需要，也針對不同的對象出現了熱

情、排斥、焦慮與沮喪的政治情感。台灣由於複雜的歷史脈絡，其教育內容與風格同時兼有中華、日本與美國三大面向，所以台灣人的生活與思想具有高度的紛雜性，使其可以快速地進行身分認同的轉換，兩岸關係的性質乃隨之而變。石之瑜的研究途徑試圖從深層瞭解台灣領導人與一般人民在面對兩岸關係時的心理態度，捕捉調查研究所無法掌握的幽微機制，深化了我們對於政治心理如何影響國內政治的理解。

選舉是上述經濟與心理因素進入政治過程的關鍵性機制，關弘昌在「台灣國內選舉對其大陸政策之影響」中，探討了台灣的選舉週期對於政治人物在兩岸關係上的言行會產生何種的影響，是會促使其和緩化、還是促使其激進化。這個研究顯然和探討國內選舉如何影響對外政策的國際關係理論密切相關，也可以和兩岸關係研究中討論台灣選舉週期與大陸政策關連性的文獻對話。關弘昌的方法論是蒐集從 1995 年到 2004 年的國家行為變數與選舉變數，並且納入 VAR 的時間序列分析。他所獲得的結論是離選舉越接近，台灣對大陸的行動就越具有衝突性。關弘昌認為，造成此一現象的原因是台灣以國家認同作為主要的政治分歧，而在此一分歧上的民意態度分布發生了顯著的變化，使得「維護台灣主權」成為「政治正確」。因此在選舉將屆的時候，政治人物會試圖藉著向對岸發送強硬的訊息，來造成「團結一致」或「轉移注意」的效果，以增加自身的選票。這個判斷主要是凸顯了心理認同的因素如何藉著選舉週期反映在兩岸關係上。當然一旦選民以經濟利益作為主要的思考點時，同樣的「選票極大化」策略卻會帶領政治領袖走上和緩化的路線。總之，台灣內部的認同與利益在選舉時會特別彰顯出來，影響著兩岸關係。

在探討國內政治因素對於一國的對外政策會產生何種影響時，有一派的學者發展出各種形式理論，作為解釋的模型。在本書中，吳秀光與林繼文是屬於此一傳統。吳秀光在「兩岸談判的雙層賽局分析」中，以兩階段博弈模型來分析兩岸間如何進行互動。他區別了兩岸各自的政府和社會，並且把這四個行為者的理想點標示在由「統一／獨立」和「和平／衝突」兩條軸線所構成的議題空間上。他接著假設政府談判的結果必須獲得社會的同意。而後透過四個理想點的不同排列與無異曲線的分析，他描摹出了

七種情節，並且探討每一個情節對於談判所造成的影響，和可能出現妥協的位置。他並且想像雙方社會可以策略性地決定自己的談判代理人，來增加本身的利益，但是對方也會採取相對應的動作，結果產生對雙方都不利的結局。就在選擇談判代理人這一點上，選舉的因素被帶入模型。接下來吳秀光把模型運用到兩岸關係上，認為台灣在下次選舉出現較激進領袖的可能性會促使中國大陸在現階段對較溫和的領袖做出較大的讓步。長期來看，雙方會在一次又一次的政策擺盪中逐漸學習而走向合作的道路。

林繼文在「雙層三角：以空間模型分析國內政治對美中台戰略三角的影響」當中，也是採用形式理論的研究方法，試圖利用空間模型來同時處理雙層賽局與戰略三角，也就是將美中台三方國內因素和三方的戰略互動聯繫在一起，做了在方法上很新穎的嘗試。在他的模型當中，林繼文先在一張平面圖上設定行為者的理想點，然後用歐式距離來表達從圖上的一點運動到另一點時對特定行為者的效用所造成的影響。這樣的圖示，可以顯示出在任何一個三角關係中，三方的利益差距有多少，而現狀的改變對於三方的效用又會產生怎樣的作用。他認為在任兩方間尋求合作的時候，一定是選擇「勝集」中的一點，也就是對雙方而言福利都可以改進的那個區間，其次是一定是循著兩個理想點間的線段移動，因為這是雙方的「帕雷圖集合」。把這兩項考慮加在一起，林繼文得出了一個雙方可以妥協的線段區間（V 集合），並以其中點作為最終妥協的可能落點。以此為基礎，林繼文構做了五項命題，並且嘗試把典型的戰略三角型態用空間模型表現出來。當運用到兩岸關係上時，林繼文發現他的模型可以解釋美中台三角的歷史變化，以及評估從蔣經國到馬英九歷任台灣領袖的談判地位。他並且認為如果台灣採取較為極端的立場，會強化其他國家間的合作空間，而使本身陷入孤雛的困境。但是如果採取向他國靠攏的政策，則一方面固然可以擴大國際合作的空間，卻不見得能夠取得有利的談判位置。

# 肆、國際環境面向

在國際環境面向，我們的關注點從兩岸關係的本身及其國內政治的根源延展到兩岸關係所處的國際環境。在這裡我們討論三個議題，第一個是國際體系，第二個是戰略三角，第三個則是國際規範。其中國際體系的討論是屬於現實主義的國際關係理論傳統；戰略三角的討論雖也是根源於現實主義，但是由於強調總體穩定超出國家的個別利益，因此帶著新自由主義，或者至少是守勢現實主義的色彩，而與主張國家追求無盡權力的攻勢現實主義大不相同；至於國際規範的討論，則是秉持著建構論的傳統。這樣說來，我們在國際面向的討論是包含了三大國關理論傳統的。

明居正在「國際體系層次理論與兩岸關係：檢視與回顧」中歷數各個可以適用於兩岸關係的國際關係理論，而總分為三派：「三邊互動派」、「崛起與回應派」，與「體系影響派」。三邊互動派的分析興趣多在兩岸關係，但是也看見美國對兩岸關係所產生的影響，其內容含括了戰略三角理論。崛起與回應派討論中國大陸的崛起與美國的回應，其關注的重點是兩個大國之間的互動，而兩岸關係則會受到此一互動的衝擊。最為明居正所推薦的是體系影響派，這是較為嚴格地遵從國際關係理論大師華爾茲（Kenneth Waltz）的要求，只討論體系層次的因素，並從這個高度來探討對兩岸關係的影響。明居正在此提出了自己的理論。他從二元體系在後冷戰時期瓦解出發，討論到「一霸四強」的新體系如何出現，美國如何在亞洲平衡中日的爭霸，台灣如何成為美國對付中共的戰略棋子，又如何只能在「美日安保」與「倒向中共」之間微幅擺盪。明居正的理論在體系論與兩岸關係間搭橋，成為連接兩岸關係研究和主流國際關係理論的一個重要的中介。

在「戰略三角個體論檢視與總體論建構及其對現實主義的衝擊」中，包宗和強調戰略三角理論已經從以個別行為者提升自我角色為主的個體論，發展到探討整體三角架構是否穩定的總體論。在個體論當中，重點是放在各個行為者競相追求最佳的角色，但是最終的結果卻經常導致總體效

用偏低。在總體論中，重點是放在四種戰略三角（羅曼蒂克型、結婚型、
單位否決型、三邊家族型）當中哪一種可以帶來較大的總體利得，從而增
加戰略三角的穩定性。在本章中，包宗和採用了五種方式來計算各種戰略
三角的總利得，然後給予名次，最後則將每一種戰略三角的五個名次加
總，算出總順位。包宗和發現，三個雙邊關係均爲正的三邊家族型戰略三
角在每一種計算總體利得的競賽中都居第一，其總順位也是所有戰略三角
中排序最高的。這顯示三邊家族型的三角關係具有最高的穩定性。運用到
兩岸關係當中，包宗和發現從 1999 年到 2009 年美中台的戰略三角雖然
千迴百轉，但總的趨勢還是走向了最穩定的三邊家族型。他因此認爲戰略
三角理論最大的啓示是國家的利益可以靠國際合作的方式獲得，而國家也
有可能爲了整個國際體系的穩定，在權力上自我克制，並接受各方多贏的
局面，以作爲維護國家利益的一種另類思維和做法。

　　袁易在「規範建構主義與兩岸關係：理論與實踐」中運用建構論的
視野來分析兩岸關係。他所採取的建構論是出自克拉托赫維爾（Fried-
rich Kratochwil）的規範建構主義。他所分析的主要對象是兩個主要的國
際安全建制——1968 年的《核不擴散條約》（Nuclear Non-Proliferation
Treaty，NPT），與《關於禁止發展生產儲存和使用化學武器及銷毀此種
武器的公約》（Convention on the Prohibition of the Development, Produc-
tion, Stockpiling and Use of Chemical Weapons and on Their Destruction，
CWC）。建構論強調國際關係中的觀念與話語作用，體系結構與行爲體
之間的相互建構，以及規範作爲一種構成性的要素。克氏的規範建構論特
別認爲要掌握語言行爲才能夠瞭解行爲的意義，而規範可以作爲衝突調節
的第三方，取得一種特殊地位，扮演指導當事雙方解決衝突的角色。規範
建構論強調平等基礎、普遍性原則，與非暴力解決國際爭端。用在兩岸關
係上，袁易認爲台灣對於 NPT 與 CWC 的實際參與使其與國際社會建立
起一種互爲主體性的關係，而成爲一個規範實體。台灣藉著自願遵循國際
規範獲得了國際社會對其履行這些規範的信任，從而保障與國際社會的繼
續交往。因此台灣是以國際規範作爲第三方，與規範建構主義若合符節。
袁易期待透過建構論的視野，可以爲兩岸關係開展更大的空間。

# 伍、建立知識傳統、催生學術領域

在上述三個面向、13 篇論文當中，我們廣泛地檢討了當今兩岸關係研究中的理論途徑。由於影響兩岸關係的因素複雜而多元，很自然地我們的理論途徑也各有重點，並展現多元的面貌。本書的論文作者共有 15 位，其中 8 位曾經參與十年前《爭辯中的兩岸關係理論》一書的寫作，現在以更深刻的眼光、更豐富的資料來探討轉變中的兩岸關係。至於新的作者群，則爲本書更進一步擴展了視野，其中有獨創一說的學術權威，也有在兩岸關係研究中展現了重要研究成果的中、新生代學者。從方法論來看，本書更是豐富而多元，有國關理論的現實主義與建構論、有社會心理的調查研究與精神分析、有重視形式的賽局理論和空間理論、有統計學的時間序列模型、有政治經濟學的理論框架、有歷史文化的研究典範、有實證法學的分析形式，還有規範面向的倡議討論。這樣的方法論結構，顯現本書在檢視兩岸關係理論時兼容與多元的特色。我們不特別凸顯特定的研究面向，也不獨尊特定的方法論。我們所要面對的，是一個複雜而多變的主題，因此需要眾多知識傳統的合作。這樣的合作，本身就是試圖建立一個實際有效、包含多元的知識傳統，以務實的態度，來處理重大的現實與學術的議題。這是和十年前我們的第一次嘗試一脈相承的。由於這個原因，讀者在本書中，可以獲得多元豐富的研究訊息，更可以把不同的理論途徑相互比較。如同十年前的嘗試一樣，本書所研究的主題是有關於兩岸關係的理論，而不是兩岸關係的本身，雖然在評介理論之時無可避免地會帶入經驗事實，但重心還是在方法。所以本書和其前身都是本著「工欲善其事，必先利其器」的心情，想要向學術界與社會大眾推薦兩岸關係研究中的各種方法，也就是先「利其器」，作爲從事研究的先決條件。總體而言，「多元的方法論研究」是本書想要承襲的知識傳統，也是我們想要有所貢獻於學術界與社會大眾之處。

本書還可以放到一個更大的脈絡當中來理解其意義。兩岸關係對台灣的重要性可能是所有政治議題當中最爲巨大的，但是長時期學術界對其投注的資源卻是非常有限。其中一個原因是兩岸關係研究先天上和國際關

係、台灣政治，與中國大陸研究等密切關連，但是也正由於它和這些次領域的貼近性，使得兩岸關係研究本身缺乏清楚的定位，沒有辦法構成一個獨立的次領域，也吸引不了學術資源的投入。此種議題重要性與投入資源之間的反差讓學術界與整體社會同遭損失。從十年前《爭辯中的兩岸關係理論》，到今天的《重新檢視爭辯中的兩岸關係理論》，我們所做的無非是在彌補這個巨大缺口上盡一點棉薄之力，當然這是遠遠不足的。沒有深刻的學術研究，我們的知識將無法增進、對趨勢缺乏瞭解、政策沒有基礎，對未來要走的方向也無法掌握。這些缺點現正出現在對台灣最關重要的兩岸關係研究上。本書一方面匯集了重要的兩岸關係研究途徑，供學術界與社會參考，一方面也試圖喚起大眾的注意，為兩岸關係研究的學術次領域催生。兩岸關係現正面臨數十年來所未有的重大轉折，這段時間所發生的一切將對未來造成幾近決定性的影響，因此現在推動兩岸關係研究真是刻不容緩、不可須臾遲。期盼本書在這個方向所跨出的一步，能夠吸引更多的研究人力進入此一迫切的議題進行探討，也能讓社會和學術界共同感受到兩岸關係研究的重要性。

兩岸互動面向

# 第二章
## 權力不對稱與兩岸關係研究

### 吳玉山

## 壹、前言

　　兩岸關係的一個重要特徵，便是台灣與中國大陸之間權力地位的不對稱（power asymmetry）。這個特徵在地圖上一眼看去便可清楚顯現，因為雙方所控制的領土範圍相差 266 倍，而在這兩塊領土上生活的人口則是相差了 58 倍。這樣的懸殊比例在過去並沒有充分地顯露在兩岸間的國力對比上。由於毛澤東推動激進的社會主義發展路線，非理性地衝擊了中國大陸的政治和經濟制度，又嚴重地影響到教育與文化科技的發展，因此在大陸推動改革開放之前，兩岸間呈現了大陸在量上壓倒台灣、而台灣在質上則遠勝大陸的局面。由於對外封閉，大陸的對外貿易總額與累積的外匯存底長期都落於作為亞洲四小龍之一的台灣之後。在改革開放政策推動之前，由於在質上面的懸殊差距，大陸對台灣還顯露不出壓倒性的優勢。然而在毛澤東死後，改革派的中共領導人對於過去烏托邦治國的種種缺失痛定思痛，不但彈性地採取了適合國情的發展策略，更以鄰近的東亞國家成功的經濟發展經驗為師，甩脫意識型態的包袱，走上了高速發展的道路，成為世界上成長速度最快的經濟體。這樣的格局從 1970 年代末迄今已經不間斷地進行了 30 年，結果便是生產力與質量的大幅提昇。大陸的經濟既然起飛，國力迅速積累，台灣的優勢便逐漸消失了。面對一個在數量上泰山壓頂、在質量上又快步趕上的對手，台灣和大陸間的權力不對稱便充分地顯現出來。舉一例言，往昔台灣曾經自傲於世界上數一數二的外匯存底，然而中國大陸藉著成功的出口擴張很快便在 1996 年超越台灣，又在

2005 年超越日本，坐上世界龍頭，在 2011 年已達台灣的 8.25 倍，而此一趨勢至今仍未稍戢。若論到 GDP 的大小，中國大陸現為台灣的 16 倍，而差距還在迅速拉開當中。在 2011 年大陸的 GDP 增長了 9.2%，而台灣僅有 4.04%，大陸經濟成長的速度是台灣的 2.28 倍。經濟上雙方的實力有如此的差距，軍事上兩岸間的均勢也是向大陸方面傾斜。其他在 1970 年代便已分出勝負的外交戰場上，北京的優勢也是不動如山。今天任誰觀察兩岸之間的態勢，都必然會得出權力不對稱的結論（參見表 2-1）。

　　權力不對稱深刻地影響著兩岸關係，但是台灣作為弱勢的一方，卻在心態上不願意多談這個顯然的事實，包括研究兩岸關係的學界也是如此。這就使得台灣方面對於兩岸關係最重要的結構性特徵無法深入探究，也因而難以掌握其重大影響，並據以綢繆規劃政策方針。本章所要探討的，就是這個兩岸關係中的重要成素。這是在學術理論與政策實務上都是極具意義的。

## 貳、關於「不對稱」的討論

　　「不對稱」（asymmetry）的概念在近來討論甚多，不過主要是集中在軍事和戰略的領域。造成這個現象的原因，是冷戰結束後，美國顧盼自雄，一時難以找到力足以與其競逐全球霸業的強國。對美國的威脅，結果是起於規模不及國家、但卻悍不畏死的激進宗教勢力與國際恐怖主義。美國與其安全的威脅者，雖然在力量上不成比例，但是由於對手所施用的手段至為極端，因此對美國國家安全的威脅非常巨大。這就使得「不對稱」成為安全研究討論的焦點（Matthews, 1998）。在這裡，重點是放在由於傳統力量的不對稱，因而促使對手思考非傳統式的戰略與手段，從而形成的新型威脅，包括恐怖主義、核生化武器，與網路攻擊等。攻擊者藉著重新選定戰場和手段，迴避了美國強大的正規軍力，以奇襲的手段，來達到挫傷美國這個後冷戰唯一超強的目的。由於不對稱的研究帶有這樣的特殊國家與時代背景，因此這一方面的文獻經常是高度軍事性與技術性的，

表 2-1　兩岸國力比較

| | 中國大陸 | 台灣 | 比值 |
|---|---|---|---|
| 土地（平方公里） | 9,565,216[1] | 36,006[2] | 265.66 |
| 人口 | 1,347,350,000[3] | 23,245,018[4] | 57.96 |
| GDP（百萬美元） | 7,461,456[5] | 466,881[6] | 15.98 |
| 人均 GDP（美元） | 5,538[7] | 20,139[8] | 0.27 |
| 經濟成長速度（%） | 9.2[9] | 4.04[10] | 2.28 |
| 承認國家 | 170[11] | 23[12] | 7.39 |
| 外匯存底（US$ Billion） | 3,181.2[13] | 385.55[14] | 8.25 |

說明：

1　中華人民共和國中央人民政府網站，http://www.gov.cn/test/2005-06/15/content_18253.htm（含港澳不含台澎）。檢索日期：2009 年 2 月 23 日。

2　內政部戶政司，http://sowf.moi.gov.tw/stat/month/m1-06.xls。檢索日期：2009 年 2 月 23 日。

3　中華人民共和國國家統計局，估算至 2012 年 1 月 18 日，http://www.stats.gov.cn/was40/gjtjj_detail.jsp?channelid=5705&record=77。檢索日期：2012 年 5 月 22 日。

4　中華民國統計資訊網，統計至 2012 年 4 月，http://www.stat.gov.tw/point.asp?index=5。檢索日期：2012 年 5 月 22 日。

5　中華人民共和國國家統計局，2011 年國民生產總值統計值，根據 2012 年 1 月 17 日統計局長發布新聞稿，http://www.stats.gov.cn/was40/gjtjj_detail.jsp?channelid=5705&record=83。471,564 億（RMB）≒ 7,461,456 百萬美元（1 美元＝6.32 人民幣，2011 年 12 月中旬匯率）。檢索日期：2012 年 5 月 22 日。

6　行政院主計處網站，2011 年國民生產毛額統計值，http://www.dgbas.gov.tw/public/Attachment/24301615571.xls。檢索日期：2012 年 5 月 22 日。

7　尚無官方直接公布數據，5,538 美元係根據官方公布 2011 年底全國國民生產總值除以 2011 年底總人口數。

8　中華民國統計資訊網，2011 年全國人均 GDP，http://ebas1.ebas.gov.tw/pxweb/Dialog/view.asp?ma=20120522093854&path=../ChartPXTemp&lang=9&strList=L。檢索日期：2012 年 5 月 22 日。

9　中華人民共和國國家統計局，根據 2012 年 1 月 17 日統計局長發布新聞稿，http://www.stats.gov.cn/was40/gjtjj_detail.jsp?channelid=5705&record=83。檢索日期：2012 年 5 月 22 日。

10　行政院主計處，http://www.dgbas.gov.tw/public/Attachment/24301615571.xls。檢索日期：2012 年 5 月 22 日。

11　加總自中華人民共和國外交部網站，http://www.fmprc.gov.cn/chn/lbfw/jjbiao/t9650.htm。檢索日期：2009 年 2 月 23 日。

12　中華民國外交部，http://www.mofa.gov.tw/webapp/ct.asp?xItem=11624&CtNode=1426&mp=1。檢索日期：2012 年 5 月 22 日。

13　中國國家外匯管理局網站，2011 年底外匯存底總額，http://www.safe.gov.cn/model_safe/tjsj/tjsj_detail.jsp?ID=110400000000000000,22&id=5。檢索日期：2012 年 5 月 22 日。

14　中華民國中央銀行全球資訊網，2011 年底外匯存底總額，http://www.cbc.gov.tw/lp.asp?CtNode=644&CtUnit=307&BaseDSD=32&mp=1。檢索日期：2012 年 5 月 22 日。

探討的是「不對稱戰爭」（asymmetrical warfare），而且和國際反恐與美國的國家安全研究密切相關（Meigs, 2003）。由於這些「不對稱」研究的基礎概念和兩岸間的權力結構有可相通之處，另一方面論者也觀察到中共有意識地將不對稱戰略運用到台海，因此在台灣出現了用不對稱的觀點來探討兩岸關係的文獻。不過在這裡論者關注的重點還是國家的安全與戰略，具有較強的軍事與技術的性質（例如王高成，2004；張祥山，2006；陳華凱，2001；蔡昌言、李大中，2007）。也有將中共視爲弱方，用不對稱的觀點來探討它在面對西方（主要是美國）強大軍力時所採取的戰略（王高成，2004；林宗達，2004a、2004b；李黎明，2002；鄧定秩等，2006）。當然也有探討我方的不對稱國防戰略（翁明賢，2000），其主張是發展對中國大陸的「不對稱作戰力」（國防部，2009a）。[1] 另外一種討論是將不對稱的概念引伸到兩岸之間的談判，雖然脫離了軍事與安全的範圍，但是仍然較爲技術性與操作性（何輝慶，2002；張執中，2001）。[2]

在本文討論當中，重點是兩個國家或政治實體的權力不對稱，以及因此對於雙方的政治關係所造成的影響。這樣的不對稱概念，比較更貼近於傳統國際關係理論中的大小國關係。晚近對於將台灣視爲小國、人陸視爲大國，而將兩岸關係視爲大小國關係的觀點已經逐漸出現。在這類的文獻當中，經常會希望能從其他小國外交的經驗當中尋找借鏡，作爲他山之石。不過如果單純地以小國外交作爲研究的對象，而不是聚焦於特定的大小國關係，則又落於本研究的旨趣之外。[3] 因爲我們有興趣的，不是中華

---

1　中華民國國防部在 98 年 3 月發布了《四年期國防總檢討》，這是一份參考美國國防部的 Quadrennial Defense Review（QDR），闡述國軍建軍備戰的綱領性文件。這份文件將總統的國防理念貫徹在國軍的各項建軍備戰的工作當中，並接受立法院的監督。文件著重提出了在我方資源有限條件下要採取「非對稱作戰」的手段。這是代表馬英九政府的軍事戰略已經認識了兩岸的軍事實力懸殊，並且採用了不對稱作戰的概念（國防部，2009b）。

2　有關於不對稱結構下的談判分析，較早的討論可參考劉必榮（1993）。

3　例如劉必榮（2008）談到小國的外交空間、郭秋慶（2007）對於歐洲小國比利時的外交政策的研究、Jeanne A. K. Hey（2003）與 Christine Ingebritsen 等（2006）對於小國對外行爲的探討等都是以小國本身作爲研究對象，而不是針對一個特定

民國台灣作爲一個小國，在對外關係上會表現出怎樣的特色，而是兩岸關係（一組特定的不對稱權力關係）的探討。另外，如果是以國際體系中是否出現霸權來論斷對體系產生的影響，則雖然也提及霸權國和其他國家間不對等的權力關係，但焦點還是在體系，這也不在本文的討論範圍之內。這樣的討論比較適合放置到全球的範圍內，特別是討論美國在冷戰後的霸權地位，而和兩岸關係沒有直接的關連。[4] 以小國外交作爲討論的主題，對本文的關切而言是過於狹窄，而以霸權穩定或權力轉移作爲主題，則又太過廣泛。我們的焦點還是要放置在權力不對稱的大小國關係，並且用這個角度來看兩岸關係。

論到權力懸殊的大小國關係，不論在中外歷史當中、或在當代國際關係裡面，俯拾皆有事例。唐欣偉曾整理了許多古今中外的大小國關係，包括了以色列對亞述、南越對漢、明鄭對清、芬蘭對俄羅斯、古巴對美國、高棉對越南等，在這些不對稱的權力關係當中，經常有其他強權的介入，而結局也多有不同，包括大國宰制、小國獨立、相互均衡、彼此衝突等（吳玉山，1999：158-160）。在分析兩岸關係時，如果我們能夠利用歷史上和國際現存的實例加以比較，從類似的結構當中找出可以廣泛適用的概念和通則，那麼應該可以豐富我們對於兩岸關係本身的理解，這裡便是本文的切入點。

大小國之間權力不對稱的狀況是國際關係的常態。由於往昔對於國

---

的大小國關係。在這類文獻當中，經常會處理的議題，是小國爲求生存，是否會採取特定的聯盟政策（Vital, 1967）。關於小國對外關係的各種研究途徑，參見Amstrup（1976）。

4　例如 Charles P. Kindleberger（1986）所論及的「霸權穩定」（hegemonic stability）與 Robert O. Keohane（1984）對後霸權的討論。此外，和霸權穩定息息相關的，便是討論霸權興衰交替的「權力移轉」（power transition）理論。在這裡，理論家關注的焦點是霸權地位的變遷對於體系穩定與和戰所產生的影響（Organski, 1958; Organski and Kugler, 1980; Tammen et al., 2000），也有特別關注於美中的實力消長，試圖理解這個特例是否可以用權力移轉理論來分析與預測（呂冠頤，2003；Chan, 2008; Zhu, 2006）。

際關係的研究主要是探討大國關係，結果對於佔據國際關係大部分比例的
不對稱關係反而缺乏討論，這是傳統國際關係理論的極大缺憾。[5]例如在
對於國際體系的探討當中，論者常汲汲於「極」的數目，並以此定義體
系，於是有「單極體系」、「兩極體系」、「多極體系」等稱呼。然而所
謂的「極」其實常是一個集團，而以某一強權為核心。於是在這個集團的
內部，便出現了一整組的大小國不對稱關係。此外在兩個集團之間，也絕
不僅是存在著強權間的單一關係，而是有一個極其繁複的、在雙方中小型
成員國家間的跨集團互動網，甚至會出現本集團小國成員與對方強權之間
的相互關係，而這也是不對稱的。總體而言，當國際體系中僅有一個、二
個、或少數的幾個強權，而這些強權又對其他國家施展極大影響力的時
候，國際關係的很大一部分便發生在這些強權和絕大多數的中小型國家之
間。事實上，如果我們將國際政治的焦點都放在大國之間的關係，那麼我
們便忽略了國際關係的主要部分。

　　權力不對稱既然是常態，當然就值得進行理論性的研究，在這一
方面，吳本立（Brantly Womack）佔有重要的地位。他從中越關係歷史
案例的研究開始，逐步拓展視野，試圖建立一個比較性的、理論性的架
構，用以詮釋各種大小國不對稱關係的演進（Womack, 2001, 2003/2004,
2006）。像這樣的分析架構，相較於前述的小國外交途徑與霸權穩定理
論更能切合我們研究兩岸關係的需要。不過吳本立的理論是單純地以權力
不對稱作為結構性的解釋項，認為大小懸殊的權力結構對於雙方的相互政
策、互動關係的演進，和最後的均衡狀態都會產生決定性的影響。在這樣
子的理論架構之下，比較欠缺對於權力對比之外其他因素的考量，而有不
足之處。同樣是在權力不對稱的途徑之內，吳玉山以俄羅斯和周邊前蘇聯
國家之間的關係作為基礎所發展出來的「大小政治實體模式」就把焦點
轉移到權力結構之外，透過 14 個俄羅斯和「近鄰」國家關係的分析和比

---

5　例如結構現實主義的大師 Kenneth N. Waltz（1979）便極力突出大國在國際體系
　　中的重要性，而以「極」的數目來定義國際體系的結構。而強調攻勢現實主義的
　　John J. Mearsheimer（2001）也以為小國只能扮演在強權政治下被支配者的角色。

較，得出西方（第三國）的支援和經濟發展程度會影響環俄羅斯小國對俄態度的結論（吳玉山，1997）。

　　同樣也從權力不對稱的結構出發，蘇軍瑋檢視了歷史上明鄭和清朝之間的關係，突出了「正統」觀念對於當時兩岸關係的影響。這個分析不僅是把歷史的詮釋帶入權力不對稱的模式當中，更凸顯了當小國曾經是大國統治者的特殊情況之下，大小國關係會出現新的面向，而小國政策選項的範圍也會擴大（蘇軍瑋，2008）。以上三種理論都是以決定大小國關係的因素作為研究的焦點，而唐欣偉的研究則是以大小國的相互政策一旦決定後會產生怎樣的結局作為探討的重點。唐欣偉先確定了大小雙方的政策選項，而後再以緊密的邏輯和細膩的史例來推演出各種可能的結局，最後並以此對小國的決策提供分析與建議（唐欣偉，2000）。整體來說，唐欣偉的研究是在處理政策抉擇和互動結局之間的關係，而前述的吳本立、吳玉山與蘇軍瑋等則是在討論雙方的相互政策是如何決定的。這四個理論一方面提供了可一般化的分析架構，讓我們可以拿來研究各種權力不對稱的關係，另一方面它們也都關注到兩岸關係，因此是最適合我們研究主題的分析工具。

　　在以下的討論當中，我們將先從單純處理權力不對稱的吳本立開始，再逐步討論到探究非權力因素的吳玉山與蘇軍瑋，最後是走向政策的下游，討論唐欣偉對於小國政策和互動結局之間關係的理論。在檢視過這些權力不對稱理論之後，我們將著重於探究它們對於兩岸關係的適用性以及優缺點。在最後一節，我們會將權力不對稱的因素和幾個主要的兩岸關係理論相結合，包括分裂國家模式、整合理論、賽局理論、政治心理途徑、政治經濟途徑、選票極大化理論，國際體系途徑與戰略三角模式等，並分別探討這樣結合後對於各種理論途徑所產生的影響。從這樣的討論中我們可以清楚地看出來，無論是用哪一種途徑和方法來分析兩岸關係，都必須要考慮權力不對稱的因素，因為這是兩岸關係中不可變動的結構。

# 參、分析大小國權力不對稱關係的理論架構

論到開拓大小國不對稱關係的理論途徑，最重要的學者便是吳本立。吳本立長期研究越南政治、中越共比較和中越關係，是一位區域研究學者。從中越關係的研究當中，吳本立發現其中最重要的因素便是權力不對稱（power asymmetry）。進一步他理解到主要的國際關係理論都是在處理大國關係，或是假設國家是站在平等的地位上的，或至少是不敏感於絕大多數國際關係的不對稱性。事實上不對稱才是常態，對稱是異例、或是想像。因此國際關係理論需要重新構作，將權力不對稱的常態包含進去，並且充分地探討這個因素對於國際關係所產生的影響。在理解這個情況後，吳本立的研究開始向抽象與理論的層次發展。對他而言，由於中國大陸對於四鄰很清楚地是居於大國的地位，因此探討中國和周邊國家的國際關係是一個很好的起點。同樣的道理，他也敏感地意識到中國大陸和美國之間也是處於權力不對稱的狀態，於是適用於中國和四鄰國家的理論此時也可以修正後適用到美中關係上來。

吳本立相當強調大小國間力量懸殊的事實本身就決定了雙方關係將如何發展，這一點和其他從事權力不對稱理論的研究者不同。他認為國家間會透過地理區位和力量大小發展出不同的關係，而後者經常是不對稱的。大國的安全比較不受威脅，它對於小國關注較小。大國所寄望於小國的，是對於大國權力的尊重。另一方面，小國深刻地感覺到大國有毀滅它的力量，它對身旁大國的關注經常是過度的，對於大小國關係的感受又是誇張的。小國為自身的安全而感到憂慮，它所求於大國的是獲得生存的保障和免於毀滅的恐懼。大小兩國對於彼此關係的重視程度不同，大國僅是部分關注、漫不經心，小國則是全面關注、過度解讀。這樣的關係結構容易造成誤解，雙方的爭執和衝突也容易產生。[6]一旦對抗出現，大國是以部分

---

6　例如小國會將本身對於大國的態度想像成是大國對於小國的態度。小國既然是全神關注在這個雙邊關係之上，那麼大國一定也是。所以大國的姿態一定是有意的、針對小國的，就像小國對大國的姿態一樣。這樣詮釋的結果，大國就容易被

力量對應，而小國則必然是竭盡全力。結果雙方在彼此關係上關注和施力程度的差距削減了二者在國力上的不對稱性。吳本立因而得出結論，認爲大國經常無法使小國屈服，而小國通常也不會在與大國的衝突中被毀滅。很明顯地，這樣的理論陳述和吳本立對於中越關係史的研究有很大的關係。

從演化的角度來看，大小國關係容易出現幾個典型的發展階段。不對稱的權力關係一開始容易導致衝突，甚至戰爭，但是由於大國並沒有能力眞正使小國屈服，而小國在對抗中也遭受到巨大的損失，因此雙方會逐漸探索新的相互對待方式。由於大國所在意的是小國對於其權力的尊重（deference），而小國所需要的是大國對於其地位的承認（recognition），因此從長期來看，大小國有可能會相互妥協，二者之間出現尊重和承認的交換，而達到一個均衡，或是「常態」（normalcy），而常態是有持久性的（Womack, 2003/2004: 547-548, 2006: 256; Womack and Wu, 2007）。從中越的歷史關係看起來，長期而言出現的正是這個走勢。

吳本立以權力不對稱的大小兩國關係爲研究焦點，以史例爲基礎，透過演繹的方式發展出一套不對稱關係的演化模式，爲國際關係理論開啓了一個新的研究途徑。在他的分析架構當中，比較沒有強調非權力結構的因素，而是依循現實主義的假設，以權力作爲分析的核心。不過他的整個理論又帶有自由主義的傾向，也就是認爲大小國的權力關係不必然會帶來衝突和征服，而是有可能獲得「尊重和承認的均衡」。在這樣的理論框架當中，執政者也扮演著重要的角色，他可以探索不同的政策，並且有學習的能力。所以總體而言，吳本立的理論是帶有自由主義傾向的現實主義。他對於大小國關係演化的看法，似乎和兩岸關係從對抗到有限緩和的發展若合符節，而「尊重和承認的均衡」也逐漸展現了可能性。

吳本立的解釋框架主要是依賴不對稱權力結構的本身，但是在給定的大小權力對比之下，是不是有什麼因素可以決定小國對於大國、或是大國

---

理解爲是有敵意的。

對於小國的態度呢？在這裡我們試圖承認並解釋不同大小國關係的變異。要回答這樣的問題就必須有一群大小國關係來做比較，並且控制住一些關鍵的變項。在這一方面，吳玉山嘗試將俄羅斯和另外 14 個前蘇聯「近鄰」國家間的不對稱權力關係作比較，並且將前蘇聯的經驗適用到兩岸關係上來，是爲「大小政治實體模式」。這個嘗試可能是權力不對稱理論第一次進入兩岸關係研究的領域（吳玉山，1997）。「大小政治實體模式」認爲在權力不對稱和大國對小國有主權要求的情形之下，大國的政策是確定的，就是意圖屈服小國的意志，而小國對於大國卻可能採取「抗衡」（balancing）或「扈從」（bandwagoning）兩種不同的策略。「抗衡」和「扈從」這一套概念是 Stephen M. Walt 在研究聯盟起源時提出來的。抗衡是指小國藉著增強本身的實力（內部平衡，internal balancing），或是透過聯盟運用外力（外部平衡，external balancing）來抗拒大國要求小國屈服的壓力。而扈從則是小國單方面地限制本身的行爲以避免和大國的核心利益相衝突，從而保持和大國之間的和緩關係。由於大國是採取高姿態來壓迫小國，所以小國基本上要在抗拒和屈服之間做一個抉擇，而不可能和大國之間發展出眞正平等的關係。對小國的執政者而言，或許並沒有抗衡的意圖，而只是尋求對等，但是由於大國的優勢地位和威權心態，拒絕從屬就必須抗拒大國的壓力，結果還是落入抗衡的選擇。直言之，在權力不對稱和大國的主權要求之下，小國對於大國的政策選項是被侷限在抗衡和扈從兩者之間。在討論兩國關係的時候，由於大國的基本態度是一個常數項，所以決定大國和小國關係的主要變項就是小國在抗衡和扈從之間的抉擇。

抗衡和扈從是小國面對強鄰時自然會考慮的政策選項。舉例而言，東周的戰國時期是中國古代典型的國際關係時期，也就是各國擁有至高主權，在無政府的環境當中，爲了求取生存和發展而使用各種策略，非常類似西方在西發利亞和約（Peace of Westphalia, 1648）後所形成的列國制度（modern state system）。在戰國時期，當秦國的勢力逐漸強大之時，各國對秦的政策不外是「合縱」（聯合各國之力以共同拒秦）和「連橫」（各國分別與秦親善），而這兩個策略就是我們所說的抗衡和扈從。當時

秦對六國所處的地位就是權力不對稱和提出侵犯性的主權要求，而各國便以合縱和連橫相對。可見在結構相類似的情形之下，小國的策略選擇其實是有限的。當然一個小國有可能游移在抗衡與扈從之間，一方面從事一些內部與外部的抗衡動作，一方面和大國交好，努力爭取其好感，這就是「避險」（hedging）的策略。一個小國採用避險策略的主要考慮是降低單一抗衡或扈從的風險。避險並不是外於抗衡與扈從的選項，而是介於兩者之間的動作（Kuik, 2008）。就其實質而言，仍然不外抗衡與扈從的內涵，而且是抗衡與扈從的一定混搭組合。小國得以採用避險策略，通常是在大國的壓力有限的情況之下。一旦大國要求小國選邊，則小國便會喪失騎牆避險的能力，而必須在抗衡與扈從之間擇一。[7]

　　抗衡可以維護國家主權尊嚴，但是會帶來巨大的軍費開銷、沈重的聯盟負擔，以及對於盟友的過度依賴。在大國壓力還沒有達到最大限度的時候，抗衡有可能會產生反效果，刺激大國採取敵視的態度並對外展開更具侵略性的行為，使小國的噩夢成眞。另一方面，扈從會改善小國和強鄰的關係，減少直接受到攻擊的可能，但是卻會喪失本國外交的主權，成爲大國的附庸（Goldgeier, 1992）。在扈從當中有一種「狼狽爲奸」型（jackal bandwagoning），其中小國參與大國對於第三國的掠奪和侵略，雖然可以獲得若干實質利益，但是扈從的代價仍然存在（Schweller, 1994: 99-104）。

　　既然抗衡和扈從都各有利弊，究竟當一個小國在面對可能會兼併它的強鄰之時，會採取哪一種策略呢？大小政治實體模式希望從雙方關係的結構當中尋求答案。在《抗衡或扈從——兩岸關係新詮：從前蘇聯看台灣與大陸間的關係》一書當中，吳玉山以俄羅斯和其他前蘇聯共和國之間的關係作爲基礎，來發展出小國在面對可能併吞它的強鄰時，會採取抗衡或

---

[7]　另外一個被視爲小國對大國所可能採取的策略是「迴避卸責」（buck-passing），也就是小國讓其他國家先面對威脅採取行動，而本身則暫時觀望（Lind, 2004）。這樣的策略之所以可能，唯有在大國的壓力尚輕，而且還沒有針對小國提出要求的情況之下，因此只會是權宜和暫時的。

扈從策略的解釋架構。採取這樣一個分析架構的原因是第一，俄羅斯和周邊其他的前蘇聯共和國之間的關係與兩岸關係有相似的結構。俄羅斯與其鄰國是大小懸殊、國力差距極大的，而大陸和台灣也是。俄羅斯對於其周邊國家提出了侵犯性的主權要求，大陸對台灣也是（Wu, 1995b; 吳玉山，1997：24）。這表示從前者當中所獲得的觀察與結論是我們理解後者很好的參考。第二，前蘇聯是一個很好的實驗場，因爲環繞俄羅斯的 14 個前加盟共和國有極其相似的初始條件，然而又有很多明顯的差距，而它們在面對莫斯科時又表現出了幾個不同的模式。這使得我們在探討小國應對強鄰的策略選擇時，可以提出許多有意義的假設，同時又可以用實際的資料加以檢驗。

吳玉山在分析了前蘇聯 14 個共和國和俄羅斯聯邦之間的關係後，發現各國對莫斯科的態度基本上受到兩個條件的左右。第一個是各國和俄羅斯比較的相對經濟發展程度，第二個是各國在西方所獲得的支持。一般而言，經濟發展程度相較俄羅斯爲高的國家以及比較受到西方重視的國家從一開始就採取抗衡的政策，而且能夠持續，例如波羅的海三國（愛沙尼亞、拉脫維亞、立陶宛）。另一方面，經濟發展程度相對俄國爲低以及較不受西方重視的國家，基本上自始就採取扈從的態度（例如中亞五國的哈薩克、烏茲別克、土庫曼、吉爾吉斯與塔吉克）。介於其間的國家，或是不能堅持抗衡而逐漸轉爲扈從，或是搖擺於抗衡與扈從之間，或是採取騎牆政策（例如西部三國的烏克蘭、白俄羅斯與摩多瓦與外高加索的喬治亞、亞賽拜然與亞美尼亞）。[8] 除了經濟發展和西方支持這兩個基本條件

---

8　在這一群國家之中，烏克蘭與白俄羅斯由於經歷了顏色革命（2003 年 11 月喬治亞的玫瑰革命與 2004 年 11 月烏克蘭的橘色革命），產生了親西方的領袖（喬治亞的薩卡希維利 Mikheil Saakashvili 與烏克蘭的尤申科 Viktor Yushchenko），因此其對俄態度經常被視爲是類似波海三國，然而如果從其後共時期的長期發展來看，喬治亞與烏克蘭都是搖擺在親俄與拒俄之間，以前都有過力主與莫斯科親善的國家領袖（喬治亞的謝瓦那澤 Eduard Shevardnadze 與烏克蘭的庫其馬 Leonid Kuchma），而未來的發展也是充滿變數（吳玉山，2007）。在 2010 年尤申科下台，橘色革命時被推倒的對手亞努柯維奇（Viktor Yanukovych）當選總統之後，烏克蘭重新向俄羅斯傾斜，又再一次彰顯出烏克蘭在親俄和拒俄間搖擺的特性。

之外，國家的大小、俄裔在總人口當中所佔的比例、文化差異和歷史經驗等都相當程度地影響了各國的對俄政策，但是經驗研究發現這些因素都沒有經濟發展和西方支持這兩個基本條件來得重要。因此當國家大小等因素和兩項基本條件衝突的時候，後者終會決定各國的對俄政策。

基於這樣的理解，《抗衡或扈從》展開了對於兩岸經濟發展程度差距和西方（主要是美國）對於台灣支持程度的討論，並且驗證了這兩個因素也是決定台灣對大陸政策的主要條件。《抗衡或扈從》運用大小政治實體模式提出了四個結論。第一，對兩岸關係而言，台灣對於中國大陸只有抗衡和扈從兩種選擇，這是在權力不對稱和大陸對台灣提出主權要求的情況下所必然產生的結果；第二，在兩岸經濟發展程度差距仍大的情形之下，台灣傾向於抗衡；第三，如果美國也支持台北對抗北京的壓力，則抗衡的選擇更為明確；第四，在台灣內部有不同的政治勢力，分別主張不同的大陸政策，有些偏向抗衡，有些偏向扈從。這些政治團體和政治勢力的相對力量反映了台灣社會受到經濟和國際因素影響後所呈現的狀態。

吳本立強調不對稱的權力結構具有影響大小國相互政策的內建機制，吳玉山認為大小國的經濟發展程度差距與小國是否受到西方支持決定了小國對大國是採取「抗衡」還是「扈從」的政策。前者的主要史例是中越關係，而後者的經驗材料是來自俄羅斯和 14 個「近鄰」國家之間的關係。和吳玉山類似，蘇軍瑋試圖尋找在不對稱的權力結構下影響小國政策的因素。她檢視了歷史上明鄭和清朝之間的關係，把歷史的詮釋帶入權力不對稱的模式當中，更凸顯了當小國曾經是大國統治者的特殊情況之下，大小國關係會出現新的面向，也擴大了小國政策選項的範圍（蘇軍瑋，2008）。

對蘇軍瑋而言，大小國的不對稱權力對比不能夠單從現實主義來理解，不僅權力均衡的本身沒有辦法導引出具體的政策（如吳本立所論），經濟發展差距與外援的有無等現實的因素也無法拘束雙方的作為（如吳玉山所論）。從歷史上的兩岸關係（明鄭與清廷）來看，文化的系絡與名分和正統才是決定性的因素。蘇軍瑋研究的起始點是想要解答一個異常的現

象：「為什麼當清廷在中國大陸的統治逐漸穩定後，反而對於在台灣的明鄭採取了懷柔的政策？又為何明鄭在實力懸殊的情況下，卻屢屢對清廷採取強硬的態度，甚至不計後果地主動討伐？」這樣「不理性」的作為，顯然必須進入當時兩岸關係的歷史系絡當中才能夠加以理解。因此蘇軍瑋放開了一切現實主義的假設，以大量耙梳史料的方式，企圖還原當時雙方的決策心理。她所得到的答案，是令國際關係學者驚訝的。

蘇軍瑋參考了張啓雄的「名分秩序論」，認為在中華世界有其特殊的國際關係原理，與西方的現實主義傳統迥不相侔。這個原理是在歷史中形成，透過文化來傳承，深刻地沁入決策者的內心思維。在這個文化體系之下，中原王朝與四周鄰國的互動會出現幾個狀況：第一，當正統王朝國勢強盛而四周鄰國相對虛弱無力挑戰時，正統王朝的政策選項會是「懷柔」，而四周鄰國則會稱臣而為藩屬；第二，當中原和四鄰的權力對比發生改變，中原勢力下降、而挑戰者也正式登場時，雙方的政策選項都會向衝突面轉移，也就是中原試圖以武力鎮壓四鄰，而挑戰者也試圖以武力入侵中原，奪取正統；第三，如果雙方權力對比繼續轉變，中原正統可能易手，新王朝建立，此時掃蕩前朝餘孽刻不容緩，而原王朝則不容正統被篡奪，一心光復，雙方衝突正酣；第四，但是當新王朝根基鞏固後，即使面對原王朝的殘餘勢力，也可能釋出懷柔善意，希望能收拾人心；反而是原王朝孤臣孽子猶有效忠前朝之心，未必臣服。不過在時日推移之後，也有可能接受一定程度的朝貢臣屬地位，而尊新王朝為上國。就是在這樣的歷史和文化的系絡當中，我們才可以理解清鄭之間的和戰互動，看清楚為什麼清廷在大局底定之後，對明鄭屢屢用優渥的條件招降，而明鄭卻常保北伐之念，甚至於付諸行動。這兩個政策都是極端不符合雙方的權力地位的，卻在歷史文化的系絡當中獲得了解釋。至於前朝勢力最終可能稱臣，而新王朝也願意懷柔接受，則是表現在「援朝鮮例」的折衝樽俎上。當中原淪陷後，明鄭盱衡時勢，曾經提出了比照朝鮮的建議，願意作為大清的藩屬，但要求士民不薙髮。清廷為此數度與明鄭談判，甚至表明接受援

朝鮮例，但最終在薙髮一事上無法成立協議。[9]而明鄭的內部意見也不統一，因此以破局收場。明鄭與清廷的對抗，最終是清以武力征服了台灣。

在蘇軍瑋的論述架構當中，小國不是只有「抗衡」與「扈從」兩個政策選項，由於小國過去是大國的統治者，擁有正統名分，因此小國最自然的選項是「反攻光復」（rollback），而且在正統理念下，小國還會不計代價地試圖執行這個選項。這樣的動作，是無法從現實主義的架構中獲得理解的。它不是權力大小、經濟發展程度，或是外援有無等物質變項所能決定，而是歷史和理念所產生的影響。相對於吳本立和吳玉山的「唯物主義」觀點，蘇軍瑋的看法是比較「唯心主義」的。

不論是吳本立、吳玉山或是蘇軍瑋都將研究的焦點放置在決定權力不對稱關係中一方或雙方政策的變項，而唐欣偉的研究則是主要放置在討論一旦特定政策被選擇，則會產生怎麼樣的結果。唐欣偉歸納了大量的歷史證據，討論在強鄰威脅下的小國如何對應，與最終的發展結果。他提出了三個雙元變項：「大國侵犯性主權要求的種類」（兼併或羈縻）、「小國有無堅強盟友」（有或無），與「小國的回應方式」（是否讓步），並依此建立了八個發展路徑，和小國的五種最終結局（勝利自主、妥協、戰敗妥協、不戰而亡、戰敗滅亡）。根據六個史例（以色列對亞述、猶大對亞述、魏國對秦國、鄭國對楚國、捷克斯洛伐克對納粹德國，與芬蘭對蘇聯）和 47 個小國是否讓步的觀察值，唐欣偉發現大國其實對於小國多數以羈縻為滿足，並不會要求兼併，而小國也多不會選擇和大國相戰，也因此多數躲過了敗亡的結局。此外，外援的有無對於小國產生了很大的影響，使得小國傾向於不對大國讓步。他對於小國的政策建議是探求大國的意圖，並且據此規劃對其最有利的策略，並躲避最不利的厄運。唐欣偉的

---

9　順治 11 年（1654 年），鄭成功便向清廷提出了「援朝鮮例」的主張。到了康熙 16 年（1677 年），代表清廷的康親王傑書，由於體認到當時兩岸的對峙是起於鄭經等人堅持效忠於前朝的宗室與正朔，而與其他反清叛亂勢力不同，因此同意了明鄭所提之援朝鮮例，同意台灣「照依朝鮮事例」，「永為世好，作屏藩重臣」，但是在實際的運作方式上雙方始終沒有取得妥協。

討論其實並沒有處理是什麼樣的因素會促使小國採取這樣或那樣的政策，而只是推斷一旦特定的政策被採取，則搭配上特定的條件（例如外援的有無），會產生怎樣的結局，並且以此反推在一定的環境之下，小國應該採取怎樣的政策才是最為理性的。在他的史例當中，顯示出小國一般不會犯致命的錯誤，它們在現實的環境之下，一般會冷靜面對、努力求生。

上述的四個理論的建構，對於兩岸關係都具有適用性，或者根本就是意圖適用於兩岸關係，所以才搭建的理論架構。因此在接下來的討論當中，我們將集中於這四個模式如何適用於兩岸關係，以及它們是否能夠解釋台灣大陸政策的轉折。

## 肆、權力不對稱理論與兩岸關係

吳本立的理論是以中越關係為經驗基礎，試圖描繪出一個權力不對稱關係的發展軌跡。站在這個立場，它對於兩岸關係的適用性，自然應該從是否能正確地描繪過去兩岸關係的發展，以及是否能解釋兩岸關係的重大轉折來看。吳本立認為不對稱關係雖然容易造成對立甚至戰爭，但是其長期發展還是趨向於緩和化的，這和雙方都經驗或理解了對抗政策的代價有關，也和內在決策機制的轉換有關，但是主要的原因還是前者。這樣的描述，頗為符合兩岸關係的發展趨勢。從蔣中正與毛澤東的衝突（包括光復大陸與解放台灣的零和對抗）、到蔣經國與鄧小平的相峙（包括一國兩制與三不政策的頡頏）、李登輝與江澤民的互動（包括李六條與江八點的友善喊話，但也有戒急用忍與文攻武嚇的相互較量），陳水扁與胡錦濤的僵持（包括一邊一國與反分裂國家法的激盪），最後到馬英九與胡錦濤的和解（包括一中各表與惠台政策的交換），兩岸關係固然波濤起伏，但是大的趨勢還是走向緩和化。這不但是台北的態度，也是北京的基調。中國大陸面對台灣明顯地是大國，大國卻首先對小國表示懷柔（告台灣同胞書），甚至在國力對比向大陸傾斜時調子更軟（從鄧小平到江澤民再到胡錦濤），這些都很符合吳本立的理論。而台灣作為小國，始則堅持三不、

而後終止動員戡亂時期並且有限開放、繼而放棄與中共爭取中國主權而僅求取平等，最後回到一中各表以打開兩岸僵局，總體的發展方向也是趨於和解，而且有走向「以尊重換取承認」的態勢。這樣看起來，兩岸關係的走勢和吳本立所勾畫出的權力不對稱關係的演化路徑若合符節，而且在關係緩和的背後我們確實可以看到雙方不願意承擔劇烈對抗的後果。從這個意義來說，馬英九政府主和的新大陸政策確實是被吳本立的理論所預期到的。

　　不過，吳本立的看法雖然簡約，卻沒有細緻地觀察到政策轉變的機制和過程，以及大小國間除了權力地位以外的關係。由於權力不對稱是一個不變的結構，因此如何以權力不對稱（一個常數項）來解釋雙方政策和關係的轉變（一個變項），便成為一個理論上的問題。吳玉山的「大小政治實體模式」奠基於俄羅斯和 14 個近鄰國家之間的關係，其結論是大小國經濟發展程度的差距與外援的有無構成了近鄰各國對俄羅斯態度的關鍵。透過這兩個因素，吳玉山發現在前蘇聯的四組國家當中，波海三國經濟發展程度超越俄羅斯，又有西方最為堅實的奧援，因此對俄態度主要是抗衡。與此相反的，是經濟發展程度落後於俄羅斯、又缺乏西方支持的中亞五國，其對俄態度主要是扈從。介於波海和中亞之間的烏克蘭、白俄羅斯與摩多瓦三國與外高加索地區，則由於不論是經濟發展程度、或是與西方的關係都不如波海，但是超越中亞，因此其對俄態度就是處於抗衡和扈從之間，經常會在兩者之間擺盪。這樣的分析框架，使得大小國的背景中出現了變項，而這個變項對於俄羅斯與近鄰各國之間的關係是有解釋力的。

　　如果把「大小政治實體模式」運用到兩岸關係來看，決定台灣對中國大陸政策態度的，便是兩岸經濟發展程度的差距與美國對於台灣的支持。在這兩個因素之中，美國的態度有其相當的一致性，就是官方承認北京、但是給予台北實質的安全保障。美國不論其如何對中國大陸友善，不會放棄軍售台灣；又不論如何支持台北，不會改變其「一個中國」的政策。這樣看起來，影響兩岸關係最大的，就是雙方經濟發展程度的差距了。由於此一差距在 1990 年代之後出現了極大的改變，台灣的領先幅度快速減少，因此台灣對中國大陸的抗衡政策勢必會改弦更張。也就是經濟因素在

過去是使得台灣畏懼和中國大陸接近的重要原因，因為恐懼貧窮的大陸會汲取台灣的資源，但是在二、三十年的快速發展後，大陸的經濟力量已經取得了全球第二的地位，平均所得快速增長，經濟因素反而成為台灣和中國大陸接近的重要原因，而在國內政治中形成改善兩岸關係的重大驅力。此種力量，不論是藍綠政府都無法壓制，只不過民進黨力圖減緩其衝擊，而國民黨則樂意迎接擁抱。於是當國民黨在 2008 年取代民進黨執政後，台灣便在經濟的巨大誘因下大幅改善兩岸關係。

　　兩岸關係的緩和固然可以從權力結構（吳本立）和經濟發展程度（吳玉山）來看，但是緩和的前提還是要解決最為困擾雙方的地位問題，也就是蘇軍瑋的理論架構中所提到的名分爭議。蘇軍瑋認為當中原王朝與四裔的挑戰者勢力相當的時候會彼此殺伐，視若寇讎；而一旦中原易主，新王朝鞏固了其統治地位之後，只要舊朝勢力願意承認新朝的正統，新朝有可能對之採取懷柔的政策。在另一方面，舊朝的孤臣孽子固然在一段時期還是會懷抱匡復之心，甚至興師討伐新朝，但是在大局逐漸穩定之後，舊朝勢力也會現實地調整對新朝的態度。此時雙方便有可能透過妥協而達到均衡，這在明鄭與清廷的互動關係中使是對於「援朝鮮例」的討論。雖然此一折衷最後沒有成局，但是明鄭和清廷在這個議題上的談判還是代表一個發展的方向和一個可能的妥協。三百多年後的兩岸關係，在許多方面和明鄭與清廷之間的關係有相似之處，例如同樣是台灣與中國大陸的政權相互對峙、同樣出現了新舊政權的相爭和不完全的政府繼承、同樣經歷過戰爭和談判，又同樣處於一個大的中華文化傳統之下。因此，當中共政權在大陸上以及在國際上都取得了穩固的合法性地位之後，也會仿效歷史上新創的中原王朝，對四裔招撫，而未必有意兼併。至於台灣，雖然經歷了一段以反攻大陸為至高國家目標的時期，但是在大局底定後，也不能不尋求和對岸的妥協。三百多年前，明鄭與清廷的妥協是表現在「援朝鮮例」的談判之上，三百年多後，兩岸間或許可以取得一個當代的「援朝鮮例」作為雙方名分的均衡。在大陸方面，表示同意與台灣擱置爭議，並接受「九二共識」便是一個懷柔的動作；而在台灣方面，馬政府在認知國際上對「中國」的一般理解之下仍然表示願意接受「九二共識、一中各表」，這也是

一個姿態上的妥協，表明不挑戰北京的底線，但是也為自身的名分地位留一個餘地。這樣的發展趨勢，是雙方都在試探在名分地位上取得一個彼此都能夠接受的妥協，也都認識到雙方權力地位的差距，因此在精神上與當年明鄭和清廷的互動折衝是有其類似之處的。不過當年雖然有「援朝鮮例」的談判，最後還是以施琅的水師決定了兩岸之間的結局。現在兩岸之間的緩和，放在歷史的比較中來看，實在不表示未來就會沒有衝突，特別是當談判開始進行一段時間，但是卻終告破裂之後。

　　唐欣偉的理論不對決定大小國政策的原因進行探討，而是專注於特定政策所產生的後果，不過基於理性抉擇，一旦瞭解政策和結局之間的關連，便可以得出一定的政策建議。在這樣的理論框架當中，如果能夠確認大國的態度是兼併或是羈縻，則小國可以依外援的有無，來決定對大國的策略，以爭取自己的最大利益。唐欣偉對於中國大陸對台政策的判斷是羈縻，這個判斷在胡錦濤時代「防獨重於促統」的宣示之後變得更為清晰。在大國羈縻的情況之下，小國是否有堅強的盟友至關緊要。如果此一盟友存在，則台灣堅持不對大陸讓步的結果是有可能出現「勝利自主」的情況。但是美國並非台灣的真正盟友，而是在特定情況下對台灣的安全表示承諾的另一大國，美中關係的改變或是美國對台承諾的變化都有可能削減此一外在助力。在這種情況之下，台灣便有可能落入戰敗妥協的不利地位。唐欣偉因此建議在中國大陸維持羈縻的情況之下，趁著美國對台承諾尚強，與中國大陸尋求妥協。而不是當情境轉而為對台灣不利（羈縻變成兼併、盟友不再）之時再來尋求妥協（唐欣偉，2000：125）。馬政府在民進黨執政八年後掌權，眼見中國大陸願意維持現狀羈縻台灣，而不急切地求取統一，而美國政府的對台態度雖然有所起伏，但是基本的承諾仍然維繫，因此從此一理論架構來看，對台灣的最佳選擇是即時與對岸妥協，而不是迫使美中雙方為了台灣議題而揭露底線。簡而言之，馬政府的新大陸政策是小國理性抉擇、分析利害的結果。

　　上述四個權力不對稱理論對於兩岸關係都具有相當的適用性，而對於國民黨重新執政後的政策轉折也有相當的解釋力。不過由於它們都強調權力不對稱的雙邊結構，因此對於其他兩岸關係的重要屬性（法律上的統一

架構、經濟上的高度整合、賽局中的戰略互動）、大小國內部的政治過程
（政治心理的認同變遷、經濟交往的政治影響、選票極大化的選舉策略）
與國際環境的影響（國際體系的重構、戰略三角的均衡）都不可能充分地
觀照。對兩岸關係完整的理解，顯然需要讓權力不對稱理論和其他的研究
途徑相互對話與補充。在下面一節的討論當中，我們將指出權力不對稱理
論如何可以增益其他的兩岸關係研究途徑，而構成更有解釋力的論述。

# 伍、理論的相互增益與補充

　　台灣與中國大陸間的大小懸殊無可避免地對於兩岸關係產生了極其重
大的影響。如果我們站在分裂國家的角度來分析兩岸關係，並且引兩德、
兩韓與兩越的事例來與兩岸相比照，我們會發現台灣與大陸是權力關係最
不對稱的一組分裂國家。這個事實對於分裂國家間的關係發展會產生重大
的影響，因為在分裂國家中小的一方具有自然的傾向會想要脫出一國的框
架，而與大的一方不同。這是因為大的一方在雙方角逐對全國的代表性時
居於先天優勢的地位，而小的一方則居於劣勢。當小的一方理解本身無法
在代表性競賽中獲勝後，容易試圖脫出舊賽局，以建立新國家的方式來重
起爐灶，擺脫大的一方的糾纏。在分裂國家的幾個最重要事例當中，如果
以人口來看，兩越是最為平均的，約為一比一，南韓的人口約為北韓的兩
倍，西德的人口則為東德的三倍，至於中國大陸的人口更高達台灣的 58
倍。這樣看起來台灣有最大的誘因要脫出「一中」的局面，東德則其次。
在事實上，確實東德也試圖切割本身和西德的關係，認為二者是兩個不同
的國家，但是西德則一直維持一個統一德國的框架。同樣的傾向也發生在
兩岸之間，而是以爭取台灣獨立的方式顯示出來。在討論分裂國家的諸般
理論當中，有提出演進論者，認為分裂國家間會逐步減少對抗，並正常化
彼此間的關係（Henderson, Lebow, and Stoessinger, 1974）。而如果以德國
的例子來看，甚至會走向統一。可是如果我們將權力不對稱的因素加入其
中，便會發現在小的一方容易出現脫出統一框架的行動，結果是雙方未必

會逐步接近。很顯然地，納入權力不對稱的因素對於分裂國家間關係的演進會產生重大的影響，對於理論的衝擊極爲巨大，甚至可能改變預測的方向。

如果我們是以整合理論來作爲分析的工具，則是否加入權力不對稱的因素也會帶來關鍵性的影響。在整合理論當中，一個核心的問題便是經濟等較低層次的整合是否可以帶來政治等高層次的整合（亦即「外溢」，spill-over）？眾所周知「功能主義」與「新功能主義」在這個問題上的看法是有差距的，前者強調科技與經濟發展的功能需求會帶來國際合作與政治整合，而後者則特別強調政治力所扮演的角色以及結局的不確定性（Haas, 1964）。然而在這些討論當中，並沒有特別觀照權力不稱國家間的整合。由於整合後新成員在組織中的決策權力會依國家大小而不同，因此對於小國而言，整合後喪失自主權的憂慮是遠大於大國的。當「外溢」被視爲可能的時候，小國會特別在意其較小的經濟規模是否會反映爲較小的政治權力，以及其主權是否會因此被侵蝕。在 19 世紀普魯士所倡議的關稅同盟，與在第一次與第二次世界大戰之間德國對東歐國家所採取的經濟統合政策都顯現出小國可能在經濟整合下喪失獨立地位（Wu, 1995a）。這也正是台灣許多反對和中國大陸經濟整合者所懷有的深層憂慮。這樣的憂慮可以強化小國中政治力對於整合的反動，結果對整合的過程帶來更大的變數。

權力不對稱對於賽局理論也會產生影響。論者對於兩岸互動常有用不同的賽局來加以詮釋，最常被提及的便是「囚徒困境」（Prisoner's Dilemma）與「僵局」（Deadlock）（包宗和，1990）。這兩種賽局的偏好列等有一個明顯的差異。在囚徒困境當中，「相互合作」優於「相互對抗」（DC > **CC** > **DD** > CD），而在僵局中卻是「相互對抗」優於「相互合作」（DC > **DD** > **CC** > CD）。DD 的位置相當程度上決定了這個賽局的對抗性，所以僵局的對抗性是高於囚徒困境的。如果我們把 DD 的位置排在最後，則這將會是「膽小鬼」（Chicken）賽局，由於衝突的偏好列等最低，因此這個賽局的對抗性是比囚徒困境更低的。在兩岸關係當中，大小方的權力差距當然會影響到對小國而言 DD 的效益。可以想像的是，

一旦大小權力對比發生對小的一方更不利的轉變，則 DD 的效益一定降低，而如果小的一方原先的偏好順序是僵局（DC > **DD** > **CC** > CD），則權力對比轉變後有可能成爲囚徒困境（DC > **CC** > **DD** > CD），或是膽小鬼（DC > **CC** > CD > **DD**）。當賽局變化的時候，玩家的策略當然就發生轉變。因此權力不對稱的加大，會使玩家的效益和偏好列等發生變化，從而改變其策略，因此讓小的一方更傾向於和大的一方合作，而不是對抗。這是權力不對稱和賽局理論結合後對兩岸關係的預測所產生的影響。

如果我們從國內政治心理的角度來看兩岸關係，則權力不對稱的因素更是顯得重要。所有的研究調查都顯示，在台灣人民的身分認同上，排他的中國意識（exclusive Chinese identity）逐漸減弱，而排他的台灣意識（exclusive Taiwanese identity）則逐漸上升。既認同中國又認同台灣的雙認同長期以來維持近半數的比例，但那是由於不斷地從中國認同的一塊獲得補充，又不斷地釋出支持給台灣認同。這樣的趨勢不斷繼續，一旦當中國認同降到最低點，而無法持續供給雙認同新的補充之時，一定會使得雙認同也不可避免地下降（吳玉山，2001）。爲什麼會造成這個原因，可能的因素很多，包括台灣的民主化、政黨的操作、領導階層的示範帶領等，然而最大的原因卻是由於兩岸權力大小的差距，使得「中國」的身分被對岸所佔據，在必須要區分彼此的時候，台灣只好從中國的身分中脫出，以免被視爲對方的一部分。以往在國民黨威權統治的時代，台灣的經濟地位強過對岸，又號召文化的正統，並且提倡中國民族主義，所以中國認同還可以維持。但是當台灣民主化的時候，對岸也厲行經濟改革、加入國際社會，雙方大小的態勢逐漸明顯，中國崛起成爲舉世矚目的現象，而台灣的排他性中國認同便無以爲繼。在國際場合中，中華民國不敵中華人民共和國，正是雙方權力差距的反映，而當中國的名號被奪，世界上絕大部分地區都以對岸爲中國、此岸爲台灣之時，排他性的台灣認同自然勃興。所以政治心理的變化與認同身分的移轉，都是隨著兩岸權力差距的擴大而產生的。

從政治經濟學的角度來看兩岸關係與台灣的大陸政策，會發現雙方經濟權力的差距也是構成整個理論預測方向轉變的重要因素。在大陸還沒有

展開經濟改革之前，雙方的經濟接觸並不存在，無論台灣的工商勢力是否對於當時的發展型國家具有重大的影響，都不至於構成推動兩岸關係的重要驅力。但是當對岸的經濟改革迅猛展開、台資大舉登陸，並且對於大陸的加工作業或本土市場產生依賴之後，經濟利益便驅使工商團體要求更進一步地開放大陸政策（Leng, 1996）。這個趨勢是如此之強，即使是對於對岸充滿疑懼的民進黨政府也不敢捋其纓，而只能在「積極開放、有效管理」與「積極管理、有效開放」之間躊躇，卻眼看著台灣在經濟上更為依靠對岸。雙方經濟實力的消長，驅使著台灣更進一步地融入大中華的經濟圈，也迫使政府不斷地調整其大陸政策。因此經濟權力的不對等從政治經濟學的角度來看也是驅動兩岸關係與台灣大陸政策的重要因素。

　　從選票極大化的角度來看兩岸關係，基本上是揉合了上述政治心理（認同身分）和政治經濟（利益）的觀點，也就是當選舉競爭來臨的時候，相互競爭的政黨會在認同與利益的軸線上各佔一個對於本身最有利的位置，以此求取其選票的極大化。在台灣面對中國大陸時，其認同與利益的發展方向卻正好相反，結果構成了一個特殊的政治結構，使得藍綠雙方都有其利基，也有其弱點。由於台灣的身分認同是向遠離中國大陸的方向發展，而民進黨擅長於號召本土，因此便有可以著力之處。然而另一方面，台灣的經濟卻不斷地趨近和融入中國大陸的經濟體，創造了巨大的要求改善兩岸關係的利益和驅力，在這一方面，則正是國民黨所專擅。於是雙方在兩岸關係上的主張，一則強調認同與主權、一則強調利益與雙贏，各擅勝場又各有弱點。於是從選票極大化的角度來看，台灣的選舉競爭對於兩岸關係的影響，是當綠執政時為了動員支持基礎會擴大認同議題，而當藍執政時則為了證實本身可以妥善處理兩岸關係、有利台灣的經濟而主張兩岸休兵、經濟掛帥（Wu, 2005）。前者產生疏離對岸的效果，後者則拉近了兩岸的距離。由於藍綠輪流執政，因此台灣就出現了和對岸政治心理疏離、經濟利益趨近的相反傾向。這是權力不對稱透過政治心理和政治經濟，並經由選舉競爭的機制所產生的綜合結果。

　　站在國際體系的角度來看，如果我們接受了權力不對稱作為體系的主要組成原則，則我們觀察的重點會從「極」與「極」之間的互動轉到

「極」與本集團內部中小國家之間的互動。如吳本立所言，權力不對稱是原則，對稱才是例外，因此接受不對稱作為國際體系的主要組成原則會使得我們觀察的眼光產生很大的轉變。在東亞體系內，這樣的理解使得傳統東方國際體系、或是「中華世界」（天下）的概念重新浮現，長期不對稱之下「階層性」將會取代「無政府」，產生一個和西方主導的國際體系迥異的新秩序（Kang, 2001, 2004, 2007）。如果接受這樣的觀點，則兩岸關係將被重新界定，兩岸之間的權力不對稱將會被放置到傳統中國和四裔間的不對稱關係中來看待。有趣的是，中國大陸作為崛起的大國，在主觀上最有可能採取這樣的眼光。當然如果從國力來看，在東亞很長一段時間將不會出現以中國大陸獨大的區域國際體系，而是中日並立的兩極體系（Womack, 2009: 12）。但是從長遠的發展來看，傳統中華世界的重現在東亞是有可能的。兩岸之間如何互動，將會感染上越來越多的歷史痕跡與東亞特色。

　　如果我們從戰略三角的觀點來看兩岸關係，則引入權力不對稱的意義是建構了「權力不對稱下的戰略三角模型」（紀凱露，2005；Womack and Wu, 2007）。在傳統的戰略三角理論當中，要探知三角關係的穩定會加總三個行為者的角色效益，例如在羅曼蒂克三角中兩個側翼（wing，效益較低）和樞紐（pivot，效益最高）的效益總和便是這個戰略三角穩定度的指標。但是這樣做的結果是假定三者的效益對於整體三角結構的穩定性有同樣的影響，而沒有區別大小行為者的差異。如果引進了權力不對稱的因素重構戰略三角模型，則我們計算戰略三角穩定度的時候，便會以國家的國力作為權重。這樣計算的結果，會發現一個以大國為樞紐、小國為側翼的羅曼蒂克三角會比一個以小國為樞紐、大國為側翼的羅曼蒂克三角具有更高的穩定性。當大小國國力更為拉開的時候，以國力作為權重的戰略三角會在穩定性上出現更大的波動。運用到美中台三角關係上，如果假設美中的權力距離逐漸縮短，而兩岸的權力差距卻逐漸拉大，則在此國力配置下，最有可能出現的三邊關係發展將是「以台灣為孤雛的結婚型三角」（總體效益與穩定性第一）取代了「以美國為樞紐的羅曼蒂克三角」（總體效益與穩定性第二）。這意味者台灣的地位將會被邊緣化。像這樣

的戰略三角趨勢，在沒有加入權力不對稱因素的時候是不會顯現出來的。

## 陸、結語

在前述的分析當中，確認了兩岸關係的不對稱性，並將不對稱的討論集中於大小國關係。我們論證了權力不對稱是國際關係的常態，並且提出了四個權力不對稱的理論架構。接下來我們將這四個理論途徑應用到兩岸關係，並檢查了其適用性。最後，我們探討了權力不對稱理論如何增益和補充其他的兩岸關係途徑。從上述的討論中我們清楚地發現，權力不對稱是兩岸關係中結構性的常態，是任何探討兩岸關係的理論所不能忽視的關鍵性因素。因此在瞭解兩岸關係和發展兩岸關係的研究理論時，都必須清楚地面對和納入權力不對稱的因素。這個因素在對岸崛起並和台灣不斷拉開權力差距的過程中，是越來越不可輕忽的。

# 參考書目

王高成，2004，〈中共不對稱作戰戰略與台灣安全〉，《全球政治評論》
　　（6）：19-34。

包宗和，1990，《台海兩岸互動的理論與政策面向》，台北：三民。

何輝慶，2002，〈不對稱結構下的兩岸談判〉，《國家發展研究》1
　　（2）：103-134。

吳玉山，1997，《抗衡或扈從──兩岸關係新詮：從前蘇聯看台灣與大陸
　　間的關係》，台北：正中。

吳玉山，1999，〈台灣大陸政策：結構與理性〉，包宗和、吳玉山
　　（編），《爭辯中的兩岸關係理論》，台北：五南，頁153-210。

吳玉山，2001，〈兩岸關係中的中國意識與台灣意識〉，《中國事務》
　　（4）：71-89。

吳玉山，2007，〈顏色革命的許諾與侷限〉，《台灣民主季刊》4（2）：
　　67-112。

呂冠頤，2003，《現狀霸權與崛起強權互動模式之研究：一個理論與歷史
　　的分析途徑》，台北：台灣大學政治學研究所碩士論文。

李黎明，2002，〈中共對軍事「不對稱」概念的認知與觀點〉，《遠景基
　　金會季刊》3（4）：145-172。

林宗達，2004a，〈以劣勝優──中共運用軍備數量優勢對抗質量優勢之
　　不對稱作戰〉，《中共研究》38（12）：79-91。

林宗達，2004b，〈中共集中優勢的戰術運用──以弱擊強之不對稱作
　　戰〉，《展望與探索》2（10）：62-83。

紀凱露，2005，《權力不對稱戰略三角互動模式之研究──以冷戰時期美
　　中蘇三角與後冷戰時期美中台三角為例》，台北：台灣大學國家發展研
　　究所碩士論文。

唐欣偉，2000，《強鄰威脅下的小國對應策略模式之個案研究》，台北：
　　台灣大學政治學研究所碩士論文。

翁明賢，2000，〈我國新世紀的不對稱國防戰略思維〉，《政策月刊》
　　（56）：28-31。

國防部，2009a，《四年期國防總檢討》，台北：國防部，http://www. mnd.gov.tw/QDR/。檢索日期：2009 年 3 月 28 日。

國防部，2009b，〈國防部首次「QDR」，建立四年一期檢討機制〉： http:// www.mnd.gov.tw/Publish.aspx?cnid=67&p=33075。檢索日期： 2009 年 3 月 21 日。

張執中，2001，〈不對稱談判權力結構下的強制策略：以中共「不放棄對 台動武」爲例〉，《東亞季刊》32（3）：1-29。

張祥山，2006，〈非傳統不對稱安全威脅初探〉，《展望與探索》4 （4）：34-49。

郭秋慶，2007，〈比利時的小國外交之研究〉，《台灣國際研究季刊》3 （4）：91-109。

陳華凱，2001，〈「不對稱」戰略思維與運用──中共對台「信息心理 戰」之分析〉，《共黨問題研究》27（6）：47-58。

劉必榮，1993，〈不對稱結構下的談判行爲分析〉，《東吳政治學報》 （2）：219-267。

劉必榮，2008，《國際觀的第一本書：看世界的方法》，台北：先覺。

蔡昌言、李大中，2007，〈不對稱戰爭相關理論及其應用於中國對台戰略 之研析〉，《遠景基金會季刊》8（3）：1-24。

鄧定秩、呂芳城、陳偉寬、陳敬強、劉榮傳、謝台喜，2006，〈中共不對 稱作戰之發展與威脅〉，《中共研究》40（11）：101-118。

蘇軍瑋，2008，《清朝與明鄭和戰互動策略兼論其對兩岸關係的啓示》， 台北：台灣大學政治學研究所碩士論文。

Amstrup, Niels. 1976. "The Perennial Problem of Small States: A Survey of Research Efforts." *Cooperation and Conflict* 11(2): 163-182.

Chan, Steve. 2008. *The U.S. and Power-Transition Theory: A Critique*. Abingdon, UK: Routledge.

Goldgeier, James M. 1992. "Balancing vs. Bandwagoning in the Former Soviet Union." Paper presented at the 1992 Annual Meeting of the American Political Science Association, September 3-6, Chicago.

Haas, Ernst B. 1964. *Beyond the Nation-State: Functionalism and Internation-*

*al Organization*. Stanford, CA: Stanford University Press.

Henderson, Gregory, Richard Ned Lebow, and John G. Stoessinger, eds. 1974. *Divided Nations in a Divided World*. New York, NY: D. McKay.

Hey, Jeanne A. K., ed. 2003. *Small Sates in World Politics: Explaining Foreign Policy Behavior*. Boulder, CO: Lynne Rienner.

IMF. 2008. World Economic Outlook Databases, http://www.imf.org/external/ns/cs.aspx?id=28 (accessed March 12, 2009).

Ingebritsen, Christine, Iver B. Neumann, Sieglinde Gstohl, and Jessica Beyer, eds. 2006. *Small States in International Relations*. Seattle, WA: University of Washington Press.

Kang, David. 2001. "Hierarchy and Stability in Asian International Relations." *American Asian Review* 14(2): 121-160.

Kang, David. 2004. "The Theoretical Roots of Hierarchy in International Relations." *Australian Journal of International Affairs* 58(3): 337-352.

Kang, David. 2007. *China Rising: Peace, Power and Order in East Asia*. New York, NY: Columbia University Press.

Keohane, Robert O. 1984. *After Hegemony: Cooperation and Discord in the World Political Economy*. Princeton, NJ: Princeton University Press.

Kindleberger, Charles P. 1986. *The World in Depression, 1929-1939*, revised and enlarged ed. Berkeley, CA: University of California Press.

Kuik, Cheng-Chwee. 2008. "The Essence of Hedging: Malaysia and Singapore's Response to a Rising China." *Contemporary Southeast Asia: A Journal of International and Strategic Affairs* 30(2): 159-185.

Leng, Tse-Kang. 1996. *The Taiwan-China Connection: Democracy and Development Across the Taiwan Straits*. Boulder, CO: Westview.

Lin, Cheng-yi. 1995. "Taiwan's Security Strategies in the Post-Cold War Era." *Issues and Studies* 31(4): 78-97.

Lind, Jennifer M. 2004. "Pacifism or Passing the Buck? Testing Theories of Japanese Security Policy." *International Security* 29(1): 92-121.

Matthews, Lloyd J. 1998. *Challenging the United States Symmetrically and*

*Asymmetrically: Can America be Defeated?* Carlisle Barracks, PA: U.S. Army War College.

Mearsheimer, John J. 2001. *The Tragedy of Great Power Politics*. New York, NY: W. W. Norton & Company.

Meigs, Montgomery C.著，劉廣華譯，2003，〈不對稱作戰的非正統思維〉，《國防譯粹月刊》30（9）：53-64。

Organski, A. F. K. 1958. *World Politics*. New York, NY: Alfred A. Knopf.

Organski, A. F. K. and Jacek Kugler. 1980. *The War Ledger*. Chicago, IL: University of Chicago Press.

Schweller, Randall L. 1994. "Bandwagoning for Profit: Bringing the Revisionist State Back In." *International Security* 19 (1): 72-107.

Tammen, Ronald L., Jacek Kugler, Douglas Lemke, Allan C. Stam III, Carole Alsharabati, Mark Andrew Abdollahian, Brian Efird, and A. F. K. Organski. 2000. *Power Transitions: Strategies for the 21st Century*. Chatham, NJ: Chatham House Press.

Vital, David. 1967. *The Inequality of States: A Study of the Small Power in International Relations*. Oxford, UK: Clarendon Press.

Walt, Stephen M. 1987. *The Origins of Alliances*. Ithaca, NY: Cornell University Press.

Waltz, Kenneth Neal. 1979. *Theory of International Politics*. New York, NY: McGraw-Hill.

Womack, Brantly and Yu-Shan Wu. 2007. "Asymmetric Triangles and the Washington-Beijing-Taipei Relationship." Paper presented at the 36th Taiwan-U.S. Conference on Contemporary China, June 1-2, Denver, Colorado.

Womack, Brantly. 2001. "How Size Matters: The United States, China and Asymmetry." *Journal of Strategic Studies* 24(4): 123-150.

Womack, Brantly. 2003/2004. "China and Southeast Asia: Asymmetry, Leadership and Normalcy." *Pacific Affairs* 76(4): 529-548.

Womack, Brantly. 2006. *China and Vietnam: The Politics of Asymmetry*. Cambridge, NY: Cambridge University Press.

Womack, Brantly. 2009. "China Between Region and World." *The China Journal* (61): 1-20.

Wu, Yu-Shan. 1995a. "Economic Reform, Cross-Straits Relations, and the Politics of Issue Linkage." *In Inherited Rivalry: Conflict Across the Taiwan Strait*, eds. Tun-jen Chen, Chi Huang, and Samuel S. G. Wu. Boulder, CO: Lynne Rienner, pp. 111-133.

Wu, Yu-Shan. 1995b. "Theorizing on the Political Economy of Cross-Strait Relations: An Analogy with Russia and Its Neighbors." *Issues and Studies* 31(9): 1-18.

Wu, Yu-Shan. 2005. "Taiwan's Domestic Politics and Cross-Strait Relations." *The China Journal* 53: 35-60.

Zhu, Zhiqin. 2006. *US-China Relations in the 21st Century: Power Transition and Peace*. London, UK: Routledge.

# 第三章
# 分裂國家模式之探討

張五岳

## 壹、前言

　　二次大戰結束後，國際政治上出現了德、韓、越、中等四個著名的「分裂國家」（divided nations/divided countries）。這四個分裂國家相較於眾多因種族、宗教、殖民而分裂的國家，其共同的特色爲：第一，在國家分裂前，分裂雙方原係一個擁有共同語言、歷史、文化與長期統一經驗的國家社會單位，亦即在分裂前，其國民意識與國家權力結構，都是一個完整的單位；第二，國家的分裂不管是國際安排或內戰所致，皆未經雙方人民的同意而產生；第三，分裂雙方（或至少一方）皆不斷明白宣示，以結束國土分裂，追求國家再統一爲其國策（1968 年之後的東德則明白宣示放棄統一政策改採分割獨立的政策）；第四，分裂雙方各自信奉不同意識型態，採行互異的政、經、社體制，使得雙方各項發展截然不同；第五，分裂雙方皆由於國際強權的介入，使得雙方的互動與統一均涉及到列強的權力平衡；第六，分裂雙方所衍生的各項重大問題（如主權、領土、繼承等），不僅在傳統國際政治上所未見，亦爲傳統國際法所無由加以完全規範（張五岳，1992：2-3）。

　　分裂國家分裂雙方（或一方）以結束國家分裂爲其目標，不時宣示其爲該國之唯一合法政府，並於法理上涵蓋其實際上未能有效控制之另一法律與政治實體管轄下之領域（趙國材，1989：28-29）；亦即分裂雙方（或一方）對其從未行使有效管轄權之區域仍然堅稱擁有主權。基於「兩件東西不能在同一時間佔有同一空間」（two objects cannot occupy

the same place at the same time）的普遍不變的實體法則（rule of physical
law），主權問題乃成為分裂國家分裂雙方關係正常推展與對外關係上最
為重要因素。

　　在傳統國際法中，主權意味著國家的自主或獨立。不言而喻，只有國
家才能要求享有主權（不論是對內或對外），沒有比國家更高的機構（廖
瑞銘，1987：533）。傳統主權乃謂至高無上的權力，對內有超越一切的
統治性，對外則有不受侵犯的絕對獨立性；其更具有永久性、普遍性、不
可分割性、不可限制性及不可移轉性（鄒文海，1988：151-154）。近代
若干國際法學者則認為，國際法的進步與國際和平的維持，必須要國家交
出其一部分的主權。在今日，主權為國家保有在國際法所規定範圍下之
「剩餘權力」，因現在幾乎沒有一個國家不接受基於國際社會利益對其活
動自由的限制，而使主權觀念受到若干調整，惟一般咸認為，主權既然為
國家之基本屬性，且為對內、對外之最高權力，則每一個國家最多只能擁
有一個完整主權。但近年來，伴隨著全球化的浪潮，特別是歐盟等政經整
合的的加速開展，也使得傳統的主權觀備受檢視。

　　在分裂國家中，我們必須清楚區分：「德國模式」的東、西德以及
「韓國模式」中的南、北韓，這兩種模式的分裂雙方在不同階段對彼此定
位乃至在外交上的互動也不完全相同。在台海兩岸關係處於關鍵轉折時
刻，當年的東西德互動模式與如今南北韓的互動模式，是否具有參考作
用，雖屬仁智互見，但此一議題仍是眾所關注的的課題。自十年前〈分裂
國家模式之探討〉一文發表後，隨著時間的推移，統一的德國在歐盟中持
續扮演關鍵性的角色，兩韓也發展到進行兩次最高領導人的會談。南韓總
統金大中雖然曾經在 2000 年，因為「兩金會談」得到諾貝爾和平獎，但
朝鮮半島仍處於時而和解、時而動盪的情勢。台海兩岸關係在歷經 1997
年 7 月 9 日的特殊兩國論，及民進黨政府取法當年東德政府「去德國化」
而提出的「正名」、「制憲」等政策訴求後，不僅使得兩岸關係始終處在
互信不足與氣氛緊繃的狀態中，也讓台海的和平頓時成為國際社會關注的
焦點。

　　2008 年台灣大選前夕，北京形容兩岸關係爲「形勢嚴峻」處於歷史「高危期」。2008 年 3 月 22 日台灣總統大選揭曉，國民黨籍的馬英九先生當選。5 月 20 日馬英九正式就職，6 月兩岸兩會在北京正式恢復自1999 年中斷的協商。在馬英九總統第一任任期內，從 2008 年 6 月至 2011年 10 月，作爲兩岸政府所授權的海基會與海協會，總共舉行了七次最高層級的「江陳會談」，共計簽署 16 項協議與一項共識。這些協議的簽署項不僅標誌著兩岸關係從以往「單向」、「間接」、「局部」、「短期」，邁向「雙向」、「直接」、「全面」、「長期」新的歷史性里程碑，也促成了兩岸人流、物流、金流的正常雙向交流，這也讓台海的和平穩定成爲國際社會關注的焦點。2012 年台灣舉行總統大選，相較過去四次大選，2012 大選與以往最大的差異在於第一，此次大選兩岸關係議題不僅前所未見的凸顯，更首度成爲競選的主軸與藍綠雙方勝敗的重要關鍵因素。第二，以往兩岸議題在總統大選中總是跟統獨、族群與安定等意識型態緊密掛勾，但 2012 大選兩岸議題除了和平安定議題外，也首度跟外交、經濟、民生、就業、交流等議題緊密相扣。第三，在朝野對兩岸議題的攻防上，2012 大選以涉及到兩岸定位與協商基礎的「九二共識」，作爲朝野雙方攻防最爲關鍵議題之所在。因此，不少國際社會暨兩岸政府與主要輿論，都把此次台灣總統大選視爲台灣選民對於馬政府兩岸關係與九二共識的信任投票；也認爲，馬政府既然取得選民的選舉委任，應持續穩定地推動兩岸關係的發展。

　　相較於台灣方面，在兩岸關係氣氛緩和之際，中共領導人胡錦濤在2008 年 12 月 31 日更提出「胡六點」，強調兩岸和平發展的重要性。雖然中共訂於 2012 年下半年召開中共「十八大」，習近平也將正式接班，一般認爲在對台政策上短期內仍將是「胡規習隨」。就北京領導人而言，自從「胡六點」提出後，在兩岸步入「和平發展的軌道」，開創和平發展的里程碑，朝向最終的「和平統一」，策略方法與最終目標是清晰而明確的。就中共對台政策而言，兩岸經貿上的正常化與制度化，暨兩岸政治關係的和平與穩定同樣重視，經濟與政治的齊頭並進正是推進「和平發展」的「雙軌」。面對兩岸可能的互動格局，無論是兩岸經貿、社會、文化的

協商與交流，抑或未來可能觸及兩岸定位、外交、軍事等議題，吾人更應再度省思，分裂國家德、韓模式對兩岸的適用性與借鏡之處。

# 貳、分裂國家模式相關研究

由於兩德、兩韓與兩岸皆為分裂國家，因此國內外有關於分裂國家的相關研究可謂汗牛充棟，雖然在 1970 年代以前，即有不少有關於德國、韓國與中國的文章與著作，然這些文章與著作大都側重在歷史觀點的探討與描述。分裂國家的概念與模式並未被明確的提出與討論。迨 1969 年威利布蘭德（Willy Brandt）總理上台，大力推動「東進政策」，促成 1972 年兩德簽訂《基礎條約》，而 1972 年南、北韓亦開始進行紅十字會的會談及高層接觸，並於 1972 年 7 月 4 日，共同發表一項「聯合公報」，一般稱之為「南北韓七四共同聲明」。兩韓與兩德的問題乃在 1970 年代之後在國際上備受學術界的矚目與關切。

在分裂國家模式相關研究中，首次明確的界定與完整的論述分裂國家的概念與模式者為韓德遜（Gregory Henderson）、李鮑（Richard Ned Lebow）及史多辛格（John G. Stoessinger）等三人，在 1974 年共同編著《分裂世界中的分裂國家》（*Divided Nations in a Divided World*）一書。韓氏等人（Henderson, Lebow, and Stoessinger, 1974: 438-442）並提出分裂雙方從初期分裂階段的高度敵意互不承認，動輒武力相向與意圖顛覆對方；到中期階段的默認或正式接受共存，降低意識型態對抗抑制軍事衝突，開始進行人員交流；進而到積極和平共存的和解階段，雙方經貿交流合作密切，政府間加強連繫及共同援外合作；最終達到鬆散政治整合（如邦聯）象徵性統一的階段。

相較於韓德遜等人分裂國家模式相關研究的提出，我國學者丘宏達與魏鏞也在 1973 年及 1976 年相繼從國際法的角度進行深度評述，並提出「多體制國家」的概念與理論，嘗試解決分裂雙方所面臨的主權爭議與管轄權的行使。例如，丘宏達編著《中國與台灣問題的文件與解析》（*China*

*and the Question of Taiwan: Documents and Analysis*）（Chiu, 1973）一書。
丘宏達與道溫（Robert Downen）共同編著《多體制國家與德、韓、中國
際地位》（*Multi-System Nations and International Law: The International
Status of Germany, Korea, and China*）（Chiu and Downen, 1981）一書，以
國際法的角度分別探討並比較兩德、兩韓與兩岸的法律地位。更使得兩岸
問題與兩德及兩韓等分裂國家模式，備受國際學術界矚目與關切。

　　在 1990 年代以前學術界對於分裂國家模式的相關探討，在早期大都
集中在以國際法的角度解析分裂國家分裂雙方的法律地位。在台灣推動務
實外交政策與大陸展開接觸交流之後，則學術界對於分裂國家模式的探
討，大都以分裂雙方的內在互動模式及分裂雙方在外交上作為的法律定
位為研究標的，如趙國材〈從國際法觀點論分裂國家之承認〉（1989：
27-54）一文、韓籍申相振《分裂國家——交叉承認模式》（1987）一
書。政治大學國際關係研究中心所主辦的第九屆中韓學術會議更是以
「分裂國家的互動關係」為研討主題，邀請張玉法、吳安家、張榮豐與
韓方陳德奎、李泰旭、具本泰等學界人士撰文探討相關議題。在 1990 年
代以後，亦有如張麟徵的〈務實外交——政策與理論之解析〉（1990：
62-77）、〈從國際法中主權原則與實踐情況看兩岸關係之發展〉
（1995：1-18）；張五岳的《分裂國家互動模式與統一政策之比較研究》
（1992）一書；張亞中的《兩岸主權論》（1998）。趙全勝亦編著《分裂
與統一，中國、韓國、德國、越南經驗比較研究》（1994）一書，針對四
個分裂國家邀請不同國籍學者進行分析與比較。這些學者均對分裂國家的
理論省思與互動模式多有論述。

　　最近十年來，由於東西德在 1990 年代已經完成統一，而兩韓在互動
上雖然已經有了兩次大統領層級的高峰會談，但在統一政策的宣示與進
程上進展有限，因此，有關分裂國家德國模式與韓國模式的探討並不太
多。但吾人仍然可以看出仍有若干專書、期刊、論文對此一議題有所探
討。如張亞中的《兩岸主權論》（1998）、《兩岸統合論》（2000），
以及 2008 年在香港《中國評論》月刊上提出〈「兩岸和平發展基礎協
定」芻議〉，與 2009 年 3 月的《中國評論》上撰寫長文〈論兩岸與中國

關係〉。張亞中可謂十年來對於德國模式的探討暨其對兩岸互動中有關「一中」主權議題，最具研究的學者。張亞中強調，我們可以從東西德的例子來看看，他們如何處理彼此定位的問題，從中我們可以得到什麼樣的啟發？但他所研擬的「兩岸和平發展基礎協定」，不僅與東西德的基礎條約有根本性的不同，張亞中（2009）也指出德國模式所主張的是「同意歧見」（agree to disagree），與他所倡導的是「agree to agree」並不相同。魏鏞在《中國大陸研究》月刊上發表〈邁向民族內共同體：台海兩岸互動模式之建構、發展與檢驗〉（2002：1-55）一文，將兩岸的互動模式與其他模式做一比較分析與歸類。湯紹成〈德國模式與兩岸關係〉（2008）一文，從定位問題、屋頂理論、放棄武力、放棄外交封鎖、內外有別、擱置爭議、創新安排等方面強調德國模式對於兩岸互動具參考價值。沈玄池〈由歐洲統合模式評析兩岸之整合〉（2002）一文，從歐盟統合模式來論述兩岸的整合。在南北韓互動模式上，朱松柏出版了《南北韓的關係與統一》（2004）一書，為國內學界比較完整論述了兩韓的互動暨統一政策演變過程。李在方在「國家主權與統合模式的比較研討會」也提出〈南北韓統合過程之觀察〉（2001）一文，以比較兩韓統一過程之互動。由於中國大陸學界方面普遍認為德國與韓國模式不適用於兩岸互動，其在論述兩岸統合上多半仍以一國兩制為主要論述標的，中國人民大學教授王英津出版《國家統一模式研究》（2004）一書，主張兩岸關係不等於完全分裂模式，強調的是不完全分裂模式。重點放在主權所有權與主權行使權的被動分離，而說明兩岸關係以一國兩制才是國家統一模式最好的方法。

　　雖然兩岸與兩德及兩韓均被稱為分裂國家，惟在進行模式探討時，一般評述者經常以兩岸的分裂係「內戰」所致；而兩德與兩韓係為「外力」所致，而據以認為兩岸與兩德及兩韓並不相同。此外，一般評述者更經常以兩岸間在土地、人口上實力懸殊與兩德、兩韓間的勢均力敵不同，故而認為兩德與兩韓互動模式，難以用於分析與理解兩岸關係。其實，分裂國家模式於兩岸關係應用適當與否，最大的變數在於兩岸互動時雙方的法律定位，以及雙方在國際外交空間的安排而非分裂的成因，或雙方的實力對比。由於在探討分裂國家模式時，大都離不開內部憲法規範、分裂雙方之

相互定位與互動、雙方的對外關係，以及雙方相互關係等層面。是以，本文擬就兩德與兩韓分裂國家模式的相關特徵作為判準，並就此模式是否適用於兩岸關係加以檢視。

# 參、分裂國家主權之處理

## 一、東西德主權處理

在二次大戰進行中，同盟國便開始思考戰後如何抑制德意志的侵略再度出現，盟國在數度協商後，決定以分裂德意志（dismembership）、解除其武裝（disarmament）、清除軍國主義（demilitarization）為策略，致 1949 年德意志聯邦共和國（簡稱西德）與德意志民主共和國（簡稱東德）分別成立。自 1949 年東、西德正式成立至 1990 年德國再統一，兩德在主權問題處理上迭有差異，茲分述如下：

### （一）西德之主權宣示與作為

在論述西德之主權宣示與作為時，可從其《基本法》、國際條約及兩德《基礎條約》，加以檢視。

#### 1.《基本法》

西德在其《基本法》序言中宣示，「⋯⋯各邦之德意志人民⋯⋯決心維護其民族與國家統一，茲本其制憲權力，制定此德意志聯邦共和國基本法，俾過渡時間之政治生活有一新秩序」、「我上述各邦之德意志人民於此，並為其他未能參加之德意志人民制定此基本法」、「務望我全體德意志人民依其自由自決，完成德國之統一與自由」（張亞中，1991：34）。除序言外，其在第二十三條亦規定，「本基本法暫時適用於巴登·巴伐利亞⋯⋯德國其他部分加入聯邦時，亦應適用之」；第一一六條亦強調，

「除法律另有規定外，本基本法所稱之人民，係指具有德意志國籍，或以具有德意志人民血統之難民或被迫驅逐，或其配偶、後裔之資格，准許進入以 1937 年 12 月 31 日為疆界之德意志帝國領土之人」。第一四六條更規定，「本基本法於德意志人民依其自由決定制定之憲法生效時失效」（張亞中，1991：34-35）。

從西德《基本法》之規範可知，雖然西德實際上的領土管轄權僅及於《基本法》所規範之部分領土，但在《基本法》中西德仍宣示其主權延續1937 年時的整個德意志，並宣稱擁有當時實際上未能行使有效管轄權之東德領土，以追求德國的再統一。從《基本法》的序言及第一四六條所強調的過渡性質，或第二十三條所強調的「德國其他部分加入聯邦時應適用之」，及第一一六條明示，只有一個統一德意志國籍的立場，均可檢視出西德並未放棄對東德地區主權之訴求。

## 2. 國際條約協議

1970 年代西德在國際政治的現實考量下，與蘇聯、波蘭、捷克等國，簽訂有關領土疆界之條約，如 1970 年 8 月 12 日在莫斯科簽署《德蘇條約》（通稱《莫斯科條約》）；12 月 7 日與波蘭簽署《德波條約》（通稱《華沙條約》）；1973 年 12 月 21 日與捷克簽署《德捷條約》。

在與蘇聯談判時，蘇聯要求西德承認歐洲各國疆界的不可變更，以及給予東德法律上的承認，但西德則堅持以「尊重」代替「承認」，以「不可侵犯的」（inviolable）取代蘇聯所主張的「不可變更的」（unchange-able）立場，堅持不給予東德國際法上承認（施啓揚，1970：17-18）。並在條約簽署前半小時，以附帶文件的方式，用西德外長謝爾（Walter Scheel）名義，發出「德國統一信函」予蘇聯外長葛羅米柯，並爲蘇聯正式接受，在「統一信函」中，西德重申，西德政府與人民對國家再統一的責任與願望，而德蘇條約與西德塑造一個使德國民族能自由自決下恢復統一的目標之間，並不砥觸（施啓揚，1970：17-18）。同樣的，西德在與波蘭進行談判時，對於波蘭所一貫堅持西德必須無條件以「奧得河——奈塞河」界線作爲波蘭西疆國界的主張，西德仍只願給予「尊重」及重申彼

此疆界的不可侵犯性。此外，在四強「柏林協定」的內容及附件中，列強們本著「同意歧見」的彈性妥協原則，技巧性採用「相關領域」（relevant area）、「過境交通」（transit traffic）、「宣告」（declarement）、「聯繫」（ties）等詞句，作為意義指涉，儘量避免使用主權、分裂、承認等強烈明確字句陳述。

是以，從西德與蘇聯、波蘭、捷克等所簽署的有關領土疆界的條約協議中，西德雖然在國際政治現實的考量下與其簽訂，但其都小心審慎地不用「承認」、「確定」、「不得變更」等確切概念字句，在法理上與主權宣示上，亦極力避免給予德國人民自身或外界認為其有放棄主權的訴求與再統一的政策。

### 3. 兩德《基礎條約》

影響兩德關係至鉅的《基礎條約》，除序言和十條主要條文外，亦包括多項與主要條文同樣重要的「議定書」、「聲明」及「德國統一信函」。在序言中指出，從歷史的事實出發，東西德雖然在基本問題上，包括國家問題，有不同的見解，但是基於兩德人民的利益與開創兩德間之合作願望，乃訂立此約，在條文中亦明白規定：兩德在平等的基礎上，發展正常友好關係（第一條）；兩德遵循聯合國憲章原則，尤其是國家主權平等，領土完整、尊重獨立等原則（第二條）；兩德完全以和平方法解決爭端，並重申現有疆界在現在及將來均不可侵犯（第三條）；兩德任何一方均不得在國際上代表他方，或以自己名義採取行動（第四條）；雙方尊重任何一國在其內政及外交事務方面的獨立與自主（第八條）；本條約不觸及雙方已簽訂或與其他有關之雙邊或多邊之國際條約與協議（第九條）（施啟揚、李鍾桂，1973：260-263）。此外，西德亦依照《德蘇條約》簽訂模式，另外附帶一封「德國統一信函」。在信函中，西德表示，在歐洲和平的架構下，以德意志民族自決方式，恢復德國統一的目標，和這部條約並不牴觸，而東德政府亦正式接受了這封統一信函。

雖然依據兩德《基礎條約》規定，兩德同意彼此在國家民族問題的主權宣示上有不同的見解，且兩德亦尊重任何一國在其內政和外交上的獨

立自主，且任何一方均不得在國際上代表對方，更遵循聯全國憲章所載之國家主權平等、尊重獨立自主、領土完整原則，實讓外界認為兩德各為主權獨立自主國家。但西德卻依據《基礎條約》第九條規定，「本條約不觸及雙方已簽訂或與其有關之雙邊或多邊之國際條約與協議」（按：最主要係指英法美蘇所簽訂之《波茨坦議定書》），認定德意志帝國並不因此條約而消亡，德意志帝國仍然具有權利能力，基礎條約並不是一分裂條約。西德聯邦憲法法院在 1973 年之判決中亦稱，《基礎條約》具有「雙重性質」，就形式而言，該條約屬國際法條約，但就其特殊內容而言，是屬一規範內部關係之條約。張亞中（1991：16）亦認為，沒有第九條之規定，《基礎條約》將是個不折不扣之國際條約與分裂條約，唯有依賴第九條之規定，《基礎條約》才成為德國的一個「內部條約」。此外，西德亦堅持附帶「德國統一信函」，堅持 1913 年之《國籍法》，將兩德關係予以「特殊化」，以有別於一般對外關係（如以常駐代表處而不稱大使館，東德代表及外長交涉的對象為內德事務部部長，而非西德外長）。雖然東德在國際法上是否為主權完整之國家，非賴西德之承認，但西德在形式上卻從未作過此種承認，相反的，卻是重覆明確的加以拒絕。同時，從兩德邊界並未加以確定，以及條約批准程序上之特別方式等，亦可窺出西德在處理主權問題上的匠心獨具。

## （二）東德之主權宣示與作為

自從 1949 年東德成立至 1990 年被西德統一，東德在主權宣示與作為上，曾經兩次截然不同宣示作為，茲分別就其 1949 年《憲法》與 1974 年《憲法》加以檢視。

### 1. 1949 年《憲法》

東德於 1949 年成立，其在 10 月 7 日通過的《憲法》，亦經過大約二年的準備，並邀請來自西德佔領區的代表參與，刻意強調其「制憲人代會（Deutscher Volksrat）為德國民族唯一合法代表」，《憲法》內容有相當部分延續威瑪憲法精神及文字（蘇永欽，1991：74）。其在序言中宣

示「……德意志人民制定本憲法」，第一條第一款揭示「德國是一個不能被分割的民主共和國」；第二款亦宣示「共和國決定所有德意志人民生存與發展之事務」；第五款稱「僅有一個德意志國籍」，第二十五條規定，「所有礦產……及所有具經濟價值之自然資源……有關整個德意志人民之利益者，均受共和國之監督」；第一一四條規定「整個德意志法律優於各邦之法律」；第一一八條更規定「德國爲一統一之關稅及貿易地區」（張亞中，1991：41-42）。凡此皆顯示出，東德認爲其爲整體德意志之唯一合法繼承，其主權之宣示包括其實際未能行使統治權之西德領土。

由於東德建立起其政權並不穩固，加上西德長期以來漠視東德所提有關德國問題與統一問題等方案，再加上西德在外交上的強勢作爲（堅持「赫爾斯坦原則」）及主權上的明確訴求，亦使東德統治者瞭解到，其內部人民與黨員幹部，不論在兩個德國關係或東德發展前途的認同上，經常產生混淆和錯覺，可能危及政權的穩定，自 1967 年起，東德政府即更弦易轍，改行「兩個德國」的分離主義政策。將凡是有關全德事務名稱與範圍的機構一律更改名稱，並於 2 月 21 日通過《德意志民主共和國國籍法》，正式廢止自 1913 年以來一直適用的德國國籍法，代之以「東德國民」（Begriff Staatsburger der DDR），使得居留在西德及西柏林的居民，不能享有東德國民的權利義務。連在東德內象徵著東、西德仍爲一體的最後一個機構「德意志基督教會」教會會議，自 1967 年 4 月起，必須分別在東、西柏林分別召開。1968 年 4 月，東德放棄 1949 年以「全德人民」爲基礎制定的《憲法》，將其修訂爲以東德人民爲基礎的《德意志民主共和國社會主義憲法》。

## 2. 1974 年《憲法》

自 1971 年 5 月何內克上台後，更進一步放棄了以往以德意志民族社會主義國家的稱號，明白放棄了以往所堅持的「德意志民族」情結，採取了實質與形式合一的「劃界政策」（policy of delimitation, *Abgren- zung-spolitik*）以強化兩德的分離，以徹底割裂東德與德意志民族的關連性，乃於 1974 年再次修憲，並於 10 月 7 日通過新憲法。1974 年《憲法》與

1968 年《憲法》最大的差別於：1968 年《憲法》中任何有關（或提及）「全體德意志民族」或「再統一」的辭句或用字全遭刪除；例如，1968 年序言中，「全體德意志民族」為新憲法的「德意志民主共和國」所替代；《憲法》第一條，原有「德意志民主共和國是一德意志民族的社會主義國家」，亦修改為「德意志民主共和國是一工人與農人的社會主義國家」；《憲法》第二條，原來使用的「民主德國」，亦改成「德意志民主共和國」的正式國號，而與德國劃清界線。除了制定新憲法外，東德亦對德意志民族與歷史進行重新的定位與詮釋，為其「劃界政策」做合理化的理論基礎與依據。是以東德認為其為主權獨立的國家，視西德為外國，主權非但不及於西德，亦與德意志素無瓜葛，東德政府這種劃界政策可以說是將兩國論入憲、入法的分離主張，這種明確的主權宣示獨立是否意味著得到其人民的認同與支持，且兼具實質與形式效力（亦即主權是否可由政府宣示完全繼承或重新界定），吾人不得可知，但隨著 1989 年何內克的垮台，東德的劃界政策與主權主張終究無法貫徹。

## 二、南、北韓主權之處理

與德國、中國情況不同的是，二次大戰時，韓國既不是一個武力侵略國，更不具備有完整主權國家的地位。事實上，自 1910 年遭日本併吞後，韓國在國際上已是一個「被遺忘的國家」（forgotten nation）（Oliver, 1944）。迨二次大戰中期，盟國在商討戰後國際局勢，有關戰後韓國是否獨立或託管問題方被討論，列強在戰時的協商與戰後的佔領受降，可說是促成 1948 年南北韓分裂的重要原因。茲就南、北韓在主權問題處理上簡述如下：

### （一）南韓之主權宣示與作為

在「聯合國韓國臨時委員會」（U. N. Temporary Commission on Korea，UNTCOK）決議並監督下，1948 年 5 月 10 日韓國實施全面普選（因蘇聯反對，故普選僅限於北緯 38 度以南），8 月 15 日「大韓民國」

（R. O. K.）在漢城正式宣告成立。自 1948 年建立至今，南韓先後經歷了李承晚（第一共和）、張勉（第二共和）、朴正熙（第三、第四共和）、全斗煥（第五共和）、盧泰愚（開始第六共和）、金泳三、金大中、盧武鉉、李明博等人執政。

在南韓宣告成立之際，李承晚政府明確宣示，大韓民國政府依據《憲法》規定係朝鮮半島唯一合法政府，南韓政府首要迫切任務在於完成國家統一。1950 年的韓戰打破了南韓武力統一的美夢，但南韓始終並未放棄其主權及於朝鮮半島與致力於國家統一的訴求。1971 年南北韓開始進行紅十字會會談；1972 年雙方更展開官方秘密接觸談判，並於 1972 年 7月 4 日發表一項「聯合公報」，一般稱之為「南、北韓七四共同聲明」，「聲明」中指出，雙方同意統一應該不依賴外部勢力及不受干涉，作自主的解決；且應不行使武力，以和平方法實現；並應超越思想、理念及制度之差異，追求單一民族大團結；此外，為增進雙方各項交流，防止意外軍事衝突發生，解決各項問題，亦成立「南北韓調解委員會」（Kim, 1977: 266- 271），為兩韓日後官方接觸談判奠定基礎。

1973 年 6 月 23 日，朴正熙發表「大統領對和平統一外交政策之特別聲明」，明白宣示，和平統一為民族最高課題；南北韓雙方互不干涉內政、侵犯對方；不反對與北韓同時參與國際組織與進入聯合國（Korea (South) National Unification Board, 1982: 315-320），政府放棄以往所堅持的「赫爾斯坦原則」。惟其仍未放棄其領土主權及於朝鮮半島之主張。1973 年 6 月 26 日，南韓總理金鍾泌在答覆國會議員質詢，與德國模式區別時表示：「德國是一個民族、兩個國家、兩個政府」；而我們可以「一個民族、一個國家、兩個政府」來表示（金雲泰等，1988：289）。

南韓政府成立至今，雖先後經歷了數次修憲，但其始終並未放棄其領土主權（包括北韓領土）及國家統一的主張（雖然有不少人認為其做法與統一是背道而馳），但其在《憲法》中，對此二項主張則未曾改變。以1987 年修訂通過的《憲法》為例，其除了在「序言」中揭示，其為「繼承以三一運動而建立之大韓民國臨時政府之法統」，並「以祖國之民主改

革與和平統一之使命爲根基」；在其《憲法》條文第三條中規定「大韓民國之領土及於朝鮮半島及其附屬島嶼」；第四條規定「國家應邁向統一，並爲樹立、實施和平性的，以自由民主之基本秩序爲基礎之統一政策而努力」；第六十六條第三項更規定「大統領對祖國之和平統一負有誠實之義務」（張五岳，1992：386）。南韓在明確的領土主權宣示強調國家統一的主張中，於 1990 年與北韓進展到總理級會談，1991 年共同加入聯合國，並於 1991 年 12 月與北韓簽訂《南北韓和解互不侵犯合作交流協議》。在此協議前言中，首先揭示，「南北韓雙方爲了達成祖國的和平統一及七四南北共同聲明的精神，……解除軍事對立狀態，……促進繁榮民族之共同利益」；並強調「雙方認定目前之關係並非國與國之間的關係，而是爲了邁向統一所暫定的特殊關係」；此外，協議文中亦主張，「南北雙方將不干涉對方之內部問題」（第二條）；「遵守目前停戰狀態，並在雙方的努力下，共同實現朝鮮半島之永久和平」（第五條）；「雙方停止一切在國際舞台的對決局面，應爲民族利益及自尊而共同努力」（第六條）；「南北雙方放棄使用武力侵略對方」（第九條）；「南北互不侵犯之警戒線範圍，以 1953 年 7 月 27 日簽署的軍事停戰線之分界爲準」（第十一條）；「本協議書對雙方與他國或多國間所簽署的條約或協定，並不具有任何的約束與影響」（第二十五條）。

　　金大中政府於 1998 年 2 月上任後，積極努力尋求國內朝野人士對統一的共識，提出所謂的「陽光政策」。強調南北韓經過半個世紀的對抗，雙方互不信任，短期內很難實現統一的目標，因此金大中政府認爲當務之急是透過和平、和解與合作來改善南北韓的關係，緩和朝鮮半島的緊張情勢，避免同族相殘的悲劇再度發生。在金大中的陽光政策下，兩韓雙方於 2000 年 6 月 15 日在平壤舉行歷史性的高峰會談，並簽署劃時代的協定，雙方發表共同宣言強調：南北雙方同意透過自主和兩韓人民共同合作的方式解決統一問題；雙方同意在南韓所提出的邦聯模式以及北韓所提出的鬆散聯邦模式之間尋求共同點，透過上述架構致力達成統一（朱松柏，2004：103-104）。

　　在金大中之後，韓國盧武鉉政府自 2003 年 2 月 25 日成立以來，繼

承前任大統領金大中所強調之「和解與協力」的「陽光政策」，對北韓主要採取「和平與共同繁榮」的政策，強調：南北共同推動包括軍事與經濟的綜合性安保合作；促使南北和解與合作制度化，同時建構互信關係；持續經由與美日合作及兩韓對話，以解決北韓大規模毀滅性武器問題；先在兩韓間推動朝鮮半島和平宣言，再簽署國際性的朝鮮半島和平協定。2007年盧武鉉總統展現其意志，在任期的最後也努力穩定朝鮮半島和平，而於2007年10月2日至4日訪問了平壤。在平壤和朝鮮領導人金正日進行了歷史性的會面和會談。在會談中，雙方再次確認了「六‧一五宣言」的精神，並強調為發展南北關係，實現朝鮮半島和平以及民族共同繁榮與統一，就諸多問題進行了協商，雙方也共同發表「南北關係發展與和平繁榮的宣言」。2008年南韓新任大統領李明博上台後，兩韓關係情勢轉趨惡化，加上北韓發展核武與試射飛彈的議題，使得朝鮮半島處於氣氛緊繃對峙階段。

這樣的發展並沒有改變南韓的具體態度。由上可知，南韓在領土主權宣示上及於整個朝鮮半島及其附屬島嶼（當然包括北韓），並未對兩韓領土分界加以明確劃分，雖然在實務上以1953年7月27日停戰線為界以劃分南北韓。兩韓之間關係並非國與國關係，雙方卻得以共同加入聯合國，並進行外交休兵，顯見南、北韓雙方在主權問題宣示上，雖然完全重疊難分，但絲毫並不影響雙方正常交往與共同參與國際組織。南北韓雖然在外交上與政治互動上可以平等對待，但是在雙方民間經貿社會交流上，卻是遠遠無法與兩岸關係相提並論。

## （二）北韓之主權宣示與作為

北韓政府自1948年成立至今，幾乎由金日成與金正日父子二人掌握政權，在金日成統治長達四十餘年期間，曾經修訂兩部《憲法》，茲就《憲法》條文及統一政策之更迭，檢視其主權之宣示與作為。

1948年9月9日，北韓政府在平壤宣布成立，9月10日，金日成在北韓「最高人民會議」第一次會議中宣示，北韓政府是朝鮮半島唯一

合法的中央政府。其除了在 1948 年《憲法》中明訂領土主權及於朝鮮半島外，更將北韓的首都定爲漢城（後來稱爲首爾）。1950 年北韓發動韓戰，意圖以武力實現統一，在韓戰結束後，除了不放棄武力南侵外，亦積極展開各項和平攻勢，同時不放棄主權之宣示，如 1954 年提出南北韓國會代表合組「全韓委員會」，草擬選舉辦法，在全韓實施普選以建立統一政府。1955 年提出「五點計畫」；1960 年提出「聯邦制」（confederation plan），作爲韓國統一方案，自此，「高麗民主聯邦共和國」（Democratic Confederal Republic of Koryo）方案，乃成爲北韓統一政策之主張。值得注意的是，北韓所謂「聯邦」，實質上應該是「邦聯」（因爲其爲兩個對等政府所組成，組織制度照舊且各自擁有完全管轄權等）。其對外用語以英文的「邦聯」（confederal），而非「聯邦」（federal），主要是想在國際上爭取「和平共存」的形象；對內以韓文的「聯邦」字語，主要是希望藉由全韓人民所嚮往統一之「聯邦」字語，以爭取全韓人民的支持。

　　北韓在對主權的宣示作爲與統一政策的主張上，猶較南韓強烈堅持，例如其在 1972 年公布的《憲法》中強調，「北韓是代表全體朝鮮人民利益之自主性社會主義國家」（第一條）；「北韓，藉北半部達成社會主義的完全勢力，同時排除全國範圍內的外國勢力，在民主主義的基礎上，爲達成祖國的和平統一與民族的完全獨立而鬥爭」（第五條）；「北韓武裝力量的使命……保衛社會主義制度和革命的戰利品，取得祖國的自由、獨立和和平」（第十四條）；「北韓擁護海外朝鮮同胞之民主主義民族權利與國際法公認之合法權」（第十五條）；「北韓對外關係上行使完全之平等權與自主權」（第十六條）；第一四九條將首都由漢城（目前爲首爾）改爲平壤。北韓雖然亦與南韓一樣，一貫堅持「一個民族、一個國家、兩個政府」的立場，但其在 1980 年代以前，卻堅持反對南韓以分裂國家的單獨名義或南、北韓以兩個席位加入聯合國，以防朝鮮半島的永久分裂。

# 肆、分裂國家模式的特徵與適用性分析

從東、西德與南、北韓的長期互動過程，吾人可以歸納出所謂分裂國家模式乃具備下列特徵：

## 一、正視國家分裂狀態

雖然西德與南韓在 1950 年代與 1960 年代都不願務實的面對國家分裂狀態，皆高舉漢賊不兩立的「赫爾斯坦原則」，亦即任何與東德或北韓建交的國家，都被西德與南韓視爲不友好，爲其所無法容忍而予以斷交。但自從 1970 年代開始，西德與南韓考量國際環境與國內環境的變化，分別先後實施「東進政策」與「北方政策」後，均能正視國家分裂之事實，透過制度化的溝通管道，並採取積極的因應措施，使得分裂雙方得以開始進行協商與交流。兩德與兩韓關係從 1972 年開始，不論是透過基礎條約的簽訂，或是「七四共同聲明」的發表。基本上，都是先克服了分裂雙方相互定位難題，並透過政府對政府的直接談判以簽署協議或發表共同聲明爲之。這與兩岸關係在互動上，雙方既無法透過政府名義直接進行談判，同時在外交上仍然無法進行雙重承認並不相同。

## 二、雙方遵守《聯合國憲章》所揭櫫的和平解決爭端的原則

東、西德在 1972 年所簽署的《基礎條約》，南、北韓在 1972 年 7 月 4 日所發表的「共同聲明」，及 1991 年所簽署的《南北韓和解互不侵犯合作交流協議》，都明白宣稱放棄武力之使用，並遵守《聯合國憲章》所揭櫫的和平解決爭端的原則，以和平手段解決爭端。雖然自 1972 年至 2009 年朝鮮半島緊張衝突不斷，但在歷次南、北韓所共同發表的聲明中，雙方都同意「統一應不行使武力，並應以和平方法實現」，作爲祖國統一原則。在兩岸關係的互動中，雖然北京也提出兩岸應早日透過協商結束敵對狀態，簽署和平協議。但北京對於兩岸關係是否應遵守《聯合國憲章》（成員）的和平解決爭端的原則，則不願意輕易鬆口。因爲就北京而

言，台灣並非主權國家也非聯合國會員國，2005 年北京更訂定《反分裂國家法》。是以，要讓北京公開宣布此一規範似乎仍然有漫長道路。

## 三、雙方承認與尊重對方的對等地位

此即分裂雙方關係之互動與發展，應依循國際法之「有效原則」。在分裂的過渡期間，對於主權宣示與有效管轄權無法競合的問題，不是採取主權共有就是採取擱置主權爭議，相互承認各自擁有之有效管轄權。當雙方互動時，在實質與法律上必須立足於「平等」的基礎之上。雙方無「中央對地方」之別、或行使「監管關係」之可能、或給予國際社會不對等的認知，方有利於雙方正常化關係的推動，亦即不論採「二國兩府」（如東、西德），或「一國兩府」（如南、北韓），分裂雙方在政治上。主要都基於對等的立場，並以官方正式名義進行協商。雖然台海雙方在1991 年創立了中介團體（海基會與海協會）開始進行協商，到了 2008 年的「江陳會談」，雙方的副部級官員甚至可以透過兩會平台直接談判，但兩岸雙方不論是在彼此的相互定位，抑或是國際空間上，仍然只由以前的「互不承認」進到「互不否認」階段。這種互不否認還沒有到「同意歧見」的地步，而即使是「同意歧見」也表示雙方在若干關鍵議題上（如主權）仍有著完全不同的看法。由「互不否認」階段要進到「相互承認」階段之間有著漫長的道路。

## 四、雙方在外交上接受雙重承認與雙重代表

西德在統一前與 161 個國家有邦交，東德則與 132 國家有外交關係。其中，122 國係雙重承認，即同時承認東、西德並與其維持正常邦交；同樣的，到 2000 年與南韓有邦交的國家有 160 餘國，與北韓建立外交關係亦有 120 餘國，其中，116 國同時承認南、北韓，除了在外交上接受雙方承認外，在國際組織參與上，雙方亦相互容許「一國兩席」（由於雙方都強調兩韓關係並非兩國的國際關係）式的雙重代表權，共同加入國際組織。到 2009 年 5 月為止，與中華人民共和國建交國家有 171 國，與

中華民國建交有 23 國，並沒有國家同時與兩岸建交。雖然自從馬英九總統在 2008 年上台後，提出兩岸外交的和解休兵，促使兩岸不再互挖邦交國，也讓台灣以「中華台北」名義加入 WHA 成為觀察員。但馬總統也明白北京在國際上對於一個中國的堅持，因此也講過短期內台灣不會在國際上推動「雙重承認」。兩岸在國際空間上，能否不斷增進互信並透過協商，循序漸進解決台灣參與國際空間議題，仍待努力。

## 五、分裂雙方彼此之間的關係

分裂雙方係屬於一種「特殊性質的內部關係」（或準國際關係，亦即部分可準用國際法規範，惟東德則認為兩德關係為國際關係），使分裂雙方在政、經、社、文化等各項互動交流的推動上，不將彼此關係視為國際法上不同國之間的關係。除了東德外，不論是西德或是兩韓在界定彼此相互定位上，都將雙方關係界定成為非國與國的國際關係。在兩岸關係方面，台海雙方不論是在政策宣示，抑或協議簽署，也大都秉持將兩岸關係界定成為一種「特殊」的關係。所謂「特殊關係」其實就是既非國與國的國際關係，也非一國內部中央與地方的關係。對北京當局來說，「和平發展」可以同時作為在處理國際關係時的手段與目標，但是，當北京面對兩岸關係時，「和平發展」就只能是手段，終極目標仍為「和平統一」，否則兩岸關係就會演變成「兩國關係」。對北京當局而言，嚴防兩岸關係最終成為「兩國」關係，是北京堅持一個中國的關鍵所在。事實上，在短期和可預見的將來，「兩岸關係」已經成為兩岸互動中一種雙方都可以接受的特殊關係的代名詞，這種特殊關係就是馬總統所說的「主權互不承認、治權互不否認」。

## 六、在上述基礎上，雙方透過制度化的溝通協商管道，開啓並致力於「正常化」健全關係

雙方在正常化的基礎上，建立起「制度化」、「法制化」關係，以規範雙方互動與交流，並致力於雙方的互利與共榮。兩德與兩韓的互動關

係雙方係先就主權爭議取得共識，而後再進行政府對政府的各項談判與協商。兩岸關係則是雙方並未就關鍵性的主權議題取得共識，而是透過暫時擱置政治上的爭議與歧見，先就低階的經貿與社會議題進行協商，希望藉此為較高階與涉及敏感性的議題累積基礎與創造條件。兩岸這種由下而上類似整合理論新功能主義式的互動模式，也與兩德、兩韓由上而下或上下同時的互動模式未盡相同。

許多研究分裂國家模式的論者指出，從分裂國家的緣起與背景的面向來看，一般可以分為「國際型分裂國家」與「內戰型分裂國家」兩大類型。兩德與兩韓屬前者，兩岸屬後者，因此德國與韓國的模式不適用於兩岸。這種分類方法雖然簡易方便，但往往無法詮釋分裂國家緣起與形成的若干變數（如歷史淵源傳統、地緣政治與戰略、意識型態的對立等）。對一個研究者而言，其所關切的必須包括這些國家步上分裂道路的直接、間接原因與顯性、潛在因素，以及加深分裂雙方定型化的若干變數。這些因素與變數基本上可歸類為「外在因素」與「內在因素」兩大類。所謂「外在因素」，乃意指促使分裂國家走向分裂的外在因素，其中包括國際政治體系結構與變遷、地緣政治與戰略利益考量、國際強權對分裂雙方或一方的干預等因素。所謂「內在因素」，乃意指分裂國家內部或因歷史淵源，或因地緣差異，或因意識型態的歧異與對立，或因權力的爭奪，而導致國家走向分裂（張五岳，1992：9-91）。

吾人認為外在因素與內在因素並非兩項互不關聯的獨立因素（independent factor），相反的，這二項因素經常存有高度互動關係，彼此互相影響。事實證明，不論是兩德、兩韓抑或兩岸，國家的分裂都同時面臨到內、外在諸多因素的規範與制約，僅以「內戰」與「外力分裂」為分類論述，顯然是失之過簡。而以實力對比及中共能否接受作為質疑模式適用性，更是容易淪於政治現實的片面考量，絲毫無助於模式的理論探討。其實，未來伴隨兩岸政治關係的緩和、經濟合作機制的推進、國際空間的逐步改善，以及管轄權的相互尊重乃至於承認，兩岸關係有些互動是可以參照兩韓與兩德等分裂國家互動模式的經驗與教訓，作為兩岸關係邁向和平與發展的基礎。

從西德在主權的理論建構與匠心獨具的宣示作為上，可以印證出，誠如蘇永欽（1991：86）所言，現實需要是理論創造之母，西德憲法學者在無前例可援的情況下，創造了一整套的分裂國家憲法理論（如屋頂理論、同一理論，既非國際法，亦非國內法的區際關係或實存體關係理論……等），甚至大量借用了民法概念來輔助說明（比如帝國未死亡，僅僅因機關不存在而失去行為能力），乃至以憲法「要約」的理論來合理化東德地區的德國人仍可進入基本有效範圍，而當然成為西德國民，是以德國經驗的啟示是：「憲法理論建議，政治現實決定」。

此外，西德在處理主權問題上能獲致成效，主要原因在於，它一方面既不公然違反一般主權理論觀念，使其能同時處理對外與對東德關係；更重要的是它又能同時兼顧到國際與東德的實質利益，故能為雙方所接受（至少不強烈反對）。事實上，西德在處理主權問題的做法上，首要考量應在於維持自身政策主張的合理化、合法化，而非以東德及國際社會之反應為主要考量。而東德於 1960 年代後，在主權上重新宣示與作為，亦在追求其政策的合理化與合法化，以進一步穩定政權。不過，這種經由政府主觀認知與需要對主權所作的重大宣示與作為，在得不到人民支持下，終於瓦解，而德國也於 1990 年 10 月 3 日再趨統一。

相較於兩德主權宣示與作為上的匠心獨具與明確分離個案，南、北韓可謂大異其趣。南、北韓在處理主權問題上，雖然部分援引西德及東德（如西德所主張雙方非為國與國關係，及互不干涉內政、放棄武力使用、共同參與國際組織、不可侵犯界線），但兩韓在主權的宣示及領土主張，可謂完全一致（除了領土主權完全重疊外，兩韓亦未如兩德般在主權宣示作為上迥異），這種主權一致卻各自擁有不同管轄權的個案，亦同樣開展上百次的談判，且與近百個國家維持雙重承認，並共同加入聯合國，絲毫不因雙方皆主張「一個民族、一個國家、兩個政府」，且領土主權重疊而遭國際社會摒棄。兩德與兩韓的個案雖有不同，卻皆能開展分裂雙方互動，且共同參與重要國際組織。這代表著在分裂國家中，主權問題之釐清雖屬重要，然更為關鍵的是分裂雙方在處理主權問題時，能先行獲取共識或諒解，至少一方不憑藉其實力積極反對尤屬關鍵。

# 伍、結語

　　回顧過去 30 年來中共對台政策暨兩岸互動交流，前瞻未來兩岸關係
能否建構起和平發展的兩岸關係，筆者認爲，可以從台灣內部、中國大陸
內部暨兩岸互動模式做若干前瞻性省思。就台灣內部而言，雖朝野長期以
來都強調凝聚台灣內部共識的重要性。要建立起基本共識，首先必須正視
兩岸關係長期來在台灣內部形成分歧之若干緣由，方能有效凝聚共識。何
以兩岸關係此一攸關台灣國家安全與民眾切身利益的議題，卻一再淪爲藍
綠意識型態對抗而欠缺是非黑白理性辯論呢？吾人認爲主要係四個因素所
造成。其一，在台灣內部不同族群擁有不同歷史記憶與原鄉情節；其二，
面對兩岸的政治對立與民間交流熱絡促使「威脅」與「機遇」見解不一；
其三，近年來兩岸的互動頻繁與中共對台的統戰成功運用，促使政經社利
益高度介入而難以客觀理性分析；其四，台灣朝野的尖銳對立、國家認同
的分歧與統獨意識型態制約，促使兩岸關係無法求同存異，反而刻意強化
歧見促成對立。

　　在兩岸互動上，由於 1989 年以後兩岸在政治民主化上採行兩條完全
發展迥異的道路與發展模式，也使得雙方政治交流與互動有著結構性的困
境。此外，隨著台灣民主化而高漲的台灣主體意識，與因經濟快速發展而
高漲的中國大陸的民族主義情緒，更促使兩岸關係經常因爲認知的不一
致，與受制於各自內部民意的制約反應，而難以正常理性開展。在北京不
可能放棄一個中國原則的前提下，值得外界關注的是：北京對於一個中國
原則與和平統一的堅持，究竟是憑藉著自身的堅持與貫徹來落實體現？或
是需要台北接受認同作爲前提要件？或是期望在兩岸互動協商中透過協議
文字加以落實體現？未來北京三種不同形式的堅持與作爲，對於兩岸互動
自然並不相同。短期內要讓北京放棄一中原則與和平統一訴求並不實際，
同樣的，不允許台北堅持「互不否認」式的各自表述，或期望透過兩岸協
商、協議將「一中」落實體現也顯難達成。兩岸目前對於「和平發展」有
共識（雖然對於和平前提並不完全相同），對於「和平統一」並無交集；
對兩會協商的「九二共識」有共識（雖然表述並不一致），對於「一個中

國」尚無交集；兩岸雙方對於「一中反獨」有共識，對於「一中促統」則無交集；對於兩岸的分裂主要源於當年「國共內戰」所致有共識，但對解決當前兩岸分治的政治現實是否沿用「內戰思維」則無交集。因此，如何求同存異十分重要，特別是在各不失自身立場原則下，在政治、軍事、外交、經濟、社會、交流等各層面，尋求出短、中、長期具有良性互動之標的與作為殊為重要。

　　未來兩岸關係雖然可能開啟全面性的接觸、交流與溝通，但並不意味著開啟了全面性的對話、談判與協商。縱使兩岸進行全面性的對話與協商，也不意味著兩岸政治、外交與軍事等議題，可以如同經濟、社會、文化交流等層面能短期內獲具體結果與協議。檢諸東西德、南北韓等分裂國家或一般國際上敵對雙方，無論是簽署結束敵對狀態停戰協定，抑或簽署和平協定，其內容與要件不外乎下列諸項：雙方正式宣布放棄以武力解決一切爭端；雙方互不干預對方內部事務，並停止破壞顛覆的不友善行為；雙方在平等的基礎上開展正常關係，且不得在國際上孤立對方；雙方架設熱線並互派代表，以確保溝通管道暢通；雙方軍事演習與軍事建置調動應事先告知對方，並不得採取任何威脅對方安全之行為（如封鎖）；雙方設立監督委員會進行調查工作，使軍事互信機制得以建立。

　　當然大多數的國家與敵對雙方也都體認到，終止敵對狀態、停戰協定或和平協定，雖有助於和平，但不能確保和平，和平與穩定最重要繫乎於自身的實力與追求共同的利益。當前兩岸關係雖然與德國、韓國等分裂國家，乃至於國際上敵對雙方的主客觀情勢有所不同，但任何的和平框架或是協議，必然要有效解決兩岸的政治定位、外交空間、國防安全等議題。而這些議題也涉及到國際法與國際政治現實、兩岸各自的憲法與法律規範、兩岸各自內部的政治現實考量等複雜因素。凡此皆非政治上的「擱置爭議」或是「互不否認」階段所能處理的。因此，未來兩岸的關係如何一方面取法兩德、兩韓互動的經驗與教訓，另一方面也因應國際政經體系發展與雙方內在的政經社會變遷，以建構出具有兩岸特色的發展模式，殊為重要。

# 參考書目

王英津，2004，《國家統一模式研究》，台北：博揚出版社。

丘宏達（編），陳治世、陳長文、俞寬賜、王人傑等合著，1973，《現代國際法》，台北：三民。

申相振，1987，《分裂國家──交叉承認模式》，台北：台灣商務印書館。

石之瑜，1992，〈從分裂主權理論到實踐空間主義──對中國含意的批判性反思〉，《共黨問題研究》18（10）：36-42。

朱松柏（編），1989，《分裂國家的互動關係──以中韓兩國為例》，台北：政治大學國際關係研究中心。

朱松柏，2004，《南北韓的關係與統一》，台北：台灣商務印書館。

吳東野，1987，〈東德對德意志民族問題之態度〉，《問題與研究》26（11）：43-53。

李在方，2001，〈南北韓統合過程之觀察〉，《新世紀智庫論壇》（13）：61-64。

沈玄池，2002，〈由歐洲統合模式評析兩岸之整合〉，《全球政治評論》（1）：1-32。

金雲泰等著，制順達譯，1988，《韓國政治論》，台北：國民大會憲政研討會。

施啓揚，1970，〈在西德看德俄締約〉，《問題與研究》10（1）：17-20。

施啓揚、李鍾桂合著，1973，《歐洲問題研究》，台北：自由青年社。

張五岳，1992，《分裂國家互動模式與統一政策之比較研究》，台北：業強出版社。

張亞中，1990，《德國問題──法律之爭議》，台北：政治大學政治學研究所博士論文。

張亞中，1998，《兩岸主權論》，台北：生智。

張亞中，2000，《兩岸統合論》，台北：生智。

張亞中，2008，〈「兩岸和平發展基礎協定」芻議〉，《中國評論》（總

130）：http://www.chinareviewnews.com/doc/1007/6/6/2/100766286.html? coluid=0&kindid=0&docid=100766286。檢索日期：2009 年 6 月 18 日。

張亞中，2009，〈論兩岸與中國關係〉，《中國評論》（總 135）： http://www.chinareviewnews.com/doc/1009/3/4/5/100934556.html?coluid= 54&kindid=0&docid=100934556&mdate=0406112021。檢索日期：2009 年 6 月 18 日。

張麟徵，1990，〈務實外交──政策與理論之解析〉，《問題與研究》29 （12）：62-77。

張麟徵，1995，〈從國際法中主權原則與實踐情況看兩岸關係之發 展〉，《主權問題與兩岸關係論文集》，台北：中國大陸研究學會，頁 1-18。

湯紹成，2008，〈德國模式與兩岸關係〉，《國政研究報告》，台北： 國政基金會，9 月 5 日：http://www.npf.org.tw/post/2/4620。檢索日期 2009 年 6 月 18 日。

鄒文海，1988，《政治學》，台北：三民書局。

廖瑞銘（編），1987，《大不列顛百科全書中文版》，第 17 冊，台北： 丹青。

趙全勝（編），1994，《分裂與統一，中國、韓國、德國、越南經驗比較 研究》，台北：桂冠圖書股份有限公司。

趙國材，1989，〈從國際法觀點論分裂國家之承認〉，《中國國際法與國 際事務年報》，第 3 卷，台北：商務印書館。

魏鏞，2002，〈邁向民族內共同體：台海兩岸互動模式之建構、發展與檢 驗〉，《中國大陸研究》45（5）：1-55。

蘇永欽，1991，〈兩德統一的憲法問題〉，《政大法學評論》（43）： 74。

Chiu, Hungdah, and Robert Downen, eds. 1981. *Multi-System Nations and International Law: The International Status of Germany, Korea, and China*. Occasional Papers/Reprints Series in Contemporary Asian Studies, No. 8. Baltimore, MD: University of Maryland School of Law.

Chiu, Hungdah, ed. 1973. *China and the Question of Taiwan: Documents and*

*Analysis*. New York, NY: Praeger Publishers.

Henderson, Gregory, Richard Ned Lebow, and John G. Stoessinger, eds. 1974. *Divided Nations in a Divided World*. New York, NY: D. McKay.

Kim, Hak-Joon. 1977. *The Unification Policy of South and North Korea*. Seoul, Republic of Korea: Seoul National University Press.

Kim, Se-Jin, ed. 1976. *Korean Unification: Source Materials with on Introduction*. Seoul, Republic of Korea: Research for Peace and Unification of Korea.

Korea (South) National Unification Board. 1982. *A White Paper on South-North Dialogue in Korea*. Seoul, Republic of Korea: National Unification Board.

Oliver, Robert T. 1944. *Korea: Forgotten Nation*. Washington, DC: Public Affairs Press.

# 第四章

# 兩岸關係的規範性研究─定位與走向

## 張亞中

## 壹、前言：立場不必中立、態度必須客觀

對於社會學科問題的辨析，很難沒有研究者本身的價值與立場選項。只要是人，難免都會有立場，但是我們在面對問題時，必須要求自己以客觀的態度進行分析討論，至於對分析的結果如何因應，取決於每個人的價值與立場。

毫無疑問，兩岸關係是一個高度政治性的議題，它涉及兩岸的憲政目標、國家前途、政權正當性、國際現實及人民的價值選擇。因此，對於兩岸關係的未來，不同的人會有不同的選擇，而如何看待兩岸目前的狀況，也往往會因為個人的政治認知而異。

兩岸關係的討論涉及「兩岸定位」與「兩岸走向」兩個面向，前者為「是什麼」，應屬客觀的認知；後者為「應為何」，可屬主觀的立場。經驗（解釋）性的研究要求研究者站在客觀立場上對問題進行探討，規範性的研究則是站在主觀的期望上對問題提出論述。

「現在」與「未來」存在著因果關係，因此研究者在討論「兩岸走向」時，往往會為了合理化自己的主張，而反過來為所主張的「兩岸定位」找尋法理基礎。不同的主張者分別從國際法、政治現實、民意態度等方面為自己找到立論的根據。例如支持「統一」為未來走向者，有的會將中國主權完整不可分割列入論述的基礎，其解決方法則是「一國兩制」；有的則主張「統一」必須以「民主」為前提。「台獨」的擁護者以「台

灣地位未定論」或「台灣已經是一個獨立的國家」作為兩岸定位論述的基礎，「一中一台」是未來兩岸走向的目標。「維持現狀」的支持者，則是以「中華民國是一個主權獨立的國家」為立論基礎，主張「擱置爭議」、「不統、不獨、不武」，認為兩岸問題應留待日後解決。

　　「統」與「獨」固然涉及政治理念，但是不可否認地，現實主義所說的「利益」更是扮演著關鍵性的角色。冷戰結束以後，「統一」、「統合」、「獨立」，都成為在大時代變動下的可能選擇，共通的理由就是如此才能有助於所屬政治共同體的未來發展。東西德在 1990 年 10 月依民主程序完成統一，歐洲共同體在 1991 年底的馬斯垂克高峰會決定走向歐洲聯盟，歐洲進行了更深層的統合。另一方面，分離主義在冷戰後也成為一種令人注目的訴求，蘇聯分裂成為 15 個國家，捷克斯洛伐克在境內兩個不同民族同意的情形下，分裂成為捷克與斯洛伐克兩個國家。另外，南斯拉夫亦受分離主義影響，在戰火中走向分裂。

　　如果我們將「利益」作為兩岸關係的理性思考，那麼兩岸到底應該如何走，才符合兩岸人民與政府的最大利益？當然，每個人對於「利益」的界定不同，筆者主觀地將其界定在「有助於兩岸和平發展」。

　　對於中共而言，如果放棄了統一，整個政權的正當性將受到質疑，因此，中共不會放棄統一。對於台灣而言，如果走向台獨，戰火自然難以避免，因此，台灣不敢宣布台獨。在追求統一方面，冷戰期間台灣還有一統中國的氣勢，冷戰結束後也曾推出國統綱領，承認大陸治權，尋求兩岸共創統一。不過，有關統一的主張，愈到後來，愈是說說而已。陳水扁在位期間進行的「終（廢）統」，馬英九獲得大位後也不願再恢復國統會運作或重拾國統綱領。在既不願被統，也不能獨的情況下，「不統、不獨」的「維持現狀」或「前途未定」成為政府所認知與創造的主流民意。但是「不統不獨」的「維持現狀」或「前途未定」真正對於兩岸是一個最佳的選擇嗎？或者只不過是束手無策下的託辭而已？

　　作為長期關心兩岸發展的研究者，自然對於兩岸關係發展有主觀的看法，主張在「統」、「獨」、「維持現狀」以外，建立第四種「統合」論

述。主觀立場必須建立在客觀態度上，本文即以此原則撰寫。

　　本文分爲兩個部分：「兩岸定位」與「兩岸走向」。前者爲客觀性的分析，筆者提出「兩岸爲整個中國內部的兩個憲政秩序主體」（可以簡稱爲「一中兩憲」）；後者爲主觀性的規範性研究，認爲在「兩岸同屬整個中國」與「兩岸平等」的基礎上推動「兩岸統合」，是「兩岸走向」的最佳選擇。

# 貳、兩岸定位

　　兩岸定位最大的爭議在於對主權歸屬的認知（張亞中，1998a）。兩岸自 1949 年以後開始分裂，由於還沒有統或獨的結局，因此，對於中國，兩岸目前處於「分裂中」，而不是「已經完成分裂」的狀態。在法律意涵上，存在有三個與中國人有關的中國：中國（China）、中華民國（ROC）與中華人民共和國（PRC）。中國是指 1949 年還沒有分裂前的中國，以及以後統一後的中國，本文以「整個中國」表稱。

　　中華民國於 1912 年繼承大清成爲中國，中華民國不僅代表中國，也是中國。1949 年 10 月中華人民共和國在北京成立，中華民國退居台北，兩岸自此開啓了「誰是中國」與「誰代表中國」的主權之爭。「誰是中國」是一個憲法與國際法的問題，「誰代表中國」取決於其他國家的認知與決定，屬於國際政治的範疇。

　　我們先討論「誰是中國」這個部分。由於涉及「正統」之爭，也可從國際法的角度來探究兩岸「誰是完整的國際法人，誰不是完整的國際法人」。從國際法的觀點來看，這個問題有三種可能的答案：第一、兩岸只有一個爲完整的國際法人，另一方不是個完整的國際法人；第二、兩岸均爲完整的國際法人，因此，兩岸在國際法上已經是「外國」關係。第三、兩岸只對自己領域內的事務享有完整國際法人地位，對於整個中國（PRC＋ROC）事務（包括領土與主權）而言，均不是完整的國際法人，在國

際政治上可以有「誰代表中國」的問題，但是在法律上其實「誰也不是中國」。

　　北京在上述三種選擇中，毫無疑問地在立場上只認同與接受第一種答案，台北在第一與第二種選擇間遊走，但是兩岸的現實狀態卻是趨近於第三種答案。以下即進行法理性的分析。

# 一、第一種：兩岸只有一個是完整的國際法人，即只有一個是中國

　　這種主張是一種「爭正統」的論述，可以由兩個不同的理論來說明。

## （一）同一性理論

　　「同一性理論」（*Identiatstheorie*，identity theory）指分裂國的某一方與原被分裂國為「同一」（identity）（Blumenwitz, 1966: 87），[1]具完整的國際法人格地位，另一方不具完整的國際法人地位（Blumenwitz, 1966: 88; Schmid, 1980: 30; Schuster, 1965: 114）。[2]在兩岸與中國的關係中，將產生「中華民國是中國」或是「中華人民共和國是中國」兩個可能選項。

　　此項理論又可再分為兩種：一種是「完全同一性理論」（*Kongruenztheorie*，congruence theory），指分裂中某一方主張其與原被分裂國為「完全同一」，具完整的國際法地位，其主權與治權均及於對方。[3]即

---

[1]　identity 這個字可以譯為「認同」、「身分」、「特性」，用在法律時，譯為「同一」較清楚，表示兩者為同一。

[2]　德國學者將「同一性理論」詮釋為：作為國際法主體的整個德國並未消滅，其國際地位僅能由東西德兩國之一取代，亦即東西德兩者之中，僅能有一者與德國是「同一」。

[3]　德國學者將「完全同一理論」詮釋為：指西德與德國完全同一，西德的疆界及其《基本法》效力所及之區域涵蓋包括東德在內的整個德國；或指東德與德國為完全同一，東德的疆界及憲法效力所及的區域亦涵蓋包括西德在內的整個德國。

「中華民國主權與治權均涵蓋對方」或「中華人民共和國主權與治權均涵蓋對方」兩個結果。

另一種是「國家核心理論」（*Staatskerntheorie*，state's core theory）（Blumenwitz, 1966: 88; Schmid, 1980: 29），[4]又稱之為「縮小理論」（*Schrumpstaatstheorie*，shrink theory），指分裂中某一方主張，其與原被分裂國為「同一」，具完整的國際法地位，主權因此及於對方，但是也接受自己目前有效管轄區域縮小，因此同意治權不及對方（Blumenwitz, 1966: 89; Krülle, 1970: 100; Schmid, 1980: 29; Schuster, 1965: 83）。[5]用在兩岸與中國的關係中，將得出「中華民國主權涵蓋全中國，但是治權僅及於台澎金馬」或「中華人民共和國主權涵蓋全中國，但是接受（或不否認）台灣政府在台澎金馬的治權」兩種結果，這個理論可以作為中共「一國兩制」的理論。

## （二）內戰理論

「內戰理論」屬交戰團體（belligerency）或叛亂團體（insurgency）間有關的國際法規範，指一個國家因內戰而存在兩個政府，但雙方均主張其本身為唯一合法政府（丘宏達，1995：288）。從叛亂團體的觀點來看，兩岸不是「蔣匪」就是「共匪」；從交戰團體的觀點來看，1949 年起的內戰狀態還沒有結束。雙方在這個交戰過程（雖然已長達半個世紀以

---

4　德國學者將「國家核心理論」詮釋為：西德與 1937 年疆界的德國為一致，但其領土僅為《基本法》所規定的領土，西德法律所適用的範圍亦僅限於《基本法》所規定的地區（《基本法》第二十三條地區加上薩爾邦），並不涵蓋整個德國。但上述情形僅是暫時性的狀態，而非常態，待東德及其他地區的佔領權力消失後，才是正當狀態。

5　亦有學者將「縮小理論」稱之為「核心國家理論」（*Kernstaatstheorie*）。該理論稱：德意志帝國被縮小至西德《基本法》所規定的有效地區（後另加上薩爾邦），亦即西德與德國的領土及法律方面均為一致，但被縮小至德國的核心地區——指西德。此理論如果應用在以東德為核心國家，則可解釋為：德意志帝國縮小至東德憲法所規定的有效範圍，在此縮小基礎上，東德與德國為一致。

上）中，對外宣稱自己才是中國，也代表中國。

　　基本上，「內戰理論」與「完全同一性理論」對於主權「同一」的主張是相同的，只是兩者所處的現實狀況不同，「完全同一性理論」並不需要以雙方仍處於「內戰狀態」為前提，即使分裂雙方均已制定新憲法，結束了國際法上所認定的「內戰狀態」，但是其中一方還是可以用「完全同一性理論」去面對另一方，視對方為「假」的政權，或尋求獨立的政權，因此不放棄武力成為為追求統一的選擇。

## 二、第二種：兩岸均為完整的國際法人，彼此是外國

　　兩岸均為完整的國際法人，表示雙方已是外國關係，即使彼此有民族、文化、血緣上的特殊關係，例如美國與英國、德國與奧地利、捷克與斯洛伐克，但是兩方均已具完整的國際法人格。這樣的主張可以「分解理論」（dismemberment theory）與「分割理論」（secession theory）來說明。

### （一）分解理論

　　「分解理論」指一國家因戰爭、國際條約或各方協定，分解為兩個或多個主權國家，原有國家的國際人格消失。這種情形類似第一次世界大戰後奧匈帝國消失，分解為奧地利、匈牙利與捷克等主權完全獨立的國家。用在中國問題上，指 1949 年前的中國，在 1949 年 10 月已分解為兩個各具完整國際法地位之國家，即中華民國與中華人民共和國。1949 年之前的中國已因分解而消失。

### （二）分割理論

　　「分割理論」與「縮小理論」的情形類似，但是解釋不同。「分割理論」指國家領土某一部分被分離的區域，後來取得國際法主體的地位，且不影響到被分離國家的法律地位，而原來的國家在行使其主權時，將被

限制在新有的疆界中。這種情形與 1839 年比利時從荷蘭王國分割而出，1971 年東巴基斯坦從巴基斯坦分割成立孟加拉國的情形一樣。

「分割理論」用在中國問題上指中華民國與 1949 年前的中國爲同一，中華人民共和國爲從中國或中華民國分割而出的新生國家，中華人民共和國之分割並不影響原有國（中華民國）的法律地位，不過原有國中華民國在行使其主權時，將被限制在其所統治的僅有疆界（台澎金馬）中。也就是說，中華民國與中華人民共和國都是個主權獨立的國家，兩者各在其領域內享有完整的主權與治權。

在國際法案例上，分解或分割得以順利成立的基本條件有二：一爲受國際條約所造成，二爲經當事國自由意志的同意。後者尤爲必要的條件。如果這兩個條件無法達成，那麼結果就是內戰，冷戰後的南斯拉夫就是一個引發戰爭的例子，捷克斯洛伐克經由協商和平分割爲另外一個例子。

## （三）分解理論＝一中一台；分割理論＝兩個中國

在兩岸與中國的關係上，北京堅決反對「分解」或「分割」的論述，但是台灣方面對這兩種論述都有支持者。

「分解理論」將兩岸關係定位爲「一中一台」。持「分解理論」者認爲，1949 年之前的中國（中華民國）在 1949 年已經結束了，分解爲兩個不同的國家。他們接受與承認中華人民共和國是一個主權獨立的國家，也接受北京所主張的「一個中國」，因爲他們認爲「一個中國」就是中華人民共和國，與台灣無關。他們認爲台灣已經是另一個與中國大陸沒有任何法律關係的國家，有自己的領土、人民、政府與其他政府交往的能力，完全符合國際法上國家應有的客觀條件。

在認爲台灣是一個主權獨立的國家方面，又發展出兩種不同論述。第一種認爲，因爲國民黨是一個戰敗來台灣的「外來政權」，這個「外來政權」依附的中華民國根本沒有正當性，只有宣布成立「台灣共和國」，台灣才能算是一個眞正的主權國家，我們可以稱其爲「激進的台獨主張

者」，在政治光譜就可以屬於「深綠者」。第二種是在基於現實政治（包括有利台灣內部有效統治與避免形成「事實台獨」而引發戰爭）的基礎上思考，認為可以接受中華民國政權的若干正當性，而不需要完全否定，因此主張，「台灣是一個主權獨立的國家，現在的國號為中華民國」，「台灣已經是一個主權獨立的國家，不需要再宣布獨立」。我們可以稱其為「務實的台獨主張者」，在政治光譜上屬於「淺綠者」。

「分割理論」將兩岸定位為「兩個中國」。持「分割理論」者認為，中華人民共和國自 1949 年起自中華民國的領土中分割出去成立另外一個政權。中華民國與中華人民共和國都是兩個主權獨立國家。前者是 1912年創立，後者 1949 年建國。

對於中華民國這個中國，又有兩種不同定位，一種是傾向於「國家核心理論」（縮小理論）的主張者，即中華民國就是 1912 年成立的中華民國，在法理上沒任何改變。另一種是認為在國會全面改選與幾次總統直選後，中華民國已經不完全是 1912 年的中華民國，形體雖在，但是魂魄已全然不同。

無論是「一中一台」或「兩個中國」，都沒有再統一的約束，他們同意可以「統一」，但這不是基於憲法約束，而是人民自決，因此他們也認為人民有「獨立」的權利，「民主」是決定是否統一的唯一標準。換言之，「分解理論」與「分割理論」對於統一可以接受的前提是「先獨後統」，而且「統一不是唯一選擇」。

上述的理論頗為複雜，但政治就是如此，「論述」往往是為了「政治目的」而服務，「理論」也經常是政權的工具。北京目前的政治權力遠大於台北，因此，自然會以「同一性理論」來處理定位，但是台灣在定位問題上卻是基於環境或領導人的認知而改變。

## 三、台灣對於自我定位立場的轉變

為了顧及到政權的正當性，1949 年到台灣來以後，台北政府一方面

在法律上堅持以「內戰理論」與「完全同一性理論」界定與北京與中國的關係，視中共爲「共匪」，堅信「光復大陸」，對內拒絕國會全面改選以延續法統的正當性，對外以聯合國席位確保作爲中國合法代表的象徵。

1971 年中華民國退出聯合國，國際上已經不承認中華民國的「同一性理論」時，台北方面仍不願放棄「一個中國」原則，其理由在於，如果國民黨放棄一個中國，內部必須立刻全面改選，重新制憲，將失去既有政權的正當性。1987 年蔣經國開放人民赴大陸探親，有必要調整對中國大陸的定位，1987 年廢除動員戡亂條款，不再將中共視爲叛亂團體，等於台灣單方面認爲內戰結束，在定位上，等於已從「完全同一理論」轉向爲「國家核心理論」。

1988 年李登輝繼任，發展出兩條論述路線，一爲直接、一爲間接，前者爲明、後者爲暗。在明的方面，李登輝爲了鞏固權力，與非主流取得妥協，制訂國統綱領，發表「一個中國的意涵」，重申「一個中國就是中華民國」，但也承認中共在大陸的治權，成立國統會，宣示不改變統一路線，延續蔣經國對於兩岸與中國關係的定位，明白放棄「同一性理論」中的「完全同一性理論」，改持「同一性理論」中的「國家核心理論」。但是在暗的方面，先是從 1993 年起積極推動進入聯合國，1994 年 4 月李登輝接受日本作家司馬遼太郎專訪表達其潛藏的台獨傾向，同年陸委會公布的《台海關係說明書》中，放棄了「一個中國就是中華民國」的「國家核心理論」，而認爲中國只是個「歷史、文化、地理、血緣」上的概念（陸委會，1994：25）。李登輝再經由多次修憲，促使總統直選。隨著 1996年總統的直選，台灣已從「民主」的角度爲「分割理論」建立基礎。「兩國論」從此從政治學的理論中找到了立論基礎。

李登輝雖然在法律上沒有放棄統一，但是，他的統一是「先獨後統」的統一、「統一是選項之一」的統一、與「人民自決」下的統一，其實已經與「同一性理論」的憲法統一約束完全不同。1999 年李登輝提出了兩岸爲「特殊國與國」關係的主張，在他來看，所謂「特殊」是指兩岸有歷史、文化、地理、血緣上的關係，因此稱之爲「特殊國與國」，但是由於

他已經放棄了「一個中國就是中華民國」這個「同一性理論」論述，李登輝所謂的「特殊的」在法律上沒有任何意義。因此，李登輝的「特殊國與國」，在法律意涵上，就是一般的「國與國」的關係，屬於一種國際法上的外國關係。李登輝至此已經完全走向「分割理論」。

離開權位，李登輝擁抱主張台灣應該獨立建國的深綠台聯，往「分解理論」靠攏。接替李登輝的陳水扁，在 2002 年提出「一邊一國」，算是徹底地揮別「分割理論」，主張兩岸關係是「一中一台」，在他任內最後一年，2007 年，他以總統的身分對自己宣示效忠的對象，用輕蔑的口氣說，中華民國是個什麼「碗糕」？他從此走向激進的「分解理論」。

政治立場如此，憲法又是如何呢？即使李登輝與陳水扁都是「一中一台」的支持者，但是《中華民國憲法》，仍是以「同一性理論」處理與中國的關係。李登輝在其任內推動一系列的修憲工程，但是卻不敢碰觸最核心的主權歸屬問題。陳水扁在其任內決定挑戰這個禁忌，但是不敢用明的直接手法，而是用暗的間接策略。2005 年台灣舉行任務型國代選舉，通過廢除任務型國民大會，表示未來的任何修憲不再經由國民大會，而是由人民直接公投決定。未來如果有再一次的修憲，不論內容為何，均係由台灣全民直接決定，與經由代表全中國的國大代表投票在憲法意義上完全不同，因此「修憲」也可以將其做政治性解釋為「制憲」。用一句簡單的話說，如果 2005 年的修憲通過，「法理台獨」將入憲。

2005 年修憲在國民黨與民進黨聯手下通過，廢除任務型國民大會，台灣在國家定位上已經正式地向「分割理論」或「分解理論」滑動。如果再一次全民修（制）憲公投，在法理上台灣就完全走向「一中一台」或「兩個中國」。這也是為甚麼筆者長期主張，即使台灣未來要修憲，必須在兩岸和平協定簽署後，方宜進行，否則會使兩岸關係憑添不穩定的變數。

馬英九於 2008 年執政以後，在國家定位上，腳步有些零亂。在現實的政治操作上，雖然對外宣稱「不獨」（堅守國家核心理論），但是也表明「不統」（離開國家核心理論）。雖然不走民進黨的「台獨路線」，卻

繼續延續李登輝與陳水扁的「台灣主體論述路線」，讓「分解理論」與「分割理論」仍有機會成爲可能，但是另一方面卻是在法律層面重新回到「國家核心理論」的論述，引用憲法，發表兩岸爲地區與地區關係（即兩岸爲《中華民國憲法》架構內的兩個地區：台灣地區與大陸地區）的「兩區論」（即台澎金馬爲中華民國的核心地區，大陸地區爲非核心地區）。

在面對中國大陸時，馬英九又接收「分割理論」中的部分精神，主張「一中各表、擱置爭議」，換言之，在承認北京政府在中國大陸享有治權以外，也不否認北京政府擁有在中國大陸的主權。對於未來，馬英九認爲台灣的前途由台灣地區兩千三百萬人共同決定，也就是說，馬英九接受「人民自決」，而不是「憲法約束」，並不認爲統一是唯一的選項。當選以來，馬英九及其團隊，不再提國統綱領或國統會，從這個角度來看，馬英九已偏離了「同一性理論」，不再視統一爲憲法約束的唯一選項。

李登輝在其任內，用「民主自決」來挑戰「憲法一中」，即台灣的前途不是依據「憲法」的約束，而是依據台灣兩千三百萬人民的民主自決。馬英九雖然在 2008 年贏得大選，但是也持續認爲台灣前途必須由兩千三百萬人民決定，[6] 並提出「不統、不獨、不武」的主張。李登輝與馬英九在國家認同上很明顯有不同的看法，但是對於未來都是「台灣前途未定論」的主張者（張亞中，2009b）。

整體來說，馬英九與當政時李登輝都是在「同一性理論」中的「國家核心理論」與「分割理論」中搖擺，差別在於馬英九在法律上堅持前者，但是在政治實務面傾向後者。李登輝本質上是「分割理論」或「分解理

---

6　2006 年 2 月 14 日，中國國民黨在《自由時報》刊登廣告，表示「台灣的未來有很多可能的選項，不論是統一、獨立、或維持現狀，都必須由人民決定」。在 2006 年 3 月以國民黨主席名義訪問美國的馬英九以及後來作爲總統候選人的馬英九均曾發表「台灣前途的決定，應經台灣人民的同意」之言論。2008 年 2 月 14 日，國民黨發表「五點堅持」的兩岸政策聲明，其中第三點宣稱「堅決主張台灣的前途必須由台灣人民自己決定」。馬英九在 2009 年 5 月 29 日在出訪貝里斯的記者會中重申「我一向都主張台灣的前途必須由兩千三百萬台灣人民來決定，涉及主權議題才需要公投」。

論」的信仰者，但是爲了政治目的，用「國家核心理論」做僞裝。至於陳水扁，則是從「分割理論」走向「分解理論」的台獨擁護者。

　　台北對於自己在與中國定位上的混亂，顯示這個問題沒眞正被思考與執行過，往往受到外在、內部，或領導人政治權謀所影響。中共一方面堅持與中國爲完全同一，又不得否認中華民國在台灣治理五十餘年的事實。平實而論，無論是「同一性理論」或是「分解理論」或「分割理論」，多是一種主觀性的認定，與兩岸的現實狀況仍有出入。這並不是說，主觀的認定不重要，而應該說，兩岸如果能夠在客觀的事實基礎上，再做主觀意願的表述，才能爲兩岸關係的定位找到合理的論述。我們現在就談談，兩岸定位的第三種表述。

## 四、第三種：兩岸都不等於中國，而是中國的一部分

　　這一種的論述，西德的法律學者將其稱之爲「部分秩序理論」（*Teilordnungstheorie*，partial order theory），又稱之爲「屋頂理論」（*Dachtheorie*，roof theory）。[7] 放在兩岸關係來思考，由於兩岸的憲法還是「一中憲法」，也沒有一方正式宣布獨立或放棄統一，因此 1949 年分裂前的中國在法理上仍然存在，沒有消失，它的行爲能力暫時分別交由兩岸政府行使。兩岸處於「分裂中」，而不是「已經分裂」的狀態。兩岸相對第三國可以是一個完整的政治秩序主體，但是由於雙方都是整個中國的部分，因此兩岸在整個中國事務，即與中國的關係上，都只是個部分秩序主體。雙方的關係，不是國際法的關係，也不是各方的內政關係，而是整

---

7　德國學者以「部分秩序理論」或「屋頂理論」解釋東西德的法律定位關係，此理論的重要論點爲：（一）「德國」因爲已無自己的組織，故已無行爲能力，惟其作爲國際法主體而言，仍然續存。（二）在「德國」此一「屋頂」之下，存有兩個部分秩序主體，即西德與東德，但此兩者均非與德國爲「一致」。也有人認爲，柏林與德國東邊疆域也屬於部分秩序主體。（三）東西德兩部分秩序主體地位平等，且他們的存在並不會影響到德國的國際法地位。（四）東西德是經由德國的分解過程而形成，但是由於對德和約尚未簽署，此分解過程仍未結束，東西德兩國在未完全從德國分解前，仍是兩個部分秩序主體。

個中國的內部關係。也就是說，在法律上，目前兩岸存在著三個主體，分別是中華民國、中華人民共和國與中國。

就政治學來看，君主時代國家的主權（sovereignty）屬於君王，當代共和民主國家主權屬於人民，政府只是代理人民行使主權的權力（sovereignty power）。由於中國仍處於分裂中的狀態，因此，整個中國的主權屬於兩岸全體人民，兩岸政府只是在其領域內代表人民行使主權的權力。

從真實的歷史來看，「部分秩序理論」其實最符合兩岸 60 年發展的現狀。兩岸從 1949 年起分治迄今，雙方從來沒有治理過對方，兩岸亦均在國際間以完整的國際法人出現，並與其他國家建立外交關係。雙方雖然對憲法修改了好幾次，但是卻沒有讓會使中國完成分裂的條文出現。台灣方面雖然不少政治領導人高喊一邊一國或台灣獨立，但是並沒有形成憲法文字。當然，如果有一方修改憲法中的核心部分，或制定新憲法，「部分秩序理論」就失去其基礎。這個意涵上是「整個中國」的「中國」，也就成為一個「虛而不實」的概念了。

不過，雖然「部分秩序理論」符合現狀，但是由於 60 年來，兩岸始終陷於政治或主權立場之爭，該理論從來就沒有被雙方所接受，可是在兩岸事務的互動上，彼此卻已經務實地採行「部分秩序理論」。在兩岸交流中，已經尊重對方在領域內的治權，雙方人民到對方領域均需持對方核發的證件。即使是中共在 2005 年通過的《反分裂國家法》，這個「國家」指的應該是廣義的中國，而不是狹義的中華人民共和國。即反對台灣從整個中國的領土中分割，而不是從中華人民共和國的領土中分割。《反分裂國家法》可以說是「同一性理論」與趨近「部分秩序理論」的綜合體，中共以「同一性理論」對憲法與國際交待，認為自己才是中國；以「部分秩序理論」對台灣喊話，不否認台灣內部的憲政秩序。前者是北京對於兩岸定位的主觀認定，即中華人民共和國與中國為同一，後者是尊重客觀的事實，即兩岸合起來才是真正的中國。

胡錦濤先生在《告台灣同胞書》30 週年講話中所提出的「胡六點」中說：「兩岸復歸統一，不是主權和領土再造，而是結束政治對立」可

以說是與「部分秩序理論」的精神相合。所謂「復歸統一」自然是回到
1949 年中國分裂前的狀態，是由兩岸所共同再組合的統一。「不是主權
和領土再造，而是結束政治對立」指的不是誰吃掉誰，而是結束政治對
立，共同締造再統一，也就是由兩岸共同走回中國。

# 參、兩岸走向

　　如果兩岸基於法理與現實，願意接受第三種定位，即以「部分秩序理
論」（屋頂理論）作為兩岸關係的定位，作為一個規範性的研究，筆者認
為兩岸可以在以下幾個原則下進行互動。為使「部分秩序理論」中的「屋
頂」變得更為實在，兩岸必須共同確認為中國的一部分，保證不永久分裂
中國；在「整個中國」存在為前提的約束下，兩岸在法律上應為平等關
係，並在平等的基礎上，透過共同體機制的統合過程，進行合作發展，使
得「整個中國」這個第三主體愈來愈強化。

## 一、確定兩岸同屬整個中國

　　如果「整個中國」只是一個民族的概念（1994 年以後台北方面的官
方論述），那麼 1949 年以後的中國土地上就會被理解為存在著兩個中國
人國家，彼此雖然同為中華民族，但是在政治與法律意義上已經是兩個不
同的國家，因此「兩岸同屬整個中國」不僅是民族的描述，也是政治與法
律的界定。

　　如果從傳統中國的歷史看，「整個中國」有點像周朝春秋戰國時期
的「周天子」，兩岸則類似「齊楚秦燕」等國的關係，彼此仍同奉周的正
朔，周天子代表的是天下的概念，其他諸侯國之間則是隸屬於周的兄弟之
邦。兩岸目前的分治，並不表示「整個中國」就不存在，因此「一族兩
國」（one nation, two states）並不是正確的兩岸定位。「中國」作為一個
政治與法律的概念仍然是存在的，「中國」不僅是一個歷史、地理、文化

上的概念，更是一個政治與法律的概念。我們可以將「整個中國」看成一個屋頂或是兩岸相加之和，「整個中國」的權力目前暫時由兩岸政府分別行使。

「兩岸同屬整個中國」表達出兩岸並不是一般的「外國關係」，而是「整個中國」的「內部（inter-se）關係」。

「整個中國」（whole China）的本意即是「一個中國」（one China），但是「一個中國」的用法容易產生文字上的模糊，更容易引發兩岸「誰是這一個」的爭議。兩岸自 1949 年開始「一個中國代表權」之爭，但是事實上，所謂的「中國」應該是指「中華人民共和國」與「中華民國」的總合，主權屬於兩岸全體人民。兩岸均應放棄「一個中國就是中華民國」或「一個中國就是中華人民共和國」的「排它性」論述，接受「大陸與台灣同屬中國」的看法。因此，就文字的周延性與客觀性而言，以「整個中國」取代「一個中國」，既不失其原義，又能完整地表達出其應有的意義，「整個中國」也意指兩岸在互動中，必須將「中國作為一個整體」（China as a whole）作為原則來思考。

兩岸情形不同於東西德，因此《東西德基礎條約》（Basic Treaty）中的若干規定並不適用於兩岸，中共更是不會接受。例如在《東西德基礎條約》中，序言部分提到「意識到疆界之不可侵犯以及尊重全體歐洲國家現存疆界之領土完整及主權，是和平之基礎條件」、「認識到兩個德意志國家在其關係中，基於歷史之事實，及不傷害德意志聯邦共和國與德意志民主共和國，即使在基本問題上，包括民族問題，有不同之見解……」，「基於兩個德意志國家人民之利益，為創設德意志聯邦共和國與德意志民主共和國間合作條件之願望」而達成協議（條約之譯文請見張亞中，1999：96）。這些序言的宣示，說明了兩德關係就是國際法上的兩國關係。至於本文部分，並沒有相互保證不永久分裂整個德國的共識，更沒對「同屬整個德國」做出承諾。換言之，兩德基礎條約只是反應現狀、承認現狀、詮釋現狀，而沒有提出未來兩德應該有的約束與願景。

在未來兩岸簽署的和平協定中（筆者所擬的兩岸和平協定文本，張亞

中，2008：12-18），雙方可以透過協定的簽署，雙方承諾「不分裂整個中國」，即不從事分離整個中國的行為。再進一步，兩岸願意共同做出積極的承諾「維護整個中國領土主權完整」，這表示在釣魚台、南海等國際爭議性的領土上，雙方有責任共同努力，以維護整個中國的領土與主權。

當「整個中國」成為一個彼此都能接受的認知時，「部分秩序理論」中的「整個中國」這個屋頂才具有「實」的法律與政治意涵，而不僅是一個「虛」的民族概念。如果沒有這一項約束，「部分秩序理論」就無法實踐了。換言之，如果我們只是將「一個中國」視為歷史、文化、地理、血緣、民族的概念，那麼就會陷入「兩國論」的邏輯，「特殊國與國」其實就是「兩個外國」。歷史、文化、血緣、地理上的「特殊關係」，在兩岸法律關係論述中是沒有任何「特殊」意義的。

## 二、兩岸法律地位平等

在「整個中國」內部，兩岸應在平等之基礎上，發展彼此間正常之關係。在這裡要區別一下具有權力意涵上的「對等」（reciprocity）與法律位階上的「平等」（equality）兩者是不同的。在國際舞台上，兩岸可以有權力上的差距，有大有小，並不一定「對等」（或「對稱」），但是在兩岸互動交往時，彼此為平等關係，雙方並非是中央與地方的歸屬關係。正如同在一個家族內，兄弟間或許有權力大小的差別，但是在法律層面，彼此仍為平等。由於有「兩岸同屬整個中國」這個前提，因此兩岸間的平等關係並不能夠解釋為國際法上兩個外國彼此的平等關係，正如同兄弟兩人平等不能解釋為兩人為「外人」關係。兩岸合理定位應為「整個中國內部兩個具有憲政秩序之政治實體的平等關係」，是一種有別於一般國際關係的「特殊關係」。

在東西德簽署的基礎條約中，東西德雖然對於彼此定位的看法不同，東德視雙方為外國關係，西德視兩德為德國內部關係，但是在條約的文字上，卻是使用具有國際法性質的詞語，這使得兩德的關係幾乎就是國際法上的外國關係。例如，「尊重全體歐洲國家（註：即包括東西德）現存疆

界之領土完整及主權」、「德意志聯邦共和國與德意志民主共和國決遵循《聯合國憲章》所載之目標與原則，尤其是所有國家主權平等、尊重獨立、自主及領土完整、自決權、保障人權及不歧視」（張亞中，1999：96-97）。以上這些「遵循《聯合國憲章》」、「主權」、「獨立」、「領土完整」、「自決權」等文字，都彰顯了東西德已經是兩個完全相互獨立，而且沒有任何法律關係的國家。

兩岸未來在界定彼此關係上，與東西德有很大的不同。首先，基於兩岸對於同屬「整個中國」的確定，因此兩岸關係不是一般國家與國家間的「外國（foreign）關係」，但是由於兩岸平等，因此兩岸關係不是彼此的「內政（domestic）關係」，即台灣地區不是中華人民共和國的一部分，但是「中國」的一部分。兩岸關係應該是「整個中國」的「內部關係」。

在這樣認知的基礎上，兩岸應該同意，「尊重對方在其領域內的最高權力，任何一方均不得在國際上代表對方，或以對方之名義行為。雙方尊重任何一方的內部憲政秩序與對外事務方面的權威」。在這段文字中沒有使用「主權」（sovereignty），而使用「最高權力」（the highest power）一詞，即為避免造成兩岸為國際法上的外國關係。

「尊重對方在其領域內的最高權力」指由於目前還沒有完成統一，因為北京與台北的政府均只有在自己所管轄的領域內享有完整的管轄權，而不能及於對方。如果用國際法的術語來說，兩岸只有對自己的領域內的事務才是個完整的國際法人，如果從整個中國的領域，或整個中國的事務來看，兩岸均非完整的法人。

使用「內部憲政秩序」表示尊重彼此在其內部行政、立法與司法的完整管轄權。沒有使用「國家」一詞，是為避免傳統國際法用語可能引發兩岸是「國與國」外國關係的誤會；使用「對外事務方面的權威（authority）」，而未使用「外交的獨立（independence）」是考慮兩岸關係的特殊性，因而避免使用傳統國際法上所常用的「外交」、「獨立」等用語，除了相互表達善意，更間接地表達出兩岸均是整個中國一部分的承諾。

　　兩岸法律地位「平等」，而政治權力上存在的「不對等」，落實在雙方的外交關係時，可以容許差別的存在。例如在與他國關係時，北京與美國擁有大使級的外交關係，台北與美國擁有總領事級的領事關係。在「平等」這個基礎上，北京與台北均與美國擁有官方關係，在「不對等」的基礎上，兩岸有「大使級」與「總領事級」關係的差別。由於兩岸均承諾同屬整個中國，因此，美國同時與北京及台北擁有官方關係，並不會造成中國分裂的事實。

## 三、兩岸同意不使用武力

　　基於兩岸同為整個中國的一部分，雙方又是同一民族，彼此應該對「和平」作出相互承諾，以保證「不使用武力或以武力威脅對方，完全以和平方法解決雙方之歧見」。由於兩岸是以「部分秩序理論」作為基礎，雙方已做出了「同屬整個中國」並「保證不分裂中國」的承諾，所謂的「台獨」已為雙方政府所反對，因此，兩岸已無必要兵戎相見，中國大陸自然可以放棄對台使用武力或武力威脅。

　　為了有效推動兩岸和平，在未簽署和平協定前，兩岸可以採行「兩岸和平階段化與相對化」的概念與政策。「階段化」意為兩岸安全宣示以四年為一期；「相對化」意為在台灣領導人正式做出「四年任內反對台獨」的宣示，大陸領導人也做出「四年內放棄武力與武力威脅」的保證。

　　在討論政策過程形成中，有「制度論」的學說。「制度論」可分為「理性選擇制度主義」（rational-choice institutionalism）、「社會學制度主義」（sociological institutionalism）與「歷史制度主義」（historical institutional- ism）三種（Hall and Taylor, 1996）。「理性選擇制度主義」告訴兩岸，在中國大陸的眼中，戰爭與台獨是同義字，因此基於安全與穩定，台灣必須理性地放棄台獨選項。「社會學制度主義」告訴兩岸，當追求安全已經成為一種文化認知，一種習慣時，沒有人會嘗試挑戰這種論述，人民會自然而然地因為避開戰爭，而選擇放棄台獨。在「歷史制度主義」看來，任何制度在設計時所作的選擇，在某種程度上是具有「鎖定

效果」（lock in effect）。「歷史制度主義」因而告訴兩岸，當「確保和平」已經成為一個行之多年的政策時，人們也不會再嘗試選擇另外一種未來不確定的政策。這三種制度理論，都告訴我們一個有正面結果的答案，即只要「兩岸和平階段與相對化」一開始啟動，兩岸和平的大門就打開，而再也不容易關上了。

## 四、兩岸同意成立共同體

作為兩岸關係規範性的研究，筆者長期主張「兩岸統合」（張亞中，2000、2003），即兩岸同意在雙方同意之領域成立共同體，以促進彼此合作關係。「兩岸統合」是「兩岸走向」的一個重要路徑，也是最符合兩岸利益與願景的路徑。

傳統的政治學觀點，「政治聯合」不外乎是聯邦、邦聯、國協等主張，「經濟整合」多是指自由貿易、關稅同盟、共同經濟政策等型態。二次大戰後，歐洲國家創造了一個新型態的政治聯合與經濟整合架構，即創造了一個綜合「政治聯合」與「經濟整合」的「歐洲共同體」。

歐洲共同體內有「超國家」（supranationalism）與「政府間」（intergovernmentalism）組織，屬於一種「分中有合、合中有分」、介於「聯邦」與「邦聯」之間的政治體制。在對外關係上，歐洲共同體與會員國都是法人，差別在於前者是不完整的國際法人，而後者是一完整的國際法人。不過，歐洲共同體作為法人的權限並非固定，如果會員國願意多給些權力，那麼其國際法人的地位將愈趨完整。

國家間的合作與共同體的合作不同，前者仍是以各個國家為單位，透過交往協商進行；後者除了各會員國外，共同體本身就是一個常設性的組織。組織本身有追求功能的使命，因此也會追求不斷的自我強化，機構強化的結果自然削減了會員國的權力，最終使得所有會員國密不可分。

站在中國大陸的立場，如果把「一國」看成是「整個中國」，現階段兩岸已是「兩制」，如何從「一國兩制」過渡到「和平統一」，兩岸共同

體的設置將是一個最理想的路徑。對中國大陸而言，兩岸目前存在的問題是，台灣人民對於中國大陸的認同並沒有因為經貿交流增加而擴大，反而「贊成統一」者愈來愈少，其原因就是因為沒有機制幫助兩岸人民建立同是「中國人」的認同。「共同體」在法律人格方面的意涵是參與雙方「各有主體、共有主體」，彼此「主權共享」。透過兩岸共同體的運作，台灣人民無論在政治與經濟上都能得到安全感，也將會感受到「兩岸統合」對於台灣人民的有利性，兩岸的共同認同會深化，應該符合中共追求「和平統一」的原則。

站在台灣方面的立場，共同體的設立可以作為「國統綱領」從中程到遠程階段中間的機制設計。對台灣人民而言，純粹仿照自由貿易機制的兩岸經貿互動，短期或許對台灣有利，但是長期而言，台灣經濟有可能經由經濟自由流動而逐漸被掏空。透過「共同體」機制，台灣的利益才有可能確保。

需要在哪些議題上建立共同體，可以由雙方政府協商。例如兩岸可以在迫切需要的事務，如兩岸「農業共同體」、「台海社會安全共同體」（處理兩岸走私、犯罪）等低階性的事務開始，或在不影響到境內事務，但又具有象徵性意義的議題成立共同體，例如「海域安全共同體」或「南海安全共同體」，以共同維護在釣魚台以及南海事務的安全。兩岸也可以考慮共同成立「食品安全共同體」，以維護兩岸人民的食品安全。至於哪些議題為優先？可留給兩岸政府發揮創意。

另一個做法，兩岸也可以逕行成立一個「兩岸共同體」或「中華共同體」，讓其擁有部分國際法人地位。即先建立一個總體性的法律與政治框架，內部要以何種事務為優先，再做安排。

兩岸共同體成立的基礎與歐洲共同體並不同。歐洲共同體是由各個主權國家所組成，但是兩岸共同體是在「整個中國」的基礎上，或其屋頂下推動統合，雖然兩者組成份子彼此地位是平等的。對於兩岸共同體而言，統合可以是走向統一的前置階段，對於歐洲共同體而言，統合本身可以是過程，也可以是結果，因為歐洲共同體各會員國並沒有彼此都是「整個歐

洲」此一法律約束，但是兩岸卻有共同屬於「整個中國」一部分的認識。

在討論歐洲統合過程中，出現了各種不同的理論，包括「聯邦主義」（Federalism）、「功能主義」（Functionalism）、「新功能主義」（Neo-functionalism）（張亞中，1998b：6-37）、「自由政府間主義」（Liberal Intergovernmentalism）（Moravcsik, 1998）、「多層治理」（Multi-level Governance）（Hooghe and Marks, 2001）等等，其中有的是討論開啓統合的動力，有的是分析影響統合過程的因素，也有的是研究歐洲共同體如何治理。一個普遍被研究統合論者忽略的理論就是「國家自我拯救論」。筆者認爲，作爲解釋爲何要參與統合機制，「國家自我拯救論」是很有參考價值的，特別是值得台灣思考。

國家自我拯救論對於歐洲共同體如何與爲何會發生提出了完整的解釋，其中心論點認爲，民族國家的危機及其在戰後的自我拯救是歐洲統合起源的內在推動力，走向統合是民族國家選擇的結果。第二次世界大戰使得民族國家的正當性陷於危機之中，國家連基本的功能都喪失了，它不僅不能維護國民的安全，也無法保護國民的財產，民族國家的正當性受到了嚴峻挑戰。因此，如何拯救民族國家就成爲戰後歐洲歷史的一項重要進程。國家透過將有限的部分主權交給了歐洲共同體超國家機構使人民得到安全、國家得到發展，進而得到了人民對國家的忠誠，因而鞏固國家存在的正當性。因此，歐洲共同體的發展只是重新肯定自己作爲政治組織基本單位的地位。統合是國家意志的產物，但是，如果共同體完全取代了國家，這樣只會毀掉統合本身，而限制統合進程又將削弱民族國家，限制它們施行其權力。簡言之，統合是加強了西歐民族國家的地位而不是削弱了它們（Milward, 1993: 1-20）。

民族國家爲何會選擇統合？毫無疑問，是統合機制可以解決自身需要解決的問題，最初的六國之所以在煤鋼和以後的共同市場領域進行統合，是因爲它符合這些國家的特定利益需求。例如：比利時的煤碳工業和法國的農業等在統合架構中可以獲益良多，然而由於對本國就業水準的考慮，義大利所希望的勞動力自由流動就不可能納入統合架構中而只能在傳統的

依存架構中進行。

　　民族國家為甚麼會選擇走向統合，而不只是滿足於相互依存的關係？歷史的經驗已經告訴歐洲人答案，經濟與社會上的相互依存並不能阻止兩次世界大戰的爆發。對某些國家和某些政策領域來說，相互依存的框架並不足夠解決問題，它們需要某種新的架構，即統合機制，一種包含超國家主義在內的機制。這種統合機制，首先有不可逆轉的特性（irreversibility），這可以從制度主義的觀點來看，一旦政府間達成了基本的協議就不再可能輕易地被推翻。例如：即使英國對歐洲共同體經常有不同意見，但是它卻不會選擇退出。一些政策一旦做了決定，就會繼續發展下去。其次，歐洲統合具有排外性（exclusivity），由於以讓渡主權為加盟的代價，其成員國的數量受到限制。統合長期把非成員國排斥在共同市場外，並增加共同體對非成員國的談判力量。第三、統合提供了一個中央法律體系，這是相互依存機制缺少的，這一方面保證民族國家仍然可以維持對統合的控制，另一方面由於共同體法律優先於成員國法律，使得成員國間的爭端容易解決（Milward, 1993: 12-19）。

　　國家自我拯救論基本上是屬於現實主義的範疇，也可以算是政府間主義各種論述的成員。它從歷史發展的實際狀況中提出了一般統合理論所忽略的問題，即國家參與歐洲統合是為了救國家自己。

　　從歐洲統合的進程來看，國家自我拯救論的確有它的道理。西德決定加入是為了取得與其他國家平起平坐的機會，經由統合來獲得自己的主權；法國決定主導統合是希望能經由歐洲共同體讓它再度成為世界的強權，與在農業政策上得到滿足；英國決定加入是為了挽救其逐漸落後歐洲大陸的經濟發展；丹麥、愛爾蘭的加入也是不得不為之；希臘等南歐國家也是經濟的誘因下決定加入。冷戰後中東歐前共黨國家的紛紛加入，也是希望經由歐洲共同體得到安全與經濟發展的保證。另外一群等在外面加入的國家，如烏克蘭等，也是基於同樣的安全與經濟理由，希望參與歐洲聯盟。從這個角度來觀察台灣，是否兩岸共同體的成立反而有助於台灣未來的競爭力？兩岸共組共同體，台灣看似放出了部分主權的權力，其實也換

回了更多主權的權力。

國家自我拯救論算是歷史學者對理論學者的修正。在理論的層次上，國家自我拯救論集中研究於歐洲統合的起因，它提供了一套最基本的思維，即國家不會自己終結自己，它所以會選擇統合而不是相互依存機制，是因為這樣對國家最有利。這樣的觀點可以很清楚的讓人們了解，為什麼歐洲合眾國可能將永遠是一個遙不可及的夢，因為它違反了民族國家存在的基本原則，即不會輕易地讓自己消失。

共同體的另一項功能在建立彼此的共同重疊認同（overlapping identity）。社會建構主義者認為認同是維持和平與安全不可或缺的因素，而共同體的建立，就是在各自對國家認同之外，再建立彼此的重疊認同。歐洲共同體創建目的之一，就是讓歐洲人能夠跨越彼此原有國家認同，而塑造出一種同屬歐洲人，同為歐洲聯盟一部分的集體認同，這個認同也是讓歐盟土地上不再會有戰爭的最有利保障。兩岸共同體能夠成立，透過多種共同體的運作，重疊認同將因而擴大（張亞中，2000：107-156）。兩岸以統合方式經由共同體的建立發展兩岸關係，自然是「統」、「獨」或「維持現狀」以外的最佳選擇。

對於中國大陸而言，一方面了解台灣人民希望參與國際組織的期望，但是另一方面，又擔心，如果台灣參與類似「世界衛生組織」（WHO）等由國家參與的國際組織，等於讓台北政府同時發展出與其他會員國的正式外交關係，並造成兩個政府同時存在於國際組織的現象，因此，迄今仍不同意台北政府成為這類組織的正式會員。

對於北京政府而言，最好的方法是台灣加入中國大陸在國際組織中的代表團，但這是台灣方面目前所不可能同意的。讓台北政府以「Chinese Taipei」（中華台北）成為「觀察員」或許是大陸最可能的讓步，但是由於台灣社會目前選舉頻繁，「中華台北」將會被輕易解釋成為是「中華人民共和國台北」的簡稱、「中國台北」的同義詞或「中國人台北」。另外，「觀察員」地位並不會被視為中共對台的友善表示，而被看成中共的統戰行為。因此，如何讓台北政府在國際組織能夠有正式的會員資格而又

不會造成兩岸永久分裂的事實，是在國際組織中相對台灣為強勢的中國大陸所必須思考的問題。

由於兩岸對於同屬整個中國做出承諾，因此，兩岸共同以會員國身分存在於國際組織並不會造成兩岸為「外國」的法律結果。

另一個可以在政治與法律上確保兩岸的共同參與國際組織，但是又不會造成兩岸分裂的方法，即以「兩岸三席」的方式為之。例如在「世界衛生組織」的參與上，容許台灣以「台北中國」（Taipei China）名義參與，而台灣也同意兩岸共組一「兩岸共同體」或「中華共同體」代表團作為兩岸參與的第三席。第三席的功能在於協商或規範兩岸在國際組織內部的立場，共同維護中華民族的整體利益，而其存在的意義，等於向全世界宣示兩岸共同在國際組織中出現，並不意涵整個中國的分裂。

## 五、兩岸互動時的正式稱呼

兩岸目前對於彼此的稱呼並不一致，「中國」、「中國大陸」、「中共」、「台灣」、「大陸」、「中國」、「島內」、「內地」等等名詞，各有其政治意涵。未來兩岸關係如果要正常化，特別是要簽署和平協定等正式文件時，名稱問題變得很重要。

舉例而言，未來的兩岸和平協定應不宜由民間授權組織海基會與海協會代表，而應由官方簽署。但是北京方面不會同意由「中華人民共和國」與「中華民國」名義簽署。如果最後的簽署是以「中華人民共和國」與「中華台北」名義，可能也不符合雙方平等的需要，台灣方面也不容易接受。

北京或許要自問，是否願意讓台灣人民分享「中國」的話語權，還是讓時間逐漸造成「一邊中國，一邊台灣」的定型印象？正如同台灣民進黨絕大多數都贊同「一個中國就是中華人民共和國」的論述，而主張「中華民國應該叫做台灣」，「在台灣的人應該是台灣人，而非中國人」，以完全捨棄「中國」的話語。

　　台北也應該自問，當「台獨」已經變得愈來愈不可能，分享「中國」此一話語權，是否才能擴大自己的影響力？「中華台北」事實上並不是一個好的名字，完全無政治實體的意涵，它只是一個當時為了參加奧運而不得不接受的「非政治實體」名稱。接受自己為「整個中國」的一部分，不僅合乎憲法，也可以為自己帶來更大的利益。「整個中國」應該是個資產，而非負債。

　　兩岸未來在協定或正式官方互動中如能以「北京中國」（Beijing China）與「台北中國」相稱，表示兩岸處於平等地位，更重要的，完全符合協定中所稱兩岸均屬「整個中國」的一部分，合理地讓兩岸和平發展在「整個中國」的基礎上前進。

## 肆、結論

　　目前在兩岸走向有統、獨、維持現狀三種選擇，一般民意調查已以此三個選項為標準。

　　對於中國大陸而言，統一台灣在短時間不可能，因此，政策上是以防獨為目標，在國際間阻礙台灣以國家名義的正式參與國際活動空間、在經濟上採行惠台政策，以收防獨之效。但是兩岸的發展並不如大陸所願。2008 年的民意調查顯示，95.9% 認同自己是「台灣人」、46.6% 認同自己是「中國人」。「民眾終極統獨立場」方面，有 67.5% 民眾並不贊成兩岸最終應該統一，贊成的僅有 19.5% ；有 50.6% 民眾贊成台灣最終應該獨立成為新國家，不贊成的有 34.1%（遠見民意調查中心，2008：44）。

　　在台灣而言，兩岸關係不能正常發展，也讓台灣付出了慘重的代價。由於兩岸關係對於台灣的重要，無論是經濟、政治、社會、文化各個層面都與兩岸關係難脫關聯，使得台灣近十餘年來陷入認同之擾，也無法充分掌握中國大陸經濟發展的契機，而使得台灣競爭力無法提升。隨著中國大陸經濟與政治的快速崛起，台灣對大陸的依賴益深，「維持現狀」反而有

可能使台灣成為中共「和平消化」大戰略下的戰利品。

　　要使兩岸關係和平發展，必須為兩岸創建一套合理的架構。在這個架構中，不止兩岸人民可以雙贏，兩岸政府也都有贏的機會。以「部分秩序理論」作為「兩岸定位」，以共同體統合方式作為「兩岸走向」的路徑（另參考張亞中，2009a：10-16），[8]是一條值得思考的規範性架構。謹以本文就教學者先進。

---

8　在〈論兩岸統合路徑〉一文中，提出文化統合（兩岸文字趨同化）、貨幣統合（三階段推動華元（Chinese dollar）、經濟統合（經濟共同體、食品安全共同體等等）、身分認同（發行中華卡）、安全認同、國際參與、和平框架等七項構想。

# 參考書目

丘宏達，1995，《現代國際法》，台北：三民。

張亞中，1998a，《兩岸主權論》，台北：生智。

張亞中，1998b，《歐洲統合：政府間主義與超國家主義的互動》，台北：揚智。

張亞中，1999，《德國問題：國際法與憲法的爭議》，台北：揚智。

張亞中，2000，《兩岸統合論》，台北：生智。

張亞中，2003，《全球化與兩岸統合》，台北：聯經。

張亞中，2008，〈「兩岸和平發展基礎協定」芻議〉，《中國評論》（總130）：12-18。

張亞中，2009a，〈論兩岸統合路徑〉，《中國評論》（總 136）：10-16。

張亞中，2009b，〈從「台灣地位未定論」到「台灣前途未定論」〉，《中國評論》（總 138）：29-35。

陸委會，1994，《台海兩岸關係說明書》，台北：行政院大陸委員會。

遠見民意調查中心，2008，〈馬總統上任四個月民調〉，《遠見》（268）：42-44。

Blumenwitz, Dieter. 1966. *Die Grundlagen eines Friedens-vertrages mit Deutschland*. Berlin, Germany: Duncker & Humblot.

Hall, Peter and Rosemary Taylor. 1996. "Political Science and the Three New Institutionalism." *Political Studies* 44(5): 936-957.

Hooghe, L. and Marks G. 2001. *Multi-Level Governance and European Integration*. Lanham, MD: Rowm and Little Field.

Krülle, Siegrid. 1970. *Die Völkerrechtlichen Aspekte des Oder-Neiße-Problems*. Berlin, Germany: Duncker & Humblot.

Milward, Alan S. 1993. *The European Rescue of the Nation*. London, UK: Routledge.

Milward, Alan S., ed. 1993. *The Frontier of National Sovereignty: History and Theory, 1945-1992*. London, UK: Routledge.

Moravcsik, Andrew. 1998. *The Choice for Europe: Social Purpose and State Power from Messina to Maastricht*. Ithaca, NY: Cornell University Press.

Schmid, Karin. 1980. *Die deutsche Frage im Staats - und Völkerrecht*. Baden-Baden, Germany: Nomos.

Schuster, Rudolf. 1965. *Deutschlands Staatliche Existenz im Widerstreit Politischer und Rechtlicher Gesichtspunkte 1945-1963*. München, Germany: Oldenbourg.

# 第五章

# 兩岸關係理論之建構—
# 「名分秩序論」的研究途徑

## 張啓雄

## 壹、序論

　　對峙於台海兩岸的台灣與大陸，到底有無共同「文化價值」或「國家（天下）理論」，用以規範兩岸關係？這是構思本文時，首先浮上腦海的問題意識。

　　回顧中國歷史，由於王朝不斷交替，所以朝代更迭不已，這也是中國二十五史的特色。1911 年，武昌起義，中華民國推翻清朝，成爲繼承政府，在形式上維繫了「大一統」政局。從「正統論」來看，中華民國成爲「正統」政府。1949 年，中國內戰有了決定性的勝負，中華民國退守台灣，看似偏安，實則臥薪嘗膽。中共則在北京建政，肇造中華人民共和國，統治整個大陸，宣稱「唯一合法」的「正統」。若從「爭天下論」（張啓雄，1992：20-26）來看，中華民國取代清朝，中華人民共和國取代中華民國，這種「王朝交替」的「朝代更迭」形式，就是「爭天下」。

　　由於北京無法「解放台灣」，台北也無力「反攻大陸」的形勢，終於造成中國的國家格局，走向因「不完全朝代更迭」致「不完全政府繼承」的兩岸對峙、分治政局。若從「名分秩序論」及「五倫國際關係論」來看，這種「China＝ROC＋PRC」的分裂政局，不但造成戰後兩岸隔海對峙的局面，也造成兩岸在國際關係上，爭奪「正 vs. 閏」＝「唯一合法」

的正統名分。小則訴諸「兄 vs. 弟」的序列性倫理關係，大則形塑「整體 vs. 個體」＝「中央 vs. 地方」＝「君 vs. 臣」等階層性主從關係。再從「奉正朔論」來看，當兩岸關係開始由緊張走向和解時，總算開啓了白手套的官員交流與公文書往來，同時也產生了「文書紀年」的衝突，蓋「奉正朔」乃「用其曆即歸其統屬」之意。

反之，當兩岸發生激烈的「五倫關係」之爭、「名分秩序」之爭、「正統」之爭，甚至「奉正朔」之爭或「另起爐灶」之爭時，最後勢必走向屈服對方、假借「爭天下」的手段，完成國家「大一統」的終極目標。北京所以不願承諾放棄武力統一台灣，並制定「反分裂國家法」的道理，就是在創造「PRC＋ROC＝China」的未來統合趨勢，謀求國家由分裂走向大一統的情勢。

歸納言之，從崩解型「大一統論」→「正統論」→「奉正朔論」→「名分秩序論」→「五倫國際關係」→「爭天下論」，再回到統合型「大一統論」的文化價值，是一套環環相扣的推演機制，也是分析兩岸關係的整體理論架構（張啓雄，2009）。由於這一套理論架構過於龐大，所以僅就其中擇取「名分秩序論」，作爲主題切割，以展開兩岸關係理論的論述，或許難免有管窺全豹之憾，但如何將「名分秩序論」轉變成對兩岸關係，特別是針對兩岸參與國際組織之爭，產生具可操作性之分析能力的有用途徑，也就成爲本文的研究目的。

# 貳、「名分秩序論」的源起

孔子稱：「周監於二代，郁郁乎文哉！吾從周」（《論語》〈八佾〉），可知孔子是以恢復周朝的封建秩序爲職志。是故，當子路問及「衛君待子而爲政，子將奚先」時，孔子立即表明他的爲政之道，乃「必也正名乎」，並同時展開他的政治邏輯，稱：「名不正，則言不順；言不順，則事不成；事不成，則禮樂不興；禮樂不興，則刑罰不中；刑罰不中，則民無所措手足」（《論語》〈子路〉）。「必也正名乎」，到底是

什麼意義？它會造成什麼樣的政治效果？

　　根據《論語》〈顏淵〉的詮釋，是指「君君、臣臣，父父、子子」＝「君為臣綱、父為子綱，臣之事君，如子事父」＝「君 vs. 臣」＋「父 vs. 子」＝「君父 vs. 臣子」的君父邏輯論述，主從階層關係。企圖將天下的秩序，由「禮樂征伐自諸侯出」的無道，回歸到「禮樂征伐自天子出」的有道（《論語》〈季氏〉）。換句話說，治天下之道，乃在於制爵位，立名號，以別君臣上下之義，讓君像君，臣像臣，父像父，子像子，各自按照自己的名分行事，天下才能回歸秩序。所以，「正名」就是執行讓名分各就各位之歸定位的行動過程，對內進而在政治上產生「定於一尊」的效果，對外因「君父邏輯」擴張成為「君臣、父子、兄弟、夫婦、朋友」的五倫關係，並進而投射在國際關係上，而形成「五倫國際關係論」，用以規範中國的天下秩序。

　　這就是「因名定分」→「依分求序」→「循序運作」的推演過程與統合機制。所以孔子所謂的「正名」意義，乃在於回復周禮所建構的名分秩序，讓「宗法制度」結合「封建制度」所形成的等級名分，按身分差異而區分名稱與職務，以便據名求實，達成相應的責任與義務。在今日的兩岸關係，則是「因名定分」、「依分求序」以及「循序運作」的國家整合機制，這就是「名分秩序論」。

## 參、「名分秩序論」的論述

　　在今日的兩岸關係上，「正名」首須對管轄下，各個不同且彼此交往的政治實體（political entity），究竟享有何種「名分」（名號與職分），清楚地加以界定。然後，再依此「名分」，令其逐一扮演角色，然後體現上下、尊卑、主從的秩序。這種秩序一旦建立，則各個「政治實體」就得依照「正名」之際所定的「名分」，從事符合「中華世界帝國」（張啟雄，1995b：9-11）之倫常規範的交往行為。因此，「名分秩序論」的首要任務，就在於為各「政治實體」訂定「名分」，以完成「正名」工作。

名正則分定，分定則序行，序行則國治天下平。故「名分秩序論」的意
義，就在於它有「因名定分」、「依分求序」及「循序運作」的動力，以
完成「名實一致」的統合作用。所以說：「定名分，首在正名。名正之
後，始得以依名定分；分定，然後得以依分求序；序生，則國治；國治，
則天下平。國際秩序賴之，得以井然運行。秩序井然，雖無爲而天下治」
（張啓雄，2001a：7-11、2005：172-174、2007：89-92）。這也是「中華
世界秩序原理」之「名分秩序論」的精髓所在。

　　一般而言，西洋的國際法秩序原理是法治主義，相對的，「中華世界
帝國」之國際秩序原理則是以禮治主義爲主的歷史文化價值。「禮者禁於
將然之前，法者禁於已然之後」，此爲禮治與法治的主要區別。禮治，首
須定名分，建秩序。名者名義，分者職分。名分定則倫常生，秩序定則倫
常行。因此，定名分，首在正名，正名首在依名定分，然後依分求序，有
序則一切井然可治。所以，定名分乃在求隨名而來之「倫理分際」與「名
實關係」。正名乃所以求名實之一致，以期撥亂反正，匡時救世。

　　「中華世界帝國」因「名分秩序論」而得以建立其獨樹一幟之宗藩
封建體制的階層秩序。因此，宗藩間的主從關係、朝聘的序列、兵力的多
寡、爵位的上下、文書的體例及藩邦間的等級關係等等，均有所規定。就
名分秩序而論宗藩關係，則「中華世界帝國」皇帝自稱朕，爵號稱皇帝，
命令稱詔敕，直轄領域稱中國、統治領域稱天下，對四夷稱天子，首都稱
京都，皇位繼承人稱太子，象徵用五爪之龍等，均有特殊規定，藩國不得
僭越。遇有僭越，輕者懲處，重者征伐。屬藩之統治者，爵號稱國王，命
令稱教旨，統治領域稱邦國或直稱國名，對皇帝則尊稱陛下，其臣下尊
稱國王爲殿下，藩邦對交鄰國則以國名及王號自稱，首都不稱京師而稱
王城，王位繼承人不稱太子而稱王子或世子，象徵用龍至高只可用四爪之
龍，行文上國須奉正朔等均有等差＝階層差異之規定。

　　所以說，「名分秩序論」可以讓東方之事，回歸東方之理，用以詮釋
東方之國際秩序，避免西洋價值中心主義。如果專以西洋近代國際法的國
際秩序原理，來解釋「中華世界秩序原理」所規範之中華世界秩序，當然

不免發生「以西非東」的偏頗鑿枘現象。

## 肆、名分秩序論在當代兩岸關係研究的發展

茲就名分秩序論的理論發展過程，特別是在當代兩岸關係研究的發展上，分期略加析述。

### 一、兩岸關係研究前的醞釀期

名分秩序論發源於古代，經過歷代的醞釀與發展，始逐漸成形。它必須經過發現與歸納、整理的階段，方得以嘗試應用於（前）近代中國的國（邦）際關係。其中，有特別針對中國王朝的政權分裂分治（如南明 vs. 清朝）、宗藩關係（如琉球 vs. 明、清朝）與藩藩關係（如朝鮮 vs. 日本）（張啓雄，1989：1-384、1998：39-72、2001b：1-62）。至於它是否能借用於今日，作爲觀察台海兩岸在參與西方國際關係時因互動所形成的兩岸關係理論，則可以透過兩岸爭奪參與各種不同類型之國際組織，來加以檢視。

1868 年日本因明治維新，幕府還政於天皇而告「王政復古」。明治政府於是假「王政復古」之名，向對等交鄰關係的朝鮮國王發出「先問書契」，明治政府並在該「先問書契」上，陰圖以日本爲天皇體制國家之名，不但故意不使用傳統體例，而且在文中刻意越格使用「皇」、「敕」等字眼，暗伏對韓優位意識。朝鮮政府以其使用除「中華世界帝國」皇帝之外不得使用的僭越文字，斥其「違格」、「礙眼」，退回國書，終於釀成嚴重的日韓國交對立（張啓雄，1989：215-220）。這是涉嫌將對等國家間的關係僭越爲君臣上下階層關係的名分秩序事例。

另，1882 年朝鮮因壬午兵變而引發反日暴動，日本假此爲名，出兵朝鮮。清廷則以「爲屬邦正亂」爲名，迅速派兵馳赴漢城，名爲助韓平亂，實則防日乘機要挾。因此，又命令馬建忠在朝鮮伺機逮捕大院君，數

其罪，載歸中華，以破日本要挾之計。逮捕的理由是：「欺王實則輕皇帝也」。以其無視於國王之親政視事，無天子之命，竟敢擅自僭越專權，無異踐踏皇帝對朝鮮國王之冊封（張啓雄，1989：251-254）。這是屬藩內部因僭越君臣名分而紊亂宗藩名分秩序之顯例。

惟若依西洋近代國際法原理來看，則日本是天皇制國家，日本對朝鮮之國書使用「皇、敕」字眼，並不意味朝鮮臣從日本。因為王國稱王，帝國稱帝，本屬自然，主權對等，王帝同大。因此，日本「先問書契」並非僭越之國書。反之，中國根據「封貢體制論」冊封朝鮮國王，朝鮮國王根據「王權帝授論」統治其邦國，中國政府也認為過問屬藩內政，乃皇帝本有之權；可是，國際法則將中韓視為主權對等之國，無視其君臣上下之名分秩序，致使中國為安定屬藩而出兵逮捕大院君的權宜之計，在西方看來，反成「內政干涉」。持此看法，皆因對東方「中華世界秩序原理」之「名分秩序論」無所了解所致。

1911 年外蒙宣布獨立，1914 年為了解決外蒙獨立問題，中俄蒙於恰克圖召開三方會議。袁世凱基於中俄〈聲明文件〉，提出取消中央政府、取消國號、取消年號、取消帝號等議約四原則，作為三方會議的開議前提（張啓雄，1995a：325-364）。這些都是深受「名分秩序論」的影響，而提出的先決條件，也是「名分秩序論」的研究途徑第一次被應用到近代中國國際關係上，用於觀察歷史文化價值對中國之國家行為的影響。

## 二、理論架構形成期（ADB，乃亞洲開發銀行，為政府組織）

作者因透過「名分秩序論」的觀點，分析《外蒙主權歸屬交涉，1911-1916》（張啓雄，1995b：1-366）的個案，在此基礎上增加了「國號（ROC vs. PRC）、帝號（總統 vs. 國家主席）、年號（民國 vs. 西元）、政府名義（中央 vs. 中央）、國旗（青天白日滿地紅 vs. 五星旗）」和「參與國際組織與外交承認」等新觀點的分析，據此形成了「名分秩序論概念架構圖」（圖 5-1），並據以分析《海峽兩岸在亞洲開發銀

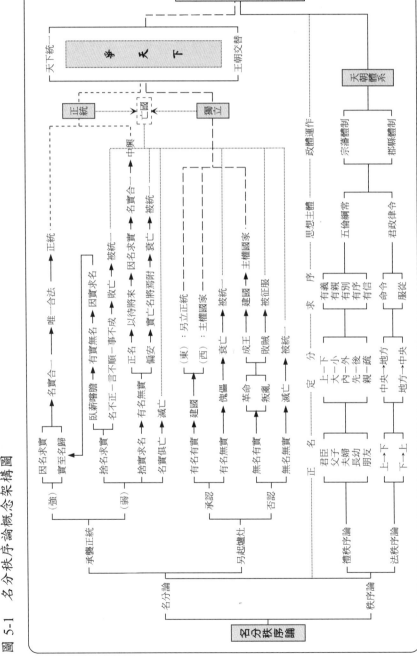

圖 5-1　名分秩序論概念架構圖

行的中國代表權之爭》（張啓雄，2001a：1-188）的個案，從而奠定了
「名分秩序論」之概念架構的雛型。

## 三、理論架構發展期（IOC，乃國際奧委會，爲非政府組織）

本階段站在「名分秩序論概念架構圖」的基礎上，企圖透過「正名－
定分－求序」的運作規律，以〈1956 年墨爾本奧運會前後中國代表權
之爭〉重新檢視〈東方型國際秩序原理之型模建構與分析〉（張啓雄，
2002：85-146），因北京中國奧委會行文台灣赴京參加奧運全國選拔賽，
而發現伴隨「名分」（中央 vs. 地方）而來的「上下秩序」（赴京選拔）
（參見張啓雄，2002）。又從〈1960 年前後中華民國對國際奧委會的會
籍名稱之爭〉（張啓雄，2004a：103-153）的研究，獲知國際奧委會是以
「實際控制的體育領域」作爲裁量兩岸參與國際奧委會的原則，因此「名
分秩序論」又得到「de jure vs. de facto」的啓示，事實論述對法理論述成
爲此後的研究架構。最大的收穫，就是證實「正名」潛藏「秩序」安排。

## 四、理論架構的突破期（WTO，乃世界貿易組織，爲政府組織）

本階段，依據「因名定分→依分求序→循序運作」的概念，考察〈台
海兩岸加入 GATT/WTO 的政治紛爭〉，並從中發展出「加盟模式」（張
啓雄，2004b：61-104）。於是透過「加盟模式」的設計，分析兩岸參與
國際組織，有了突破性的發展。

「加盟模式」，計有一個原則、三個普遍條件以及一個特殊條件。
具體而言，在「一個中國」原則下，主要表現在四個方面，即參與身分
（加盟主體）、參與名稱（會籍名稱）、參與等級（會員待遇）與參與時
間（加盟先後）。前三者，即參與名稱（會籍名稱）、參與身分（加盟主
體）、參與等級（會員待遇）爲普遍條件；後一項，即參與時間（加盟先
後）爲特殊條件。普遍條件須具普遍性，特殊條件則僅限於「兩岸同時」

或「中先台後」參與國際組織的情況，才會發生。

　　至於「原則」，乃先決條件之意，在時空上，儘管可能有變形存在，但是卻具有無可替代性。因此，從某個角度來看，「一中原則」會轉化成為法理論述的目的，「加盟模式」則變成事實論述的手段，手段成為用來達成目的的方法。

## 五、理論架構的再發展期（APEC，乃亞太經濟合作會議，為政府論壇）

　　本階段，根據「加盟模式」，對〈海峽兩岸在 APEC 的名分秩序紛爭，1991-1995〉（張啓雄，2005：170-231）進行分析，發現台北參與 APEC 非正式領袖會議的「出席模式」，也顯示「加盟模式」對中華民國參與國際組織具有一定程度的解釋力與預測力。

## 六、理論架構發展的省思期（WHO，乃世界衛生組織，為主權國家組織）

　　本階段應用「加盟模式」考察中華民國擬參與以主權國家為資格之聯合國直屬機構的個案，即〈台灣參與 WHO/WHA 會籍的「國際名分」認定〉（張啓雄、鄭家慶，2009）的研究，企圖在研究途徑（approach）下，發展具可操作性的應用方法論（methods）。

　　經過上述六階段的成果累積，相信「名分秩序論」研究途徑的兩岸關係理論，透過歷史文化價值的論述，在方法論上，已具一定程度的理論基礎與論述能力。至於將「名分秩序論」應用在兩岸關係的方法論上，為了讓它具有可操作性，並清楚界定觀察指標，則須另闢「名分秩序論的兩岸研究途徑」專項，析論於後。

# 伍、名分秩序論的政治角色扮演

根據傳統的文化價值，「名分秩序論」的第一要義，就是「正名」。正名的第一要義，就是確認參與者的身分。由於它具有「定於一尊」的政治效用，所以它對敵我雙方的身分判斷，只有「正、僞」之分，並以己爲「正」，以敵爲「僞」。分裂分治的兩岸關係，相互經歷「反攻大陸 vs. 解放台灣」的生死鬥爭和「蔣匪 vs. 毛匪」的醜化否定之後，敵對性終於開始由極端走向緩和。可是，「正名」的傳統文化價值並不因敵對性由極端走向緩和而改變內涵，只是由「硬對抗」走向「軟對抗」而已。尤其是，當「正名論」結合了了「正統論」，它的必然結果，就是肯定己方爲「正」，否定對方爲「僞」。換句話說，兩岸都主張自己才是「正統」政府，而對方就是「僞政權」。

回顧蔣介石下野後，因鑑於大陸情勢危急，乃著手佈局未來兩岸之爭。因此，他將中華民國憲法帶到台灣，將國會移轉台北，以爭法統；並將中央政府的五院體制遷往台灣，以爭中央政府；更將中央官員後送台灣，以爭人統。又將重要中央部會檔案搬遷台灣，以爭中央政統；另率三軍來台灣，除鞏固政權外，尚有中國之國軍的意涵。此外，將故宮博物院搬遷台北，以示由清而民國之政府繼承的正統性。進而，將中央研究院遷移台北、國立大學在台復校，並高倡中華文化復興運動，以爭道統。然後，在外交上，重用親美派，力圖鞏固對美外交，以爭資本主義陣營的外交承認、在聯合國的中國唯一合法代表權以及國家生死存亡的防衛安全。凡此種種，在在都顯示出，蔣介石爲了與中共爭奪中國名分，精心規劃了通盤戰略。

於是，在不完全朝代更迭的前提下，分裂分治的兩岸展開了名分秩序之爭。此時，無論中華民國或中華人民共和國，對外，它代表國家；對內，它代表中央政府。因此，對外，形成「二個中國」；對內，形成「二個政府」。爲了表示「孰眞孰僞」或「孰正孰閏」，必須「正名」。爲了爭奪「正統」，兩岸都在國家之下設立中央政府，更在中央政府之下設立

代表政府的部會與代表中央的國立機構。據此，在行政、立法、司法等機構上，兩岸各自成立了代表國家之「總統 vs. 國家主席」，各自下轄「行政院 vs. 國務院」、「國民代表大會（立法院） vs. 全國人民代表大會」等國家機構、代表主權之「外交部 vs. 外交部」和代表各項專業功能的中央部會；此外，尚有代表中央政府所在地「台北 vs. 北京（按台方貶稱為北平）」之首都抗衡。另，設置國立研究機構，如「中央研究院 vs. 中國科學院、中國社會科學院」的對抗；又在教育部下，設立代表國家的國立教育機構，如「國立台灣大學 vs. 國立北京大學」，以互別苗頭；設置國立文化機構，以凸顯道統，如「國立故宮博物院 vs. 故宮博物院」、「國立中央（國家）圖書館 vs. 國立北京圖書館」。

　　為了否定對方，這些代表國家、政府、主權、中央以及國立的官方機構，必須「正名」，並賦予對方的政治體和政府組織為「偽、閏」，己方為「真、正」。更在「名分秩序論」下，於雙方交流時，會強迫對方在機構名稱上，取消「中央」、「國立」、等字眼，並進一步否定對方的中央政府所在地為「京」為「都」。國家、政府間的政治機構，除非統戰需要，否則老死不相往來。惟雙方仍設法人機構，以行民間中介往來，並在雙方往來的「文書紀年」上，要求對方取消「年號」，如民國若干年。即使非政治性的學術、文化、教育事業，也都難以倖免。理由是，學術、文化、教育事業，雖以科學為內容，也較少涉及主觀的價值判斷，但其機構在名稱上，卻有官方立場之爭。不過，這些做法，也都是在事實「二個中國」的分裂分治狀況下，為避免又在法理上賦予理論根據，造成中國永久分裂的激烈手段。這是在歷史文化價值指揮下而付諸行動的政府行為。

　　此外，雙方在參與國際關係上，「國號」（國家名稱）、「帝號」（元首名稱）、「年號」（公文紀年）、「政府名稱」（中央機構）、「參與國際組織」、「外交承認」，甚至在海基會與海協會之間的白手套實務交涉上，也會有「遣辭用字」的問題，大如：「總統（中央） vs. 台灣（地區）領導人」、「立法院長 vs. 台灣民意機關最高領導人」或名稱加引號，小如：「走私（國際） vs. 海上小額貿易（兩岸）」、「偷渡 vs. 非法進入對方領域」、「出入境 vs. 離上岸」、「協定 vs. 協議」等，都

是因為爭奪名分秩序而造成用語衝突的顯例（張啓雄，2001a：12-16）。理由是，前者乃國與國之間的國際關係術語，後者為國內性質的兩岸關係專門用語。

　　更嚴重的是，當其中某一方因國家認同改變、意識型態差異而企圖改變遊戲規則，或圖謀「另起爐灶」時，就會形成「一中一台」或「一邊一國」的形勢，自認「正統」的一方，面對這種情勢發展，必然斥責對方無視於「一中原則」，無異向「中央政府」宣戰，因而爆發兩岸關係的重大危機。

　　由此可見，「名分秩序論」在兩岸的內部關係與國際關係上，都扮演著極其重要的角色，值得進一步開拓發展。

# 陸、「名分秩序論」的兩岸研究途徑

　　兩岸在「天無二日、民無二王」之「唯一」加上「漢賊不兩立」之「合法」，等於「唯一合法」＝「正統」文化價值觀下，致使原本在國際組織上純屬「會籍名稱」的問題，升高層次成為「政府承認」的問題。民進黨於 2000 年取得政權後，更將台灣的國際參與視為彰顯台灣主體性的重要途徑。對民進黨而言，兩岸之爭，已非「一中」之下的政府承認，而是推動中國與台灣「兩國」或「一邊一國」間的國際承認問題。換句話說，民進黨政府企圖將「政府承認」，轉換成「國家承認」的問題。

　　傳統國民黨政權與共產黨政權，於國共鬥爭時期都認知，中國的「國際名分」（international status）本應由「一個國家」（state）「一個政府」（regime）來代表，但是卻因兩個分裂「政權」（regimes）的存在，雙方為了爭取「唯一合法」的「正統」地位，不論在任何國際組織和活動中，都卯足全力展開「爭正統」、「爭國家代表權」的生死鬥爭。

　　國民黨執政時期的李登輝政權，在國家認同上，形式上雖仍號稱「中華民國」，但實質上已放棄「中國」名分，開始從中國「國際名分」走向

「台灣」「國際名分」的過渡時期。其後，政權交替。民進黨政府上台後，基於意識型態，中華民國是否能代表中國的「國際名分」，已非其關注的焦點，如何擺脫和中國間的糾纏不清，如何落實「台灣」的「國際名分」，才是它眞正關心的所在。

至於新國民黨執政時期的馬英九政權，則提出不統、不獨、不武的政策，即當前既不統一，也不獨立的「維持和平現狀」論調。爲了與大陸維持良好關係，他不但提出外交休兵，而且在參與國際組織上，採取既不與北京爭「中國」代表權＝唯一合法＝正統的「中國」國際名分，也不會提出因另起爐灶而得罪中共的「台灣」國際名分。前者，將 China 變成 Chinese；後者，將 Taiwan 變成 Taipei。因此，兩岸在「九二共識」前提下，中華民國想要參與國際組織，勢須提出「既像中國，但又不是中國；既像台灣，但又不是台灣」＝「不統（對內）、不獨（對外）」的會籍名稱，以符合各自對「一中（共識）各表（片面）」的需求與詮釋，正因它需要有模糊的彈性，而「Chinese Taipei」的會籍名稱，正好符合台海兩岸得藉以各取所需的「國際名分」，並分別將它詮釋爲「中華台北」或「中國台北」。由此可知，不論「中華台北」或是「中國台北」，「Chinese Taipei」的會籍名稱，正是當前台海兩岸都可以忍受的「國際名分」。不過，這個會籍名稱，並不適用於代表主權國家或中央政府的國際組織。換句話說，必須以主權國家爲入會資格的國際組織，中共必定不會違反中華文化價值的名分秩序原理，爲台灣入會，提出修改入會資格的會章限制，而承擔不測風險。

事實上，台灣確曾試圖利用西方國家的人民、領土、主權概念而另起爐灶，於是從主權及於大陸的法理論述，逐漸走向主權限於實效管轄台澎金馬之土地和人口的事實論述，漸次由爭奪唯一合法的一中正統，邁向一國兩府→雙重承認→兩國論→一邊一國論。惟因受限於國際格局與北京的強力圍堵，既無法擴大外交承認，也無力鞏固邦交版圖，更無法擴大國際生存空間，除非接受「一中原則」，自居「Chinese Taipei」＝「閏統」以下，否則均難以加入國際組織。最後，在北京全力掌控下，兩岸關係就形成「乃中國內政，而非國際關係」的國際共識。

　　至於北京則認為，自 1949 年起，將「中華民國」逐出中國後，它已不存在中國「國際名分」的問題，中國的「國際名分」當然由中華人民共和國取而代之。因此，在當前的兩岸情勢中並無中華民國的國際名分問題，只有「一中原則」下的台灣「國際名分」實務。隨著中共領導人的世代更替，中共對台灣問題的處理，開始顯現變與不變、或緊或鬆的政策方針，如葉九條、江八點、胡四點和胡六點。及 1993 年公布《台灣問題與中國統一》白皮書，2000 年又進一步公布《一個中國的原則與台灣問題》，2005 年為了維護一中原則和反對台獨更進而制定了《反分裂國家法》，對台灣的名分、地位以及國際參與的規範，日益明確（張啓雄、鄭家慶，2009）。

　　如果台灣不顧後果想要爭取外於中國的獨立名分，恐非僅「名分秩序論」的邏輯所可單獨解釋。對此，北京所持的文化價值與解決手段，恐怕只有「完整型兩岸關係理論」才能解釋清楚。換句話說，必須從崩解型「大一統論」→「正統論」→「奉正朔論」→「名分秩序論」→「五倫國際關係論」→「爭天下論」，再回歸到統合型「大一統論」的整體文化價值，才能觀察、分析以及找到對岸的解決方策。

　　在方法論上，本文以「名分秩序論」為基本的理論架構，惟因在台北參與 IOC、ADB、WTO、APEC、WHO 等國際組織的實務上，截至目前，除 IOC 外，與北京只發生「名分之爭」的關係，在「秩序」上尚不曾進一步發生實際的上下、主從論爭。因此，本文擬就「名分秩序論」中的「名分論」，特別針對「名」的部分，以「名實關係」的角度加以分析，並提出「名分」上的分析方法，進而將之轉換成西方的國際關係語言，以利共同理解。

　　是故，本文將國家在國際組織上的名分，稱為「國際名分」。那麼，何謂「國際名分」？狹義而言，乃是指基於傳統中華文化價值，兩岸針對己方和賦予對方之主觀認定的國家法理名號，於加入西方國際法架構下之國際組織時，在客觀上經他國認可之「會籍名稱」，稱之。據此，在「國際法層次」上，「名」為國家之「法理國號」（de jure title），乃該政府

所代表之國家「合法性」的認定。「實」則指「國際政治層次」上，符合經其他國際組織會員所認可的「會籍名稱」（de facto title），乃其在國際組織所實際獲得的「會籍名稱」或該政治實體透過主、客觀條件所追求之「實際稱謂」。扼要言之，名分論中的「名」，仍稱之為「名」；名分論中的「分」，則轉換成為「實」。

然後將「名」「實」關係，結合客觀狀態的「有」「無」，再將其「國際名分」類型化，成為分類上的理想型（ideal types）。據此，可以得到四種基本類型，如表 5-1。即：「有名有實」、「有名無實」、「無名有實」與「無名無實」等四類型（張啓雄、葉長城，2007：171）。至於，因名分類型而衍生的行為取向，亦可加以分類，在此一併表列於類型之下。

表 5-1　名分秩序論的名分類型與行為取向

| 名（國家名稱） | | 實（會籍名稱） | |
| --- | --- | --- | --- |
| | | 有／求 | 無／捨 |
| | 有／求 | 類型：有名有實 | 類型：有名無實 |
| | | 行為：求名求實 | 行為：求名捨實 |
| | 無／捨 | 類型：無名有實 | 類型：無名無實 |
| | | 行為：捨名求實 | 行為：捨名捨實 |

名分秩序論，除在「名實論」上，有「名・實」×「有・無」的類型變化外，也有「名・實」×「捨・求」的類型變化，用以說明「求名求實」、「求名捨實」、「捨名求實」、「捨名捨實」等行為取向。若將「名實論」的「有名有實」、「有名無實」、「無名有實」、「無名無實」等四種「名實類型變化」，結合「捨求論」的「求名求實」、「求名捨實」、「捨名求實」、「捨名捨實」等四種「捨求類型變化」的行為取向，來分析兩岸關係，一定會有新發現。因此，可借自、依變項的設計，透過兩岸之政策態度，依其客觀的名分類型和主觀的行為取向，觀察中華民國參與國際組織的可能性。

　　如果將上述八種類型的變化視為依變項，將「執政黨的政策取向」、「中共的態度」與「國際組織的入會認定」當做自變項，可發現這三項自變項的組合變化，會造成依變項——「名分類型與行為」的改變。自變項與依變項間的關係，可繁可簡。簡則可刪減自變項、依變項之項目或行為取向，如在自變項中，三者取其二，或在依變項的「名實組合」中，去「捨‧求」存「有‧無」，或去「有‧無」而就「捨‧求」。繁則可將國際組織依性質區分，進而再依地域、國別區分；加上，中共的態度也可以區分為鷹派、鴿派等差異。同時，中華民國執政黨的政策取向，也可依政黨輪替區分為舊國民黨政府、過渡國民黨政府、民進黨政府、新國民黨政府來分析，換句話說也可依偏向統一或獨立的政策取向來論述，甚至進一步在執政黨的取向上再增加在野黨的牽制，或再增行為取向的分析等因素，則其相互關係就會產生千變萬化的複雜現象，如圖 5-2 或圖 5-3。

圖 5-2　執政黨的政策取向、中共的態度、國際組織的認定及名分類型與
　　　　行為間之因果關係架構圖

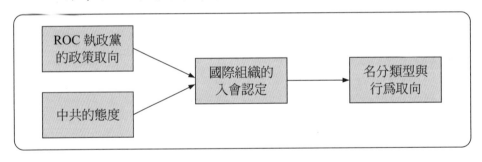

圖 5-3　名分秩序論下兩岸關係的自、依變項因果關係

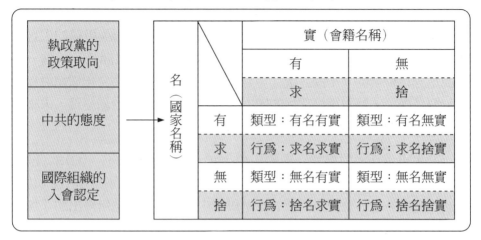

一般而言，在國際法上，根據「宣示說」的法理，台灣無須經他國之承認，國家就已成立。惟在事實上，陶醉於「宣示說」者，均無視於國家企圖實際參與國際活動之現實。相對的，「構成說」主張：「承認」乃新國家參與國際社會時，在國際法上實際產生權利義務的開始。因此，想要參與某國際活動，就必須取得該國際社會或國際組織的認可，這就是國際現實。

檢視中華民國國際名分的演變過程，從中國名分的法理名號與實際稱謂相符的「有名有實」（國家名稱＝中華民國＝會籍名稱）類型，其後因退出聯合國，導致它在國際組織的骨牌效應，會籍名稱開始逐一喪失，因而形成「有名無實」（國家名稱＝中華民國≠會籍名稱）類型。挫折之餘，乃一面興起另起爐灶之念，另一面則務實考量到：第三國對中華民國之實質稱謂的認知，僅限於治權所及之地的台澎金馬，而瞭解到：在透過修憲程序讓「台灣」成為「國家」之前，僅可能先落實於「無名有實」（國家名稱≒台灣≠會籍名稱）的類型，進而希冀有朝一日從中國名分轉變成台灣名分的「有名有實」（國家名稱＝台灣＝會籍名稱）類型。

因此，從中國名分的「有名有實、有名無實、無名有實」等類型推移，到轉換成台灣名分的「無名有實、有名有實」等類型推移，就成為台

北因政黨輪替而造成國際名分轉換的理想型架構。假若將「有名有實、有名無實、無名有實、無名無實」等四類理想型架構設定為依變項，然後再將「ROC 執政黨的政策取向」、「中共的態度」與「國際組織的入會認定」設定為自變項，然後求出自變項與依變項間的因果關係，或進一步確認部分自變項的「干擾」或「中介」效果。那麼，歷史文化價值途徑的兩岸關係理論，將對兩岸關係的國家方向、政策變化、內涵詮釋，未來預測，依類型的組合與變化，產生千變萬化的奧妙關係。

又，再依作者對兩岸在國際組織 IOC（非政府組織）、ADB（區域功能性政府組織）、APEC（區域功能性政府論壇），特別是 WTO（功能性政府組織）之名分秩序鬥爭的案例研究中，經累積歸納所得出的「加盟模式」，必須具備「一中原則」和「四個條件」。再根據這四個條件，即參與名稱（會籍名稱）、參與身分（加盟主體）、參與等級（會員待遇）與參與時間（加盟先後），來考察參與 WHA（主權國家世界衛生組織之活動）的案例，可以驗證「加盟模式」對名分之解釋或預測的功能。根據「加盟模式」的理性分析，可以看出：中共可接受的底線，就是「一中原則」加上「四個條件」。換句話說，從北京的觀點來看，就是在以中華人民共和國為正統的「中國名分」下，台灣回歸中華民國，並屈居「閏統」以下，再基於「一中原則」≒「九二共識」，北京同意台北的「參與名稱」為「中國台北」（Chinese Taipei）、甚至是「中國台灣」（Taiwan, China）、「參與身分」為「衛生實體」、「參與等級」為「觀察員」、「參與時間」為「中先台後」，甚至藉此「實體化」中華民國的國家身分，「地方化」中華民國政府的「中央名分」，並賦予「觀察員」的功能性「部長待遇」，以便「逐年參與」（李明賢，2009：A1 版）。從「名分秩序論」的觀點來看，在北京許可下，台北正式加入世界衛生組織大會（WHA），在代表中國的「國際名分」上，仍有「中央 vs. 地方」、「主 vs. 從」、「正 vs. 閏或偽」或「整體 vs. 部分」、「母體 vs. 子體」等政治倫理序列的意涵存在，看不出具有「主權對等」或「地位對等」的意味存在。不過，台灣得以逐年參與世界衛生組織大會的先決條件，就是不得違犯北京對「兩個中國」與「一中一台」所持的基本立場。

　　如果我們再進一步以「加盟模式」的「一中原則」和「四個條件」，來考察中華民國／台灣參與 WHO（張啓雄、鄭家慶，2009）的話，結果，可以得出表 5-2 符號「X」所預測顯示的四種可能情況。

　　其中，以最佳情況＝「Chinese Taipei」的會籍名稱，[1]因具「既像中國，但又不是中國、既像台灣，但又不是台灣」的特性，在「九二共識」的最大公約數＝「一個中國」≠「各自表述」之下，中華民國／台灣既沒有與 PRC「爭正統」的顧慮，也沒有驟然「獨立」的危險，何況雙方還可以各取所需，分別譯爲「中華台北」與「中國台北」，所以最易爲海峽兩岸，尤其是台北，所接受。惟對北京而言，對「Chinese Taipei」的容忍限度應只限於參與「功能性政府組織」的情況，至於對「主權國家國際組織」，因它僅能顯現出「閏 vs. 正」關係，而無法表現出「地方 vs. 中央」的國家意志，故應非北京的選項。

　　其次，關於較差情況＝「Taipei, China」的會籍名稱。雖然 Taipei 有首都的意涵，但因 ROC 已於 1990 年代放棄與中共「爭正統」，致 China 爲 PRC 所專有，且早已成國際共識。因此，「Taipei, China」不但是指「中國台北」的譯名，且所指的中國是北京，故其實際意義已超越「閏 vs. 正」關係，甚至含有「地方 vs. 中央」意涵。台北所以每年都在亞銀年會上抗議會籍名稱遭到篡改矮化的道理，正在於此。

　　至於，最差情況的「Taiwan, China」，不但譯爲「中國台灣」，而且其實際意義已非「閏 vs. 正」關係，而是「地方 vs. 中央」意涵。此二名稱，雖均爲北京所喜，然皆爲台北所惡。惟較諸後者（Taiwan, China），前者（Taipei, China）或許尚可用「阿 Q 精神」解釋，勉強仍有與「Beijing,

---

1　根據 WHA 回覆中華民國申請案，雖然回函上稱台灣爲「Chinese Taipei」，但在 WHA/WHO 的內部文件上，因台灣在聯合國或國際社會上係屬非主權國家，因而被列入中國管轄下的一個省（a province of China），稱之爲「Taiwan, China」＝「中國台灣」或「台灣，中國」。又，根據立法委員管碧玲部落格 WHO 秘密文件顯示，台灣在 WHO 的地位是中國管轄下的一個省，稱爲「Taiwan, China」（中廣新聞網，2011）。

表 5-2　兩岸參與國際組織之會籍名稱的名分比較

| 國際組織 ＼ 項目 | 組織性質 | 會籍名稱 | 名分比較 | 香港會籍 |
|---|---|---|---|---|
| WTO | 功能性政府組織 | Chinese Taipei vs. China | 閏 vs. 正 | H.K., China vs. China |
| IOC | 功能性非政府組織 | Chinese Taipei vs. China | 正 vs. 閏 ↓ 閏 vs. 正 | H.K., China vs. China |
| APEC | 區域功能性政府論壇 | Chinese Taipei vs. China | 閏 vs. 正 | H.K., China vs. China |
| ADB | 區域功能性政府組織 | Taipei,China vs. China | 正 vs. 閏 ↓ 閏 vs. 正 or 地方 vs. 中央 | H.K., China vs. China |
| WHO & UN | 主權國家國際組織 | X vs. China or *no WHO／UN Representative* | 正 vs. 閏 ↓ （閏 vs. 正）or （地方 vs. 中央） | *no WHO／UN Representative* |

說明：“→”方向，上方代表過去，下方代表現在。“X”符號，代表在「一個中國」原則下，根據理性選擇，對台北參與「主權國家國際組織」，所作的四種可能預測：
1. 最佳情況＝Chinese Taipei ＝（閏 vs. 正），（機會等於零）。
2. 較差情況＝Taipei, China ＝（閏 vs. 正／地方 vs. 中央），（機會大於零）。
3. 最差情況＝Taiwan, China ＝（地方 vs. 中央），（機會大增）。
4. 正常情況＝no representative，（閏 vs. 正／地方 vs. 中央），（資格不符，無法入會）。

China」相對稱的意義存在。若採此會籍名稱，可知尚有字小意味，但違反「一中原則」。後者，則純粹只是國家意志的貫徹。因此，就「主權國家」的入會資格而言，再對照香港的案例來看，台北必定不會有加入 WHO 為會員的機會。因此，在「一個中國」的原則下，台北想突破北京以正統／中央自居的兩岸關係「國際名分」現狀，除非北京心存「以大字

小」的戰略思考，且在不危及其執政合法性的條件下，始可能毀己成他，否則必徒勞無功。

此外，假若將 ROC、PRC 與國際組織設定爲自變項，將加盟模式四要件＝參與名稱（會籍名稱）、參與身分（加盟主體）、參與等級（會員待遇）與參與時間（加盟先後）設定爲依變項，那麼透過「名分秩序論」的理論架構來論述的話，其內容亦必多釆多姿。若要加以複雜化的話，尚可將加盟模式四要件的各別條件加以細緻化，如設定「國名」爲「中國、中華民國、台灣」，其「會籍名稱」設定爲「中國、中華民國、中國台北、中華台北、中華民國（台灣）或台灣」；「加盟主體」設定爲「主權國家、政治實體、地方政府」；「會員待遇」設定爲「觀察員、準會員、非主權國家之完全會員、完全會員」等四種會員身分；「加盟先後」設定爲「中先台後、台先中後、中台同時」的話，那麼其複雜程度，又何止千變萬化。總而言之，「名分秩序論」途徑的兩岸關係理論，具有無窮的發展潛力。


# 柒、結論

「名分秩序論」是兩岸關係理論中，極爲重要的一環。其中，「名實論」講求「名實合一」；退而求其次，則強調「捨名求實」；其他，皆爲末流。「名實論」是探究走向強弱的「名分類型」分析，而「捨求論」則是分析走向強弱的「行爲取向」分析。兩者，具有相輔相成的因果關係。

分析言之，「名分秩序論」在生存競爭之下，國家的生存之道，在於「名實合一」。大國所以強大，因爲它「求實求名」。因之，國家不但「有實有名」，而且「名實合一」。弱國所以成爲強國，乃因它「捨名求實」而「實至名歸」，又因「實至名歸」而「由強轉大」，終致「名實合一」，成爲大國。相反的，強國所以變爲弱國，因爲它「捨實求名」，以致「有名無實」，終致「無名無實」，最後則淪爲弱國，而不免於衰亡。弱國所以爲弱國，因爲它本末倒置，行「捨實求名」，致「無名無實」，

最後也不免走向滅亡。所以，「實」才是根本，「名」只是錦上添花而已。或有以「捨實求名」為「以待將來」之策者，然非常經（張啓雄，1995b：168、177、315）。蓋盛衰存亡之道，在於有實有名。有實始能求名，實至才能名歸。唯有實至名歸才配稱大國，左右形勢，支配大局。因之，「名分秩序論」在兩岸關係上，擁有「因名定分」→「依分求序」→「循序運作」的動力，與完成「名實一致」的國家統合作用。

　　擴而言之，從兩岸關係理論的循環推演機制來看，China＝ROC＋PRC 的兩岸，不論任何一方，若「求實求名」，將會在「大一統論」＝「一中原則」下，以「正統」自任，視對方為「閏」為「僞」，並在「奉正朔論」下，於公文往來時，視對方為「閏統」、「偏統」、「地方政府」或「僞政府」，斷然要求「奉正朔」，一面在其力足以主導的國際秩序下，安排對方層級不一的「名分秩序」，並進而將人倫綱常運用到「中華世界秩序」，以形成「中央 vs. 地方」、「整體 vs. 個體」或「兄 vs. 弟」等五倫性國際關係，然後一面策動「統一」，或和或戰，或明或暗，進行「爭天下」，直到傳統文化價值所賦予的時代任務完成為止。此時，「大一統論」就成為醞釀中國重行統一的文化價值和思想動力，面對「天下惡乎定」的呼聲，「定於一」（《孟子》〈梁惠王〉上）就成為推動的力量，最後在「爭天下論」下，結束擾攘不安的時代，統合分崩離析的天下（參見圖 5-1）。如果「一個中國」原則是不變鐵則的話，那麼天下必定會透過循環機制的推演，邁向 ROC＋PRC＝China 的「大一統論」。

　　由於理論是一套具邏輯推演性與經驗可證性的陳述，所以它是一套根據原理進行歷史發展的機制。兩岸關係理論，乃從崩解型「大一統論」→「正統論」→「奉正朔論」→「名分秩序論」→「五倫國際關係論」→「爭天下論」，再回歸到統合型「大一統論」的文化價值，是一套環環相扣的循環推演機制，也是觀察、分析兩岸關係的整體理論架構。它是基於固有文化價值而形成的兩岸秩序原理，也是規範雙方的遊戲規則，雖然它是透過文化價值與歷史發展所歸納發現的秩序原理，可是它卻是一套在發現或建構之前即早已存在，並悄悄地在兩岸之間運轉不息的規範原理，並不以一方之意志轉移而捨棄其遊戲規則，改變其文化價值。所以它既不專

隸於北京，也不獨厚於台北。唯大有爲者始能善用之，順勢而行者始能操控形勢，掌握先機，制人而不制於人。反之，悖於原理，則受制於形勢，逆勢而行，鮮有可爲。

　　太平之時，正統的繼承者，透過「名實論」，開創盛世；相對的，亂世之際，爐灶的翻新者，則透過「實名論」，開創新局。一言以賅之，只有屬於「無名有實、有名有實」的名分類型，和採取「捨名求實、求實求名」的行爲取向，進而「實至名歸、名實合一」的一方，才是歷史贏家，最終的勝利者。

# 參考書目

《孟子》，1965，重刊宋本十三經注疏附校勘記版，台北：藝文印書館。

《論語》，1965，重刊宋本十三經注疏附校勘記版，台北：藝文印書館。

中廣新聞網，2011，〈管碧玲：世衛大會民團旁聽遭拒〉，5 月 16 日：
　　http://blog.udn.com/yunchang0901tw/5218872。檢索日期：2012 年 1 月
　　10 日。

屈守元、常思春（編），1996，〈原道〉，《韓愈全集校注》，成都：四
　　川大學出版社。

蘇起、鄭安國（編），2002，《「一個中國，各自表述」共識的史實》，
　　台北：國家政策研究基金會。

張啓雄、鄭家慶，2009，〈台灣參與 WHO/WHA 會籍的「國際名分」認
　　定──「加盟模式」觀點的分析〉，審查中。

張啓雄、葉長城，2007，〈「政経分離」対「政経一体」の「名実論」的分析
　　──戦後日本の有岸政策の形成と転換（1952-1972）〉，《人文學
　　報》（日本京都大學人文科學研究所）（95）：163-238。（中文版）
　　〈「政經分離」vs.「政經一體」的「名實論」分析──戰後日本對兩
　　岸政策的形成與轉變（1952-1972）〉，《亞太研究論壇》（35）：
　　122-193。

張啓雄，1989，〈国際秩序原理の葛藤──宗属関係をめぐる日中紛争の
　　研究〉，東京：東京大學社會學研究科博士論文。

張啓雄，1992，〈「中華世界帝國」與近代中日紛爭──中華世界秩序
　　原理之一〉，《近百年中日關係論文集》，台北：中華民國史料研究中
　　心。

張啓雄，1995a，〈民初中俄蒙恰克圖會議的名分論爭與交涉──外蒙國
　　號帝號年號及政府名義的改廢〉，《中央研究院近代史研究所集刊》
　　（24，上冊）：325-364。

張啓雄，1995b，《外蒙主權歸屬交涉，1911-1916》，台北：中央研究院
　　近代史研究所。

張啓雄，1998，〈国際秩序原理の葛藤──中韓宗藩原理をめぐる袁世凱

の名分秩序観〉，山室信一（編），《日本・中国・朝鮮間の相互認識と誤解の表象》，京都：京都大學人文科學研究所，頁 39-58。

張啓雄，2001a，《海峽兩岸在亞洲開發銀行的中國代表權之爭——名分秩序論觀點的分析》，台北：中央研究院東北亞區域研究。

張啓雄，2001b，〈琉球棄明投清的認同轉換〉，張啓雄（編），《琉球認同與歸屬論爭》，台北：中央研究院東北亞區域研究，頁 1-62。

張啓雄，2002，〈東方型國際秩序原理之型模建構與分析：1956 年墨爾本奧運會前後中國代表權之爭〉，張啓雄（編），《戰後東北亞國際關係》，台北：中央研究院亞太研究計畫，頁 86-146。

張啓雄，2004a，〈1960 年前後中華民國對國際奧委會的會籍名稱之爭〉，《中央研究院近代史研究所集刊》（44）：103-153。

張啓雄，2004b，〈台海兩岸加入 GATT/WTO 的政治紛爭——從「名分秩序」論「加盟模式」的建構〉，《興大歷史學報》（15）：61-104。

張啓雄，2005，〈海峽兩岸在 APEC 的名分秩序紛爭，1991-1995：北京定位下台灣參與非正式領袖會議的「出席模式」〉，江啓臣（編），《「世局變化下的 APEC 與我國參與」學術研討會論文集》，台北：中華台北 APEC 研究中心，頁 170-231。

張啓雄，2007，〈東西國際秩序原理的衝突——清末民初中暹建交的名分交涉〉，《歷史研究》（1）：88-114。

張啓雄，2009，〈歷史文化價值途徑的兩岸關係理論——「中華世界秩序原理」角度的論述〉，未出版。

張啓雄、鄭家慶，2009，〈台灣參與 WHO/WHA 會籍的「國際名分」認定——「加盟模式」觀點的分析〉，《中央研究院近代史研究所集刊》（66）：143-194。

李明賢，2009，〈「38 年大突破」觀察員身分，我獲邀出席 WHA〉，《聯合報》，4 月 30 日，A1 版。

歐陽修，〈本論（下）〉，2001，《歐陽修全集》（居士集），卷 17，北京：中華書局。

# 國內政治面向

# 第六章
# 國家、全球化，與兩岸關係

冷則剛

## 壹、導論

本文研究目的在於重新審視「發展型國家理論」（developmental state theory）對兩岸經貿關係的適用。自 1980 年代以來，以發展型國家理論研究台灣的工業政策及對外經貿政策，累積了一定的學術成果。自 1990 年代以來民主化浪潮的發展、全球化勢力的興起，以及中國大陸經貿實力的增長，都對台灣發展型國家的本質造成衝擊，也影響到政策制定的方向及國家介入的渠道。

本文首先整理自 1990 年代末期以來兩岸經貿關係互動的持續與改變，並解析台灣發展型國家內部及國際環境的變遷。從近十餘年來國家與社會關係的重整來分析，一方面可以重新檢討國家社會二元分析的缺陷，另一方面可以了解全球化如何迫使國家政策工具改弦更張。面臨全球化的衝擊，國家所選擇介入的角度可能是重塑國內價值體系，並彰顯分配正義，而非致力促進經濟理性。本文結論將總體探討發展型國家理論的適用性，以及未來研究精進的重點。

## 貳、兩岸關係新動力與發展型國家理論

筆者曾引用「發展型國家」概念，研究 1990 年代初期台灣對大陸經貿政策之制定過程。傳統以發展型國家分析架構研究的重點有以下幾個面

向：一、台灣對大陸經貿政策制定之官僚決策過程充滿矛盾衝突。有別於
1960 年代及 1970 年代相對團結之科技官僚決策體系，台灣在 1990 年代
初期的大陸經貿官僚體系步調不一，經濟決策混雜高度政治考量，同時也
反映了當時台灣政治轉型所帶來的種種問題。二、儘管政府制定諸多管制
性措施，台商依舊發展出獨特生存之道，遊走法律邊緣，同時，有別於威
權時代的政商關係，許多大型台商與台灣政府發展出更緊密的互動關係，
獲取更多國內資源。三、國家的政策工具失靈，官民殊途，兩岸經貿的動
力在民間力量，而非由上而下主導的國家政策（Leng, 1996, 1998）。

　　兩岸經貿關係從 1990 年代中期以來，歷經十多年的發展，與兩岸關
係開展初期雖有若干持續性的趨勢，但在經貿全球化及兩岸內政變遷的影
響下，已經有了不少轉變。而這些轉變，是傳統「發展型國家」研究典範
所未能觸及的。傳統發展型國家理論，研究的是國家能力及自主性，並聚
焦於國家與企業之間的關係。然而，台灣赴大陸投資逐漸以更多元化、全
球化的型態進行。舉凡資金、技術、人才等皆以全球化的方式運作。易言
之，到底何謂「台商」已變得逐漸模糊，傳統有關政商關係研究之基礎研
究單元，更加難以認定，有關「國家能力」及「國家自主性」之研究有必
要進一步修正。

　　此外，傳統有關發展型國家應用於台灣對外經貿政策之研究，集中
於國家對出口導向型發展之推動及孕育。然而，自 1990 年代中期以後，
兩岸經貿之核心議題不僅僅是「貿易」，而是台商對大陸之「投資」。再
者，此類投資往往與國際資本聯盟，使得台灣資本及台商成為國際分工之
一環。兩岸經貿投資已不再是「雙邊」的關係，而是全球分工下的產物。
國家與企業互動關係已跳脫主權國家範圍，而與全球產業分工產生密切聯
繫。

　　原本有關發展型國家之研究焦點多為「發展中」國家，如亞洲四小
龍，其企業型態多為勞力密集產業。自 1990 年代末期以來，台灣赴大陸
投資最受矚目的多為高科技產業，如半導體公司。無論此類「高科技」業
是否合乎「高新」原則，高科技台商除了是上述全球分工的一環外，其與

國家體制折衝的能力，及其擴散出之人才、資金、技術、後勤等影響，遠非勞力密集產業所能及，同時也是傳統發展型國家分析模式所未及深入分析的重點。

　　高科技台商跨海峽投資所帶來的是兩組互相競合的政商互動關係。傳統發展型國家的研究典範主要分析出口母國內的政商互動，以及國家能力與自主性的消長。邁入 21 世紀後的大型全球化台商，在投資母國（台灣）及地主國（大陸）之間設法持續經營繁榮，事實上是面臨兩組的政商互動，而此類政商互動又有濃厚的政治介入痕跡。凡此種種，都凸顯了新一輪兩岸經貿互動的特殊性，以及傳統發展型國家研究架構之不足。就國家介入的方式而言，也從傳統的扶植產業，過渡到增加附加價值、創造兩岸分工，並積極投入研發等相關工作。

　　就發展型國家研究焦點之一的「政商關係」而言，1990 年代末期以來赴大陸投資之台商與初期勞力密集產業台商有所差距。此類「新台商」朝高科技、大規模、全球經營模式邁進。若以台灣資訊產業之筆記型電腦業者為例，由於其獨特之代工製造（OEM）及代工設計（ODM）模式，使其與跨國企業形成密不可分的互賴模式，同時也使得台商筆記型電腦業的大陸投資行為與國際資本，以及國際產業分工結為整合的總體。然而，面臨大陸本土資訊業的發展（例如聯想電腦與 IBM 的併購案）台商與國際大廠的互賴關係，以及與大陸地方政府的互動關係，事實上在近年已有所改變。

　　面對兩岸經貿全球化與本土化的雙重壓力，台灣的國家機構從傳統發展型國家的政策工具逐漸轉型。魏絲（Linda Weiss）及歐瑞恩（Seán O'Riain）等學者對發展型國家因應全球化的轉型措施近年來多所著墨。若從發展型國家調適的角度來看，吾人必須探討台灣的國家機構對促進產業全球化、提升全球化基礎建設、推進全球化策略聯盟等實際措施，以及與赴大陸投資之高科技業者之互動關係。此外，除了正式國家機構外，一些「非政府」組織，諸如各種行業協會，以及「半國家」組織，所扮演的角色，也值得作一整體性的分析，以探討全球化時代之「發展型國家」是

否衍生出更多的彈性觸角。

## 參、發展型國家內外在環境因素的改變

　　以發展型國家研究架構爲基礎探討兩岸關係，首先必須掌握近十餘年來國家本質的轉變。以台灣爲例，發展型國家的本質自民主化以來面臨根本的變化。近 20 年來有關台灣民主化的研究汗牛充棟，也豐富了民主化理論的內涵。學者也持續以台灣政府難以控制台商到對岸的投資，來作爲台灣發展型國家轉變的例子（Wu, 2007: 993-1000）。更爲大膽的說法則挑戰台灣發展型國家的基本假設。此類說法認爲台灣的國家機器本意並非致力經濟發展。台灣的國家體系只有一個目標，亦即維護一黨政權。而經濟發展只是此一政治目標下的經濟結果（Wu, 2004: 91-114）。1990 年代中期以後，台灣進入民主化鞏固期，再加上 2000 年政黨輪替的衝擊，原有黨國主宰體系徹底解體，認同政治浮現，經濟發展與政治權威之間的關係面臨進一步重整的壓力。

　　此外，原有發展型國家論述假定國際環境是一個常數。以台灣爲例，1980 年代以前是被美國的安全、政治、經濟的全球體系所籠罩。儘管 1970 年代末期，美國在政治上承認中華人民共和國爲中國唯一合法政府，但並未改變台灣被美國整合進東亞安全體系此一事實。在兩岸經貿關係全面開展之前，美國提供台灣出口商品最大的外銷市場。所謂的「出口導向的成長奇蹟」，事實上是植基於對美國的全面經貿依賴。此類依賴各種面向及政策目標，彼此是互相協調的。易言之，經貿依賴與安全保障彼此相依相輔，並不因爲政治承認的撤銷而有本質上的改變。台灣的發展型國家，就某種程度而言，事實上是「依賴型的發展」。依賴的對象，恰巧也能給予台灣政治及安全上的保障，甚至以穩定爲前提，默許威權體系的存續及發展。台灣發展型國家的「能力」，有賴於國際環境的鞏固與提升。

　　自 1980 年代末台灣逐漸開放兩岸關係以來，所面對的國際情勢發生

劇烈改變，原本較爲恆定的對美經貿依賴關係，也隨著冷戰結束、中國崛起、全球分工網絡勃興，而有所改變。原本政治、安全、經濟三位一體的外在環境，也隨之丕變。自 1990 年代迄今，台灣外貿對美國的依賴度逐漸降低，對大陸的依賴度逐年升高。與 1980 年代不同的是，此類的經貿依賴並沒有辦法爲台灣換來政治及安全上的保障。相反地，經貿依賴反而使台灣的國家機器面臨兩難：爲保障國家安全而戒急用忍，或是爲經貿利得而全面開放。外在的國際環境，對台灣發展型國家的政策及步調，構建了一個極爲複雜而難以抉擇的框架。此一框架不但沒有辦法如同美國「霸權穩定」下加強台灣的國家能力與自主性，反而逆向而行，進一步制約了台灣的政策持續性與穩定性。

# 肆、國家社會關係重整與發展型國家

由於內外環境的變化，發展型國家產生質變，國家與社會關係也面臨轉型。傳統有關發展型國家的研究強調重點，如國家對社會的滲透能力，國家規範社會關係的意圖，國家對資源的分配及汲取能力等，一一面臨了來自各方面的挑戰。首先，論者挑戰把國家當成一個團結整體的概念。他們認爲，國家的組織內部及官僚體系可能充滿矛盾衝突，並非如發展型國家的研究者所指出，國家是一團結整體。另一方面，在不同的政策領域範疇中，國家能力可能展現不同的風貌，因此未必能以「強」或「弱」來描述國家能力。

除了國家官僚體系內部的矛盾以外，發展型國家在 1990 年代以後還面臨職能轉型，以及「能力超載」的問題。能力超載問題的焦點，在於國家在一些固有的領域已無法施展能力。若仍維持固有的政策管制範圍，勢必無法與民間動力齊步，甚至產生嚴重的政策鴻溝與落差。準此，福山曾提出將國家能力於國家介入的範疇（scope）加以區分。根據福山的說法，所謂國家能力減弱，可能會與國家範疇重新聚焦混爲一談。若國家仍維持過去的政策介入範疇，則在許多領域裡國家的能力捉襟見肘，似乎國

家能力眞的撤退並減弱。但仍有許多國家是戰略性的轉進，表面上看起來介入的範疇縮小，但在某些領域的介入強度並未削弱，甚至加強（Fuku-yama, 2004）。因此，學者比較有興趣的是國家如何放棄某些政策領域，又如何聚焦於某些特定領域，或是創造出一些社會需求以及政策領域。這種種過程，都可能是一種政治的抉擇。反映出來的，不但是官僚體系的主觀行爲，更是與社會互動後的結果。若以台灣的兩岸經貿政策爲例，1990年代國家仍用傳統指揮與管制的政策工具，造成「官民殊途」的二元體系。進入新世紀後，雖然政治力影響兩岸經貿的痕跡清晰可見，但國家顯然企圖從「指揮管制」逐漸撤退，重新選擇「提升研發水準」作爲國家重新介入的渠道。

此外，傳統發展型國家，經過多年與社會互動的結果，造就了一個新型態「網絡國家」（networks state）的統治模式。此一複雜的網絡，可能是跨部會、跨機構的，也可能是跨國的互動。更重要的是與社會各階級及各種角色間的互動。此類互動，國家未必會處於被動的地位。在很多案例顯示，國家可以主動設計一些半官方組織，或是介於官民之間的第三部門，作爲國家網絡的中介組織，以促進網絡的順暢運作。由於統治網絡是多元的，同時也可能是跨領域及跨國界的，因此此類中介組織也與全球化的運作接軌。

然而，此類複雜網絡的形成，其目的及前提條件是促進市場發展，而非限制市場機制的運行。易言之，國家的選擇性介入及撤退，適足以去除原先不利市場效率的一些組織障礙，進而發展以市場導向爲原則、國家網絡爲依歸的市場經濟。Mok 和 Yep（2008: 109-120）針對香港及新加坡高等教育的研究顯示，發展型國家針對大學法人化的政策，不但以市場運作的原則促使效率的提升，國家的能力及自主性也並未因此而降低。反之，若在整體政治架構上無法以遵循市場原則爲依歸，則此類國家選擇性介入，或是以網絡運作來取代直接干預的種種措施，都將徒勞而無功。以台灣的大陸經貿政策爲例，原先設計海基會「白手套」，負責以民間名義協調兩岸經貿事務。由於兩國論之後的政治紛擾，以及與市場運作相違背的兩岸經貿操作，使得白手套的功能停頓。其他如工總、電電公會，甚至

下節將提到的玉山科技協會等，原本都負有與國家互相配合的第三部門角色，同樣因為政治因素，無法彰顯原有的功能與效用。

　　另外一個值得探討的問題是發展型國家與社會之間的相互關係。傳統上以「國家強弱」的程度來區分國家能力，其隱含的研究假設是將國家與社會對立起來。近年來更多學者從國家與社會互相包容（state in society）的角度切入，探討兩者如何共存共榮，進而共同擁抱市場機制（Migdal, 2001）。此外，魏絲與 Michael Mann 等人也提出以「基礎建設權力」（infrastructure power）觀點來看國家協調社會資源分配的互動。全球化使原本國家社會關係突破原有束縛（uncaging），但國家仍為社會關係重整的一個重要角色（Weiss, 2005: 529-541）。若從國家社會共存的角度來看，發展型國家的介入方式可能從以下幾個角度觀察：一、國家未必從政策工具著手來影響社會。國家事實上可以建構一個新的道德秩序，進而形塑社會的價值觀。此類工作往往藉由政治社會化的媒介執行，或是培養新的代言人。二、國家與社會之間彼此互相影響，也共同轉變。尤其在發展型國家民主化之後，社會對政策的特殊偏好，使得國家在大力介入的能力受到限制。三、研究者分析的重點，可以放在國家與社會互動的共同場域（arena），以及政策議題。這些場域及政策議題往往包含了各種合作及衝突的綜合衝擊。

　　此外，傳統發展型國家的研究注重較正式的政策工具使用，官僚體系內統治菁英團結度高低，以及政商關係的轉折。受到新制度主義的影響，發展型國家途徑研究也開始聚焦於在某些特殊轉折點當中，國家與社會互動過程如何變化。而這些變化的動力，不少是源於非正式組織的調適結果，或是源於歷史演變流程中的路徑依賴，甚至鎖定過程。而國家能力與自主性的演變，之所以會產生制度累積、轉換以及反饋等現象，事實上與利益（interests）、制度（institutions）以及理念（ideas）密不可分（Bhagwati, 1988; Ho and Leng, 2004; Milner, 1997）。Hugo Radice 甚至指出，全球化的衝擊基本上並未改變以上三個「I」 的基本架構。從 Radice（2008: 1153-1174）的分析來看，所謂跨國的新興資本家集團，以及國內因全球化而興起的小資產階級，其對國家能力的挑戰都有限，且沒有實證

的資料足以佐證。

　　除了單純的從能力及自主性角度來分析以外，利益、制度、理念各自
有其分析的視角，而這些分析視角與原有發展型國家理論可作一呼應。從
利益的角度來看，論者分析是否有新的經濟聯盟，在全球化的推波助瀾之
下，與國家產生新的對話甚至對抗機制？新的政經情勢，是否產生新的利
益及資源，進而影響到資源分配及集團的利益？從制度角度來看，如何認
定新的非正式制度及行動者？民主化之後的發展型國家，是否展現新型態
的資本主義運作模式，或是回歸到所謂的「密友資本主義」（Crony Capi-
talism）的窠臼？就理念而言，研究焦點則在於民主化及多元化後，新的
價值體系如何影響經濟及社會聯盟的產生及變化？具有主導角色的政治菁
英及政治集團，如何透過新政治價值體系的塑造，重新定位經濟政策的走
向？

# 伍、全球化對發展型國家的衝擊

　　兩岸經貿的開展，適與風起雲湧的全球化浪潮同步邁進，而台灣發
展型國家的轉變，即在全球化的衝擊下，面臨巨大的調整壓力。就發展型
國家在全球化時代的轉變而言，魏絲認為，東亞發展型國家經過多年的演
變，已經從純粹國家領導轉化為官民「管理性的互賴」（governed inter-
dependence）。此類管理性互賴可以從以下「有紀律的支持」、「國家出
面降低風險」、「私有部門管理」及「官民創新聯盟」幾個面向體現。就
實際操作面而言，東亞發展型國家採取「選擇性介入」的政策。私有企業
經營卓有成效者，政府持續給與各種支持；經營不善者，則並不打算無條
件提供支持。某些特定產業由私有企業率先發展，但國家扮演後盾的角
色，以降低風險。在某些衰退中的部門，或是亟需技術升級的部門，由私
有部門提出請求，政府再介入工業重整與工業升級的實際措施。此外，國
家與私有企業形成各種不同形式的聯盟，由國家負責主要研發的工作。私
有企業可藉此與國際先進科技接軌，但必須對此類官民創新聯盟提供一定

的貢獻，所謂「搭便車」的行為並不被允許（Weiss, 1998, 2000）。

歐瑞恩則從愛爾蘭資訊產業的經驗，發展出「彈性發展型國家」（Flexible Developmental State）的概念。歐氏指出，愛爾蘭資訊產業的發展不純然是由直接外來投資所致，而是由以下兩項因素所造就：其一是部分與國內社經環境結合的全球製造網絡，其二是逐漸與國際資訊產業整合的本土網絡。從歐氏的分析中，可以看出所謂彈性發展型國家是為了因應全球化時代創新的需求，並吸引直接外來投資，以促使本土企業網絡與全球資訊網絡進一步結合。然而，國家促成國內與國際多元聯盟的努力，仍可能受制於諸多國內的因素，例如因民主化而趨分裂的政府架構、因不均等的全球化而受害的國內社會團體，以及國內因不均衡發展所產生的社會問題等（O'Riain, 2000）。在全球化的時代中，發展型國家面臨以下三項主要挑戰：首先，國家如何調適全球化的過程；其次，原本鑲嵌自主性的逐漸解構；再者，國家必需重新調整介入本土企業全球化的方式。就實際舉措而言，歐瑞恩則舉出在中央及地方層級推動終身教育，創新精神，以及知識經濟的相關例子。實際做法也包括鼓勵本土企業及新興產業、進一步確定工業策略重點，以資金及基礎建設的改善促進創新產業的精進等（O'Riain, 2006a: 76-98, 2006b: 311-318）。

如同 Joseph Wong 所指出，若審視台灣、南韓等發展型國家邁入1990 年代以後的種種作為可以發現，經濟自由化及全球化並未導致國家介入的全面撤退。吾人討論的重點，不再是把國家介入視為一種必然的政策結果，而是要探討國家「如何」介入。最明顯的例子就是研究國家如何介入研發水準的提升（Wong, 2004a: 357, 2004b）。兩岸經貿關係近 20 年來的發展顯示，原本以限制為主的介入方式早已無法奏效。如何創造兩岸分工的利基，同時將基礎研發根留台灣，成為國家介入的重點工作。部分政策工具持續原有以指揮管制方式的遺緒，但以「促進發展」、「共存共榮」為國家與企業協調發展的目標。舉例而言，經濟部於 2008 年 10 月30 日在行政院院會提出《促進產業升級條例》第九之二條修正案。該案針對製造業及其相關技術服務業，在 2008 年 7 月 1 日至 2009 年 12 月 31日期間的新增投資，提供五年免稅的租稅優惠。為協助海外台商順利回台

投資，創造台灣經濟與台商雙贏，經濟部於 2008 年推出「台商回台投資技術升級轉型輔導計畫」，由 16 家財團法人針對台商技術升級需求，協助台商進行技術診斷及研發輔導，並進一步以申請相關研發補助等方式，協助台商解決技術升級轉型問題，並建立其從事創新研發之能力（經濟部工業局半導體產業推動辦公室，2008：6）。

除了就法規、制度層面促進研發以外，台灣仍企圖以聯盟的方式，主動成立具國際競爭力的關鍵企業集團，並促成跨國的生產聯盟。近來台灣記憶體公司（TMC）之成立就是一個例子。台灣政府決策單位體認到，DRAM 產業在台灣半導體產業中有一定重要性，過去有扶植策略，但現在檢討起來，過去只是在量方面擴充，沒有扶植產業的關鍵技術，全球搶市場時，競爭力就會受到考驗。肩負台灣 DRAM 產業技術生根重任的TMC 於 2008 年 3 月決定初步結盟架構。為了要讓台灣六家 DRAM 廠，繼續生產既有規格產品，並與韓國三星等大廠競爭，TMC 決定同時與日商爾必達與美商美光爭取技術移轉。其中爾必達已初步同意授權，而美光在獲得台塑陣營同意後也可能加入（《工商時報》，2009）。

從 TMC 的例子可以看到原本發展型國家直接介入，並選擇戰略贏家（pick the winner）做法仍有其遺緒。然而，此類直接介入的模式，在企業自主能力加強，全球聯盟更複雜的新情勢下，是否仍能奏效，值得進一步觀察。台塑集團於 2009 年 4 月 9 日與美光科技舉辦聯合記者會，宣布將不參與 TMC，未來台塑集團與美光將繼續走自己的路。此外，台塑集團對政府將 DRAM 再造計畫變成 TMC，也表達強烈不滿，集團高層認為，政府既有 300 億元可投資 TMC，為何不投資已有技術、品牌的公司。

有關政府如何調整介入角度，與全球化結盟，並發展互賴型的研發網絡，自 2000 年以來已成為台灣兩岸經貿政策的重心。儘管自 1990 年代後期以來，跨國企業來台設立研發中心並擴大規模，但跨國公司赴大陸設立類似「微軟亞洲研究院」的機構，並逐漸開發高級先進技術，也逐漸將兩岸資訊產業的競爭提升到研發能力的競爭。台灣的科技業之研發組

合中，有相當大的比重是屬於「配合跨國企業 ODM 之研發需求」，很少從事「前瞻技術與創新」和「技術深耕與差異化」。資訊產業越來越強調協同研發設計，部分品牌大廠甚至於成為「中空型企業」，而台灣廠商著重於「為訂單而設計」（design to order）式的研發。部分台灣的 ODM 廠商為不同客戶建立多個對應研發團隊，彼此分立，以致於資源整合困難。台灣廠商的研發大多集中於品牌／標準大廠所設定的技術軌跡，使得研發活動出現路徑依賴（path dependence）的現象。台灣長期存在「創新矛盾」，一方面美國專利表現優異，但另外一方面，技術貿易逆差持續擴大（陳信宏，2006）。

　　從全球化所產生的「聯盟效果」而言，國家在推動特定產業發展時，其聯盟的對象並不限於本土企業或本土人才。易言之，儘管國家的角色在全球化論述中仍有一定的份量，但國家邁向全球化的動力就不僅止於本土經濟動能的加強。台灣過去二十餘年資訊產業的飛躍進步，除了策略工業等傳統政策工具以外，建構跨太平洋的人才網絡，提供了經濟發展的源頭活水。過去由於台灣新竹與舊金山矽谷之間的緊密資訊產業聯繫，發展了類似跨國修正型的「關係資本主義」的特殊安排（Hsu and Saxenian, 2000: 1991-2005）。華人科技菁英各自在新竹與矽谷建構「虛擬家園」，藉由人力流動，將台灣的資訊產業發展步調與世界同步（Chang, 2006）。其中台灣的發展型國家介入的方式，主要是建構世界級的高科技中心，並藉由科技協會的橋樑功能，共同發揮「吸」及「拉」的力道。

　　若從經濟理性來分析，這種「科技金橋」實為業界跨國分工，國家築巢引鳳的自然結果。然而隨著中國大陸沿海經濟的崛起，以及高等人力資源的強化，以及台商科技業兩岸分工的擴大，此類「科技金橋」與兩岸經貿關係逐漸產生糾葛與聯繫。尤有甚者，近十年來，大陸留學生在美國就學、就業的人數逐年增加，而台灣的人數相對減少。原本台灣資訊業界期望建構的「科技金三角」，在台灣相對保守的政策下，無法促進三地人才自由流動，反而使此類互動成為不等邊三角形關係。易言之，此類跨太平洋的資訊產業整合並非僅僅純粹市場驅動的網絡所自然促成。金三角之研究不可忽略國家可能扮演的角色。研究分析台灣—上海—矽谷的黃金三角

關係，應加入國家的角色，及國家與全球化動力的互動過程，亦即將政治因素加入討論的重點（Leng, 2002: 230-250）。

　　此外，從官民聯盟的角度來看，如何重新發展出非正式制度，以及「第三部門」作為國家的指臂，實為發展型國家轉型，並擁抱全球化的重要舉措。矽谷地區由於與上海及台灣高科技中心的聯繫，儼然成為整合兩岸經濟動力的核心區域。矽谷地區科技協會、創投、校友會等中介團體，成為「科技金三角」的重要中介者。而此類中介組織具有跨國的特性，並樂於與兩岸政府保持良好的關係。發展型國家與此類組織的關係是共存共榮，而非上下指揮關係。然而，跨域高科技發展的重點是人才的互動、流轉及強化。傳統東亞發展型國家的重點放在產業，而人力資源是生產要素之一，但並非可以自由流動。如何建構全球人才網絡，並與此類多元認同的高級人才共存，是東亞各國競逐的目標，也是全球化下原東亞發展型國家最大的挑戰之一。

　　若以在矽谷地區最負盛名的「玉山科技協會」而言，該協會為國科會所資助成立，多年來扮演半官半民，引介矽谷地區一流人才回台服務，並協助串連科技合作關係網絡的角色，是一個頗類似國家支助的「第三部門」。自 1990 年代末期以來，玉山科協致力牽起海峽兩岸科技業合作的網絡，但與台灣 2000 年之後的執政黨兩岸經貿政策不符，進而有人事的變動，與台灣官方的關係亦日漸疏離。2008 年政黨輪替，原玉山科協與國民黨的聯繫再度進入制度化的管道。全球玉山科技協會繼 2008 年 7 月底，結合全球各地玉山區會代表約百餘人於台北舉辦「2008 全球玉山高峰論壇」後，復於 10 月底結合各區會代表，赴北京及成都參加大陸國務院僑務辦公室、科學技術部及中國海外交流協會共同主辦的兩年一度「第五屆世界華人論壇」及「海外華僑華人高新科技交流會」。主辦單位於會中特闢「華裔高端人才與發展高新技術產業暨全球玉山科技協會論壇」，邀請全球玉山科技協會代表及專家參加並做專題演講。玉山科協亦拜會大陸「外國專家局」及「中國國際人才交流協會」。除雙方進行更實質的交流及簽訂合作備忘錄外，大陸方面更希望全球玉山能協助引進外國專家法規、高科技領軍人物及農業、能源、環保、航空工程、金融等高科技產業

及經驗（美西玉山科技協會，2009：18）。

此外，全球化的動力也逐漸由中央轉移到地方。因應此一趨勢，發展型國家轉型之特徵之一是「權力下放」，以因應全球化分散趨勢的挑戰。因此，研究焦點也逐漸從中央政府的政策工具，轉移到地方政府連結全球企業的積極措施。易言之，所謂「地方限制」（local constraints）將改變甚至主導地方政府與全球化的互動過程。這些「地方限制」包括：人力資源結構、資本主義市場經濟價值的形成、以及影響城市運作的政治結構及運作過程等（Douglass, 2005: 543-558; Hill and Woo, 2000: 2176-2188; Sassen, 1996）。

傳統發展型國家的研究，主要著眼點是以中央政策為主導的強國家，弱社會政經發展模式。而步入全球化時代的發展動力，其源頭之一是地方政府。除了發展歷史較久的新竹科學園區以外，鄰近台北的內湖、南港也次第形成研發、科技服務業及軟體產業的群聚地。若以台北市作為地方發展型國家的總體概念，則上述園區、社區、校區的互動模式仍隱然可見。學者針對內科的發展模式發現，內科的發展事實上是建商、廠商、發展協會、環繞著政府及公共領域的「聲響」所產生的互動結果（麻匡復、邊泰明，2006：1-32）。以內科為例，廠商透過動態的創業過程，自發性的發展出適合產業社群的網絡，並促進其群聚效果的加強，比單純的產業引導更加重要（周德光、吳孟珍，2008：1-23）。比照台灣的地方發展模式的官民聯盟模型，大陸地區的產業群聚則更有傳統發展型國家的影子，但此類發展型國家介入的模式也歷經了20年來的轉化及蛻變的過程。

地方發展型國家的轉化，與兩岸關係的演變，可以從兩個角度加以觀察。首先，台灣的地方發展型國家的角色主要是「輔助」或是「共治」。儘管內湖科學園區由於與松山機場鄰近的關係，對兩岸直航後台北與上海高科技園區的整合抱有極大的期望，但過去八年多來終究由於中央層級的政治因素，使得區域整合的目標落空。然而，自2008年國民黨執政以來，推動松山機場直航，甚至將松山機場轉型為東亞區域機場的計畫再起，使得地方與全球連結又呈現較為樂觀的遠景。其次，台商與大陸地方

政府的互動，成爲兩岸經貿關係研究的重要議題。不少大陸地方政府是以發展型國家的面貌主導地方發展。台商以多元的策略與其互動，其自主能力受到限制。耿曙、林瑞華（2007：93-115）的田野研究即指出，台商與大陸地方政府議價協商能力有限，其經濟與文化網絡日益鑲嵌在大陸的區域治理架構中，甚至影響台商的政治認同，台灣對台商的影響力似有日漸削弱之勢。

# 陸、分配政治與發展型國家的轉型

如前面幾節所談，原來威權時代的發展型國家的對外經貿政策與政治紛擾事實上是絕緣的。經過 1990 年代以來內外政經環境的改變，政治力滲透了國家能力，同時也影響介入的方式及效能。政治價值的重新定位，與民主轉型過程本身所產生的諸多勢力息息相關。如同 Doh Chull Shin 及 Jason Wells（2005）的經驗研究指出，經過 1980 年代末期以降的民主化浪潮，東亞新興民主國家如台灣與南韓，已逐漸形成不可逆轉的民主化共識（the only game in town），同時步入民主鞏固期。就新興民主國家而言，如何清楚地認定選舉的侷限性，設定民主發展的優先順序，平衡民主與經濟發展的目標，以及在民主化、本土化、全球化等相關議題取得國內及國際的共識，都將是困難的社會工程。對照於民主化初期的政治體系，進入民主鞏固期的發展型國家不再是被動地因應社會衝擊，而是主動創造與社會的新聯盟關係。1980 年代至 1990 年代初期民主化過程的重點是國家自主性削弱，相對於社會力量的勃興，國家能力顯得退卻。進入民主鞏固期的發展型國家，面對全球化的壓力與社會力量的重整，反而更積極開拓國家介入的渠道，以期結合本土化與全球化的總體動力。然而，此類新的介入渠道未必符合經濟理性。不少新的聯盟及介入的工具，與新興民主國家的認同政治及重分配政治相結合，使得經濟理性進一步被扭曲。

新興國家的民主化發展，尤其是原來發展型國家內部的民主變化，爲經濟發展及政治穩定帶來更多變數。民主化與全球化結合，的確如

David Held 等人的說法，建構了 Cosmopolitan Democracy 的假想圖像，並為民主化的全球擴展提出了美好前景（Archibugi, 2004; Archibugi, Held and Kohler, 1998）。然而，各國內部民主的拓展，未必能形成全球公民社會，或是拓展全球的民主化。為因應全球化與民主化的雙重壓力，新興民主國家除了在經濟領域退卻外，在政治領域往往以民主鞏固為名，有重新動員的趨勢。而此類動員往往造成新興民主國家的相對不穩定性，對全球化採取選擇性的擁抱，進而使全球經濟衝擊與內部政治動員相結合。此類結合，未必有利於政治穩定，也不必然促進新興民主國家與全球化的整合。這種與全球化分合並存的複雜情結，就國際範疇而言，也對原本較樂觀的「民主和平」論調投入更多不確定因素。易言之，新興民主國家內部民主的變化，扭曲其對全球化的因應之道，也導致「重新政治化」的政策結果。

　　發展型國家重新政治化的一個具體表徵就是「分配政治」及「分配正義」的浮現。分配政治與當代民主政治的關係錯綜複雜。如同 Han Agne 及 Kathleen Schwartzman 指出，民主政治要務之一是使社會上最多的人，能獲得最多的自主性。全球化的結果增加了此類工作的困難度，但民主社會的挑戰就是如何滿足體制內的既得利益者，同時將民間支持力量擴大，以鞏固現有政權。這種重分配政治也將全球資本勢力與本土的階級衝突相結合。在這個新的全球環境下，全球分工及產業外移的政策深深地與本土政治，及本土權力分配的考量糾結不清（Agne, 2006: 433-458; Schwartzman, 1998: 179）。

　　政治及經濟利益的分配，在威權時代的台灣，主要是由從上而下的統治菁英集團統籌處理。發展型國家在政治光環的籠罩下，以科技官僚為主的菁英集團主要以經濟理性作分配，同時以「均富」為政策指導，以中小企業為台灣外貿導向發展的主軸。1990 年代初期，兩岸經貿關係次第展開，但中國大陸經貿實力並不足以影響台灣的經濟發展，台灣在兩岸經貿協商的籌碼相對較多。2000 年民進黨執政後，政經情勢丕變。中國大陸經濟在加入 WTO 後加速發展，兩岸經貿分工壓力增大，相對而言台灣在兩岸經貿協商的籌碼減少。由於全球分工網絡成長的需求，以及來自國際

代工母廠的壓力，台灣進一步開放大陸經貿投資的呼聲也隨之升高。與此同時，民進黨政府所面臨的分配政治壓力也與國民黨執政時代有所不同。兩岸經貿交流的強化，以及兩岸三通的實現，將使台灣以都會區為主的全球化勢力強化，也不利於本土勞工團體及農業部門。民進黨的主要支持者，事實上集中於南部農業縣市及北部都會區以外的非資產階級。大幅度開放兩岸經貿，勢必使台灣的經濟資源及經貿利益更向都會區，尤其是台灣北部區域集中。基於政權維穩及選舉固盤的考量，民進黨政府必須從分配政治角度切入，對兩岸經貿採取相對保守的措施。

　　若以 2000 年至 2008 年民進黨執政時代台灣的三通政策為例，主權、尊嚴及領土完整等「高政治」議題成為不可撼動的原則，也成為涵蓋主要政策考量的依據。從執政團隊的角度來看，三通的問題，很明顯是中央掌控，並無地方置喙的餘地。三通問題，也與台灣的國際地位，「國與國關係」，甚至台灣加入聯合國的互動聯繫在一起，與台灣的核心國家利益也息息相關。從總體戰略佈局而言，民進黨政府深信國家發展必須與維持區域平衡結合。從民進黨的角度來看，2000 年以前的國民黨政府重北輕南，重都市而忽略鄉村。三通實現之後，台灣勢必放棄製造業的發展主軸，轉而成為依附中國大陸的服務業運籌基地。如此一來，台灣的經濟資源集中都會區的情形將更加嚴重，區域平衡發展的目標也將落空。易言之，三通及「一中共同市場」將有利於有全球運籌能力的資本家，加深台灣的城鄉差距，扭曲所得分配。尤有甚者，大陸的流動人口將湧入台灣，剝奪就業機會，甚至造成社會治安的問題。[1] 總結而言，兩岸政策開放與否，已上升至國家認同及國家主權的層次。就內政聯繫而言，較保守的兩岸經貿政策反而可以確保地區的平衡發展，防止城鄉二元化的進一步擴大。若從更深一層次的目標來看，則為勝選考量，及鞏固既有的社會支持力量。兩岸經貿政策透過分配正義的轉移，被賦予高度的政治意涵，而已經不是與政治絕緣的科技官僚所做的理性抉擇。

---

[1]　參閱陳水扁總統的多次媒體訪談：Financial Times（2006）、Office of the President（2007）、民主進步黨（2008）

# 柒、結論

發展型國家理論雖提供了一個研究台灣對外經貿政策的分析架構，但 1990 年代以來內外環境劇烈變化，政治力量影響國家與社會互動的模式，進而改變了政策工具的使用及國家的本質。台灣對中國大陸市場的高度依賴，以及敏感的國家安全考量，使得台灣的發展型國家不再能全然依附在由美國主導的國際經濟及安全體系中成長，在政策制定的選擇上也面臨兩難。易言之，發展型國家得以成長的外在環境，顯然在兩岸開始擴大交往後，產生更複雜的「推」及「拉」力量。

此外，傳統分析發展型國家與社會互動的「國家能力」及「國家自主性」概念也面臨挑戰。國家介入的範疇或許有所退縮，但選擇的重點項目仍可見明顯的操作痕跡。國家與社會彼此包容互動，也共同轉變。更多的例子是用網絡型的聯盟模式，達到共存共榮的目標。以兩岸經貿為例，國家體系致力於形塑新的道德秩序，並強調認同及分配正義，藉此企圖改變兩岸經貿的總體方向。國家以聯盟方式培養出合作型的第三部門，共同推動兩岸經貿的企圖，則受到政治力量主導，功效並未彰顯。就總體而言，國家與社會關係仍可引用利益、制度、理念等面向，以多元互動的角度審視。

全球化所帶來的全面性影響，則迫使發展型國家重新調整介入產業發展的工具及方式。兩岸經貿持續發展，促使台灣從全球分工及全球運籌的角度調適，並改變原有扶植製造型產業的政策，轉而促進研發及創新等競爭優勢。從增進國際競爭力，並創造兩岸分工利基的考量來看，台灣發展型國家以傳統政策工具扶植戰略產業等思路仍有部分持續，但如何從「地方發展型國家」的角度發揮地方優勢，並與跨國的全球性非政府組織合作，促進人才及創意的流動，成為政策介入的重點。

總結而言，內部政權本質的改變、全球化的衝擊，以及國家社會關係的重整，促使吾人不再以「國進民退」或「能力削弱」等單純邏輯分析台灣發展型國家的變化。尤有進者，兩岸經貿關係涉及台灣的核心利益，非

經濟因素往往扮演重要的角色，使得國家、社會、全球化的聯盟互動關係更形複雜，也使內政及對外關係的界面與場域更加擴大。如何進一步釐清分析的層次，並以經驗性的資料佐證研究概念，以豐富及修正發展型國家分析架構在兩岸經貿關係上的適用，實為吾人所應努力的目標。

# 參考書目

《工商時報》，2009，〈後 DRAM 時代 力成大利多〉，3 月 16 日，A3 版。

民主進步黨，2008，《陳明通主委赴民進黨報告書》，台北：民主進步黨。

周德光、吳孟珍，2008，〈科技產業群聚的形成與發展：創業活動與產業群聚的複雜調適過程〉，《創業管理研究》3（4）：1-23。

美西玉山科技協會，2009，〈全球玉山參加中國高新論壇紀行〉，《美西玉山科技協會通訊》（230）：18。

耿曙，林瑞華，2007，〈制度環境與協會效能：大陸台商協會之個案研究〉，《台灣政治學刊》11（2）：93-117。

耿曙、林家煌，2008，〈登堂未入室：信任結構、協力網絡與台商產業群聚的模式〉，《社會科學論叢》1（3）：91-126。

張家銘，2006，《台商在蘇州──全球化與在地化的考察》，台北：桂冠。

陳信宏，2006，〈外商研發中心與台灣科技業的研發結合〉，《全球台商 e 焦點》（59），8 月 29 日：http://twbusiness.nat.gov.tw/paper/y06/08/59-101.htm。檢索日期：2009 年 2 月 23 日。

麻匡復、邊泰明，2006，〈無須政府的產業群聚？內湖科技園區發展的公共領域與制度變遷〉，《公共行政學報》（20）：1-32。

童振源，2003，《全球化下的兩岸經濟關係》，台北：生智。

經濟部工業局半導體產業推動辦公室，2008，《半導體產業推動辦公室專刊》（31），7 月 14 日：http://proj.moeaidb.gov.tw/sipo/files/Book/半導體產業推動辦公室專刊 No.31.pdf。檢索日期：2009 年 2 月 23 日。

邊泰明、麻匡復，2005，〈南港軟體園區產業群聚與制度厚實〉，《地理學報》（40）：45-67。

Agne, Hans. 2006. "A Dogma of Democratic Theory and Globalization: Why Politics Need not Include Everyone it Affects." *European Journal of International Relations* 12(3): 433-458.

Archibugi, Daniele, David Held, and Martin Kohler. 1998. *Re-Imagining Political Community*. Stanford, CA: Stanford University Press.

Archibugi, Daniele. 2004. "Cosmopolitan Democracy and its Critics: A Review." *European Journal of International Relations* 10(3): 437-473.

Bhagwati, Jagdish. 1988. *Protectionism. Cambridge*, NY: MIT Press.

Bhagwati, Jagdish. 2004. *In Defense of Globalization*. New York, NY: Oxford University Press.

Chang, Shenglin. 2006. *The Global Silicon Valley Home: Lives and Landscapes Within Taiwanese American Trans-Pacific Cultures*. Stanford, CA: Stanford University Press.

Chase, Michael S., Kelvin L. Pollpeter, and James C. Mulvenon. 2004. *Shanghaied? The Economic and Political Implications of the Flow of Information Technology and Investment across the Taiwan Strait*. Santa Monica, CA: RAND Corporation.

Doner, Richard F., Bryan K. Ritchie, and Dan Slater. 2005. "Systemic Vulnerability and the Origins of Developmental States: Northeast and Southeast Asia in Comparative Perspective." *International Organization* 59(2): 327-361.

Douglass, Mike. 2005. "Local City, Capital City or World City? Civil Society, the (Post-) Developmental State and the Globalization of Urban Space in the Pacific Asia." *Pacific Affairs* 78(4): 543-558.

Drezner, Daniel W. 2007. *All Politics Is Global: Explaining International Regulatory Regimes*. Princeton, NJ: Princeton University Press.

Fewsmith, Joseph. 2007. "The Political Economy of Cross-strait Relations." In *Economic Reform and Cross-strait Relations: Taiwan and China in the WTO*, eds. Julian Chang and Steven M. Goldstein. Singapore: World Scientific Publishing, pp. 187-208.

*Financial Times*. 2006. "Exclusive Interview: Chen Shui-bian." Nov 2, sec. 1.

Fukuyama, Francis. 2004. *State-Building: Governance and World Order in the 21st Century*. Ithaca, NY: Cornell University Press.

Garrett, Geoffrey and Barry R. Weingast. 1993. "Ideas, Interests, and Institutions: Constructing the European Community's Internal Market." In *Ideas and Foreign Policy: Beliefs, Institutions, and Political Change*, eds. Judith Goldstein and Robert O. Keohane. Ithaca, NY: Cornell University Press, pp. 173-206.

Hall, Rodney Bruce. 2003. "The Discursive Demolition of the Asian Development Model." *International Studies Quarterly* 47(1): 71-99.

Hill, Richard Child and Kim June Woo. 2000. "Global Cities and Developmental State: New York, Tokyo and Seoul." *Urban Studies* 37(12): 2176- 2188.

Ho, Szu-yin and Tse-Kang Leng. 2004. "Accounting for Taiwan's Economic Policies toward China." *Journal of Contemporary China* 13(41): 733-746.

Hsing, You-tien. 1998. *Making Capitalism in China: The Taiwan Connection*. Oxford, UK: Oxford University Press.

Hsu, Jinn-yuh and AnnaLee Saxenian. 2000. "The Limits of Guanxi Capitalism: Transnational Collaboration between Taiwan and USA." *Environment and Planning A* 32(11): 1991-2005.

Leng, Tse-Kang. 1996. *The Taiwan-China Connection: Democracy and Development Across the Taiwan Straits*. Boulder, CO: Westview.

Leng, Tse-Kang. 1998. "Dynamics of Taiwan-Mainland China Economic Relations: The Role of Private Firms." *Asian Survey* 38(5): 494-509.

Leng, Tse-Kang. 2002. "Economic Globalization and IT Talent Flows: The Taipei/Shanghai/Silicon Valley Triangle." *Asian Survey* 42(2): 230-250.

Leng, Tse-Kang. 2005. "State and Business in the Era of Globalization: the Case of Cross-Strait Linkages in the Computer Industry." *The China Journal* (53): 63-79.

Migdal, Joel S. 2001. *State in Society: Studying How States and Societies Transform and Constitute One Another*. New York, NY: Cambridge University Press.

Milner, Helen V. 1997. *Interests, Institutions, and Information: Domestic Politics and International Relations*. Princeton, NJ: Princeton University Press.

Mok, Ka Ho and Ray Yep. 2008. "Globalization and State Capacity in Asia." *The Pacific Review* 21(2): 109-120.

O'Riain, Seán. 2000. "The Flexible Developmental State: Globalization, Information Technology, and the Celtic Tiger." *Politics and Society* 28(2): 163-165.

O'Riain, Seán. 2006a. "Dominance and Change in the Global Computer Industry: Military, Bureaucratic, and Network State Developmentalisms." *Studies in Comparative International Development* 41(1): 76-98.

O'Riain, Seán. 2006b. "Social Partnership as a Mode of Governance: Introduction to the Special Issue." *The Economic and Social Review* 37(3): 311-318.

O'Riain, Seán. 2006c. "The University and the Public Sphere after the Celtic Tiger." In *Maynooth Philosophical Papers*, Issue 3, eds. Michael Dunne and Thomas A. F. Kelly. Maynooth, IL: Department of Philosophy, National University of Ireland, Maynooth, pp. 1-25.

Office of the President. 2007. "CNBC Interview with President Chen Shui-bian." September 17: http://www.mac.gov.tw/english/english/macpolicy/ch960922e.htm (accessed Feb. 23, 2009).

Pereira, Alexius A. 2008. "Whither the Developmental State? Explaining Singapore's Continued Developmentalism." *Third World Quarterly* 29(6): 1189- 1203.

Radice, Hugo. 2008, "The Developmental State under Global Neoliberalism." *Third World Quarterly* 29(6): 1153-1174.

Sassen, Saskia. 1996. *Losing Control? Sovereignty in the Age of Globalization.* New York, NY: Columbia University Press.

Sassen, Saskia. 1998. *Globalization and Its Discontents.* New York, NY: The New Press.

Savitch, H. V. and Paul Kantor. 2002. *Cities in the International Marketplace.* Princeton, NJ: Princeton University Press.

Saxenian, AnnaLee. 1996. *Regional Advantage: Culture and Competition in Silicon Valley.* Cambridge, MA: Harvard University Press.

Saxenian, AnnaLee. 2000. "Networks of Immigrant Entrepreneurs." In *The Silicon Valley Edge: A Habitat for Innovation and Entrepreneurship*. Henry S. Rowen, Chong-Moon Lee, William F. Miller, and Marguerite Gong Hancock. Stanford, CA: Stanford University Press, pp. 248-276.

Saxenian, AnnaLee. 2002. "Brain Crculation." *Brookings Review* 20(1): 28-31.

Schwartzman, Kathleen C. 1998. "Globalization and Democracy." *Annual Review of Sociology* 24: 159-181.

Shin, Doh Chull and Jason Wells. 2005. "Is Democracy the Only Game in Town?" *Journal of Democracy* 16(2): 88-101.

Shin, Jang-Sup. 2005. "Globalization and Challenges to the Developmental State: A Comparison between South Korea and Singapore." *Global Economic Review* 34(4): 379-395.

Thurbon, Elizabeth and Linda Weiss. 2006. "Investing in Openness: The Evolution of FDI Strategy in South Korea and Taiwan." *New Political Economy* 11(1): 1-21.

Weiss, Linda, ed. 2003. *States in the Global Economy: Bringing Domestic Institutions Back in*. Cambridge, MA: Cambridge University Press.

Weiss, Linda. 1998. *The Myth of the Powerless State*. Ithaca, NY: Cornell University Press.

Weiss, Linda. 2000. "Developmental States in Transition: Adapting, Dismantling, Innovating, not 'Normalizing'." *The Pacific Review* 13(1): 21-55.

Weiss, Linda. 2005. "Michael Mann, State Power, and the Two Logics of Globalisation." *Millennium: Journal of International Studies* 34(2): 529-541.

Wong, Joseph. 2004a. "The Adaptive Developmental State in East Asia." *Journal of East Asian Studies* 4(3): 345-362.

Wong, Joseph. 2004b. *Healthy Democracies: Welfare Politics in Taiwan and South Korea*. Ithaca, NY: Cornell University Press.

Woo-Cumings, Meredith, ed. 1999. *The Developmental State*. Ithaca, NY: Cornell University Press.

Wu, Yong-ping. 2004. "Rethinking the Taiwanese Developmental State." *China Quarterly* 177: 91-114.

Wu, Yu-Shan. 2007. "Taiwan's Developmental State: After the Economic and Political Turmoil." *Asian Survey* 47(6): 977-1001.

# 第七章
# 台灣民眾統獨立場的持續與變遷

## 陳陸輝、耿曙

## 壹、前言

　　台灣民眾統獨立場的持續與變遷，一直是關心兩岸關係以及台灣選舉政治甚至美、中、台三邊關係學者所高度注目的焦點。統獨議題的重要性，反映於內，形塑了台灣的政治格局：台灣兩大政黨，各據統獨一端抗衡爭鬥（王甫昌，1997；吳乃德，1993；徐火炎，1996；盛杏湲、陳義彥，2003；陳文俊，1995；陳陸輝，2000；游清鑫，2002；Yu, 2005），展現於外，則左右台灣的大陸政策走向（吳乃德，2005；吳玉山，1999：153-210、2001；盛杏湲，2002；Chang & Wang, 2005; Keng, Chen, & Huang, 2006; Myers & Zhang, 2006; Niou, 2005; Wang, 2001, 2005; Wu, 2004）。因此，檢視近年總統選舉的議題設定，便知統獨之爭絕對是台灣政治的核心議題（Corcuff, 2002; Wang et al., 2005）與台灣政黨的分野所在，因此可以藉此觀察兩岸關係對台灣內政的影響。

　　本研究因此希望分析：在台灣選舉政治的政治版圖之持續與變動，以及「藍」「綠」政黨勢力的形成、鞏固與重組的過程中，台灣民眾的統獨立場是否曾經出現重要的變化？左右民眾統獨立場背後的因素為何？未來可能的變化趨勢又如何？根據作者的看法，相對於其他政治態度，民眾的統獨立場也許與個人人生規劃、事業展望甚至是身家性命切身相關，其在思考統獨問題與決定自身立場時，往往兼顧個人政治理念與權衡利弊得失。因此，如果改變「現狀」會帶來不可預期的後果，則「維持現狀」似乎是一個穩當的選擇。但是，當改變「現狀」帶來的是更繁榮的

發展或更尊嚴的未來,則改變「現狀」似乎是個不錯的選項。至於左右其中變化的因素,除了民眾政治社會化過程中的政治「既有偏向」(pre-disposition)之外,現實政治與社會現況的改變亦是不可忽視的因素。本研究希望運用長期的調查研究資料,針對民眾統獨態度的趨勢以及各種不同背景的民眾在統獨立場上的持續與變遷作初步的分析,希望對於台灣民眾過去十餘年來統獨立場的變遷與持續,做出較為細緻的刻畫。

## 貳、台灣民眾的政治社會化與統獨立場

究其本質,民意其實是「資訊與既有偏向的結合」(Zaller, 1992: 6)。一方面,民眾的社會背景以及社會化的過程,影響其「既有偏向」的形成,另一方面,個人現實生活的經驗,則是資訊獲取的重要來源。因此,本研究擬由政治社會化的可能影響,以及政治世代差別分殊著手,觀察影響台灣民眾統獨立場的可能原因。

在台灣的選舉政治中,兩岸關係一直是極為重要的議題,因為這涉及每個人最根深蒂固的身分認同問題。以 2004 年總統選舉為例,立法院通過《公民投票法》前後,有關國號、國旗以及領土範圍應否納入公民投票的適用事項,以及其後陳水扁總統所拋出的「防禦性公投」議題,在在都明顯衝擊政治人物與民眾對於台灣「現狀」的認知,也影響民眾對於改變「現狀」可能後果的評估。之後,在 2008 年的總統選舉中,國民黨候選人馬英九所提出的「兩岸共同市場」,隨即被民進黨候選人謝長廷詮釋為「一中市場」,再次顯示有關台灣主體意識與「一中」議題,每每成為政治人物選舉操作的重要議題。在 2012 年的總統選舉中,所謂的「九二共識」以及「台灣共識」的交鋒、是否簽訂「兩岸和平協議」等,讓兩岸關係議題再次成為政治競爭的焦點。這一切的政治操作與計算,背後均與民眾統獨議題偏好的分布情況有關:當「維持現狀」成為民眾的主流選項,急統與急獨都暫時無法與之抗衡時,統獨議題在未來藍綠兩大政黨選舉對抗中,就必須審慎應對。換言之,台灣民眾統獨立場的分布,不但在過去

牽動了政黨之間的合縱連橫與政治版圖劃分，更對於台海和平與安定有重要影響。因此，在關注兩岸動態的同時，如何解讀台灣民眾在統獨議題上的偏好分布，將是我們掌握兩岸關係發展的重要觀察角度。

## 一、統獨立場、利害計算與符號政治

參考國外有關民意結構的研究，我們可以大致區分出「理性／利益」（rational/interest-based）與「感性／認同」（symbolic/identity-based）兩種對立的力量（Lau, Brown, & Sears, 1978; Sears, 1993, 2001; Sears et al., 1980）。根據這樣的架構觀察，統獨議題經常糾結於兩者之間，因其既關乎個人前景利害又與個人身分認同密不可（吳乃德，2005；耿曙、劉嘉薇、陳陸輝，2009；陳陸輝、耿曙、王德育，2009；陳陸輝等，2009；Dittmer, 2005; Keng, Chen, & Huang, 2006）。本節將一方面對此進行澄清，另一方面則基於政治社會化的理論角度，就如何探究台灣民眾統獨議題態度的變遷與持續進行探討。

本文所論的「統獨立場」，看似純粹指涉個人認同（吳乃德，1992：36-40；張茂桂，1993：260-270），但若進一步推敲，我們不難發現統獨抉擇的後果，同時影響個人與社群的未來。尤其，統一或是獨立牽涉的不僅是個人偏好與立場，更與國家安定與社會繁榮密切相關，何能率爾為之，不經利害推敲（Chang & Lasater, 1993; Myers & Zhang, 2006: 45-67）？另方面，眼見對岸迅速崛起，政經形勢丕變，若盼掌握各種生涯發展的機會，倘若仍一味以「區隔」或「敵對」應對，是否合乎時宜也值得思考（吳乃德，2005；耿曙、林琮盛，2005；林宗弘、胡克威，2011）。個人偏好一旦面對兩岸消長的政經現實，統獨之爭不免交錯揉合「認同」與「利益」因素（吳乃德，2005；耿曙、劉嘉薇、陳陸輝，2009）。

從更寬廣的角度看，論及政治態度形成問題，Richard R. Lau、Thad A. Brown 和 David O. Sears（1978）曾將其大致區別為兩類因素，其一是「理性自利」觀點（rational choice/self-interest），側重個人的利害考量及

「趨利避害」的理性抉擇；其次則爲「符號政治」（symbolic politics），凸出個人信念、認同、情感對政治立場的影響（Quattrone & Tversky, 1988; Sears, 2001）。「符號政治」的概念，乃 Murray Edelman（1964, 1971）所首創。根據他的看法，一般民眾處於錯綜複雜且資訊紊亂的環境中，往往無所適從，必須依附一些明確的政治符號，藉以釐清並簡化複雜的社會世界，以削減內在的焦燥不安。另方面，政治菁英則藉提供此類政治符號（諸如族群認同、團體歸屬或領袖依附等），以吸引民眾注意、動員民眾支持，甚至可以引領民眾獻身暴力性質的群眾運動中。此一「符號政治」途徑後由 Sears 等人（Sears et al., 1980; Sears, Hensler, and Speer, 1979）的研究，進一步得到發揚光大。

根據 Sears、Carl P. Hensler 和 Leslie K. Speer（1979）的分析，「符號政治」所討論的個人政治既有偏向，往往兼具情感與信念成分，其形成於早期社會化過程中，但經常隱於內而不顯於外。另方面，個人對特定政治議題的「基本立場」，雖多於成年之後逐步建立，但此類態度立場並非憑空而來，一般情況是根據所接收資訊中內含的符號，回頭「喚起」（evoke）或「觸動」（activate）記憶深層中相應的符號節點，終而形成其穩定不移的立場，甚或爆發出充滿情緒的衝動，例如部分台灣政治人物經常訴諸的「悲情意識」、「少數危機」等（Wang, 2003: 56-100），此種暗示、反射的情感過程，一般人未必能夠意識得到（Sears, 1993; Sears and Funk, 1991; Sears and Kinder, 1985）。根據此一架構，Lau、Brown 與 Sears（1978）研究了美國民眾對越戰的態度，發現相較個人與越戰的「利害連結」（如親友是否身赴前線）與個人對戰爭的「基本信念」（如保家衛國的神聖使命），前者遠不如後者有力。Sears、Hensler 與 Speer（1979）對「載越學區」（busing）議題的研究，同樣發現美國白人的政治立場，深受符號政治所左右。

與「符號政治」相對的是「理性自利」觀點，其主要預設爲「人是理性動物」，故將有意識地以最小成本追求「自我利益最大化」（self-interest maximization），因此會在可被選擇的行動方案中，挑選後果最有利於己的方案（Kahneman & Tversky, 1979）。爲能便於具體分析，Sears

與 Funk（1991）更對「自利行為」進一步界定，認為其具有「目標導向」，且必須滿足下列幾個要件，即：利益屬於短中期、必須偏物質屬性、且與個人切身相關，而所謂「理性計算」，則是種有限資訊下極大化個人利益的形式。

　　針對認同、道德與信任等的理性抉擇，最能有效申明上述架構者，我們可以 Russell Hardin（1995, 2002）著作為例。根據 Hardin 的看法，群體認同、社會規範與人際信任等，最終來自個體利益，因為個人對特定團體的認同或奉獻，前提在於當事者對自我利益損益的判斷，必須是「人人為我」才會有「我為人人」。換言之，個人對群體與身分的認同，絕對非原生，也不可能超乎利害，而是在自覺與不自覺之間所進行的理性選擇。因此，認同、道德與信任等偏好，以及本文所討論的統獨抉擇，雖係在特定歷史情境中，透過共同體意識、社會化過程所形塑，但究其實，最終仍在反映利害所趨（採取類似途徑者不少，如 Chai, 2001; Hechter, 1987; Cook & Levi, 1990; Doreian & Fararo, 1998; Hechter & Opp, 2001 等）。

　　參考上述架構，觀察台灣統獨議題，多數學者認為其既涉及「終極價值」，也攙雜「現實利益」，同時揉合「理性」與「感性」的元素。其中，Dittmer（2004）強調統獨爭議的背景，一方面是台灣人民追求認同的意願，另方面是台海國際形勢的局限，因此存在「理想」與「實際」間的扞格。吳乃德（2005）則同時著眼於中國崛起夾帶的經貿機會，強調「麵包」（獲利前景）與「愛情」（認同理念）間的兩難。基於類似觀點，謝復生（1995）與吳玉山（1999：173-192）進一步將統獨議題「投映」（mapping）於一個二元的「空間座標」（spatial model）中，分析台灣民眾處於「理念統獨」與「利益得失」交叉考量下的抉擇。接續的吳乃德（2005）與耿曙、陳陸輝與黃冠博（Keng, Chen, & Huang, 2006）則各就偏重感性的「身分認同」層面與看似理性的「經貿交流」問題，透過民調資料進行分析，結果同樣發現台灣民眾思考統獨議題時，往往呈現「理性」與「感性」兩面兼顧的偏向。

　　就民眾本身的統獨立場而言，其過去的生活經驗以及所接受的相關

經驗與政治社會化的過程相關。談起共同的生活經驗以及歷史記憶時，屬於不同省籍、不同政治世代的民眾，由於生活的經驗以及所處的政治社會環境不同，他們的共同記憶自當出現若干差距，而彼此之間的統獨立場也會出現歧異。[1] 所謂的「世代」可視爲既是生物學也是社會學的概念。以生物學而言，「世代」是因爲人們出生於同一個時期而歸類爲同一「世代」，不過，就社會學的概念觀察，同一個「世代」的人們也同時座落在相同社會過程的歷史座標中。這些歷史經驗，依照政治社會化的相關理論，較容易在個體青春期晚期以及成年早期的「形塑年代」（impressive year）產生影響（Mannheim, 1952）。關於台灣政治世代的劃分以及本研究的相關理論，我們將在文章以下部分加以詳述。以下，我們將從政治社會化與政治世代的角度，分析民眾統獨立場的差異。

## 二、理性與感性：政治社會化過程中的省籍與世代

對於台灣民眾統獨觀念的形成及其持續與變遷，其實與個人成長背景的政治社會化歷程以及國家的政治教育，有重要關聯。所謂政治社會化定義，應該可以歸納成兩個主要界說。第一個是強調「個人獨特的成長經驗」（the idiosyncratic personal growth）。如 Fred I. Greenstein 所言：「（關於政治社會化）的一個廣義瞭解，它涵蓋人生各種階段中的一切政治學習，不論正式的或非正式的，計畫的或非計畫的，都概括在其中」（1968: 551）。因此，這個定義主要強調人類在成長過程中，逐漸獲取個人的自我認同，能夠表現自己，並以自己的方式尋求個人獨特的需求與價值。在個人成長過程中，其所屬的不同世代標示著不同的重要成長經驗，而省籍的不同則反映家庭政治社會化的差異。

第二種的定義主要是從社會體系的角度來看，把政治社會化定義爲「社會將它的政治文化從上一代傳遞到下一代的過程」（Langton, 1969:

---

[1]　有關不同「世代」在集體記憶上的差異，可以參考 Schuman 和 Scott（1989: 359-381）。

4）。許多政治學者認爲：在研究新興國家的政治發展時，政治社會化是一項特別重要的課題。所有新興國家所面對的主要問題之一，就是如何去重新塑造其公民的政治定向，如培養對新國家的認同，以及對民主制度的擁護。換言之，就是透過政治社會化過程使一般公民內化新的政治價值。因此，從過去國民黨長期的「大中國」教育，以及民進黨成立以來到執政之後，所倡導有關「台灣獨立」的相關主張，對於不同「世代」的民眾，應該會產生相當程度的影響。

　　民眾統獨態度的形成、持續與變遷，也是其政治學習的結果。就政治社會化的相關研究中，有關個人政治學習的效果，可以區分爲「終身持續模型」（lifelong persistence model）、「終身開放模型」（lifelong openness model）、「生命週期模型」（life-cycle model）以及「世代模型」（generational model）等四種不同模型（Jennings & Niemi, 1981: 19-47）。[2] 其中最重要的「世代模型」是指出生在同一時期的選民，受到相同的歷史、政治與社會環境所影響，因此孕育出不同的政治偏好。也就是個人成長的時期的重要生活經驗對同時期的人都有相似的影響，使得不同「世代」的政治態度會出現一定程度的差異。伴隨著台灣不同省籍背景民眾的政治社會化經驗不同，我們可以預期的是，年長民眾在統獨立場上趨向兩極，而年輕選民因爲背負較少的歷史包袱而採取更爲務實的「維持現狀」選項。除了不同的政治世代之外，有關政治社會化的相關研究中，另外一個重要效果是所謂的「時期效果」（period effect），它是指與特定時間點相關的影響（Glenn, 1977）。例如，台灣的政治開放、自由選舉的施行、1995 年與 1996 年台海飛彈危機、2000 年的首次中央政權政黨輪替、2004 年總統選舉與防禦性公投、2008 年國民黨重新掌握立法院的絕對多數與贏得總統選舉以及 2012 年國民黨持續贏得總統大選與立院過半數席次等，這些重大事件對當時所有民眾都會有不同程度的影響。因此作者認爲，民眾的省籍背景及政治世代與其政治社會化過程密切相關，當是影響其統獨立場的重要因素。以下，我們將先說明，我們如何劃分台灣

---

2　相關的討論，亦可參考陳陸輝（2000）及陳陸輝與周應龍（2004）。

民眾的政治世代，並結合民眾的省籍背景，將台灣民眾分爲六類政治世代，然後再說明各「世代」的統獨立場以及抱持該統獨立場的可能原因。

　　本研究以台灣的重大政治與社會事件發生的時間，將選民切割成三個政治世代。[3] 第一代是出生於西元 1942 年以及之前，第二代則出生於 1943 年到 1965 年間，第三代選民則是出生在西元 1966 年之後。選擇西元 1943 年以及 1966 年作爲切割點的因素，是因爲出生在 1943 年的受訪者大多接受國民黨的國小教育，而在 1966 年出生的這一群，在其成年時期前後，剛好經歷民進黨在 1986 年正式成立並以組織性的政黨，提名候選人挑戰國民黨威權統治時期。除了政治世代之外，本研究也考慮不同省籍，在統獨問題上的差異。第一代選民主要是成長在國民黨的威權統治之下，不過，由於外省第一代與本省第一代的生活經驗並不相同，因此，我們可以預期的是，外省第一代在支持「統一」的「偏向」上，一定比較高，而本省第一代在支持「獨立」的「偏向」上，也會比較高。

　　第二代選民一方面受到家庭政治社會化的影響，另一方面則目睹了我國退出聯合國以及中美斷交等重大外交挫敗以及風起雲湧的黨外活動，加上在 1994 年到 2011 年，他們正值三十多歲到五十多歲的青壯年，因此，對於可能牽動其生活、工作以及家庭的統獨問題，自然抱持較第一代更爲保守的態度。也就是，我們認爲，他們應該有比較高的比例，會偏向支持「維持現狀」。第三代的年輕選民則在其青壯年時期，經歷民進黨、新黨、建國黨、親民黨以及台聯的興衰，以及開放言論自由的民主轉型時

---

3　劉義周是首先將政治世代的觀念，帶入台灣政治學界的學者。本研究對政治世代的切割方式與其略有不同。劉義周定義的第一代爲 1949 年時已大致完成小學教育者（出生年應爲 1937 年），1965 年停止美援爲第二個切割點（出生年應爲 1952 年）。本文著重國民黨威權統治下的政治影響，所以將有無受國民黨小學教育定爲第一代與第二代的切割點（1943 年），這個切割點與有無接受國民黨所提供的公民教育密切相關。在 1986 年民進黨成立並提名候選人參與當年度的立法委員選舉，開始以正式的政黨組織與國民黨競爭，故將 1966 年出生，在此年成年者定義爲第二代與第三代的切割點。與台灣政治世代的相關討論，請參考：劉義周（1993：99-120、1994：53-73）與陳陸輝（2000：109-141）。

期，加上年輕人在意識型態或是政黨支持等各方面，未必定型，自然較其他年長的「世代」來得開放，因此，本研究偏向以「世代效果」的觀點，假設年輕人在統獨問題上，會抱持較為務實開放的態度。特別在台灣經濟情況的變動與全球金融市場動盪的同時（尤其自 1990 年代晚期東亞金融危機之後），大陸經濟仍然保持一定發展的情況下，第三代選民的統獨立場，會不會因此出現不同的趨勢？也是本研究的一個觀察重點。

　　本研究認為，民眾的統獨態度，不但與其政治社會化的家庭背景相關，也與其所身處的時空環境與個人政治社會化的過程有關。因此，本研究擬運用跨年度的調查研究資料，解析台灣民眾統獨立場的趨勢以及其變遷與持續的軌跡。

## 參、研究資料與研究假設

　　為了探索台灣地區民眾統獨態度的分布，運用長期性的調查研究資料，將是一個較佳的研究策略。自 1994 年以來，政治大學選舉研究中心在以台灣地區為母體的相關電話訪問中，當研究的性質以及問卷題目的篇幅容許時，都會詢問民眾對於統獨問題的看法。因此，本研究將以 1994 年到 2011 年的歷次電話訪問，以年度為切割，來描述 17 年來民眾統獨立場分布的基本趨勢。[4] 此外，基於上述相關文獻檢閱，本研究也擬針對不同的「世代」、省籍以及教育程度民眾的統獨態度加以描述，以分析不同背景的民眾在統獨態度上的差異以及長期的分布趨勢。我們探索民眾統獨態度的測量工具，是運用以下的問卷題目：

　　關於台灣與大陸的關係，有幾種不同的看法：

　　1.「儘快統一」；

---

4　對於每年觀察點的有效樣本數以及該筆資料的處理以及相關訪問執行過程，請參考政治大學選舉研究中心網站，http://esc.nccu.edu.tw/newchinese/data/method.pdf。

2.「儘快宣布獨立」；

3.「維持現狀，以後走向統一」；

4.「維持現狀，以後走向獨立」；

5.「維持現狀，看情形再決定獨立或統一」；

6.「永遠維持現狀」。

請問您比較偏向哪一種？（然後請受訪者在六個選項上選擇一項）。

這個題目的好處就是在不預設任何先決條件的情況下，讓民眾可以選擇一個他／她認為最接近自己在統獨議題上的立場之選項。除了保留急統急獨的選項之外，也包含「維持現狀，以後走向……」等較為和緩的選項，至於可能的走向，包括「獨立」以及「統一」之外，甚至包括了「維持現狀，看情形再決定獨立或是統一」的選擇。此外，也提供民眾「永遠維持現狀」的可能。當然，除了上述六個選項之外，民眾仍然不願意表態的，我們就歸為「無反應」並視情況列入分析。

由於上述六分類加上「無反應」共七分類，再一步的交叉分析中可能面臨樣本數不夠而無法進行較為精確的推論，且部分類別，例如：「儘快宣布獨立」以及「儘快統一」的有效樣本數可能過少的情況，因此，除了初步的描述之外，本研究會將「儘快宣布獨立」以及「維持現狀，以後走向獨立」兩個選項合併為「偏向獨立」；「儘快統一」以及「維持現狀，以後走向統一」兩個選項合併為「偏向統一」；「維持現狀，看情形再決定獨立或統一」以及「永遠維持現狀」則合併為「偏向現狀」，以利進一步的交叉分析。

以下，本研究將描述台灣民眾的統獨觀念的長期分布，以及不同的政治世代與省籍背景的民眾在統獨問題上的差異。除了上一節理論所做的相關描述，本研究的假設為：面對「統一」與「獨立」這個議題，除了政治社會化所產生感性上的國家認同之外，民眾更必須面對一個需要理性思考的現實問題，那就是如果「統一」或是「獨立」之後，可能帶給他們自己、家人以及社會的直接衝擊。因此，他們對於「統一」與「獨立」的立場，在沒有外在重大事件的衝擊之下，應該是相當平穩的。換言之，

以跨時的資料來分析民眾的統獨觀應該可以預期的是：民眾的統獨態度除了受其出身的省籍背景影響之外，與其所屬的政治世代以及獲取資訊的能力皆密不可分。具體而言，隨著民進黨在 2000 年首次執政之後，兩岸的政治互動以及執政者對於「未來」兩岸關係的安排，與過去國民黨執政時期出現了重要的差異，因此，可以預見的是，民眾在統獨態度上的分布，會隨著執政黨的表現以及立場而出現變化。在民進黨主政之下，民眾支持「統一」的比例會略微下降，而支持「獨立」的比例，會隨之上升。而在 2008 年馬英九當選總統之後，兩岸重啟協商、推展互動密切的經貿交流，是否會讓民眾統獨立場出現重要變化也值得觀察。就省籍而言，相對於其他省籍，大陸各省的民眾除了因為如第一代的個人的大陸生活經驗外，其他世代也因政治社會化的過程，使得年輕的大陸各省民眾有較高的比例「偏向統一」。不過，民眾個人的生命週期，也與其統獨立場密切相關。就年輕選民而言，他們也許適逢兵役、婚姻以及事業的完成或是剛起步，因此，兩岸關係重要的變動會影響他們切身的利害。相對而言，較年長的民眾，在沒有其他擔憂的情況下，也許希望在有生之年，看到台灣「獨立」或是與中國「統一」，相對而言，較不偏向「維持現狀」。針對上述研究假設，我們將先描述過去十幾年台灣地區民眾統獨立場的分布趨勢，接著，將就受訪者的出生「世代」與省籍背景，依序觀察其統獨立場的變遷與持續。

## 肆、民眾統獨立場的長期趨勢

統獨問題不但與目前生活在台灣地區的兩千三百萬人息息相關，對於兩岸之間的衝突與合作，更是密不可分。就台灣民眾而言，他們對於「統一」與「獨立」的態度分布，又是如何，我們以下分別就全體選民以及不同的「世代」、省籍與教育背景來加以分析。

## 一、民眾統獨態度分布的長期趨勢

　　就過去 17 年的趨勢而言，如表 7-1 中所示，「維持現狀看情況再決定」（維現再定）是最受民眾青睞的選擇，其歷年的平均有 34.0%，在 1994 年接近四成，此後，在 1996 年至 2000 年之間，都相當平穩地維持在三成上下波動，到了 2001 年以後，這個比例又上升到三成六左右，在 2006 年則到達了 38.7% 的高點，是 1994 年之後的新高。表 7-1 顯示在再次政黨輪替之後，兩岸關係關係雖然逐漸加溫，不過民眾持觀望態度的比例並無顯著變化。

　　另一個在歷年比例較高的選項是「永遠維持現狀」（永維現狀），它的分布則從 1994 年最低點的 9.8%，在 1995 年上升到 15.6%，而在 1995 年到 1998 年這段期間，則一直維持在 16.0% 上下，在 2000 年上升到 19.2% 的高點，2008 年達到 21.5% 的另一高點，進而在 2011 年達到 27.4% 的新高。此一分布若與前述「維現再定」相加，顯示民眾對於統獨立場愈趨保守與模稜兩可的態度。[5]

　　除了民眾沒有表達具體意見的「無反應」（歷年平均為 13.3%）這個類別之外，另外一個比例較高的選項為「維持現狀走向統一」（走向統一），其歷年平均為 13.6%，在 1994 年到 2001 年之間，大約維持在平均 17.0%的比例。不過，在 2000 年總統大選後中央政府政權輪替之後，自 2002 年起，支持「走向統一」的比例開始下滑，而於 2007 年跌到僅有 10.0%，儘管在 2008 年國民黨取得立法院的絕對優勢以及國民黨的馬英九再次取得中央政權，民眾走向統一的比例卻跌至 8.7%，2009 年更跌至歷年最低的 8.5%，2011 年也僅有 8.8%，其後續的趨勢相當值得重視。

---

5　對於「現狀」的定義，相關的研究以及文獻整理，請參考耿曙、劉嘉薇與陳陸輝（2009）。此外，依據一項陳陸輝（2009）國科會計畫的訪問結果發現：約有七成的民眾認為「台灣已經是一個獨立的國家了，所以根本不必宣布獨立」，另外有約一成八的民眾主張「台灣與大陸都是未來統一後中國的一部分」。

表 7-1 台灣民眾統獨偏好歷年分布表，1994 年至 2011 年

| | 態度＼年份 | 1994 | 1995 | 1996 | 1997 | 1998 | 1999* | 2000 | 2001 | 2002 | 2003 | 2004 | 2005 | 2006 | 2007 | 2008 | 2009 | 2010 | 2011 | 歷年平均 |
|---|---|---|---|---|---|---|---|---|---|---|---|---|---|---|---|---|---|---|---|---|
| | 〈樣本數〉 | (1,209) | (20,190) | (7,292) | (1,254) | (8,209) | (4,394) | (7,394) | (7,587) | (10,003) | (14,247) | (19,087) | (7,939) | (12,085) | (12,818) | (16,280) | (20,244) | (13,163) | (23,779) | (207,174) |
| 統獨六分類 | 儘快統一 | 4.4 | 2.3 | 2.5 | 3.2 | 2.1 | 2.2 | 2.0 | 2.8 | 2.5 | 1.8 | 1.5 | 1.8 | 2.0 | 1.9 | 1.5 | 1.3 | 1.2 | 1.5 | 2.1 |
| | 走向統一 | 15.6 | 19.4 | 19.5 | 17.3 | 15.9 | 15.2 | 17.3 | 17.5 | 15.7 | 11.9 | 10.6 | 12.3 | 12.1 | 10.0 | 8.7 | 8.5 | 9.0 | 8.8 | 13.6 |
| | 維現再定 | 38.5 | 24.8 | 30.5 | 30.5 | 30.3 | 30.9 | 29.5 | 35.9 | 36.2 | 35.0 | 36.5 | 37.3 | 38.7 | 36.8 | 35.8 | 35.1 | 36.0 | 33.8 | 34.0 |
| | 永維現狀 | 9.8 | 15.6 | 15.3 | 16.3 | 15.9 | 18.8 | 19.2 | 16.4 | 15.0 | 18.0 | 20.9 | 19.9 | 19.9 | 18.4 | 21.5 | 26.2 | 25.4 | 27.4 | 18.9 |
| | 走向獨立 | 8.0 | 8.1 | 9.5 | 11.5 | 11.5 | 13.6 | 11.6 | 10.5 | 13.8 | 14.5 | 15.2 | 14.2 | 13.8 | 13.7 | 16.0 | 15.0 | 16.2 | 15.6 | 12.9 |
| | 儘快獨立 | 3.1 | 3.5 | 4.1 | 5.7 | 5.7 | 4.7 | 3.1 | 3.7 | 4.3 | 6.2 | 4.4 | 6.1 | 5.6 | 7.8 | 7.1 | 5.8 | 6.2 | 4.6 | 5.1 |
| | 無反應 | 20.5 | 26.3 | 18.6 | 15.4 | 18.7 | 14.5 | 17.4 | 13.3 | 12.4 | 12.5 | 11.0 | 8.5 | 7.9 | 11.4 | 9.4 | 8.1 | 6.1 | 8.2 | 13.3 |
| 統獨三分類 | 偏向統一 | 20.0 | 21.8 | 22.0 | 20.4 | 18.0 | 14.4 | 19.3 | 20.3 | 18.2 | 13.8 | 12.0 | 14.1 | 14.1 | 11.9 | 10.2 | 9.8 | 10.2 | 10.3 | 15.6 |
| | 偏向現狀 | 48.3 | 40.4 | 45.8 | 46.9 | 46.1 | 51.5 | 48.7 | 52.2 | 51.2 | 53.0 | 57.4 | 57.2 | 58.6 | 55.2 | 57.4 | 61.3 | 61.4 | 61.2 | 53.0 |
| | 偏向獨立 | 11.2 | 11.6 | 13.6 | 17.2 | 17.2 | 17.8 | 14.6 | 14.2 | 18.1 | 20.7 | 19.5 | 20.3 | 19.4 | 21.6 | 23.1 | 20.8 | 22.4 | 20.3 | 18.0 |
| | 無反應 | 20.5 | 26.3 | 18.6 | 15.4 | 18.7 | 16.4 | 17.4 | 13.3 | 12.4 | 12.5 | 11.0 | 8.5 | 7.9 | 11.4 | 9.4 | 8.1 | 6.1 | 8.2 | 13.4 |

資料來源：政治大學選舉研究中心歷年電話訪問結果。相關資訊請參考政治大學選舉研究中心網站說明，http://esc.nccu.edu.tw/newchinese/data/method.pdf。在1999年的一個訪問案中，使用的是統獨三分類的題目（即「傾向統一」、「傾向統一」與「維持現狀」），故三分類百分比與上述六分類略有出入，該年三分類的樣本數增加為6,500。

說明：表中數字為直欄百分比（括號內為樣本數）。

　　此外，較值得注意的是支持「維持現狀走向獨立」（走向獨立）的比例，從 1996 年以前的不到 10.0% 的比例，在 1997 年到 2001 年間在一成以上微幅波動，在 2004 年上升到 15.2% 的高點，並進一步在 2010 年上升到 16.2% 的新高。顯示支持此一主張的比例有向上攀升的趨勢，且並未因 2008 年第二次政黨輪替而減緩。至於「儘快獨立」與「儘快統一」的選項，在過去 15 年的平均都未超過五個百分點，不過，「儘快統一」比例的確有持續下降的情況，「儘快獨立」雖在 2008 年前後有微幅上升的趨勢，卻在 2011 年下跌至不及 5.0%。

　　我們如果將民眾的統獨立場，簡單區分為「偏向獨立」、「偏向現狀」、「偏向統一」以及「無反應」等四個類別之後，我們從表 7-1 下半段可以發現：歷年來「偏向統一」的比例為 15.6%，超過七分之一，而「偏向獨立」的比例為 18.0%，此外，有超過一半的民眾是偏向「偏向現狀」（53.0%）。[6]

　　若是進一步分析可以發現，「偏向獨立」的比例，在 1999 年「兩國論」提出前後的比例較高，接近兩成的比例；不過，「傾向獨立」的比例卻也隨著民進黨政府執政後的施政滿意度下降而逐漸下滑，直到 2001 年年底立委選舉，民進黨成為國會第一大黨之後，才在 2002 年起逐漸回升，到了 2003 年則達到了 20.7% 的高點，並進一步在 2008 年達到 23.1% 的歷年高峰，其後在兩成上下波動。至於「偏向統一」的分布，則是在 1996 年到達了超過五分之一（22.0%）的民眾支持的最高比例，其後一路下降，到了 1999 年下降到只有 14.4%。雖然在 2001 年回升到 20.3%，但其後持續下降，到 2009 年則下探至 9.8% 的歷史新低。

　　整體而言，民眾的統獨態度的分布趨勢有幾個特點，首先，是這段期間統一的比例下降與獨立的比例升高，且自 2003 年開始「偏向獨立」的

---

6　政治大學選舉研究中心在 1999 年的一個訪問中，將統獨的選項區分為「偏向獨立」、「偏向統一」與「偏向現狀」三個選項，因為與本研究的三分類相同，故納入分析。表 7-1 中可以發現該年度兩種分類方式的樣本數不同，即因三分類多納入此次訪問樣本數所致。

比例均超越「偏向統一」的比例。另外一個值得注意的趨勢，是從 2001 年起，維持現狀的比例一直都在五成以上，且自 2004 年起，更有超過五成五的民眾採取此一立場。民進黨執政八年，雖然讓支持獨立的氣勢壓過支持統一，不過，卻有愈來愈多民眾對統獨立場持模稜兩可的態度。此一觀望的趨勢，在 2008 年馬英九當選總統之後更加明顯，自 2009 年開始，有超過六成比例的民眾，採取「偏向現狀」立場。

## 二、不同世代民眾統獨態度分布的長期趨勢

除了在 1994 年到 2011 年的趨勢之外，我們想進一步分析，在這段時間的變化，主要是來自哪些政治世代與省籍背景的選民。因此，我們運用上述的資料，作進一步的交叉分析。為了考慮分析的樣本數以及方便討論起見，以下僅將選民的統獨立場分為「偏向統一」、「偏向獨立」、「偏向現狀」以及「無反應」等四個類別來加以分析。

從表 7-2 可以發現，第一代選民因為較為年長，相對其他兩個世代而言，他們的教育程度較低，因此，其沒有具體答案的「無反應」比例偏高，歷年的平均為 35.0%。不過，在 2001 年以後，「無反應」的比例已經跌破四成。相對而言，最年長的世代一旦表態之後，他們選擇「偏向現狀」的比例（34.4%）較全體樣本（53.0%）為低，而歷年「偏向統一」的比例為 12.9%，另外也有 17.7% 的比例「偏向獨立」。此外，值得注意的是，在 1998 年之前，他們選擇「統一」的比例高於選擇「獨立」的比例，幾經波折之後，從 2001 年開始，「偏向獨立」的比例，均較「偏向統一」的比例為高。到了 2007 年，超過有四分之一的第一代選民，選擇「偏向獨立」，不過，在 2011 年此一比例又下降到兩成以下。

表 7-2 台灣民眾統獨偏好三分類歷年分布表，1994 年至 2011 年

| | 態度 | 1994 | 1995 | 1996 | 1997 | 1998 | 1999* | 2000 | 2001 | 2002 | 2003 | 2004 | 2005 | 2006 | 2007 | 2008 | 2009 | 2010 | 2011 | 歷年平均 |
|---|---|---|---|---|---|---|---|---|---|---|---|---|---|---|---|---|---|---|---|---|
| 第一代 | 偏向統一 | 20.3 | 19.0 | 18.0 | 20.6 | 15.7 | 14.2 | 15.3 | 13.5 | 13.2 | 9.5 | 10.2 | 10.3 | 10.8 | 7.0 | 6.0 | 9.8 | 8.9 | 9.5 | 12.9 |
| | 偏向現狀 | 28.3 | 23.7 | 31.0 | 25.7 | 24.0 | 31.7 | 29.5 | 35.5 | 34.9 | 36.9 | 40.1 | 39.1 | 42.6 | 32.4 | 39.4 | 41.4 | 42.3 | 40.6 | 34.4 |
| | 偏向獨立 | 13.0 | 8.5 | 10.3 | 17.6 | 13.1 | 14.8 | 12.5 | 15.7 | 15.8 | 19.5 | 17.9 | 20.6 | 23.0 | 26.6 | 25.4 | 21.9 | 24.6 | 17.0 | 17.7 |
| | 無反應 | 38.3 | 48.8 | 40.7 | 36.1 | 47.2 | 39.3 | 42.6 | 35.2 | 36.1 | 34.1 | 31.8 | 30.0 | 23.5 | 33.9 | 29.2 | 26.9 | 24.1 | 32.9 | 35.0 |
| | 〈樣本數〉 | (300) | (4,761) | (1,714) | (296) | (1,837) | (1,362) | (1,476) | (1,538) | (1,764) | (2,282) | (2,683) | (1,117) | (1,614) | (1,580) | (1,811) | (1,968) | (1,243) | (2,030) | (31,376) |
| 第二代 | 偏向統一 | 17.7 | 20.3 | 20.7 | 19.8 | 17.2 | 13.5 | 19.6 | 20.8 | 17.4 | 12.4 | 11.3 | 13.9 | 13.8 | 11.9 | 10.6 | 9.6 | 10.2 | 11.3 | 15.1 |
| | 偏向現狀 | 56.8 | 44.4 | 50.5 | 49.2 | 50.9 | 55.4 | 52.2 | 54.8 | 53.4 | 55.1 | 58.9 | 59.4 | 58.7 | 53.8 | 57.1 | 61.1 | 61.9 | 61.8 | 55.3 |
| | 偏向獨立 | 11.3 | 13.5 | 14.8 | 19.1 | 18.6 | 18.4 | 14.3 | 13.6 | 18.5 | 21.3 | 19.7 | 20.1 | 19.7 | 23.0 | 22.7 | 20.4 | 21.6 | 18.0 | 18.3 |
| | 無反應 | 14.2 | 21.8 | 14.0 | 12.0 | 13.4 | 12.7 | 13.9 | 10.8 | 10.7 | 11.3 | 10.1 | 6.6 | 7.8 | 11.4 | 9.6 | 8.8 | 6.3 | 8.8 | 11.4 |
| | 〈樣本數〉 | (604) | (9,727) | (3,482) | (602) | (3,817) | (3,019) | (3,408) | (3,387) | (4,360) | (5,985) | (7,710) | (3,172) | (4,755) | (5,058) | (6,388) | (7,983) | (5,122) | (9,033) | (87,612) |
| 第三代 | 偏向統一 | 28.1 | 29.2 | 29.1 | 22.2 | 21.9 | 16.3 | 22.0 | 24.1 | 21.8 | 17.3 | 13.6 | 15.6 | 15.6 | 13.5 | 11.0 | 10.2 | 10.4 | 9.9 | 18.4 |
| | 偏向現狀 | 58.6 | 51.2 | 52.3 | 60.9 | 56.7 | 60.6 | 56.7 | 59.5 | 56.7 | 58.0 | 62.2 | 61.4 | 63.6 | 63.0 | 62.0 | 65.8 | 64.7 | 64.6 | 59.9 |
| | 偏向獨立 | 11.2 | 11.7 | 15.1 | 14.8 | 18.6 | 19.6 | 16.9 | 14.2 | 19.0 | 21.1 | 20.2 | 20.5 | 18.1 | 19.1 | 23.0 | 20.9 | 22.6 | 22.6 | 18.3 |
| | 無反應 | 2.0 | 7.9 | 3.5 | 2.2 | 2.8 | 3.5 | 4.4 | 2.2 | 2.5 | 3.7 | 4.1 | 2.5 | 2.6 | 4.4 | 3.9 | 3.1 | 2.2 | 2.9 | 3.4 |
| | 〈樣本數〉 | (249) | (5,016) | (1,868) | (325) | (2,370) | (1,975) | (2,355) | (2,542) | (3,746) | (5,652) | (8,305) | (3,517) | (5,510) | (5,935) | (7,857) | (10,009) | (6,665) | (12,401) | (86,297) |

資料來源：請參考表 7-1 說明。

說明：表中數字為直欄百分比（括號內為樣本數）。

　　此外，從表 7-2 也可以發現，相較於第一代選民，第二代選民較為「穩健」，歷年來他們有超過五成五的比例（55.3%）選擇「偏向現狀」，這遠比第一代高出兩成，且自 2003 年開始，「偏向現狀」的比例均超過五成五，自 2009 年開始且超過六成。此外，第二代選民有 18.3% 選擇「偏向獨立」，另有 15.1% 選擇「偏向統一」，而有 11.4% 沒有表示具體態度。就歷年的平均而言，他們選擇「偏向獨立」的比例稍高，而自 2002 年開始，他們「偏向獨立」的比例均較「偏向統一」的比例高。且自 2003 年開始，他們「偏向獨立」的比例大致均超越兩成，不過，在 2011 年卻下跌至不及兩成的 18.0%，後續發展值得注意。

　　在表 7-2 中，最年輕的第三代選民歷年平均有接近六成（59.9%）選擇「偏向現狀」，是三個「世代」最不希望改變「現狀」的，而「偏向統一」的比例約 18.4%，「偏向獨立」的約一成八，而「無反應」的比例最低，歷年平均僅 3.4%。不過，幾個重要的趨勢為：在 1998 年之前，他們「偏向統一」的比例均高於「偏向獨立」的比例，在 1999 年至 2002 年間，這個趨勢出現波動，而從 2003 年開始，「偏向統一」的比例均低於「偏向獨立」的比例。在 2008 年，他們「偏向獨立」的比例是歷年新高的 23.0%，其後大致維持在兩成二上下的比例。

　　綜合上述，從表 7-2 中可以發現：三個世代中，兩個年輕「世代」有較高的比例採取對「現狀」改變不大的「偏向現狀」，而在最年輕世代中，選擇「統一」的比例較高。不過，2000 年以及 2008 年之後統獨支持比例的變化趨勢，值得注意。此外，最年長世代的統獨態度分布比較趨向兩極化，顯示因為政治社會化的關係，讓第一代選民對於統獨立場上較有定見。

## 三、不同省籍背景民眾統獨態度分布的長期趨勢

　　除了不同的政治世代之外，要瞭解台灣地區民眾的統獨觀，省籍因素是另外一個考慮的重點。由於一般訪問中，原住民的成功樣本數較少，故其估計的誤差較大，因此，我們將焦點集中在本省客家、本省閩南以及大

陸各省籍三個類別上，而暫時捨棄原住民的受訪者。

在表 7-3 中，我們先觀察本省客家民眾過去 17 年的統獨偏好趨勢。從表 7-3 中可以發現：第一代本省客家民眾採取「偏向現狀」的歷年比例接近四成（39.4%），不過，自 2004 年起，除 2007 年外，大致在四成以上，2005 年與 2006 年還超過五成。至於「偏向獨立」歷年約獲得約七分之一（15.8%）客家第一代的支持，歷年的波動不小，不過在 2010 年達到 23.6%，是僅次於 1994 年 26.7% 的新高。至於「偏向統一」的比例，僅在 1997 年達到接近兩成（19.2%）的歷史高點，其後上下波動，到了 2010 年僅到一成以下（6.3%）的新低。至於客家第二代，他們「偏向現狀」的比例歷年平均超過五成五（56.0%），自 2001 年起的比例多在五成五以上，2004 年達到六成，且自 2009 年開始，均爲六成。他們歷年「偏向統一」的比例接近兩成（18.7%），不過，自 2003 年起都在兩成以下。至於「偏向獨立」的比例，則不及一成五（14.9%），但是自 2003 年起上升幅度不小，比例都接近兩成上下，2008 年雖首次突破兩成（20.8%）的比例，卻在其後下上波動，2011 年達到 14.9%，爲 2006 年以後的新低。此外，自 2003 年起，除了 2005 年之外，他們「偏向獨立」的比例均較「偏向統一」的比例高。至於客家第三代民眾「偏向現狀」的比例接近六成（59.7%），且自 2001 年起大致在六成上下波動，而自 2004 年後均達六成以上。其「偏向統一」的歷年平均約兩成（20.4%），不過在 2009 年達到 11.0% 的歷史新低。相對而言，「偏向獨立」的歷年平均雖爲 17.0%，不過在 2008 年也突破兩成後，大致在兩成上下波動。觀察本省客家民眾的長期分布趨勢可以發現：他們在統獨立場的分布上，波動較大些，不過，自 2001 年起兩個年輕世代均有超過五成五的比例採取「偏向現狀」的態度，最年長的一代，也在 2004 年起有四成上下採取維持現狀的立場。不過，在 2008 年之前「偏向統一」持續下降而「偏向獨立」向上攀升，是三個客家世代的共同趨勢。自 2009 年開始，偏向現狀的比例大幅攀升，此與全體民眾的分布趨勢相近。

表 7-3 本省客家人統獨偏好三分類歷年分布表，1994 年至 2011 年

| | 年份<br>態度 | 1994 | 1995 | 1996 | 1997 | 1998 | 1999* | 2000 | 2001 | 2002 | 2003 | 2004 | 2005 | 2006 | 2007 | 2008 | 2009 | 2010 | 2011 | 歷年平均 |
|---|---|---|---|---|---|---|---|---|---|---|---|---|---|---|---|---|---|---|---|---|
| 第一代 | 偏向統一 | 10.0 | 14.2 | 13.4 | 19.2 | 18.4 | 9.7 | 15.1 | 9.0 | 14.6 | 9.6 | 11.0 | 9.9 | 13.6 | 14.1 | 7.4 | 12.9 | 6.3 | 10.2 | 12.1 |
| | 偏向現狀 | 30.0 | 25.7 | 48.7 | 21.2 | 26.8 | 41.1 | 43.8 | 30.5 | 34.6 | 35.4 | 42.7 | 58.8 | 50.5 | 36.4 | 40.2 | 46.9 | 47.9 | 48.8 | 39.4 |
| | 偏向獨立 | 26.7 | 9.6 | 5.3 | 19.2 | 12.3 | 13.7 | 13.0 | 19.2 | 11.9 | 16.7 | 19.7 | 8.4 | 15.8 | 15.9 | 21.1 | 19.2 | 23.6 | 12.2 | 15.8 |
| | 無反應 | 33.3 | 50.6 | 32.6 | 40.4 | 42.5 | 35.5 | 28.1 | 41.2 | 38.9 | 38.3 | 26.6 | 22.9 | 20.1 | 33.6 | 31.4 | 21.0 | 22.2 | 28.7 | 32.7 |
| | （樣本數） | (68) | (1,146) | (424) | (76) | (468) | (302) | (368) | (402) | (543) | (727) | (922) | (410) | (612) | (642) | (840) | (224) | (144) | (254) | (8,572) |
| 第二代 | 偏向統一 | 22.1 | 26.6 | 26.2 | 21.1 | 19.9 | 17.9 | 24.5 | 26.1 | 20.1 | 14.6 | 13.0 | 19.8 | 17.0 | 15.7 | 13.0 | 13.8 | 11.9 | 14.0 | 18.7 |
| | 偏向現狀 | 50.0 | 44.4 | 50.0 | 53.9 | 54.3 | 56.0 | 53.5 | 55.7 | 55.8 | 57.4 | 60.5 | 58.3 | 58.3 | 52.8 | 57.7 | 62.4 | 63.7 | 63.5 | 56.0 |
| | 偏向獨立 | 7.4 | 10.8 | 12.7 | 13.2 | 16.0 | 13.9 | 10.1 | 9.2 | 15.3 | 19.0 | 18.3 | 14.9 | 17.8 | 17.8 | 20.8 | 16.4 | 19.0 | 14.9 | 14.9 |
| | 無反應 | 20.6 | 18.2 | 11.1 | 11.8 | 9.8 | 12.3 | 12.0 | 9.0 | 8.8 | 9.1 | 8.1 | 7.1 | 6.9 | 13.7 | 8.5 | 7.4 | 5.4 | 7.6 | 10.4 |
| | 〈樣本數〉 | (30) | (534) | (187) | (52) | (179) | (124) | (146) | (177) | (185) | (240) | (335) | (131) | (184) | (220) | (204) | (975) | (683) | (1,151) | (5,737) |
| 第三代 | 偏向統一 | 30.8 | 33.5 | 32.7 | 20.0 | 20.4 | 18.4 | 28.0 | 28.5 | 23.6 | 19.2 | 15.2 | 15.8 | 18.3 | 15.9 | 12.1 | 11.0 | 12.2 | 11.3 | 20.4 |
| | 偏向現狀 | 56.4 | 49.9 | 49.8 | 57.1 | 57.7 | 59.8 | 54.4 | 60.2 | 57.6 | 57.5 | 64.1 | 60.7 | 63.9 | 65.2 | 63.7 | 66.6 | 65.5 | 64.4 | 59.7 |
| | 偏向獨立 | 12.8 | 8.9 | 14.1 | 22.9 | 20.1 | 18.8 | 12.8 | 9.8 | 16.0 | 20.9 | 17.0 | 20.6 | 15.6 | 15.8 | 20.5 | 19.1 | 20.0 | 21.1 | 17.0 |
| | 無反應 | 0.0 | 7.8 | 3.4 | 0.0 | 1.8 | 2.9 | 4.8 | 1.6 | 2.8 | 2.5 | 3.7 | 3.0 | 2.1 | 3.1 | 3.7 | 3.3 | 2.2 | 3.2 | 2.9 |
| | （樣本數） | (39) | (529) | (205) | (35) | (274) | (239) | (250) | (256) | (399) | (637) | (916) | (399) | (654) | (647) | (976) | (1,241) | (760) | (1,477) | (9,933) |

資料來源：請參考表 7-1 說明。

說明：表中數字為直欄百分比（括號內為樣本數）。

在表 7-4 中，我們則觀察本省閩南選民在統獨態度上的分布。我們發現，本省閩南第一代歷年平均有 21.7% 的比例「偏向獨立」，而「偏向統一」的歷年平均為 7.1%，自本資料開始的 1994 年，他們「偏向獨立」的比例均高於「偏向統一」，且他們「偏向獨立」與「偏向統一」的比例分別是不同省籍世代中最高與最低的。顯示過去的政治社會經驗對此一世代民眾統獨立場的重要影響。至於本省閩南第二代的民眾，其「偏向現狀」歷年平均約 55.1%，「偏向統一」為 12.8%，「偏向獨立」約兩成（20.3%）。不過，一個有趣的現象是，他們支持「獨立」的比例是從 1994 年的 13.0%，大幅上升到 1999 年下半年 20.1%，但是卻在 2000 年後下降到一成五上下，自 2002 年起回升到兩成以後，此後一路上揚，到了 2008 年已有超過四分之一的第二代本省閩南人「偏向獨立」，不過，此一比例在 2011 年下跌到 20.2%。表 7-4 中最年輕的本省閩南第三代民眾，他們「偏向統一」的歷年平均比例為 16.6%、「偏向獨立」為 19.9%，而有 60.2% 支持「偏向現狀」。就其「偏向現狀」的比例分布而言，表 7-4 中可以發現：自 2004 年起，他們有超過六成「偏向現狀」。此外，他們「偏向統一」的分布，在 1994 年達到 29.1% 的最高點，幾經波動後在 1999 年下降到僅有 13.8% 的比例，其後上升到 2001 年的另一高點 21.5%，而後再一路下跌到 2011 年的 8.6% 歷史新低。就他們對於「獨立」的選項而言，自 1994 年的 9.9%，一路上升到 1999 年上半年的 21.2% 的高點，此後一路下跌到 2001 年的 16.4%，其後皆在兩成以上，到 2008 達到 25.3% 的新高點。

從表 7-4 中可以發現：相對其他世代而言，本省閩南第三代支持「統一」的比例是最高的，而第一代的本省閩南選民最不偏向統一的。此外，第一代本省閩南選民選擇「偏向現狀」的比例最低，而最年輕一代者選擇「偏向現狀」的比例最高。自 2002 年之後，對三個不同「世代」的本省閩南選民而言，有幾個共同趨勢就是他們「偏向現狀」的比例高於以往，年輕兩個世代「偏向獨立」的比例高於「偏向統一」，且在 2008 年時，他們「偏向獨立」是歷史高點，在 2009 年時支持統一則出現歷史新低。

表 7-4　本省閩南人統獨偏好三分類歷年分布表，1994 年至 2011 年

| | 年份<br>態度 | 1994 | 1995 | 1996 | 1997 | 1998 | 1999* | 2000 | 2001 | 2002 | 2003 | 2004 | 2005 | 2006 | 2007 | 2008 | 2009 | 2010 | 2011 | 歷年平均 |
|---|---|---|---|---|---|---|---|---|---|---|---|---|---|---|---|---|---|---|---|---|
| 第一代 | 偏向統一 | 8.9 | 9.1 | 9.6 | 8.5 | 8.4 | 7.8 | 7.9 | 7.8 | 8.1 | 6.2 | 7.3 | 5.2 | 6.4 | 3.4 | 4.3 | 5.7 | 5.6 | 7.3 | 7.1 |
| | 偏向現狀 | 27.1 | 21.8 | 26.8 | 20.1 | 22.3 | 28.1 | 26.8 | 34.3 | 31.8 | 32.4 | 34.4 | 32.1 | 38.9 | 27.6 | 34.3 | 39.9 | 40.4 | 37.2 | 30.9 |
| | 偏向獨立 | 14.3 | 10.3 | 13.3 | 23.2 | 15.8 | 19.6 | 15.9 | 18.3 | 19.3 | 24.6 | 21.7 | 26.6 | 28.4 | 34.0 | 30.5 | 25.9 | 27.9 | 20.5 | 21.7 |
| | 無反應 | 49.8 | 58.8 | 50.3 | 48.2 | 53.5 | 44.5 | 49.5 | 39.6 | 40.8 | 36.9 | 36.6 | 36.0 | 26.4 | 35.0 | 30.9 | 28.5 | 26.1 | 35.1 | 40.4 |
| | 〈樣本數〉 | (203) | (3,122) | (1,177) | (164) | (1,224) | (894) | (990) | (1,026) | (1,170) | (1,538) | (1,758) | (691) | (1,051) | (1,078) | (1,275) | (1,409) | (854) | (1,363) | (20,987) |
| 第二代 | 偏向統一 | 16.0 | 16.7 | 18.2 | 18.1 | 14.7 | 11.0 | 17.1 | 17.2 | 14.9 | 10.3 | 9.6 | 10.9 | 11.7 | 9.9 | 8.9 | 7.7 | 8.5 | 9.8 | 12.8 |
| | 偏向現狀 | 57.4 | 44.7 | 50.6 | 49.2 | 50.4 | 55.7 | 52.5 | 56.1 | 53.1 | 54.3 | 58.3 | 60.0 | 58.4 | 52.9 | 56.1 | 60.5 | 61.2 | 61.3 | 55.1 |
| | 偏向獨立 | 13.0 | 15.3 | 16.3 | 20.9 | 20.4 | 20.1 | 15.9 | 15.3 | 20.5 | 23.4 | 21.8 | 22.8 | 22.0 | 25.9 | 25.3 | 22.7 | 24.1 | 20.2 | 20.3 |
| | 無反應 | 13.6 | 23.3 | 14.9 | 11.8 | 14.5 | 13.2 | 14.5 | 11.4 | 11.5 | 12.0 | 10.4 | 6.3 | 8.0 | 11.3 | 9.8 | 9.1 | 6.2 | 8.6 | 11.7 |
| | 〈樣本數〉 | (470) | (7,308) | (2,650) | (459) | (2,825) | (2,321) | (2,626) | (2,552) | (3,271) | (4,487) | (5,745) | (2,322) | (3,467) | (3,696) | (4,709) | (5,954) | (3,753) | (6,564) | (65,159) |
| 第三代 | 偏向統一 | 29.1 | 26.1 | 26.5 | 18.6 | 20.6 | 13.8 | 19.5 | 21.5 | 19.5 | 14.9 | 12.3 | 13.9 | 13.7 | 12.4 | 9.9 | 9.2 | 9.4 | 8.6 | 16.6 |
| | 偏向現狀 | 59.9 | 52.7 | 52.8 | 62.8 | 56.8 | 61.4 | 57.6 | 59.9 | 56.9 | 58.4 | 61.7 | 61.1 | 63.6 | 62.4 | 61.5 | 65.5 | 64.2 | 64.1 | 60.2 |
| | 偏向獨立 | 9.9 | 13.2 | 17.0 | 15.8 | 19.5 | 21.2 | 18.4 | 16.4 | 21.2 | 22.9 | 22.2 | 22.5 | 20.3 | 20.9 | 25.3 | 22.5 | 24.6 | 24.9 | 19.9 |
| | 無反應 | 1.2 | 8.0 | 3.7 | 2.8 | 3.1 | 3.6 | 4.5 | 2.2 | 2.4 | 3.8 | 3.8 | 2.5 | 2.4 | 4.3 | 3.3 | 2.8 | 1.8 | 2.3 | 3.2 |
| | 〈樣本數〉 | (172) | (3,628) | (1,369) | (247) | (1,749) | (1,426) | (1,794) | (1,894) | (2,765) | (4,168) | (6,233) | (2,612) | (4,062) | (4,407) | (5,746) | (7,384) | (4,939) | (9,140) | (63,735) |

資料來源：請參考表 7-1 說明。

說明：表中數字為直欄百分比（括號內為樣本數）。

　　接著，我們分析不同世代的外省選民在統獨立場上的態度分布情況。在分析之前必須先提醒讀者的是，由於外省選民佔總樣本的比例大約在10%至12%之下，若干年度如1994年與1997年的樣本數較少，因此，經過與「世代」交叉分析之後，樣本數較少，態度會出現較大波動的情況，所以在推論上要特別小心。表7-5中的外省第一代選民，「偏向現狀」的歷年比例超過四成五（47.2）比支持「統一」歷年平均的三分之一（34.0%）為高，不過，在2000年之前，除了1999年外，「偏向統一」的比例都高於「偏向現狀」。在2000年陳水扁執政之後，「偏好現況」的比例向上攀升，在2004年達到六成左右，至2008年甚至接近七成，此與本省閩南第一代的趨勢頗為不同。他們「偏向統一」的比例，也自2003年起不及三成，到了2008年僅有不及一成五（14.7%），不過，2008年馬英九當選後，在2009年回升到三成以上，但2010年後也再度下跌，顯示政治現實環境對於他們的重要影響。外省第一代支持獨立的比例仍然不高，歷年平均約5.2%，僅在2005年到2006年之間出現接近一成的比例。

　　此外，表7-5中的外省第二代選民支持「統一」的比例超過四分之一（27.8%），有58.4%「偏向現狀」，至於「偏向獨立」的比例為8.2%。歷年來外省第二代民眾「偏向現狀」的比例一向高於「偏向統一」的比例，不過在2003年之後，「偏向現狀」的比例都在六成以上，2008年後更均達六成五以上的比例。至於其「偏向統一」的趨勢，在2001年達到歷史新高的39.5%後，他們支比例持「統一」的比例明顯下滑，在2008年跌破兩成（19.7%），其後則在兩成上下波動。相對而言，其支持「獨立」的比例在同一時期僅緩步上升，而在2007年，其「偏向獨立」的比例超過一成，但其後又落在一成以下。表7-5的外省第三代選民雖是三個「外省世代」中支持「獨立」比例較高的，歷年平均也僅有9.5%，支持「統一」的比例則有29.1%，「偏向現狀」有59.1%。在1997年到1999年，可以看出一波支持「統一」的比例下降的趨勢。2000年開始則出現上下波動的情況，到了2003年以後其比例不再高於三成，至2008年起則不再高於兩成。

表 7-5　大陸各省人統獨偏好三分類歷年分布表，1994 年至 2011 年

| 態度 | 年份 | 1994 | 1995 | 1996 | 1997 | 1998 | 1999* | 2000 | 2001 | 2002 | 2003 | 2004 | 2005 | 2006 | 2007 | 2008 | 2009 | 2010 | 2011 | 歷年平均 |
|---|---|---|---|---|---|---|---|---|---|---|---|---|---|---|---|---|---|---|---|---|
| 第一代 | 偏向統一 | 63.1 | 53.4 | 51.7 | 48.7 | 42.5 | 36.7 | 42.5 | 36.3 | 30.5 | 20.7 | 20.7 | 24.0 | 25.5 | 18.6 | 14.7 | 31.8 | 28.6 | 22.5 | 34.0 |
| | 偏向現狀 | 30.8 | 29.3 | 35.8 | 42.1 | 31.7 | 43.0 | 33.2 | 44.8 | 44.9 | 56.5 | 60.4 | 50.8 | 55.3 | 53.5 | 69.0 | 56.7 | 53.8 | 57.8 | 47.2 |
| | 偏向獨立 | 3.1 | 2.5 | 3.4 | 2.6 | 4.2 | 3.1 | 1.4 | 5.6 | 7.8 | 5.8 | 4.6 | 9.3 | 9.7 | 6.2 | 5.0 | 4.9 | 7.7 | 6.9 | 5.2 |
| | 無反應 | 3.1 | 14.8 | 9.0 | 6.6 | 21.7 | 17.1 | 22.9 | 13.4 | 16.9 | 17.1 | 14.3 | 15.9 | 9.4 | 21.7 | 11.2 | 6.5 | 9.9 | 12.8 | 13.6 |
| | 〈樣本數〉 | (65) | (988) | (321) | (76) | (360) | (286) | (292) | (306) | (361) | (434) | (503) | (258) | (318) | (226) | (258) | (245) | (182) | (289) | (5,768) |
| 第二代 | 偏向統一 | 30.9 | 38.6 | 35.5 | 36.2 | 30.7 | 27.8 | 33.3 | 39.5 | 32.0 | 25.7 | 21.2 | 24.8 | 25.1 | 20.7 | 19.7 | 18.5 | 20.2 | 19.6 | 27.8 |
| | 偏向現狀 | 63.6 | 44.9 | 51.3 | 48.9 | 52.4 | 57.3 | 52.6 | 47.5 | 54.1 | 60.5 | 65.4 | 60.3 | 62.7 | 61.8 | 65.1 | 68.2 | 67.4 | 67.7 | 58.4 |
| | 偏向獨立 | 1.8 | 5.7 | 7.5 | 10.6 | 10.6 | 9.5 | 7.3 | 7.4 | 8.9 | 10.2 | 7.4 | 8.5 | 7.6 | 11.0 | 7.8 | 9.0 | 8.5 | 7.8 | 8.2 |
| | 無反應 | 3.6 | 10.8 | 5.7 | 4.3 | 6.3 | 5.4 | 6.7 | 5.6 | 5.0 | 3.6 | 6.0 | 6.4 | 4.6 | 6.5 | 7.5 | 4.3 | 4.0 | 4.9 | 5.6 |
| | 〈樣本數〉 | (55) | (1,037) | (318) | (47) | (397) | (316) | (342) | (377) | (462) | (608) | (806) | (375) | (541) | (566) | (644) | (821) | (531) | (1,018) | (9,261) |
| 第三代 | 偏向統一 | 31.0 | 42.6 | 43.5 | 46.2 | 33.8 | 29.3 | 33.3 | 35.8 | 34.1 | 28.7 | 21.8 | 28.0 | 26.2 | 20.8 | 17.4 | 16.7 | 16.2 | 17.7 | 29.1 |
| | 偏向現狀 | 55.2 | 45.3 | 48.3 | 51.3 | 54.2 | 57.9 | 54.3 | 56.3 | 54.5 | 56.5 | 63.8 | 62.2 | 64.0 | 66.4 | 65.9 | 69.0 | 69.5 | 69.3 | 59.1 |
| | 偏向獨立 | 10.3 | 6.4 | 7.3 | 2.6 | 10.6 | 10.8 | 10.9 | 6.1 | 9.2 | 11.7 | 10.2 | 8.8 | 8.4 | 10.3 | 12.3 | 12.5 | 12.7 | 9.3 | 9.5 |
| | 無反應 | 3.4 | 5.7 | 0.9 | 0.0 | 1.4 | 1.9 | 1.5 | 1.8 | 2.2 | 3.0 | 4.2 | 1.0 | 1.4 | 2.5 | 4.4 | 1.8 | 1.6 | 3.8 | 2.4 |
| | 〈樣本數〉 | (29) | (718) | (232) | (39) | (284) | (259) | (267) | (327) | (455) | (658) | (859) | (386) | (572) | (640) | (820) | (978) | (702) | (1,262) | (9,487) |

資料來源：請參考表 7-1 說明。

說明：表中數字為直欄百分比（括號內為樣本數）。

　　因此，就三個外省世代而言，「偏向獨立」的比例均低，歷年平均未超過一成，而三個外省世代中，以第一代「偏向統一」的偏向最強。相對其他省籍的民眾而言，外省民眾其「偏向統一」的比例最高，而其「偏向獨立」的偏向，也遠較其他民眾低。

　　此外，我們若是對照表 7-3 到表 7-5 後可以發現，在最年長「世代」的選民中，其籍貫的不同，對於「統一」或是「獨立」，是採取較為鮮明但對立的立場。本省閩南人較偏向支持「獨立」、大陸各省人則較偏向支持「統一」，而本省客家介於中間。不同籍貫的兩個較年輕世代的民眾，則偏向抱持維持現狀這種較為模糊的立場。因此，對於他們而言，「統一」與「獨立」可能不是「使命感」有無的問題，而是對於他們當前生活立即改變的現實考量。也因此，當他們覺得「統一」或是「獨立」，對他們生活的影響是不確定且很可能是負面效果的話，採取模稜兩可的態度，也許會是較佳的選擇。

　　從上述的分析中可以發現：就不同的省籍與世代的民眾而言，其統獨立場都因為不同的社會背景以及可能的政治社會化因素，而有不同的偏好與分布。就外省族群而言，其「偏向統一」的歷年平均，明顯高於本省客家以及本省閩南兩大族群，不過，隨著新「世代」不斷加入成為選民，我們也可以發現他們之間在統獨立場上的差異愈來愈小。這樣的趨勢顯示：過去的日本統治以及大陸生活經驗雖然使第一代的選民在統獨問題上有比較鮮明的不同，不過，隨著在台灣出生的新「世代」選民加入，台灣不同族群背景民眾在統獨立場上的差異日漸縮小。此外，除外省族群外，閩、客族群中愈年輕的「世代」，「偏向統一」的比例愈高，這似乎與過去國民黨執政時期的「大中國」教育無關；也許愈年輕者，愈不在意與中國大陸整合所帶來的威脅，或者愈凸顯其寄希望於統合過程中可能出現的各種生涯發展機會。

　　整體而言，從過去 17 年的民意調查資料中，我們發現幾個重要趨勢：「偏向統一」的比例逐漸下降、「偏向獨立」的比例逐漸升高，而「偏向現狀」的比例則有由五成上升至六成的趨勢。此外，在民進黨執政

之後的另外一個重要發展是，在執政初期，支持「獨立」的比例並沒有立即上升，大約在二、三年後，才出現向上成長的趨勢，其間支持「統一」的比例，則逐漸下滑。反之，在 2008 年國民黨重獲政權後，這個趨勢也尚未有所改變。此一趨勢也許與認同變遷的「時間落差」（time lag）有關：政治舉措能夠形塑認同，但認同往往自有「變化勢頭」（momentum for change），若雙方無法搭配，前者的影響往往需要一段時間方能逐步展現。進一步看，能夠實際推高「台灣認同」或「獨立傾向」的政治作為，多與凸顯台灣自主性的相關作為有關。例如台灣統獨民意的走勢，因為《公民投票法》的通過、陳水扁總統提出「防禦性公投」、2004 年總統選舉戲劇性地轉折、以及在 2008 年的「入聯公投」而更為凸顯。在 2008 年國民黨重新取回立法院的絕對優勢以及中央執政權後，所出現的趨勢變化在於，傾向統一的比例並未上升，民眾偏向獨立的比例小幅波動，但維持現狀的比例卻持續上揚。這也同時顯示兩岸經貿互動與民間接觸，似乎並未成功扮演「去獨漸統」的角色（耿曙，2009），反而主要表現為民眾更傾向模稜兩可的態度。因此，在 2012 年馬英九總統連任之後，未來台灣民眾統獨立場將會持續依循之前的走勢發展，或是出現比較巨幅的轉折，相當值得觀察。

## 伍、結論：
## 符號政治的認同還是對現狀的理性評估？

根據本文的分析，台灣民眾的統獨立場在過往的 17 年間（1994 年至 2011 年），出現漸進但巨大的轉變。大體而言，政治社會化的經驗，使得第一代的台灣民眾，採「偏向現狀」態度者比例較低，而較為年輕的第二與第三兩代民眾，則不論他們的省籍背景，自 2009 年開始，均有超過六成的民眾偏向「偏向現狀」。顯示 1949 年以來的「中華民國在台灣」體制，早已悄悄的出現類似歷史上東晉時期的「土斷」趨勢。不過，我們也同時發現，「偏向獨立」的比例在 2003 年起開始超過「偏向統一」

者，且這個**趨勢**，即便在 2008 年第二次政黨輪替之後仍在持續發展中，其後續走勢如何，非常值得密切注意。此外，不同的省籍背景也在統獨立場的取捨上，反映出家庭政治社會化的結果。本省閩南的第二與第三代，相較於外省籍民眾更偏向獨立的選項，不過，第三代的統獨立場則出現趨同的走勢，顯示身處台灣社會的共同生活經驗，乃消弭不同族群政治立場差異的重要因素。

　　相對於台灣選舉政治中的「政黨認同」以及「台灣人認同」等「變數」，我們發現民眾的統獨態度還算相對穩定。究其原因，民眾面對與思考統獨問題的同時，不單考量個人主觀上對「台灣」相對於「中國」的情感好惡，還會認知與評估「現況」，並進一步權衡其採取「統一」或「獨立」立場而改變「現狀」的選擇後，對其個人、家庭、工作與生活所可能帶來的衝擊與影響（耿曙、陳陸輝，2003；吳乃德，2005）。因此，雖然有人有時會考慮「當家作主」而想要「獨立」，或是有人有時會基於「大中國」意識欲建立一個強大統一的中國而主張「統一」，只要考慮到「獨立」的結果可能引發戰爭以及「統一」後面對化解政經差異的巨大磨合成本後，在沒有充分的理由可以說服人民「改變絕對比現況好」時，「偏向現狀」就成為一個也許「不滿意，但是可以接受」的選擇（耿曙、劉嘉薇、陳陸輝，2009；劉嘉薇、耿曙、陳陸輝，2009）。

　　當然，隨著國際政經局勢的變化，面對整體國力不斷崛起的中國大陸，台灣冀望透過緊密的經貿關係改善台灣的經濟困境（耿曙，2009）？但此一經貿關係會轉成對於中國大陸的過份依賴，卻未必謀得實質的經濟改善，而引起弱勢群體的高度恐慌以及反對陣營的更多撻伐（林琮盛、耿曙，2005；耿曙、林琮盛，2005；林宗弘、胡克威，2011）？在感性的認同層面之外，理性的經貿實利是否會對民眾統獨立場產生影響（耿曙、陳陸輝，2003；吳乃德，2005；陳陸輝等，2009；陳陸輝、陳映男，2012）？這些問題相當值得觀察。受限於篇幅，本文僅能從政治社會化的角度，分析不同世代生活經驗對其統獨立場的影響。回首過往的發展軌跡，作者相信，隨著兩岸的整合互賴，未來將更需要從理性自利的角度，分析民眾在兩岸經貿利益上的衡量與計算，是否會影響其統獨偏向（耿

曙、陳陸輝，2003；耿曙，2009）。

此外，由於兩岸關係的根本問題，就在本章論述的統獨走向。有鑑於此，中共近年「去獨漸統」的主要著力點，便在透過「利益」與「接觸」兩個管道，消融抗拒統一的「台灣認同」（耿曙，2009；Keng, 2011）。因此，面對各種投資優惠、特殊採購、赴台旅遊等對岸強大的「經濟治術」（economic statecraft），台灣認同是否將有所轉圜（這正是吳乃德所謂「麵包」與「愛情」的抉擇）（吳乃德，2005；耿曙，2009）？由於兩岸交流已成形塑台灣民意的主要力量，我們必須予以密切關注，方能更「動態的」掌握台灣民眾的統獨立場。對此，我們不妨從兩岸交流的「易感團體」（sensitive groups）入手——例如身當利益攻勢的重量級企業家、中南部的農漁民、以及各觀光旅遊業者等，或身涉頻密接觸的大陸台商、就讀陸校的台灣子弟、或陸配撫育的「新台灣人」等——這都將有助吾人「先行一步」的前瞻兩岸交流對台灣民意的影響。目前這方面研究仍相對有限（耿曙、曾于蓁，2010；王嘉州，2011；林瑞華、胡偉星、耿曙，2011；林瑞華，即將刊登），值得台灣學界更加關注與投入。

綜合上述，兩岸關係的癥結在統獨問題，但可以預見的是，未來的統獨民意與兩岸關係仍將為「感性認同」與「理性自利」兩種力量所左右，兩岸關係的最終走向，也將取決於台灣民眾的理性思維與感性依歸的角力。但在雙方拉鋸、前景未明之際，「維持現狀」依然是當前台灣民眾的最愛，也是從台灣民意角度看，兩岸問題的核心共識所在。

## 參考書目

王甫昌，1994，〈族群同化與動員：台灣民眾政黨支持的分析〉，《中央研究院民族學研究所集刊》（77）：1-34。

王甫昌，1996，〈台灣反對運動的共識動員：1979 至 1989 年兩次挑戰高峰的比較〉，《台灣政治學刊》（1）：129-209。

王甫昌，1997，〈台灣民主政治與族群政治的衝突〉，游盈隆（編），《民主的鞏固或崩潰：台灣二十一世紀的挑戰》，台北：月旦，頁143-232。

王甫昌，1998，〈族群意識、民族主義、與政黨支持：1990 年代台灣的族群政治〉，《台灣社會學研究》（2）：1-45。

王嘉州，2011，〈來台陸生的政治態度與臺灣主權接受程度〉，《台灣政治學刊》15（2）：67-113。

吳乃德，1992，〈國家認同和政黨支持：台灣政黨競爭的社會基礎〉，《中央研究院民族學研究所集刊》（74）：33-61。

吳乃德，1993，〈省籍意識、政治支持和國家認同：台灣族群政治理論的初探〉，張茂桂等（編），《族群關係與國家認同》，台北：業強，頁27-51。

吳乃德，1997，〈國家認同和民主鞏固：衝突、共生與解決〉，游盈隆（編），《民主鞏固或崩潰：台灣二十一世紀的挑戰》，台北：業強，頁 15-30。

吳乃德，2005，〈麵包與愛情：初探台灣民眾民族認同的變動〉，《台灣政治學刊》9（2）：5-39。

吳玉山，1997，《抗衡或扈從——兩岸關係新詮：從前蘇聯看台灣與大陸間的關係》，台北：正中。

吳玉山，1999，〈台灣的大陸經貿政策：結構與理性〉，包宗和、吳玉山（編），《爭辯中的兩岸關係理論》，台北：五南，頁 153-210。

吳玉山，2001，〈兩岸關係中的中國意識與台灣意識〉，《中國事務》（4）：71-89。

林宗弘、胡克威，2011，〈愛恨 ECFA：兩岸貿易與台灣的階級政治〉，

《思與言》49（3）：95-134。

林琮盛、耿曙，2005，〈從「安全」與「利益」的兩難中解套：再思兩岸
　　關係中的市場力量〉，《遠景基金會季刊》6（4）：238-281。

林瑞華，即將刊登，〈階級不同不相爲盟：大東莞與大上海地區台灣人當
　　地融入狀況之比較〉，《東吳政治學報》。

林瑞華、胡偉星、耿曙，2011，〈「階級差異」或「認同制約」？大陸台
　　灣人當地融入的分析〉，《中國大陸研究》54（4）：29-56。

林濁水、林文傑，1999，〈台灣政黨轉型與民眾統獨意向的變遷〉，《中
　　國大陸研究》42（6）：59-76。

徐火炎，1996，〈台灣選民的國家認同與黨派投票行爲：1991 至 1993 年
　　間的實證研究成果〉，《台灣政治學刊》（1）：85-127。

徐火炎，2004，〈台灣結、中國結與台灣心、中國情：台灣選舉中的符號
　　政治〉，《選舉研究》11（2）：1-41。

徐火炎，2005，〈認知動員、文化動員、與台灣 2004 年總統大選的選民
　　投票行爲——選舉動員類型的初步探討〉，《台灣民主季刊》2（4）：
　　31-66。

徐永明、陳明通，1998，〈搜尋台灣民眾統獨態度的動力：一個個體動態
　　模型的建立〉，《台灣政治學刊》（3）：65-114。

耿曙，2003，〈「連綴社群」：WTO 背景下兩岸民間互動的分析概
　　念〉，許光泰、方孝謙、陳永生（編），《世貿組織與兩岸發展》，台
　　北：政大國關中心，頁 457-487。

耿曙，2009，〈經濟扭轉政治？中共「惠台政策」的政治影響〉，《問題
　　與研究》48（3）：1-32。

耿曙、林琮盛，2005，〈全球化背景下的兩岸關係與台商角色〉，《中國
　　大陸研究》48（1）：1-28。

耿曙、陳陸輝，2003，〈兩岸經貿互動與台灣政治版圖：南北區塊差異的
　　推手？〉，《問題與研究》42（6）：1-27。

耿曙、曾于蓁，2010，〈中共邀訪台灣青年政策的政治影響〉，《問題與
　　研究》49（3）：29-70。

耿曙、劉嘉薇、陳陸輝，2009，〈打破維持現狀的迷思：台灣民眾統獨抉

擇中理念與務實的兩難〉，《台灣政治學刊》，13(2)：3-56。

張茂桂，1993，〈省籍問題與民族主義〉，張茂桂（編），《族群關係與國家認同》，台北：業強，頁 233-278。

盛杏湲，2002，〈統獨議題與台灣選民的投票行為：1990 年代的分析〉，《選舉研究》9（1）：41-80。

盛杏湲、陳義彥，2003，〈政治分歧與政黨競爭：2001 年立法委員選舉的政治分析〉，《選舉研究》10（1）：7-40。

陳文俊，1995，〈統獨議題與選民的投票行為──民國 83 年省市長選舉之分析〉，《選舉研究》2（2）：99-136。

陳陸輝，2000，〈台灣選民政黨認同的持續與變遷〉，《選舉研究》7（2）：109-41。

陳陸輝，2009，〈台灣民眾政治支持的研究：概念、測量與應用（1/3）〉，行政院國科會專題研究計畫（計畫編號 NSC97-2410-H-004-097-MY3）。

陳陸輝、周應龍，2004，〈台灣民眾統獨立場的持續與變遷〉，《東亞研究》35（2）：143-186。

陳陸輝、耿曙、王德育，2009，〈兩岸關係與 2008 年台灣總統大選：認同、利益、威脅與選民投票取向〉，《選舉研究》16（2）：1-22。

陳陸輝、耿曙、涂萍蘭、黃冠博，2009，〈理性自利或感性認同？影響台灣民眾兩岸經貿立場因素的分析〉，《東吳政治學報》27（2）：87-125。

陳陸輝、陳映男，2012，〈兩岸關係與民意趨勢：持續與變遷〉，《交流雜誌》（121）：6-12。

陳陸輝、鄭夙芬，2003，〈訪問時使用的語言與民眾政治態度間關聯性之研究〉，《選舉研究》10（2）：135-158。

陳義彥、陳陸輝，2003，〈模稜兩可的態度還是不確定的未來：台灣民眾統獨觀的解析〉，《中國大陸研究》46（5）：1-20。

游清鑫，2002，〈政黨認同與政黨形象〉，《選舉研究》9（2）：85-114。

劉勝驥，1998，〈台灣民眾統獨態度之變化〉，《中國大陸研究》41

（3）：7-30。

劉嘉薇、耿曙、陳陸輝，2009，〈務實也是一種選擇：臺灣民眾統獨立場的測量與商榷〉，《臺灣民主季刊》6（4）：3-56。

劉義周，1993，〈台灣的政治世代〉，《政治學報》（21）：99-120。

劉義周，1994，〈台灣政黨形象的世代差異〉，《選舉研究》1（1）：53-73。

劉義周，1997，〈統獨態度的世代差異〉，「兩岸關係問題民意調查學術研討會」論文，5月17日至18日，台北：政治大學選舉研究中心與行政院大陸委員會。

蔡孟熹，1997，《台灣民眾族群認同、統獨立場與政黨偏好變遷之研究：1991-1996年之分析》，台北：政治大學政治學系碩士論文。

謝復生，1995，〈三黨不過半？省市長選舉後台灣的政黨政治生態〉，《亞洲研究》（14）：30-48。

Chai, Sun-Ki. 2001. *Choosing an Identity: A General Model of Preference and Belief Formation*. Ann Arbor, MI: University of Michigan Press.

Chang, G. Andy & T. Y. Wang. 2005. "Taiwanese or Chinese? Independence or Unification? An Analysis of Generational Differences in Taiwan." *Journal of Asian & African Studies* 40(1/2): 29-49.

Chang, P. H. and Martin L. Lasater, eds. 1993. *If China Crosses the Taiwan Strait: The International Response*. Lanham, MD: University Press of America.

Chu, Yun-han & Jih-wen Lin. 2001. "Political Development in 20th-Century Taiwan: State-Building, Regime Transformation & the Construction of National Identity." *China Quarterly* 165: 102-129.

Chu, Yun-han. 2004. "Taiwan's National Identity Politics & the Prospect of Cross-Strait Relations." *Asian Survey* 44(4): 484-512.

Conver, P. Johnston, Stanley Feldman, and Kathleen Knight. 1987. "The Personal & Political Underpinnings of Economic Forecasts." *American Journal of Political Science* 31(3): 559-583.

Cook, Karen S. & Margaret Levi, eds. 1990. *The Limits of Rationality*. Chicago, IL: University of Chicago Press.

Corcuff, Stephane, ed. 2002. *Memories of the Future: National Identity Issues & the Search for a New Taiwan*. Armonk, NY: M. E. Sharpe.

Dittmer, Lowell. 2004. "Taiwan and the Issue of National Identity." *Asian Survey* 44(4): 475-483.

Dittmer, Lowell. 2005. "Taiwan's Aim-Inhibited Quest for Identity & the China Factor." *Journal of Asian & African Studies* 40(1/2): 71-90.

Doreian, Patrick & Thomas Fararo, eds. 1998. *Problem of Solidarity: Theories and Models*. New York, NY: Routledge.

Downs, Anthony. 1957. *An Economic Theory of Democracy*. New York, NY: Harper & Row.

Edelman, Murray. 1964. *The Symbolic Uses of Politics*. Urbana, IL: University of Illinois Press.

Edelman, Murray. 1971. *Politics as Symbolic Action*. Chicago, IL: Markham.

Glenn, Norval D. 1977. *Cohort Analysis*. Beverly Hills, CA: Sage.

Greenstein, Fred I. 1968. "Political Socialization." In *International Encyclopedia of the Social Sciences*, Vol. 14. David L Sills. New York, NY: The Macmillan Company & the Free Press, pp. 551-555.

Hardin, Russell. 1995. "Self-Interest, Group Identity." In *Nationalism & Rationality*, eds. Albert Breton et al. Cambridge, MA: Cambridge University Press, pp. 14-42.

Hardin, Russell. 2002. *Trust and Trustworthiness*. New York, NY: Russell Sage Foundation.

Hechter, Michael. 1987. *Principles of Group Solidarity*. Berkeley, LA: University of California Press.

Hechter, Michael & Karl-Dieter Opp, eds. 2001. *Social Norms*. New York, NY: Russell Sage Foundation.

Higham, Charles. 1984. *Trading with the Enemy: The Nazi-American Money Plot 1933-1949*. New York, NY: Dell.

Hsieh, John Fuh-sheng & Emerson M. S. Niou. 1996. "Salient Issues in Taiwan's Electoral Politics." *Electoral Studies* 15(2): 219-235.

Hsieh, John Fuh-sheng & Emerson M. S. Niou. 2005. "Measuring Taiwanese Public Opinion on the Taiwan Independence Issue: A Methodological Note." *China Quarterly* 181: 158-168.

Hsieh, John Fuh-sheng. 2005. "Ethnicity, National Identity, & Domestic Politics in Taiwan." *Journal of Asian & African Studies* 40(1/2): 13-28.

Jennings, M. Kent & Richard G. Niemi. 1981. *Generations & Politics: A Panel Study of Youth Adults & Their Parents*. Princeton, NJ: Princeton University Press.

Kahneman, D. & A. Tversky. 1979. "Prospect Theory: An Analysis of Decision under Risk." *Econometrica* 47(2): 263-292.

Keng, Shu, 2011, "Working on the Identity of the Taiwanese People: Observing the Spillovers from Socio-Economics to Politics across the Taiwan Strait." In *Taiwanese Identity in the 21st Century: Domestic, Regional and Global Perspectives*, eds. Gunter Schubert & Jens Damm. London & New York: Routledge, pp. 276-321.

Keng, Shu, Lu-huei Chen, & Kuan-bo Huang. 2006. "Sense, Sensitivity, & Sophistication in Shaping the Future of Cross-Strait Relations." *Issues and Studies* 42(4): 23-66.

Langton, Kenneth P. 1969. *Political Socialization*. New York, NY: Oxford University Press.

Lau, Richard R., Thad A. Brown, & David O. Sears. 1978. "Self-interest & Civilians' Attitudes toward the Vietnam War." *Public Opinion Quarterly* 42(4): 464-483.

Liberman, Peter. 1996. "Trading with the Enemy: Security & Relative Economic Gains." *International Security* 21(1): 147-175.

Lin, Tse-min, Yun-han Chu, & Melvin J. Hinich. 1996. "Conflict Displacement & Regime Transition in Taiwan: A Spatial Analysis." *World Politics* 48(4): 453-481.

Mannheim, Karl. 1952. "The Problem of Generations." In *Essays on the Soci-*

*ology of Knowledge*, ed. Paul Kecskemeti. New York, NY: Oxford University Press, pp. 276-322.

Myers, R. Hawley & Jialin Zhang. 2006. *Struggle across the Taiwan Strait: The Divided China Problem*. Stanford, CA: Hoover Institution Press.

Niou, Emerson M. S. 2005. "A New Measure of Preferences on the Independence-Unification Issue in Taiwan." *Journal of Asian & African Studies* 40(1/2): 91-104.

Quattrone, George & Amos Tversky. 1988. "Contrasting Rational & Psychological Analyses of Political Choice." *American Political Science Review* 82(3): 719-736.

Schuman, Howard & Jacquline Scott. 1989. "Generations & Collective Memories." *American Sociological Review* 54(3): 359-381.

Sears, David O. 1993. "Symbolic Politics: A Socio-Psychological Theory." In *Explorations in Political Psychology*, eds. Shanto Iyengar & William McGuire. Durham, NC: Duke University Press, pp. 113-149.

Sears, David O. 2001. "The Role of Affect in Symbolic Politics." In *Citizens & Politics: Perspectives from Political Psychology*, eds. James H. Kuklinski et al. New York, NY: Cambridge University Press, pp. 14-40.

Sears, David O. and Carolyn L. Funk. 1991. "The Role of Self-interest in Social & Political Attitude." In *Advances in Experimental Social Psychology*, Vol. 24, ed. Mark P. Zanna. New York, NY: Academic Press, pp. 1-91.

Sears, David O. and Donald R. Kinder. 1985. "Whites' Opposition to Busing: On Conceptualizing & Operationalizing Group Conflict?" *Journal of Personality & Social Psychology* 48(5): 1141-1147.

Sears, David O. et al. 1980. "Self- Interest vs. Symbolic Politics in Policy Attitude & Presidential Voting." *American Political Science Review* 74(2): 670-684.

Sears, David O., Carl P. Hensler, and Leslie K. Speer. 1979. "Whites' Opposition to Busing: Self-interest or Symbolic Politics?" *American Political Science Review* 73(1): 369-384.

Shafer, Michael D. 1994. *Winners & Losers: How Sectors Shape the Developmental Prospects of States*. Cornell, NY: Cornell University Press.

Wang, Fu-Chang. 2003. "Why Bother About School Textbooks? An Analysis of the Origin of the Disputes over Renshi Taiwan Textbooks in 1997." In *Cultural, Ethnic, and Political Nationalism in Contemporary Taiwan: Bentuhua*, eds. John Makeham and A-chin Hsiau. New York, NY: Palgrave Macmillan.

Wang, T. Y. 2001. "Cross-Strait Relations after the 2000 Election in Taiwan: Changing Tactics in a New Reality." *Asian Survey* 41(5): 716-736.

Wang, T. Y. 2005. "Extended Deterrence and US Policy towards the Taiwan Issue: Implications for East Asia and Taipei." *Taiwan Defense Affairs* 6(1): 176-195.

Wang, T. Y. et al. 2005. "National Identity and Democratization in Taiwan." *Journal of Asian and African Studies* 40(1/2): 5-12.

Wang, T. Y., ed. 2005. *China after the Sixteenth Party Congress: Prospects and Challenges*. Canada: de Sitter Publications.

Wu, Yu-Shan. 2004. "Review of 'The China Threat: Perceptions, Myths and Reality'." *Europe-Asia Studies* 56(1): 178-179.

Yu, Ching-hsin. 2005. "The Evolving Party System in Taiwan, 1995-2004." *Journal of Asian & African Studies* 40(1/2): 105-123.

Zaller, John. 1992. *The Nature & Origins of Mass Opinion*. New York, NY: Cambridge University Press.

# 第八章
# 兩岸關係的政治心理學：
# 認同與形象的政治情感分析

石之瑜

## 壹、兩岸關係的研究對象

　　研究兩岸關係與研究國際關係不同，後者是針對國家與國家之間的理論，可藉以研究兩岸關係，但是不能涵蓋兩岸關係的全面，如果主張國際關係理論可以道盡兩岸關係，就不只是在研究兩岸關係，而同時也是在主張如何界定並規範兩岸關係。同理，也不能因為認為兩岸關係是以台商為主的經濟關係，便排除了國際關係結構或兩岸固有的文化歷史脈絡所起的作用。由此可知，研究兩岸關係涉及到研究者與研究對象自覺的身分意識，他們是人民、商賈、移民、親屬、華人、黨員，敵國或世界公民，影響到他們面對兩岸關係時的動機。研究者若不先掌握研究對象的問題意識便逕予界定，只能反映出研究者在兩岸關係中所想主張或迴避的某種兩岸關係。若要掌握研究對象的問題意識，便需要容許研究對象直接或間接參與研究設計（加加美光行，2007：1-28），如此研究者與研究對象彼此之間的分際自難維持，導致研究設計不可避免地受到他們雙方各自對兩岸關係的詮釋所制約。

　　然而，又不能單純地認為兩岸關係是研究者與研究對象的觀念互動而已，有兩個因素研究者應加以警覺。首先，研究者與研究對象均不能片面地根據自己的觀念來任意建構兩岸關係；他們個別的觀念或主張只能些微地、長期地影響到兩岸關係，且影響的方向與程度均超出個人控制之外，

這裡有制度的因素，也有思潮的因素，更有情感的因素。其次，處在諸多可能的身分間的研究者與研究對象，在什麼時空環境中會進入何種身分意識，往往出於一念之間的轉換，因而未必屬於外在普遍的行為法則所能解釋的範疇，更可能是基於滿足自身多重而複雜的需要。因為內生的需要所導致的身分意識變遷，不是當事人所能完全控制，屬於潛意識的分析範疇。由於研究者與研究對象仍可以在有限的範圍內選擇自己實踐兩岸關係的身分，並在有限程度上影響兩岸關係的意義，他們之間在知識上的位置幾乎不分軒輊。參與兩岸關係的實踐無異於是一種建構兩岸關係的理論活動，反之，則兩岸關係的研究同時是兩岸關係的實踐。

　　準此，研究兩岸關係形同研究者對自我認識的反省，在進入研究對象身分意識的過程中，研究者基於自身的情感反應，得以透過類比（analogy）或移情（empathy），進而揣摩研究對象的情感反應，從而研究者詮釋研究對象的行為動機時能有所依據，使主客相互辯證的知識論成為可能。不過，情感狀態與移情能力都是複雜的心理過程，受到文化與社會環境的制約，因此出自不同文化脈絡或社會情境的研究者與研究對象之間，又難以建立完整的情感溝通機制，或就算移情者擁有豐富的經驗與充分的練習而更能轉移，使他們之間享有相對充分的溝通機制，但在研究者與他們的讀者之間，還是有幾乎不可跨越的鴻溝。似乎可以說，情感研究發展到什麼地步，兩岸關係研究的深度也就只能發展到什麼地步。

　　目前對政治情感的研究可以分為兩支（石之瑜，1999），其一是方興未艾的認知心理學（Cottam et al., 2004; Houghton, 2008; Lau & Redlawsk, 2006; Neuman et al., 2007），其二是在心理學領域日益式微的精神分析（Money-Kyrle, 1973; Moruzzi, 2001; Offerman-Zuckerberg, 1991; Turkle, 1992），不過後者正在成為文化研究所重拾的一項知識傳統（Ball, 2007; Davis, 2006; Kristeva, 2004）。這兩支之間若缺乏對話便影響情感研究的進展，而情感研究的瓶頸也形成兩岸關係研究的瓶頸，若研究即實踐的知識論立場言之成理，還更形成對兩岸關係實踐的瓶頸。

　　本文以下檢討當代情感研究中認知心理學與精神分析對話的可能性，

並在兩岸關係的研究與實踐中，找尋促成政治心理學這兩支之間對話的機緣，一方面以兩岸關係作爲突破情感研究的工具，另一方面以情感研究作爲認識兩岸關係的工具。簡言之，認知心理學通過實驗歸納出了情感的種類，精神分析則仰賴推論得知人類心理的需要。情感與需要的關連在兩岸關係的議題上得到彰顯之後，可以擴散到各社會科學領域，促成社會科學整體性的反省，將研究對象與研究者的地位平等化，並透過情感的觀念化，幫助研究者進入研究對象的情境，厥爲主客相互辯證的知識論，並成其爲一種知識民主化的現象。

# 貳、認知與情感

## 一、情感的功能

　　情感是一種影響行爲傾向的心理狀態，通常各種語系都會發展出表達不同情感的字彙。最粗淺的區分可以把情感歸類爲正面情感與負面情感，如選舉行爲的研究（Ottati et al., 2002; Westen, 2007），但這樣的分類對於理解行爲意義的幫助不夠細緻，因爲幾乎任何事物都可以孕育出屬於其本身的情感，比如打球的球員有球感，消費者對貨品有質感，開車的人有方向感等等，指的都是在不用思考的情況下已經可以採取行爲或產生偏好的能力，可見情感具有比思考更快速度的協調反應功能，而不僅是正負面的評價。所以在遭遇外在刺激的時候，不論這個刺激是主動蒐尋或被動接收的，行爲者總是先感到某種情緒的發生後，才會去思考其原因。這種比正面或負面情感更快速有效的協調反應，在行爲上的效果頗豐富，但在政治分析時仍可簡化並大別之爲機會感或威脅感，前者促成積極追求的熱情，後者則引起積極防衛的焦慮。

　　認知心理學家確實發現情感受到外界的刺激往往先於認知，認知記憶庫可分爲長期記憶庫與工作記憶區，工作記憶區的容量有限，但是當新的資料從記憶庫調到工作記憶區，而將原本在工作記憶區的資料送回長

期記憶庫的時候，被擠走的資料並不會將與該資料相關的情感一起帶走（Lodge & Stroh, 1993: 225-263）。換言之，在一連串刺激發生的時候，新的情感會不斷加入既有的情感構成整體的情感。既然外界刺激首先帶動的是情感，則被先帶動的情感所引發的記憶當然是可以合理化此一情感的資料，並後續不斷累積，因為此一方向的情感會刺激出來同一方向的合理化記憶，因而形成所謂先入為主的現象。在長期裡，先入為主的情感方向，便進一步造成所謂的刻板印象，而並不總是符合行為者以為自己是理性中立的設想（Lau & Redlawsk, 2001: 951-971）。不過，如果說情感總是先於認知，則是什麼樣的情感會被引發，而行為者又是如何將其決定或移轉呢？

刻板印象的形成自然仰賴社會制約，使成長中的人能在社會化過程中養成與主流社會類似的對事物的情感反應。學習並養成情感是與生俱來的能力，而學習必須是與社會情境中的具體現象結合，並藉語言加以表達，於是不同性質的情感就逐步儲存在記憶庫裡。較常見的情感包括高興，是心願達成時的情感；生氣是在本該達成目標卻被阻撓時的情感；藐視是對旁人的存在或行動結果否決的情感；緊張是面臨不確定狀態時的情感等等不一而足。在遭遇不熟悉的狀況時，行為者必須根據各種蛛絲馬跡的拼湊之後，才能產生整體的印象，故相較於刻板印象式的認知，如同某種鯨吞法，以拼湊所完成的印象則可說是某種蠶食法（Fiske & Neuberg, 1989: 1-73）。其實，蠶食法是小規模的鯨吞法，雖不是仰賴某種提綱挈領的大觀念來反映早已形成的情感傾向，但依舊必須靠著對各種細瑣特質的刻板印象加總，來確認自己面對的是機會或威脅。

無論情感的種類可以用語言分化到如何細微，總是要比人類思想觀念要單純得多，因為即使可能是同一種思想觀念，一旦放在不同時空中，便會由不同的語言加以表達，這就立即形成跨時空對話的障礙。然而，情感的溝通卻比思想更直接而快速，驚恐害怕與快樂興奮等現象，在翻譯成語言之前就已經產生溝通效果，讓不在場的讀者分享當事人的情感，這樣的分享比在行為者與讀者之間搭建思想觀念的橋樑要容易得多。同理，研究者試圖從抽象法則去歸納或解釋一項行為的動機，不論多麼簡潔，就算能

免於削足適履，總是欠缺臨門一腳，畢竟提示研究者如何進行研究設計，並提出問題假設的，是將心比心進入行為者情境的能力，之後才再翻譯成研究者獨到的理論話語。此何以中國威脅論往往是研究者先感受威脅之後才建構，異之則反。後人若徒然學習理論，摒棄移情的努力，難免本末倒置。反之，情感固然也靠話語表達，但話語所無法表達的情感所在多有，關於情感能否用話語表達的分類方式，認知心理學家有如下的歸納。

## 二、情感的傳染

可以用語言表達的情感可區分為態度、感情與情緒，其中態度（attitude）是持久的帶有評價作用的心理傾向，指涉對象很具體；感情（emotion）則是在短暫時空下對具體對象的好惡；情緒（mood）也是暫時的心理狀態，但沒有具體的對象。相對於此，某種無法用語言表達的情感狀態，姑可稱之為情感波動（arousal），既無具體對象也同時是短暫現象（Wyer, 2003）。情感波動屬於沒有固定行為傾向的心理狀態，容易在獲得引導後往特定方向劇烈反射，這時的行為者沒有語言可供自我反省，也就缺乏自我辯論的機制。就如同看到大海澎湃時，可以慶幸台灣有此天然屏障，也可以抱怨台灣因而孤立無援；看到強鄰崛起時可以羨慕、依附，也可以心生畏懼；任何體能上、視覺上或思想上遇到震撼時，有心人均可加以引導。群眾運動是製造情感波動的絕佳場合，人們大可因為進入情感亢奮狀態，追隨現場領袖而產生與平日思想看似不一的行為舉止。

這表示情感比語言或由語言所構成的思想更為直接，情感是行為者與社會互動時最基礎、快速、有效的機制，進入某一種情感狀態因而是人類認知到自身存在獲得社會集體生活意義的本能（Marcus, 2002）。則瞭解行為之前就必須先探測情感。前述機會感與威脅感是兩種政治學家最感興趣的情感現象（Cottam & Cottam, 2001），因為政治學家最關心的兩個課題——戰爭與選舉，就無所不在涉及到機會感與威脅感，發動戰爭的動機主要是掌握機會或排除威脅，投票支持某位候選人的動機主要也是這位候選人帶來契機或其他候選人帶來威脅。機會與威脅都是進化的學術用語，

較赤裸的用語無非就是熱情與仇恨。政治學家重視分配資源與價值的積極行動，因而集中在促成行動的情感，卻忽略了相對應的、具有遏制效果的情感。其中遏制熱情的一種普遍情感就是沮喪，指涉在認知到目標不可達到時的感受；而與仇恨相對的則是焦慮的情感，指涉的是對不確定狀態的警覺。

　　熱情促使行為者去追求某種目標；沮喪則造成行為者放棄目標；仇恨則促使行為者去排斥旁人；焦慮造成行為者自我防衛（Neuman et al., 2007）。這四種情感構成行為者參與社會互動的基本媒介，可以快速傳染給周遭體會到自己情感狀態的其他行為者（Glass, 1995）。傳染的途徑可大別之為二，其一是與行為者產生同樣的情感，進而分享行為者的目標與對象。領袖傳染給群眾的過程屬於這第一種傳染模式。試問，領袖是否可以感召群眾追求領袖所設定的目標，並彰顯領袖之成功？如此期盼卻可引發對成敗不確定所造成的焦慮，於是領袖反而必須討好群眾或者炮製假的群眾來感恩戴德，以免追隨自己的群眾稀稀落落，如果屢無成效，還會產生沮喪之情。群眾得不到期盼的領袖更會沮喪，他們便表現成堅定支持領袖，來安撫擔心萬一領袖無能而產生的焦慮。傳染的第二條主要渠道，則是因為身為行為者的對象，因而在回應過程中對號入座地強化了行為者既有的情感傾向，比如朝野對立的相互強化升高便屬這二種傳染模式。朝野對立則常表現成各自不顧彼此，以致無法遏止內在的濫權擴權的衝動，相互仇恨排斥，這種因為認同帶動的相互排斥，是傳染頗為快捷的情感現象。

## 三、認同與形象

　　消極的情感如焦慮與沮喪因而關乎自我形象。所謂形象，關係到行為者所獲得的社會認可，若行為者擔心不能獲得認可便產生焦慮，進而進行自我調整。對自我形象的關切驅策行為者不斷探測社會對自己的評價，因而是行為者與社會求同的過程，或小我向大我認同的過程（Holstein & Gubrium, 1999）。行為者主要的參考依據不是其他行為者的表現如何，

而是自身與社會所設定的標準有多大落差。對形象重視的結果是，行為者主要訴諸的是自我砥礪，行為的對象最終是自己，即使在邁向理想的過程中，不可避免會在面對其他競爭者時，常心生對失敗者的藐視，或對領先者的嫉妒。其他人的表現只是對自我形象次要的激勵，主要的還是自己的努力。

　　積極的情感如熱情與仇恨則關乎自我認同。所謂認同，其基礎在於能界定差異（Connolly, 2002），主要是行為者與那些會混淆自己獨立認同的人之間的差異，或行為者所認同的團體與會混淆團體認同的其他團體之間的差異。與形象相反的是，形象是向他人追求認同，所以無時無刻不須顧及他人的評價標準，認同則是透過界定異己限縮自我認同的範圍，以自我的需要為中心，在追求目標時毋須顧及他人的觀感，甚或倘若對他人產生的不良效果有所顧及，也主要是出於自我中心的動機，才不得不接受某種規範以免惡性競爭造成兩敗俱傷。認同的力量促成佔有慾，積極面是攫取，消極面是排斥。佔有慾可能引發不符成本效益的投資，一心只想佔有各種可能引發慾望的對象如處女地、珠寶、冠軍盃等等。另一方面，為了鞏固差異而採取各種歧視性的手段，對最接近自己的對象採取人我之別的區隔，排斥之為異己，甚至虛構異己，以便容許某種排斥的行為得以發生，亦即排斥的過程比排斥的對象更能鞏固自我認同。尤其是那些可能模糊人我疆界的對象。如父母兄弟，最可能威脅認同，帶來最嚴重的威脅，往往更必須予以排斥。不斷進行排斥的過程，足以對自我認同產生複製的效果，透過營造被入侵、被污染的恐懼感，凝聚自我認同（Erikson, 1956: 58-121; Kecmanovic, 1996）。

## 參、精神分析與情感

　　至於自我形象與自我認同的動力源自何處，似乎超出認知心理學實驗的範疇，所以就算可以將情感的形成歸於形象與認同的實踐過程，仍不能說明什麼樣的情感會在哪個時空中主導，或在什麼情境下會出現轉移。形

象或認同是每個社會必定有的社會過程嗎？如果政治上出現的行為動機最終可以粗略地歸結到熱情、仇恨、焦慮與沮喪四大類別，將語言可以表達的其他情感如高興、生氣、藐視、討厭、喜歡等等，都經由相關性分析納入以上四個類別，那麼探究人類行為深層動機的答案，就在於對形象與認同兩個社會過程的溯源了。在刻板印象中，形象是東方社會的動力，認同是西方社會的動力；前者反映恥感文化，後者反映罪感文化；前者為群體導向，後者為個體導向。但是精神分析則不以為然。

精神分析與情感研究的銜接點，是佛洛伊德關於本我、自我與超我的著名理論（Freud & Strachey, 1962），因其理論回溯自嬰兒初生，以致無法實證，益加不為當代科學家所採信（Webster, 1996）。然而精神分析並非全然無的放矢，蓋嬰兒初生之際，由於脫離母體而感受存在，首先承受的就是地心引力帶來的墜落的力量以及腹餓的感受。這樣對自己存在本身的負面感受，基本上因為母親的撫養而平撫。對母親的依賴猶如獲得宰制世界的權力，在需要時能獲得哺乳與懷抱。這樣的形勢隨著胎兒的成長而有變化，母親的角色一分為二，好的母親哺乳，證實了權力的中心在自己；壞的母親未能及時哺乳，被拋棄的恐懼油然而生（Klein, 1932）。兩種母親均在語言能力完整之前就進入記憶，這樣的記憶缺乏文字，因而只能是情感的與潛意識的。及長，社會規範益嚴，自我與社會之間形同權力鬥爭，在那個自我中心的本我與限制自我中心的社會之間，社會取代了母親的雙重角色，一方面是賦予自我無盡權力的自我中心基礎，另一方面是壓制剝奪與拋棄的威脅根源。

認知心理學對情感的歸納，有助於證實精神分析的諸多主張（Milburn et al., 1995: 447-478），精神分析是關於個人與社會之間權力關係的分析，此地所謂權力，指的是宰制的需要，宰制的需要強者，更能不顧一切，則權力就大，宰制需要強而無法宰制者，便需要尋求強者代為宰制。宰制者又需要有被宰制的對象，對象可以是物體也可以是群體，尋求依附在代為宰制的強者身上時，行為者本人日後就可能淪為被宰制者，透過對宰制者的認同與臣服獲得彌補（Hopf, 1992: 119-143）。精神分析對權力的敏感，反映在有關焦慮的討論中，認為焦慮來自於可能被入侵的莫名恐

懼（May, 1996），因而與之前討論的焦慮是同一性質的，亦即擔心隨時可能無法繼續獲得所屬群體的認可而汲汲於表現依附與紀律。

　　精神分析說明的是，形象與認同兩個社會過程乃奠基於人性之中，亦即群體歸屬與自我中心兩種需要是一體的兩面。其中，精神分析中講的超我是歸屬於社會的需要，本我則是展現自我中心的需要；歸屬於社會的需要產生求同的過程，展現自我中心的需要則產生求異的過程。前者為獲得認可而有焦慮，因為達不到被認可的目的而沮喪，促成了自我砥礪與放棄目標兩種行為；後者因自我滿足而有熱情，因排斥異己而有仇恨，促成追求與排斥兩種行為模式。文藝復興與宗教改革以降的歐洲社會面對的異教徒，在文化思想與制度上重視自我認同的過程（Huntington, 2005; Schlesinger, 1998）；儒家天下文化以降的華人地區則重視自我形象的過程，又稱為面子文化或恥感文化（Shih, 1990, 2007）。相較於歐洲的人本文化與罪感文化，基督教文明與儒家文化的分別開展，將人類原始的情感力量演化成了語言可以表達，制度可以規範，行為可以追蹤的社會過程。但在同時，恥感文化雖未有系統地滿足自我中心的需要，並不能扼殺這樣的需要；同理，罪感文化雖未有系統地滿足依附歸屬的需要，也未能扼殺之。

　　形象過程猶如爭取壞母親的認可，爭取不到將令人沮喪，但若爭取到便使壞母親可以成為自己的化身，故爭取的過程令人焦慮；認同過程便是奠基於好母親的溺愛，凡是都可任性，但好母親一旦無所不在的籠罩自己，反而可以成為威脅入侵的異己，促成排斥的情感。好母親與壞母親不存在於語言的範疇中，行為者藉由權力的行使而促發行為對象的回應，將行為者的焦慮或仇恨傳染給行為對象。認同的過程既是在尋求母親賦予的無邊權力，又是在排斥母親的介入而能成為獨立的自我；形象的過程則既是在尋求成為母親的化身，又是在無助地接受母親的遺棄。以社會作為母親的類比或投射，將個人與社會的權力關係轉化成幼兒與母親之間的權力過程，讓認知心理學可以在實驗室裡研究的情感，有了出處，也讓語言中已然五花八門的情感成為可以簡化分類的行為係數。是否之前所述的認知心理學可以不理會精神分析，而根據既有歸納的情感，推斷行為者的行為

傾向呢？兩岸關係的實踐似乎說明，特定情感傾向對行為者不能壟斷，行為者擺脫先入為主情感的可能頗高，故認知心理學尚不敷使用，必須同時看到自我中心與群體歸屬兩種需要，才能充分說明兩岸關係的辯證起伏。

# 肆、台灣的大陸政策情感

## 一、兩岸政治關係中的慾望與歸屬

　　兩岸政治關係的歷史背景包含了幾個重要的脈絡，包括台灣曾為日本殖民地、國共內戰與冷戰，同樣重要的是兩岸分享了儒家文化。兩岸關係研究的主體難以明確界定的原因恰在於此，既可以是內戰的兩造、殖民地與母國及祖國的尊卑角色、頻繁互動的社會（社會中的家庭、商人、移民）與全球霸權介入後的國際關係等。台灣方面的教育內容與風格同時兼有中華、日本與美國三大面向，所以台灣知識界與社會菁英的生活、思想均具有至少三種的紛雜性。第一種是身分的紛雜性與伴隨之而來的自我論述的紛雜性，原本看似不相容的價值如孝道、合群、犧牲與自由、創意、開放均受到重視。其結果，當某一種價值或身分受到壓抑之際，調整的可能與效率都超過其他社群。兩岸關係的性質隨台灣人民各自在當下所進入的身分意識而轉移，經常不受到由上而下的政治介入所壟斷，以致出現看似互斥情感的共生。比如，在內戰脈絡下面臨光復無望時的情感可能是沮喪，移至儒家文化脈絡下成為傳承道統的熱情；在冷戰脈絡下依附於美國扮演圍堵棋子的焦慮，移至殖民史脈絡下成為利用美國支持對中國排斥的情感。

　　第二種紛雜性在於自我認識風格的形成過程中，同時具有自我中心與社會歸屬兩種動機。比如在身分上身為商人的台灣人，既具有資本主義之下熱情追求物質慾望而破壞智慧財產權的自我中心動機，又有焦慮地表現成第三世界楷模而獲得尊敬的社會歸屬動機。然則，個別具體的商人跨海投資動機可有兩重：為了滿足物質慾望的投資與為了虛榮與地位的投資。

或比如在價值觀上，追求民主自由的台灣人，既表現熱情追求自由放任而抗拒任何政治法律束縛的自我中心慾望，又表現焦慮渴求旁人（尤其美國）認可自己屬於民主自由陣營的社會歸屬慾望。這種紛雜性造成行為者自我中心的熱情追求顯得膚淺，因此必須回溯熱情的源頭從何而來，這時看似投資牟利的熱情，或維護民主自由的熱情，充其量是在表演熱情給外人看──或追求強者嘉許而感到心安，或成為弱者模範而感到榮耀──因而帶有等待社會認可的焦慮，故熱情的模樣所塑造的自我中心形象，比實際上得到投資報酬或實際上享有民主自由重要得多。亦即能讓人看起來在熱情追求某種自我中心的慾望，其過程比得到滿足慾望的實質結果更為重要。

　　第三種紛雜性在於母親角色的不確定，因為可以扮演好母親與壞母親的對象超過兩個，以致於關係不清，造成每個都可能同時是好母親與壞母親。則自我認同所仰賴的差異變得難以界定。比如，作為形象的中國可以是讓我戰敗成為孤臣孽子而沮喪的壞母親，但也能提供我一個可以歸屬於悠久歷史文化而製造責任與角色焦慮的大我；同理，作為認同的中國可以是促成我毫無顧忌熱情追求統一的好母親，但也可以是讓我產生對異己仇恨排斥動機的壞母親。以下從政治領袖在兩岸關係中的身分抉擇及其情感傾向，分析兩岸政治關係得以開展的情感基礎及動機。

## 二、兩蔣父子在台灣省的光復大陸

### （一）認同自我的需要與形象歸屬的需要

　　光復大陸曾是台灣省面對兩岸關係的主要價值，不過，光復大陸的種種準備或宣傳同時滿足自我中心與歸屬大我群體的兩種慾望。基於自我中心的慾望，即使孤臣孽子光復大陸的機會如此渺茫，母國之愛的想像如好母親一般支持政治領袖堅持推動，不達重新佔有大陸的目的絕不終止，並嚴懲質疑或背叛者，因而誰也不能質疑光復大陸的目標。另一方面，基於歸屬群體的慾望，光復大陸又是政治領袖及其人民維護自己臣服於中國的

正統，進而如同在壞母親要求下不斷爲之做出各種犧牲，不敢須臾懈怠，以強化鞏固自己所宣稱的復興基地屬性。對處於此種臣服需要中的領袖而言，眞正能夠光復大陸的實質進度，遠不及於維護光復大陸作爲理想來得重要。光復大陸的理想容許國民黨繼續以中國正統自居，因應著內生的必須歸屬於正統的壓力。然而另一方面，這樣的目標在軍事與政治兩端都遙不可及，國民黨寧願失去邦交國或支出龐大軍費，也絕不接受友邦設想的其他出路，抗拒美國曾安排的兩個中國妥協案，或戴高樂（Charles de Gaulle）願意嘗試的雙重承認（Jacobs, 2005: 8），則又因應了內生的自我中心的慾望，展現不可一世的固執。

## （二）熱情與沮喪的情感

兩蔣父子認同復興中華王道文化的傳統，儼然代表正統，以共產主義爲差異所在之對象，使光復大陸成爲一個充滿熱情的事業，他們乃駐重兵於金馬，不顧美國的反對（George & Smoke, 1974: 274-280），甚至積極籌備反攻東山島的計畫。這樣的熱情固然出於自己對復興基地的認同，卻在同時造成強大的壓力，因爲達不到而與沮喪的情感並存。即非要擺脫外界質疑，熱情爭取看似不可能的任務，此其一，以及感覺自己確實不可能完成任務的沮喪，此其二，兩者同在兩蔣父子的情感中並存。光復大陸是要擴張復興基地的權力，令人熱情興奮，但對自己孤懸海島無以爲繼的認識，則形成孤臣孽子的負面自我形象。早在 1940 年代末就感受四周籠罩著死亡陰影而沮喪不已的國民黨，繼續演出自己知道沒有結局的劇本。擴權的慾望與失敗的形象造成認同與形象兩種緣自看似不一致的情感動機輪流出現，時而熱情追求與時而沮喪放棄的相反情感竟相輔相成。

# 三、李登輝在國民黨的民主化與本土化

## （一）認同自我的需要與形象歸屬的需要

民主已經是台灣知識界面對兩岸關係的主要論述，而力求在兩岸關係

有所突破以認同本土，建立新中原為訴求的李登輝，推動憲政改革，以民主之名建立直選制度。不過，認同本土的過程是以中國國民黨為差異所在之對象，故伴隨著大量的反華主張，並將民主與本土化的訴求連結。民主的重要功能是以選舉產生本土的領袖，賦予本土領袖更大的權力，進而影射新的台灣國民黨不再屬於中國，海峽兩岸應為一邊一國。民主化實則成為奪權的手段，挑戰並推翻中國國民黨執政的正當性。中國國民黨如同外來政權，是造成李登輝依賴而無法獨立的好母親，這樣的介入反而變成是對自己獨立感的威脅（李登輝，1999），民主化的目的則是凸顯新中原與舊中國之不同，因而是在追求台灣國民黨自身獨特的認同，台灣國民黨如同壞母親，一旦能歸屬之就取得認可，他果然擔心國人不能持久，不能以李登輝為師，因此在李登輝卸任之後，又建立了李登輝學校，大量吸收國民黨的本土派，[1] 以延續傳承，反映了對民主化與本土化能否鞏固並無把握，所以民主既是一個政治鬥爭的自我中心慾望，又必須是台灣國民黨接受方能有效完成歸屬的榮耀成就。

## （二）排斥與焦慮的情感

　　本土化以台灣獨立為其政治內涵，並排斥中國於國民黨的內涵之外，所以形成某種排斥老國民黨員的情感，積極抑制國民黨所傳承的內戰脈絡。另一方面，民主既是本土化的工具，則當民主論述壟斷台灣國民黨的內涵之後，如何繼續傳承國民黨的本土化便成為重要的責任，以免李登輝的傳奇消失無形。這樣的焦慮促使李登輝努力維持他作為美國《新聞週刊》（*Newsweek*）譽為民主先生的身分（Emerson, 1996: 10-15），反而與繼任的歷任領袖維持某種傳承歸屬。故他雖在陳水扁執政期間大力批評國民黨，但在馬英九任職期間，他又轉向對陳水扁及其他政黨批判。可以說李登輝在時代要求之下順應調整，力圖證明他的台灣國民黨路線得到認可，這成為他焦慮的主要來源。可見，對李登輝而言，民主化與本土化達

---

[1]　李登輝學校，2003，http://leeschool.org.tw/wooooa/front/bin/home.phtml。檢索日期：2009 年 4 月 25 日。

到了奪權的功能，以排斥國民黨的中國屬性為至高動機，但也製造了能否
傳承的焦慮，而平撫焦慮的努力，就是爭取當權者的接受。認同與求異的
情感表現成對中國國民黨排斥的仇恨，形象與求同的情感表現成建立並歸
屬於台灣國民黨傳承的焦慮，李登輝與國民黨之間便存在相互排斥與相互
歸屬兩種情感。

## 四、陳水扁在台灣國的主權獨立

### （一）認同自我的需要與形象歸屬的需要

　　主權獨立是李登輝兩國論以降台灣政壇的最高價值。陳水扁執政以
後，在國際上宣揚台灣主權獨立不遺餘力，除了有一邊一國論、廢統論之
外，甚至支持藏獨、謀合印日反華聯盟，加入聯合國運動不輟。他以台
灣之子的身分懷念福爾摩沙的母親想像，猶如福爾摩沙是放任溺愛的好
母親，即使國際環境完全不利於台灣推動主權獨立，然而他帶領台灣各界
樂此不疲，最後且挑戰美國，在牴觸美國利益在所不惜的意志下，發動公
民投票來影射台灣主權獨立於中國之外。但是，台灣是否主權獨立似乎又
是台灣各界自己並無信心回答的問題，因而透過亞細亞孤兒所影射的被中
日美輪佔並拋棄的壞母親，並在當下賣身給美國的擬想中，探聽大小各級
美國官員、親台學者與國會議員在公開或私下的任何場合，對台灣主權所
做的任何支持的表達。如此，台灣一方面不顧美國的反對，執意滿足自己
對主權獨立的渴求，另一方面卻不斷盼望得到美國認可台灣主權的蛛絲馬
跡，前者充滿積極性與創造性，後者則充滿依賴性與虛假性。尤其在對美
軍購問題上，主權獨立的信念幾乎全繫於能否象徵性地擁有美國軍火一事
上。

### （二）熱情與焦慮的情感

　　陳水扁正是排除眾人質疑，不顧一切向國際主張獨立的最高領導人。
他挑戰不可能，在國際上近乎向美國與中國奪權，甚至北京領導也不願意

攖其鋒，凡事都先與華府商量之後，由華府直接應付台灣。他這樣旺盛的鬥志與熱情反映出，自我中心的慾望不是單純可以受到權力大小對比的結構所能約束，有未達目的絕不停止抗爭的意志爲後盾。不過，台灣主權獨立與否似乎又不是台灣自己片面決定的，所以在屢次宣告台灣主權獨立之餘，總是還要焦慮觀看其他各地的政府如何表態，美國尤其如此被期盼，以致主權獨立還是不時放回美國國家利益的框架來審視，以美國盟邦自居，這就構成既要藉主權獨立超克美國，又要藉美國來認可主權獨立，既想要擺脫美國的利益做自己，又想要接受美國的認可來看自己。這種抗拒美國且臣服美國，在面對中國時也存在，是爲熱情與焦慮兩種矛盾的情感共生。

## 五、馬英九在兩岸的不統不獨

### （一）認同自我的需要與形象歸屬的需要

2008 年之後，統一再度成爲兩岸之間的可能選項，美國與日本的觀察家對此十分敏感（Sutter, 2009），主因在於帶領國民黨重返執政的馬英九反對台灣現階段獨立，也反對兩岸現階段統一，認同自己作爲新台灣人。不統不獨的兩岸關係是新台灣人所歸屬的群體，群體本身的分裂將使歸屬成爲不可能，因此他逕談中華民族而避談主權國家，既爲同族，就不能反對終極統一的正當性，因而他只能宣告主權統一是爲他生前無法目睹的終極目標，以避免捲入統一而影響新台灣人認同。兩岸的和解就成爲馬英九的巨大責任，中華民族像壞母親一樣的將不能分裂且不能戰爭的重大道德期盼加諸他。另一方面，統一的中國成爲異己，也成爲介入他營建獨立的新台灣人認同而會消解兩岸關係的好母親，他因而訴諸反共與人權的前提來排斥統一。

### （二）排斥與沮喪的情感

其結果，馬英九的終極統一論沒有熱情，而是一種排斥，表現成反

共反專制的仇恨情感。這樣的情感時而流露，改變不了敵長我消的政治形勢，在終極統一太過遙遠無法達成的前景中，馬英九無能以反對台獨來維繫終極統一的可能性。其沮喪之情從他必須不斷對台獨讓步看出來，為了取信台獨，他更具體表示自己生前看不到統一。認同新台灣人的情感促使繼續反對共產主義與共產黨，歸屬中華民族的情感促使必須與共產黨恢復關係以重建兩岸同屬中華民族的形象。反共與聯共同時成為他給外界的兩種印象，反共具有主動性，聯共則顯得無奈，所以前者有理論也有價值支持，後者沒有理論或價值支持，身在兩岸之間的馬英九繼續對共產黨充滿排斥，又對之設法接受，以致不統不獨的終極統一論似乎兼具鬥爭性與妥協性。

表 8-1　台灣政治領導人對大陸的決策情感

| 情感 ＼ 領袖 | 兩蔣父子 | 李登輝 | 陳水扁 | 馬英九 |
|---|---|---|---|---|
| 群 | 台灣省 | 國民黨 | 台灣國 | 兩岸 |
| 歸屬感<br>壞母親<br>形象 | 沮喪<br>復興基地<br>孤臣孽子 | 焦慮<br>台灣國民黨<br>民主先生 | 焦慮<br>亞細亞孤兒<br>美國盟邦 | 沮喪<br>中華民族<br>和解者 |
| 自我感<br>好母親<br>認同 | 熱情<br>母國<br>中國正統／共產黨 | 排斥<br>中國國民黨<br>本土／外來政權 | 熱情<br>福爾摩沙<br>主權國／美、中 | 排斥<br>統一的中國<br>新台灣人／中國人 |

# 伍、兩岸關係與政治情感的研究

　　兩岸關係主體的不確定性凸顯出研究對象自身在情境中選擇身分的可能性，這樣多元的可能性不容許研究者以單一的理論加以解釋。然而，各種跨層次的綜合理論繼續仰賴外於行為者自我認識的結構在進行解釋，因此無法說明行為者進出不同身分的能動性。這種能動性出自於行為者動機的堅持或轉換，情感研究可以有助於研究兩岸關係因為情感是動機與行為

之間的橋樑，將情感的種類加以歸納，便能進一步探索能動性的強弱與有無。至於動機如何產生，則可進一步藉由精神分析關於需要的理論。這樣的需要貫穿古今中外，所以研究者便取得神入並體會行為者動機的能力。需要即指某種不可化解的傾向，包括自我中心的需要與依附歸屬的需要兩者，從而得出自我中心導向的熱情與仇恨，及依附歸屬導向的焦慮與沮喪，總計兩組四種情感。西方文化重視認同與差異，追求的熱情與排斥的仇恨是兩種較明顯的情感；東方文化重視形象與歸屬，認可的焦慮與遭棄的沮喪是較突出的兩種情感。

　　兩岸關係因其歷史因素造成認同與形象兩種情感並存，每一種價值或每一個人都有自我中心的權力慾望與犧牲小我的歸屬需要，都隨時準備好面臨好母親或壞母親，間接說明了兩岸關係行為者兼容情感矛盾，擅長移轉的性質。比如在政治中，對兩蔣父子在台灣省要光復大陸的慾望與放棄光復大陸的沮喪輪流出現，李登輝對國民黨相排斥與相歸屬的並存現象，陳水扁要排斥中國與美國的期待以及期待中國與美國認可自己的看似矛盾，與馬英九在兩岸關係中排斥中國統一，卻又回歸中華民族身分的不統不獨兩重性。認同與形象兩個自我認識的過程並存，是兩岸關係對政治情感研究的重大啟示，也是認知心理與精神分析得以相互為用的重要突破。每個政治領導人在好母親的養成下，都必須有認同並區隔異己，也都在壞母親的規範下，必須有歸屬並自我砥礪。他們在成長學習中養成特定認同與特定歸屬，但他們多元複雜的成長學習歷史，剝奪了他們仰賴唯一認同與唯一歸屬的可能性。

# 參考書目

加加美光行，2007，〈現代中國學的新範式——共同行動論的提倡〉，《中國研究》春秋季合卷（5/6）：1-28。

石之瑜，1999，《政治心理學》，台北：五南。

李登輝，1999，《台灣的主張》，台北：遠流。

李登輝學校，2003，http://leeschool.org.tw/wooooa/front/bin/home.phtml。檢索日期：2009 年 4 月 25 日。

Ball, K. 2007. *Traumatizing Theory: The Cultural Politics of Affect In and Beyond Psychoanalysis*. New York, NY: Other Press.

Conolly, W. 2002. *Identity/Difference: Democratic Negotiations of Political Paradox*. Minneapolis, MN: University of Minnesota Press.

Cottam, M. L. & R. W. Cottam. 2001. *Nationalism and Politics: The Political Behavior of Nation States*. Boulder, CO: Lynne Rienner Publishers.

Cottam, M. L., B. Dietz-Uhler, E. Mastors, & T. Preston. 2004. *Introduction to Political Psychology: Why Do People Behave the Way They Do in Politics*. Philadelphia, PA: Lawrence Erlbaum.

Davis, W. A. 2006. *Art and Politics: Psychoanalysis, Ideology, Theatre*. London, UK: Pluto.

Emerson, T. 1996. "Making of a Democrat." *Newsweek* 127(21): 10-15.

Erikson, E. H. 1956. "The Problem of Ego Identity." *Journal of American Psychoanalytic Association* 4(1): 58-121.

Fiske, S. & S. Neuberg. 1989. "A Continuum of Model Impression Formation, from Category-based to Individuating Processes: Influences of Information and Motivation on Attention and Interpretation." In *Advances in Experimental Social Psychology*, ed. M. Zanna. New York, NY: Academic Press, pp.1-73.

Freud, S. & J. Strachey. 1962. *The Ego and the Id*. New York, NY: W. W. Norton & Company.

George, A. L. & R. Smoke. 1974. *Deterrence in American Foreign Policy:*

*Theory and Practice*. New York, NY: Columbia University Press.

Glass, J. M. 1995. *Psychosis and Politics: Threat to Democracy in the Self and the Group*. Ithaca, NY: Cornell University Press.

Holstein, J. A. & J. F. Gubrium. 1999. *The Self We Live By: Narrative Identi- ty in a Postmodern World*. Oxford, UK: Oxford University Press.

Hopf, C. 1992. "Authoritarians and Their Families: Qualitative Studies on the Origins of Authoritarian Dispositions." In *Strength and Weakness: The Authoritarian Personality*, eds. W. F. Stone, G. Lederer, and R. Christie. New York, NY: Springer-Verlag, pp.119-143.

Houghton, D. 2008. *Political Psychology: Situations, Individuals, and Cases*. London, UK: Routledge.

Huntington, S. P. 2005. *Who Are We: The Challenges to America's National Identity*. New York, NY: Simon & Schuster.

Jacobs, B. 2005. "Chiang Lost the ROC Its UN Seat." *Taipei Times* October 23, sec. 8.

Kecmanovic, D. 1996. *The Mass Psychology of Ethnonationalism*. New York, NY: Plenum Press.

Klein, M. 1932. *The Psycho-analysis of Children*. London, UK: Hogarth Press.

Kristeva, J. 2004. *Melanie Klein*. Trans. R. Guberman. New York, NY: Columbia University Press.

Lau, R. R. & D. P. Redlawsk. 2001. "Advantages and Disadvantages of Cognitive Heuristics in Political Decision Making." *American Political Science Review* 45 (4): 951-971.

Lau, R. R. & D. P. Redlawsk. 2006. *How Voters Decide: Information Processing in Election Campaigns*. Cambridge, UK: Cambridge University Press.

Lodge, M. & P. Stroh. 1993. "Inside the Mental Voting Booth: An Impression-Driven Process Model of Candidate Evaluation." In *Explorations in Political Psychology*, eds. Shanto Iyengar and James McGuire. Durham, NC: Duke University Press, pp. 225-263.

Marcus, G. E. 2002. *The Sentimental Citizen: Emotion in Democratic Politics*.

Pittsburgh, PA: Pennsylvania University Press.

May, R. 1996. *The Meaning of Anxiety*. New York, NY: W. W. Norton & Company.

Milburn, M. A., S. D. Conrad, F. Sala, and S. Carberry. 1995. "Childhood Punishment, Denial, and Political Attitudes." *Political Psychology* 16(3): 447-478.

Money-Kyrle, R. E. 1973. *Psychoanalysis and Politics*. Santa Barbara, CA: Greenwood.

Moruzzi, N. C. 2001. *Speaking Through the Mask: Hannah Arendt and the Politics of Social Identity*. Ithaca, NY: Cornell University.

Neuman, W. R., G. E. Marcus, M. MadKuen, & A. N. Crigler, eds. 2007. *The Affect Effect: Dynamics of Emotion in Political Thinking and Behavior*. Chicago, IL: University of Chicago Press.

Offerman-Zuckerberg, J., ed. 1991. *Politics and Psychology: Contemporary Psychodynamic Perspective*. New York, NY: Plenum Press.

Ottati, V. C., R. S. Tindale, J. Edwards, F. B. Bryant, L. Heath, D. C. C'Connell, Y. Suarez-Balcazar, & E. J. Posavac, eds. 2002. *The Social Psychology of Politics*. New York, NY: Springer.

Schlesinger, A. 1998. *The Disuniting of America: Reflections on a Multicultural Society*. New York, NY: W. W. Norton & Company.

Shih, Chih-yu. 1990. *The Spirit of Chinese Foreign Policy*. London, UK: Macmillan.

Shih, Chih-yu. 2007. *Democracy Made in Taiwan: The "Success State" as a Political Theory*. Lanham, MD: Lexington.

Sutter, R. 2009. "Cross-Strait Moderation and the United States-Policy Adjustments Needed." Pacific Forum CSIS, March 5: http://www.csis.org/media/csis/pubs/pac0917.pdf (accessed March 16, 2009).

Turkle, S. 1992. *Psychoanalytic Politics: Jacques Lacan and Freud's French Revolution*. New York, NY: HarperCollins Publishers.

Webster, R. 1996. *Why Freud Was Wrong: Sin, Science, and Psychoanalysis*.

New York, NY: Basic Books.

Westen, D. 2007. *The Political Brain: The Role of Emotion in Deciding the Fate of the Nation*. New York, NY: Public Affairs.

Wyer, R. S. 2003. *Social Comprehension and Judgment: The Role of Situation Models, Narratives, and Implicit Theories*. Philadelphia, PA: Lawrence Erlbaum.

# 第九章
# 台灣國內選舉對其大陸政策之影響

關弘昌

## 壹、前言

　　1980 年代晚期，在內部邁入民主轉型的同時，台灣也在外部啓動對大陸政策的轉向。前者包括有解除戒嚴、開放報禁及黨禁等威權統治的鬆綁，後者則以開放大陸探親揭開序幕，繼之以兩岸經貿、文化、社會等各層面的交流。於是台灣便在此一內外新局同時開展之下進入了 1990 年代。隨後，台灣在內部經歷了廢止動員戡亂時期臨時條款、國會全面改選、總統直選等憲政架構的重整改造工程。隨著此一政治改革過程的進展，定期舉行的選舉也成爲朝野之間政治競爭以及民主體制運作逐漸制度化的展現。此一內部政治的發展遂讓我們想到台灣外部的兩岸關係又是如何演變，於是一個值得關注的問題隨之出現：台灣國內選舉的舉行是否對於其大陸政策方向發生影響？若是，則此影響又是如何發生？

　　從 1980 年代後期以來至今，分隔海峽兩岸的台灣及中國大陸在彼此的雙邊關係上歷經了諸多的曲折及起伏。探究到底有哪些力量驅動兩岸關係的演變，也就成爲學者們關注的焦點之一。從國際政治學經常使用的分析層次（levels of analysis）架構來看，左右兩岸關係發展的力量大體而言可區分爲來自於國際的因素、以及來自台灣與中國大陸內部的因素。來自國際的因素包含有國際體系所加諸兩岸的結構力量（例如大國之間的權力分配狀態），以及第三國的影響，尤其是美國的角色。來自內部的因素則可以包括台灣及大陸雙方領導人的個人因素，還有雙方國內的政治制度結構及政治過程。本文將從台灣內部的政治結構及過程出發，討論台灣國內

的選舉競爭在兩岸關係中的角色。

另外，值得一提的是「對外政策」與「國與國關係」之間的關連。兩個國家之間雙邊關係的轉好或變壞，通常是由兩國之一的政策或行動所引起。善意的政策或行動通常可以營造好的雙邊關係，而衝突性的政策或行動則多會導致雙方關係的緊張與惡化。同樣地，兩岸關係的好或不好，主要也繫於雙方針對彼此的政策或行動。對方認知爲挑釁的政策經常導致兩岸關係惡化；而對方視爲友善平和的行動則多能舒緩兩岸的緊張。

依此，台灣內部的選舉競爭要對兩岸關係發生作用，主要是透過「政策」，或者具有政策意涵、表達政策立場的「行動」（包含言詞與實際行動）而達成。所以，本文討論的重心將置於「選舉」如何影響台灣對大陸的「政策或行動」。只有在瞭解這一步驟之後，探討台灣內部的選舉如何影響到「兩岸關係」的發展才具有意義。

本文的架構大致如下。首先，筆者將對於討論選舉如何影響對外政策的文獻作一回顧。接著則是介紹本文的研究方法，這部分包括了概念的界定與本文所使用的統計方法。再接下來則是統計分析結果的呈現，以及對於分析結果的解釋與討論。最後則是結論。

# 貳、文獻回顧

在國際關係理論的文獻中，一個國家國內的選舉競爭將如何影響到該國對外政策的走向，是一個廣被討論的議題。這個議題通常是被放在國際關係的合作衝突脈絡中加以檢視。也就是說，對一個與他國存在競爭或潛在衝突關係的國家而言，學者們觀察的焦點之一，在於該國內部的選舉競爭到底是會導致其對外政策中衝突取向的強化，還是增加其對外政策裡面合作友善的成分。不過，既有的研究結論並沒有達成一致的共識。大體而言，對於這個問題，學者們主要有兩派的相左的看法。

第一派的看法認爲，一個國家內部的選舉可以促成它在對外政策上出

現較具合作或友善的傾向。這一派看法基本上以民主和平論（democratic peace theory，DPT）的主張者爲代表。民主和平論者認爲，民主的制度安排及運作，將可以約束國家領導者對外使用武力的意圖，而其中「選舉」即是一個相當關鍵的因素。例如 Lake（1992）在解釋爲何民主國家之間通常比較不會彼此發生戰爭時提及，選舉投票本質上是一種表達異議（voicing）的工具，所以可以被社會部門用來約束國家機關的行動。Lake 的意思是指，由於民眾對於對外使用武力的態度多半比較審慎，因此民主國家的領導人不會輕易動武，以免在下次選舉中被民眾唾棄。Gaubatz（1991: 238）的實證研究則指出，民主國家通常在選舉週期的早期會捲入較多的戰爭，而在選舉週期的晚期則較少涉入戰爭。在稍後另外的著作中 Gaubatz（1999: 27, 78）又提到，選舉通常會降低國家領導者涉入戰爭的誘因，這是因爲選舉時期通常提供了反戰菁英一個可以表達其反戰態度的政治空間，而如果忽視這些反戰聲音，則國家領導者必須承受在緊張或非常時期破壞社會團結的政治風險及成本。在此一顧慮之下，領導者通常會捨棄戰爭而選擇和平的解決方式。

第二派的看法則恰好相反，這派的看法認爲選舉通常會導引出較爲冒進的對外政策乃至於戰爭。例如：Nincic（1990: 374）在研究美國的蘇聯政策後指出，不論是從戰略支出、限武協議的數量、或是兩國舉行高峰會的頻率等指標來看，美國的蘇聯政策通常在總統大選年會表現得較具敵意，他認爲這是美國國內民意的「政治獎賞結構」（political reward structure）所導致。此一獎賞結構指的是，對於那些錯誤低估蘇聯的威脅、或對蘇聯威脅反應不夠的領導人，選民通常會在總統選舉中予以懲罰（也就是不再投票給他或與他同黨的繼任候選人）；但如果總統們針對蘇聯的威脅是錯誤地過度反應（wrongly overreact），選民反而不會在選舉中懲罰他們。同樣地，Smith（1996; 1998b）認爲由於民主國家中的選民多傾向於留住能力強的領導者而剔除掉無能者，因此這些國家的領導者通常會在對外政策上採取較爲強硬的姿態以展現其能力。這尤其會發生在政府的經濟政策毫無表現，或是當政治人物預期選舉結果將會極爲接近時。此外，Smith（1998a: 310）也認爲，不論鷹派或鴿派的選民皆想贏得戰爭，所以

在非常時期他們兩者會一起選出一個鷹派的領導人。於是，政治人物在選舉時，就會表現得更加強硬。

在兩岸關係的研究中，台灣內部的選舉競爭如何影響大陸政策的走向，也存在類似以上兩派不同的見解。例如：吳玉山（1999、2000）的研究認為台灣的選舉具有使各政黨的大陸政策趨於溫和的作用。他指出，台灣的大陸政策可以劃分為「統一 vs.獨立」與「安全 vs.經濟」，也就是認同及利益兩條軸線。由於台灣選民在這兩條軸線上都以採取中間立場者為最多數，於是在選票極大化的考量之下，為求在選舉中爭取最多選票，各政黨便會向此兩軸線的中間區域靠攏，因而在最後都出現了較趨近於中間溫和立場的大陸政策。[1]而林繼文則認為，總統大選容易使台灣出現具有獨立意涵、因而挑釁中國大陸的動作。他的研究指出，台灣帶有和平意涵的重要動作出現的時機平均是在總統大選前的 37.1 週，而出現明顯的獨立意涵動作的時機平均是在距離總統大選前的 18 週。也就是說，總統大選的接近比較容易造成台灣對中國大陸發出挑釁的言行（Lin, 2004: 23）。

從以上的文獻來看，有許多學者的研究皆指出了選民的態度偏好，或者說政治人物所認知的選民態度偏好，是左右政治領導者對外政策方向的關鍵因素。但對於國內選舉究竟導致對外政策的方向偏向合作或衝突，他們仍然沒有共識。究其原因，可能有以下幾點。首先，觀察的個案國家或觀察數量不同，因而結論遂有所差異。固然文獻點出選民的態度偏好是左右政治領導者對外政策方向的關鍵因素。但是選民在對外政策上的偏好到底是朝向衝突還是合作的方向，就有可能因所觀察的國家而異。例如：也許在 A 國選民是偏好和平的，但在 B 國的選民卻傾向強硬立場。如此一來，觀察結果便會呈現差異。此外，觀察的數量不一致也是可能的原因，例如：針對某一個國家所做的研究個案，就可能因為該國本身的特殊性而

---

[1]　不過吳玉山（1999：200）也指出，同樣在這一選票極大化的假設之下，如果台灣選民的立場分布不再集中於中間地帶，或是選舉制度不是單一選區制，那麼各個政黨也就不必然會再採取中間立場的大陸政策。

與觀察或統計眾多國家之後所獲致的結論相差甚遠。

其次，觀察的時間點或時間長度不一，所以導致不一致的結論。例如針對同一國家觀察一兩次選舉所獲得的結果，並不一定代表之後每次選舉時該國的對外政策方向都能保持不變。這裡面涉及許多變數：外部主要有國際環境的變化；內部則包含選民立場的轉變、選制的設計改變、政局的演變、以及政治人物對風險的態度以及策略調整等，都可能在每次選舉時有所差別，也因此不一定每次都會對於對外政策方向造成相同的影響。

第三，關注的行為者不同，所觀察到的結果也不一樣。例如：吳玉山（2000）的研究認為在 2000 年總統大選時，兩岸政策出現了向中間立場靠近的趨勢。不過這是針對參選的候選人而言，也就是說分析的對象並不包含當時才提出兩國論不久，即將卸任而並非候選人的李登輝總統。

因此，研究結論的不一致並不表示誰對誰錯，而可能只是每個研究在選擇研究個案、研究時間範圍、與觀察對象時的差異所導致。事實上，透過不同的個案與方法，這些研究對於我們深入瞭解這個主題皆有所貢獻。基於對此一研究主題之延續，本文將採取統計分析的方法，針對「台灣的大陸政策方向是否會因選舉競爭而出現變化」這一問題作一討論。

# 參、研究方法

本文所採取的研究策略是，先以統計方法分析台灣國內的選舉對於大陸政策方向的作用，而後再針對統計分析的結果進行解釋及進一步的討論。以下分別對與本研究相關的部分作一介紹。

## 一、概念界定

首先，本文所指的「大陸政策」並不限於台灣官方經由正式決策程序所制訂的政策，而是包括任何由政府部門或政治領袖所提出，並且涉及中

國大陸或兩岸關係的言論與行動，所以它們可以是非正式的言行。第二，
「大陸政策的方向」指的是上述這些言論與行動所代表的意涵對中國大陸
而言是衝突（敵意）或是合作（友善）取向。第三，「國內選舉」在本文
中是指中央層級的選舉，包括有總統選舉與國會選舉，而並不包含地方層
級的選舉。這是因為大陸政策通常與地方事務沒有直接關連，不會成為地
方選舉的主要議題。

## 二、分析時間範圍

　　本文的統計分析範圍將包括 1995 年 1 月 1 日至 2004 年 12 月 31 日
這段期間。選擇以 1995 年為始點主要是考量到總統直接選舉的初次舉
行。直接民選的方式使總統選舉成為台灣內部最重要的選舉競爭，也是
與大陸政策的辯論最直接相關的選舉。由於第一次總統直選是 1996 年 3
月，所以將開始部署選戰的前一年 1995 年納入觀察分析應是合理的做
法。至於以 2004 年 12 月 31 日為分析範圍終點，則是受到目前可取得資
料本身的時間範圍的限制。如同稍後在介紹變數測量與資料來源時會提
到，本分析所使用的資料主要是倚賴 Virtual Research Associates（VRA）
這家資料庫公司所建構的資料，但是由於目前它所公開的資料僅止於
2004 年 12 月 31 日，這也就限制了本文在時間序列分析這部分所能涵蓋
的範圍。[2] 雖然如此，針對 2004 年之後直到 2008 年底這段時間的部分，
我們還是可以藉由觀察個案的方式來討論台灣內部選舉對大陸政策的影
響。

## 三、統計方法

　　本文將以 VAR（vector autoregression，參見 Freeman, Williams, and
Lin, 1989）時間序列分析法來檢視選舉對於大陸政策方向的影響。選擇此

---

[2]　這份資料包含在一份以全球國家為範圍、共一千萬筆的事件資料庫之中，參見
　　 Gary King 的網站，http://dvn.iq.harvard.edu/dvn/dv/king。

分析法一方面是因爲時間序列能考慮到各變數在不同時間點的值，因此用於分析國家之間的關係時將更能掌握到國家行爲變化的脈動模式。另一方面則是，如果有一群變數彼此之間具有相互因果關係（這些變數稱爲「內生變數」，endogenous variables），則 VAR 分析會同時考慮到其中所有的每一個變數所施加的作用。由於在一組關係密切的國家中，任一個國家的行爲經常與其他國家的行爲具有相互因果的關連性，因此 VAR 是很適當的分析工具。

　　此外，時間序列是以時間單位，例如日、星期、月、季、或者年，作爲分析的單位。爲了能夠掌握國家行爲模式的快速變化，本分析選擇以最小單位「日」作爲分析的基本單位。

## 四、變數測量與資料來源

　　在本研究裡，納入 VAR 時間序列分析的變數包含有兩類。第一類是國家行爲變數，第二類則是選舉變數。這裡的「國家行爲」包括了在上述這一段時期之內，台灣、中國大陸、美國這三個國家中任二者兩兩之間互相針對彼此所發出的行爲（dyadic actions）。由於兩岸關係的發展涉及美國這一個舉足輕重的第三國，所以會把美國列入加以分析的行爲者當中。這些國家行爲變數是以 Virtual Research Associates 這家資料庫公司所建構的資料爲來源。他們以電腦軟體讀取某一時期內每天路透社所報導之新聞事件，找出事件中行動的發起國 A 國及其針對之目標國 B 國，然後依照 WEIS 編碼（the WEIS Codes；WEIS 指 World Event Interaction Survey，參見 McClelland, 1978）將 A 國對 B 國的動作根據其性質予以分類（例如評論、呼籲、譴責、讚揚、推動某政策、拜訪、援助、軍事演習等等各類型的動作），接著將分類後的行動依照 Goldstein（1992）的衝突合作尺度（the Goldstein Net-Cooperation Scale）給予不同權值的合作分數（最高是正 10 分）或衝突分數（最高爲負 10 分）。[3] 所以，這些國家行爲變數

---

[3]　有關事件資料庫的建構可參見關弘昌（2008）。

是以不同程度的衝突或合作分數來呈現。

選舉變數則包括有總統大選與國會選舉兩個變數。在本文的 VAR 時間序列分析中，選舉變數是用來衡量一個正在接近中的選舉是否對於大陸政策產生影響，所以它是以「距離下一次同類選舉的天數」建構而成，[4]例如「總統選舉」這一變數是某一日期距離下個總統選舉日的天數，而國會選舉則是某一天距離下一次立委選舉的天數。因此，距離選舉日期愈近，則選舉變數的值就愈小。在本研究中，總統選舉變數包含了 1996年、2000 年及 2004 年這三次總統大選；國會選舉變數則包括有 1995年、1998 年、2001 年，以及 2004 年的立委選舉。

## 五、模型建立

根據以上有關變數測量之敘述，本研究所使用之 VAR 時間序列模型將包括兩部分。第一部分是國家行為變數。會影響台灣對中國大陸政策的重要國家，除了中國之外就是美國，而且美、中、台三者之間的關係經常是相互連動的。為了充分掌握美、中、台之間的這種關係，模型將包含有以下六個國家行為變數：TC（表示「台灣對大陸的行動」），CT（大陸對台灣的行動），UC（美國對大陸的行動），CU（大陸對美國的行動），UT（美國對台灣的行動），TU（台灣對美國的行動）。我們假設美中台三國行為互有因果關連，因此這六個國家行為變數是上述所謂的「內生變數」。[5]至於第二部分則是選舉變數，包括有「總統選舉」（presidential election）與「國會選舉」（parliamentary election）。[6]由以

---

4　作者要感謝林繼文教授對此一建構方法的建議。

5　經由 STATA 統計軟體以 Augmented Dickey-Fuller（ADF）以及 Phillips-Perron（PP）兩種方式進行單根檢測（unit root test），確認這六個變數的序列都是定態或恆定的（stationary），因此無須再作任何調整即可直接進行時間序列分析。

6　由於選舉變數與國家行為變數之間並無相互因果之關係，也就是說，選舉的舉行不會受到國家行為改變而變化，但是可能會影響到美中台其中部分國家的行為，所以這兩個選舉變數並非「內生變數」，而是「外生」（exogenous）的變數。

上這兩部分的變數所建立起來的 VAR 時間序列模型如下：

$$
\begin{aligned}
TC_t = \alpha_1 &+ \beta_{111}TC_{t-1} + \beta_{112}TC_{t-2} + \cdots + \beta_{11k}TC_{t-k} \\
&+ \beta_{121}CT_{t-1} + \beta_{122}CT_{t-2} + \cdots + \beta_{12k}CT_{t-k} \\
&+ \beta_{131}UC_{t-1} + \beta_{132}UC_{t-2} + \cdots + \beta_{13k}UC_{t-k} \\
&+ \beta_{141}CU_{t-1} + \beta_{142}CU_{t-2} + \cdots + \beta_{14k}CU_{t-k} \\
&+ \beta_{151}UT_{t-1} + \beta_{152}UT_{t-2} + \cdots + \beta_{15k}UT_{t-k} \\
&+ \beta_{161}TU_{t-1} + \beta_{162}TU_{t-2} + \cdots + \beta_{16k}TU_{t-k} \\
&+ \beta_{171}\, presidential\ election \\
&+ \beta_{181}\, parliamentary\ election + \varepsilon_1
\end{aligned}
\tag{1}
$$

$$
\begin{aligned}
CT_t = \alpha_2 &+ \beta_{211}TC_{t-1} + \beta_{212}TC_{t-2} + \cdots + \beta_{21k}TC_{t-k} \\
&+ \beta_{221}CT_{t-1} + \beta_{222}CT_{t-2} + \cdots + \beta_{22k}CT_{t-k} \\
&+ \beta_{231}UC_{t-1} + \beta_{232}UC_{t-2} + \cdots + \beta_{23k}UC_{t-k} \\
&+ \beta_{241}CU_{t-1} + \beta_{242}CU_{t-2} + \cdots + \beta_{24k}CU_{t-k} \\
&+ \beta_{251}UT_{t-1} + \beta_{252}UT_{t-2} + \cdots + \beta_{25k}UT_{t-k} \\
&+ \beta_{261}TU_{t-1} + \beta_{262}TU_{t-2} + \cdots + \beta_{26k}TU_{t-k} \\
&+ \beta_{271}\, presidential\ election \\
&+ \beta_{281}\, parliamentary\ election + \varepsilon_2
\end{aligned}
\tag{2}
$$

$$
\begin{aligned}
UC_t = \alpha_3 &+ \beta_{311}TC_{t-1} + \beta_{312}TC_{t-2} + \cdots + \beta_{31k}TC_{t-k} \\
&+ \beta_{321}CT_{t-1} + \beta_{322}CT_{t-2} + \cdots + \beta_{32k}CT_{t-k} \\
&+ \beta_{331}UC_{t-1} + \beta_{332}UC_{t-2} + \cdots + \beta_{33k}UC_{t-k} \\
&+ \beta_{341}CU_{t-1} + \beta_{342}CU_{t-2} + \cdots + \beta_{34k}CU_{t-k} \\
&+ \beta_{351}UT_{t-1} + \beta_{352}UT_{t-2} + \cdots + \beta_{35k}UT_{t-k} \\
&+ \beta_{361}TU_{t-1} + \beta_{362}TU_{t-2} + \cdots + \beta_{36k}TU_{t-k} \\
&+ \beta_{371}\, presidential\ election \\
&+ \beta_{381}\, parliamentary\ election + \varepsilon_3
\end{aligned}
\tag{3}
$$

$$CU_t = \alpha_4 + \beta_{411}TC_{t-1} + \beta_{412}TC_{t-2} + \cdots + \beta_{41k}TC_{t-k}$$
$$+ \beta_{421}CT_{t-1} + \beta_{422}CT_{t-2} + \cdots + \beta_{42k}CT_{t-k}$$
$$+ \beta_{431}UC_{t-1} + \beta_{432}UC_{t-2} + \cdots + \beta_{43k}UC_{t-k}$$
$$+ \beta_{441}CU_{t-1} + \beta_{442}CU_{t-2} + \cdots + \beta_{44k}CU_{t-k}$$
$$+ \beta_{451}UT_{t-1} + \beta_{452}UT_{t-2} + \cdots + \beta_{45k}UT_{t-k}$$
$$+ \beta_{461}TU_{t-1} + \beta_{462}TU_{t-2} + \cdots + \beta_{46k}TU_{t-k}$$
$$+ \beta_{471}\,presidential\ election$$
$$+ \beta_{481}\,parliamentary\ election + \varepsilon_4 \tag{4}$$

$$UT_t = \alpha_5 + \beta_{511}TC_{t-1} + \beta_{512}TC_{t-2} + \cdots + \beta_{51k}TC_{t-k}$$
$$+ \beta_{521}CT_{t-1} + \beta_{522}CT_{t-2} + \cdots + \beta_{52k}CT_{t-k}$$
$$+ \beta_{531}UC_{t-1} + \beta_{532}UC_{t-2} + \cdots + \beta_{53k}UC_{t-k}$$
$$+ \beta_{541}CU_{t-1} + \beta_{542}CU_{t-2} + \cdots + \beta_{54k}CU_{t-k}$$
$$+ \beta_{551}UT_{t-1} + \beta_{552}UT_{t-2} + \cdots + \beta_{55k}UT_{t-k}$$
$$+ \beta_{561}TU_{t-1} + \beta_{562}TU_{t-2} + \cdots + \beta_{56k}TU_{t-k}$$
$$+ \beta_{571}\,presidential\ election$$
$$+ \beta_{581}\,parliamentary\ election + \varepsilon_5 \tag{5}$$

$$TU_t = \alpha_6 + \beta_{611}TC_{t-1} + \beta_{612}TC_{t-2} + \cdots + \beta_{61k}TC_{t-k}$$
$$+ \beta_{621}CT_{t-1} + \beta_{622}CT_{t-2} + \cdots + \beta_{62k}CT_{t-k}$$
$$+ \beta_{631}UC_{t-1} + \beta_{632}UC_{t-2} + \cdots + \beta_{63k}UC_{t-k}$$
$$+ \beta_{641}CU_{t-1} + \beta_{642}CU_{t-2} + \cdots + \beta_{64k}CU_{t-k}$$
$$+ \beta_{651}UT_{t-1} + \beta_{652}UT_{t-2} + \cdots + \beta_{65k}UT_{t-k}$$
$$+ \beta_{661}TU_{t-1} + \beta_{662}TU_{t-2} + \cdots + \beta_{66k}TU_{t-k}$$
$$+ \beta_{671}\,presidential\ election$$
$$+ \beta_{681}\,parliamentary\ election + \varepsilon_6 \tag{6}$$

在以上模型的每一個方程式中，$\alpha i$ 是常數，$\varepsilon i$ 是誤差項，$k$ 則是期差（lag）。[7]

---

7　依據Sims（1980: 17-18）的概似比檢定（likelihood ratio tests），本研究模型中的每一個內生變數皆以30個期差來進行分析。

# 肆、統計分析結果

經由 VAR 時間序列分析，[8] 表 9-1 列出兩個選舉變數對於台灣的大陸政策，或者說對於「台灣對中國大陸的行動」的影響。

表 9-1　VAR 模型中選舉變數的係數

| 依變項<br>自變項 | 台灣對大陸的行動<br>(1995 年 1 月 1 日至 2004 年 12 月 31 日) |
|---|---|
| 總統選舉 | 0.000166**<br>(0.000059) |
| 國會選舉 | 0.000183*<br>(0.000082) |

說明：1. 括弧中為標準差。2. **p<.01; *p<.05。

從表中所呈現的結果來看，在 1995 年 1 月 1 日至 2004 年 12 月 31 日這段期間，選舉的確有對台灣大陸政策的方向發生影響，因為「總統選舉」與「國會選舉」這兩個變數的係數分別有 0.01 與 0.05 的顯著水準。至於選舉是使台灣的大陸政策趨於合作還是衝突的方向，則由變數的係數符號來判斷。從表中結果可以看到，這兩個選舉變數的係數皆為正數，這表示距離選舉愈遠，則台灣對大陸行動所意涵的合作程度愈高。其反面的意思就是，離選舉愈接近，那麼台灣對大陸的行動就愈具有衝突性。例如總統選舉變數的係數是 0.000166，表示每增加一天，也就是每「遠離」下次的總統大選一天，則台灣對大陸的行動會增加 0.000166 的「合作」分數；或者說每「接近」下一個總統大選一天，則台灣對大陸的行動會增加 0.000166 的「衝突」分數。同樣地，國會選舉變數的係數是 0.000183，表示每「遠離」下次的立委選舉一天，則台灣對大陸的行動會增加 0.000183 的「合作」分數；或者是每「接近」下一個立委選舉一

---

8　本分析是以統計軟體 RATS 來進行。

天，則台灣對大陸的行動會增加 0.000183 的「衝突」分數。[9]

　　從以上 VAR 時間序列的分析結果來看，可以知道在 1995 年到 2004 年這段期間，台灣內部的選舉會對它的大陸政策產生「升高衝突程度」的作用。

## 伍、解釋與討論

　　就分析的層次而言，在以上的 VAR 統計分析中，行為發動者與接收者的分析單位是「國家」（state）而非國內的行為者（sub-state actor）。換言之，國家在此是被視為一個單一行為者（unitary actor）。因此，以上統計結果的呈現，就是指出當台灣被當成一個整體的單一行為者來看待，而沒有進一步區分其內部的不同行為者（例如執政黨的「即將卸任總統」vs. 該黨的「候選人」，或者執政黨 vs. 在野黨）時，它在選舉接近的時候對中國大陸的行為模式。把這一個統計結果得出的模式與實際經驗相互比對，兩者大致上是彼此吻合的。亦即從個案來看，在 1995 年之後的時期，台灣對中國大陸具有衝突意涵的言行動作的確曾出現在它要舉行選舉之前的幾個月時，比較令人印象深刻的例子包括如下。

　　首先，1995 年 6 月，當時的李登輝總統訪問美國康乃爾大學並且發表演說，引發中國大陸強烈的反彈，並以試射飛彈演習給予警告。李登輝訪美的時間點正是在 1995 年底的立委選舉之前大約六個月時，也是隔年 1996 年 3 月的總統大選之前大約九個月時。其次，1999 年 7 月，李登輝總統在接受德國之聲訪問時發表了「台灣與大陸是特殊國與國關係」

---

9　雖然在此所列出之總統選舉變數的係數 0.000166 小於國會選舉變數的係數 0.000183，但因為這兩個係數都是取小數點後六位，實際上它們的值皆極小，因此就統計意義而言兩者之間的差是可以忽略的。也就是說，從統計結果來看，在 1995 年至 2004 年這段期間，立委及總統選舉對大陸政策的衝突取向的影響整體而言是相等的，雖然從個別選舉來看，每次立委或總統選舉之前大陸政策的衝突強度是有高低之別的。

的「兩國論」，同時震撼美中台三地。這個事件是發生在 2000 年 3 月總統大選之前大約八個月時。第三，2001 年 10 月，陳水扁總統一反當年元旦祝詞中所提「尋求兩岸政治統合新架構」的「統合論」立場，而說他無法接受「九二共識」。這是在當年年底立委選舉之前兩個月的事件，而且正是在陳水扁為民進黨候選人助選時所發表的言論。第四，2003 年陳水扁推動的公民投票運動一直持續到進入 2004 年初，而這運動正是在 2004 年 3 月總統大選他尋求連任的前一年所發動的。

以上這些事件是在發生在 1995 年至 2004 年這段時期，但是在 2004 年至 2008 年這段本文統計分析所沒有處理的時期之中，類似的事件也曾發生。例如於 2007 年當中，陳水扁在發動一連串的正名運動後，又接著開始推動「公民投票加入聯合國運動」，而這正是在 2008 年 1 月立委選舉，以及 3 月的總統大選之前所發起的運動。

所以，統計分析與實際個案都顯示出一個模式，也就是 1995 年之後到 2008 年，台灣在其內部選舉即將來臨時，容易對中國大陸出現具有衝突性質的政策或動作。[10] 這一個行為模式應該如何去解釋呢？由於每一個案的情形不盡相同，要找到一個能解釋全部個案的因素並不容易。而且每一個案在其特殊的時空脈絡下可能皆有其獨特的因果關係存在。因此，本文在此僅就這些個案中同時存在的結構力量作討論。筆者以為，此一結構力量乃來自於以「國家認同」作為界線的政治分歧（political cleavage），以及在此一分歧之上的民意態度分布變化。

---

10 當然這不表示選舉時每個政黨或候選人都一定會在大陸政策的相關議題上展現出衝突取向，例如在 2000 年選戰中陳水扁以所謂「新中間路線」遮掩他原先的台獨色彩，2004 年連戰基本上是以溫和路線競選（雖然他曾在公投議題上放棄原先反公投的立場而與陳水扁競相加碼），2008 年馬英九以穩定兩岸關係、強化兩岸經貿交流（例如提出「兩岸共同市場」）為訴求。關於為何候選人採取的大陸政策取向會有不同，本文稍後將會在結論部分作一討論。這裡要指出的是，統計結果顯示選前台灣大陸政策會趨於衝突，表示儘管有些大陸政策行動是合作取向的，但衝突取向的大陸政策言行可能因出現次數較多、強度較高，所以量化計算之後整體仍是偏向「衝突」的分數。

## 一、國家認同的政治分歧

如同在前面的文獻討論時所提及，選舉得以影響對外政策方向的一個關鍵因素是選民的態度偏好。在「理性」的假設之下，政治人物或政黨為了在選舉中極大化其所能獲取的選票，會在選舉前夕提出他們個別的政策主張或行動以吸引選票。假設選民在選舉主要議題的態度上呈現單峰型態的分布，亦即大多數都選民集中在某一立場附近，企圖執政的政黨或政治人物的策略便是提出接近這一立場的政策或者言行，以迎合這些多數選民的主張。[11]

不過，在一個選舉中的主要議題到底為何，通常與一個政治體系的政治分歧密切相關。政治分歧反映出不同政黨及其支持者的立場，也主導了政治體系中的政治競爭。其形成的根源可能來自於利益的衝突，例如常見於歐洲的階級。但在台灣則涉及情感面的糾葛，也就是國家認同。國家認同作為台灣的政治分歧有其複雜的歷史因素，也與台灣的國際處境息息相關。前者包括日本對台灣的殖民統治，以及國民黨來台後的威權統治；後者則是中國大陸在國際體系中的戰略地位崛起之後，台灣在外交上所逐漸面臨的孤立。這內外環境的相互激盪影響，使追求台灣的獨立主權始終被奉為反對運動的終極目標，包括 1980 年代後期成立的民進黨。

在李登輝繼任總統、開始進行民主改革之後，民進黨為了另闢與國民黨抗衡的戰場，逐將其運動主軸從先前的「民主化」轉移至「國家認同」之上，同時以激進與溫和兩種途徑推動其追求台灣獨立之目的。激進路線表現在 1991 年國大首次改選前夕的制憲運動及「台獨黨綱」之上；溫和路線則以推動台灣加入聯合國作包裝進行訴求。激進而帶有戰爭風險的台獨路線在 1991 年國大選舉結果出爐、民進黨表現欠佳之後被視為失敗，但是溫和台獨路線的推動聯合國運動卻因直指台灣日益孤立的國際處境而

---

11　當然，參選目的在於宣揚理念、拓展支持廣度，而非以執政為目標的小黨，就不一定會根據這些多數人的立場來提出政策。

深得民眾的共鳴。[12] 可以說這一運動喚醒了台灣民眾對於一個完整國際地位的企求，也從而間接促成了台灣意識的強化。更重要的是它直指國民黨執政表現中的最脆弱處，也就是台灣的外交孤立，因此造成國民黨頗大的壓力，尤其在舉行第一次總統民選之前。李登輝總統隨後推動的參與聯合國，數次出國訪問邦交國與非邦交國，包括訪問美國，都可視為是總統選舉之前在這個議題上對於民進黨以「國家認同」作為反對策略主軸的回應。這些行動由於帶有凸顯台灣主權的意涵，對中國大陸等於是具有衝突性質的動作。這也顯示了在「國家認同」作為政治分歧之下，選舉對於台灣的大陸政策所產生的影響。

## 二、民意態度在國家認同上的變化

李登輝的訪美導致中國大陸分別在 1995 年夏天與 1996 年春天對台灣進行飛彈試射，但是中國打壓台灣的舉動卻更加強化了台灣民眾對於台灣完整國際地位的企求，這反映在民調資料中「台灣人認同」比例的上升。

圖 9-1 是由政治大學選舉研究中心根據抽樣調查結果所公布，從1992 年至 2008 年這段期間台灣民眾的「台灣人／中國人認同趨勢分布圖」（政治大學選舉研究中心，2009）。從圖 9-1 中可以看出，民眾在「台灣人認同」與「中國人認同」的分布上呈現出明顯的消長趨勢。儘管其中自認為「同時是台灣人也是中國人」的比例在 2001 年之前一直是最高者，同時也表現出在一個固定區間內浮動的穩定分布態勢，但是可以看到「台灣人認同」的比例在 1995 年後就超過了「中國人認同」，並且呈現逐年上升的趨勢，而「中國人認同」比例相對則逐年遞減。這個台灣人／中國人認同趨勢的消長反映出這段時期民意態度的變化，亦即表現出台灣民眾在「維護台灣主權」的意識上不斷提升，對於敏感的政治人物而

---

12　例如《聯合報》在 1991 年 9 月 18 日及 19 日的民調資料分析顯示，有 60.8% 的受訪者認同台灣應該加入聯合國。資料來源為中央研究院調查研究中心，統計結果則為作者自行分析。

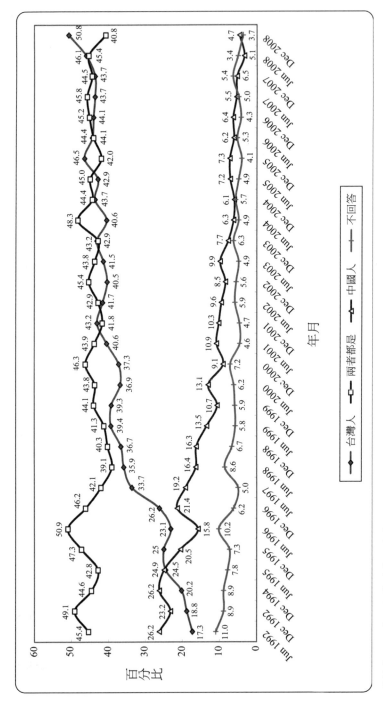

圖 9-1 台灣民眾「台灣人／中國人認同」趨勢分布（1992 年至 2008 年）

資料來源：政治大學選舉研究中心，http://esc.nccu.edu.tw/newchinese/data/TaiwanChineseID.htm。

言，這是不能不去正視的一個「政治正確」的訊息。因此在選舉即將來臨時政治人物選擇一個能凸顯出維護台灣主權的立場，並據此立場適時展現出凸顯台灣主體意識的行動，也就不難理解了。

## 三、民意的角色

此外，一個有待討論的問題是，台灣民眾在台灣主體意識上的提升如何引導政治人物或政黨提出具有衝突性質的大陸政策？除了方才所言，在民眾的台灣主體意識上升的情況下，政治人物會提出相對應於民意的政策以求符合民眾期待之外，民眾高漲的台灣主體意識事實上也可能帶有「道德風險」的作用，會誘使政治人物在選舉前以衝突性質的大陸政策來挑釁中國。其目的或者在於利用中國不友善的反應進一步來凝聚選民的台灣主體意識，進而爭取選民在投票時的支持；也有可能在於以民眾對台灣主權議題的專注來轉移他們對執政者內政表現欠佳的不滿。這兩種情況即是所謂的「團結一致」（rally around the flag）效果，以及「轉移注意」理論（the diversionary theory；又稱「代罪羔羊」理論，the scapegoat theory，可參見 Blainey, 1988: 72-74; Lebow, 1981: 61-80）。換言之，民意可以造成壓力，迫使政治人物在選舉時提出符合民意的政策；但民意同時也可以構成一個誘因，引誘政治人物為了追求勝選而產生冒險心態。這兩種情形也都可以解釋幾項台灣在選舉來臨前對大陸的衝突舉動，例如陳水扁總統在 2003 年與 2007 年所推動的公民投票運動。

## 陸、結論

選舉究竟是會造成一國對外政策方向轉趨激進挑釁，或者友善和平？本文以 VAR 時間序列統計分析法針對台灣的大陸政策進行分析，發現1995 年之後台灣在選舉來臨時確實會在大陸政策上轉趨衝突傾向。不過在這一分析過程中，筆者或因篇幅有限，仍有些相關議題未能處理；或因主客觀條件不足，對於部分的研究限制與困難尚且無法解決。以下分別提

出，或可作為未來有意繼續研究此一主題者的參考。

　　第一，如同先前所指出，本文的統計分析是以國家作為一個「單一行為者」為假設前提，而沒有去討論國內層次的不同行為者在選舉來臨時的個別政策立場或行動。這與前文提到吳玉山（2000）的研究是不同的一個分析層次。吳玉山的研究是以 2000 年總統大選為主要分析對象，至於在其他幾次總統大選中，不同候選人的大陸政策如何，或者即將卸任的總統與其政黨候選人的大陸政策是否有差異，以及要如何解釋這些政策異同的形成原因等等，都是值得繼續探究的問題。

　　第二，2008 年以後的發展會是如何，也是值得觀察的焦點。當國家認同仍舊是台灣政治競爭無法避免的分歧主軸時，2012 年的總統大選前夕是否仍舊會出現衝突性質的大陸政策？或者在馬英九政府兩岸政策和解路線的鋪陳下，2012 年會有新的發展模式出現？這也有待進一步的觀察。

　　第三，本文在後來針對民意如何引導出衝突取向的大陸政策提出了幾個解釋，包括民意可以是壓力，也可以是誘因。但是，正如同許多研究外交決策過程的學者所經常遭遇的，要如何驗證這些解釋的正確性也是一個挑戰。可能的一個方法是訪談政治人物，詢問其當時的決策考量。但是政治人物是否願意接受訪談，或者即使接受，他們是否會真正誠實直接地回答，都仍有待商榷。

　　第四，最後的一個問題是，政治人物如何感受、解讀民意？政治人物是否也會注意到國家認同議題的民意調查結果？在民調盛行的台灣，這是很有可能的。但是他們會根據哪一個面向的民調來作為決策依據？是統獨，還是台灣人／中國人認同？如果是統獨，我們應如何解釋在主張「維持現狀」者的比例長年以來仍居多數的情形下（見圖 9-2），政治人物會提出具有獨立意涵的政策行動？如果是台灣人／中國人認同，儘管台灣人認同比例持續上升，但多數時期同時具有兩種認同者的比例也是最高，那麼政治人物又是如何解讀、衡量這些不同的民意態度趨勢，然後還是提出具有衝突性的大陸政策立場與行動？或者，這些民調數據乃僅供參考，他

圖 9-2　台灣民眾「統獨立場」趨勢分布（1994 年至 2008 年）

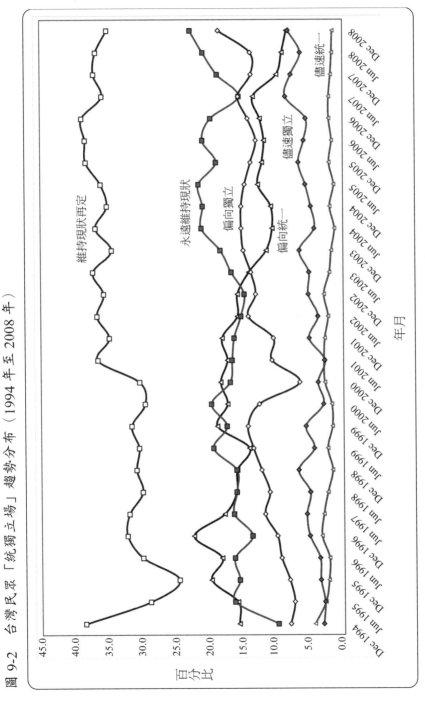

資料來源：政治大學選舉研究中心，http://esc.nccu.edu.tw/newchinese/data/tonduID.htm。

們另外還有其他自己感受衡量民意的途徑？

　　與以上有關，但更爲核心的一個議題是，對於過去與未來的兩岸關係發展，怎樣的一個架構方能較爲全面或完整地解釋台灣內部選舉對於大陸政策的影響。尤其是當相同選舉中的不同候選人提出衝突合作取向各異的大陸政策，或者同一候選人在不同選舉中所提的大陸政策方向並不一致時。雖然其他研究皆指出「民意」的關鍵角色，而本文也在上面提到由國家認同分歧的結構力量所引導的民意變化是一個重要因素。不過民意作爲單一的解釋因素有時是有其侷限的，這時導入其他適當的變數遂有其必要。筆者認爲，這些變數可以包括有候選人或政黨的統獨意識型態，以及候選人是否有冒險（risk-taking）的傾向。例如：目前台灣以「台灣人認同」居多數的民意雖然會把候選人牽引到維護台灣主權的位置，但是其統獨意識型態可能會左右其表現的方式與政策思維，像是偏向統一者如馬英九會提出「兩岸共同市場」，儘管他宣示「不統、不獨、不武」的立場；而偏向主張台獨的民進黨即反對兩岸進一步的經貿交流。或者有爲達目的而不計後果的冒險傾向者如陳水扁，爲求勝選而提出高度爭議的公投議題，不顧其對於兩岸關係與台美關係的傷害；而個性謹慎、表現出規避風險（risk averse）傾向的連戰相較之下在整體大陸政策立場上則變化不大。

　　以上僅提出一些初步的看法。由於每次選舉的情勢都是不同的，候選人爲求勝選而提出的大陸政策方向也可能因此出現差異。因此以上所提的這些變數是否眞具有解釋力，以及他們發生作用的方式到底是如何，彼此不同的結合又會如何發生作用，或者是否還有其他的更具解釋能力的變數，則都有待未來的研究予以確認。

# 參考書目

吳玉山，1999，〈台灣的大陸政策：結構與理性〉，包宗和、吳玉山（編），《爭辯中的兩岸關係理論》，台北：五南，頁 151-210。

吳玉山，2000，〈台灣總統大選對於兩岸關係產生的影響：選票極大化模式與戰略三角途徑〉，《遠景季刊》1（3）：1-33。

政治大學選舉研究中心，2009，〈台灣民眾台灣人／中國人認同趨勢分析〉：http://esc.nccu.edu.tw/newchinese/data/TaiwanChineseID.htm。檢索日期：2009 年 4 月 13 日。

政治大學選舉研究中心，2009，〈台灣民眾統獨立場趨勢分析〉：http://esc.nccu.edu.tw/newchinese/data/tonduID.htm。檢索日期：2009 年 4 月 13 日。

關弘昌，2008，〈談兩岸關係量化研究的事件資料庫〉，《中國大陸研究教學通訊》（86）：9-11。

Blainey, Geoffrey. 1988. *The Causes of War*, 3rd ed. New York, NY: The Free Press.

Freeman, John R., John T. Williams, and Tse-min Lin. 1989. "Vector Autoregression and the Study of Politics." *American Journal of Political Science* 33(4): 842-77.

Gaubatz, Kurt Taylor. 1991. "Election Cycles and War." *Journal of Conflict Resolution* 35(2): 212-244.

Gaubatz, Kurt Taylor. 1999. *Elections and War: The Electoral Incentive in the Democratic Politics of War and Peace*. Stanford, CA: Stanford University Press.

Goldstein, Joshua S. 1992. "A Conflict-Cooperation Scale for WEIS Events Data." *The Journal of Conflict Resolution* 36(2): 369-385.

Lake, David A. 1992. "Powerful Pacifists: Democratic States and War." *American Political Science Review* 86(1): 24-37.

Lebow, Richard Ned. 1981. *Between Peace and War: The Nature of International Crisis*. Baltimore, MD: The Johns Hopkins University Press.

Lin, Jih-wen. 2004. "Conflict across the Taiwan Strait and the Washington-Beijing-Taipei Strategic Triangle." Paper presented at the "Taiwan at the Edge of Empires" Conference, December 18, National Tsing-hua University, Taipei.

McClelland, Charles A. 1978. *World Event Interaction Survey (WEIS) Project, 1966-1978*, Computer file, 3rd ICPSR ed. Ann Arbor, MI: Inter-university Consortium for Political and Social Research.

Nincic, Miroslav. 1990. "U. S. Soviet Policy and the Electoral Connection." *World Politics* 42(3): 370-396.

Sims, Christopher A. 1980. "Macroeconomics and Reality." *Econometrica* 48(1): 1- 48.

Smith, Alastair. 1996. "Diversionary Foreign Policy in Democratic Systems." *International Studies Quarterly* 40(1): 133-153.

Smith, Alastair. 1998a. "Fighting Battles, Winning Wars." *Journal of Conflict Resolution* 42(3): 301-320.

Smith, Alastair. 1998b. "International Crises and Domestic Politics." *American Political Science Review* 92(3): 623- 638.

# 第十章
# 兩岸談判的雙層賽局分析

吳秀光、石冀忻

## 壹、前言

### 一、兩岸關係中的「變」

自 2000 年台灣第一次政黨輪替以來，兩岸關係發生了許多變化，但也有許多結構性要素沒有改變。這些變與不變形成了兩岸關係的新結構，而使得居於其中的行為者亦在此新的賽局中面臨不同的策略選擇。到底這些變與不變的因素有哪些？它們如何影響行為者的策略選擇？這些便成為兩岸關係發展研究者高度關注的問題。

部分的兩岸關係研究者，分別由國際（系統）結構因素或由內部利益團體競爭因素，來解釋兩岸間的關係。前者例如冷戰時期的兩大陣營間的權力平衡（balance of power）或阻遏理論（deterrence）及延伸阻遏（extended deterrence）。後者則如由中共內部權力鬥爭，或由台灣內部政黨輪替、決策者改變，及各自內部經濟情勢的發展來解釋兩岸之間的變化。其中最為研究者所注意到的變化分別是：（一）美國霸權的弱化；（二）中國國力的提升；以及（三）台灣自主意識的提高。

#### （一）美國霸權的弱化

國際結構因素中最顯著的變化，應是美國角色的弱化。許多評估顯示，近十年來美國的霸權正在悄悄地失落中。而如果要對這段過程找一個

近因，那就是最近以美國爲首，在世界掀起的金融風暴；中程的原因，可以推到 2001 年九一一事件後小布希政府以反恐戰爭爲名，在世界上大行單邊主義；長程來看，也許從雷根政府時期就種下了今日的病灶（俞正，2008：57-59）。

2002 年 12 月 11 日小布希政府發布「對抗大規模毀滅性武器國家戰略」。2003 年 3 月 20 日，美軍出兵伊拉克，展開爲期數年的伊拉克戰爭，也讓美國爲數有限的軍力，長期陷在阿富汗與伊拉克兩個國家，難以他顧。這場伊拉克戰爭美國付出相當的代價。

此外，美國經濟自 2001 年的 3 月至 11 月，因爲科技泡沫破滅的緣故，發生小幅度的衰退，但隨即開始復甦，在 2002 年至 2006 年平均的經濟成長率還有 2.9%。2006 年的國內生產總值（GDP）仍佔全球 GDP 將近 30%（Clack, 2007）。然而 2007 年爆發的次級房貸危機，進而引爆了全世界的骨牌效應。2008 年諾貝爾經濟學獎得主克魯曼（Paul Krugman）具體地將這波金融危機描述成四個連續的階段（《聯合報》，2008），他懷疑美國政府所做的一系列紓困措施是否能夠奏效，並認爲失業率終將突破 8%，[1] 並使經濟陷入持續的不景氣甚至衰退中。在最近 G20 的首長會議中，吾人看到了美國影響力的衰微，這與中國力量的興起形成了強力的對比。

美國這十年的經驗，似乎同時使得其介入其他國家或國際爭端的意願與能力都大打折扣。這自然對兩岸關係有著深遠的影響。

## （二）中國國力的提升

相反地，中國因爲經改的緣故，使得其國力大幅提升。考察中國近十年來的變化，大抵可從經濟與政治兩方面來看。經濟上，中國改革開

---

[1] 在 2008 年 10 月 16 日於《紐約時報》（*New York Times*）的專欄中，克魯曼（2008）提到美國失業率已經突破 6%，並將其視爲天文數字。然而，根據2009年4月4日《經濟日報》的報導，美國失業率已經來到8.5%，創下26年來新高。

放 30 年的具體成果是明顯卓著的。1987 年至 2005 年中國的經濟平均以 9.5% 在增長，遠遠超過大多數發展中國家和發達國家的成長率（遲福林，2008）。到了 2007 年中國 GDP 總量已成爲 257,306 億人民幣（約 33,800 億美元），中國成爲僅次於美國和日本的世界第三大經濟體（《亞洲週刊》，2009）。[2] 而其軍事支出亦隨之水漲船高，在 2009 年的國防預算爲 4,807 億元人民幣（約合 702 億美元），比 2008 年增加 14.9%（BBC 中文網，2009）。

就其內部發展而言，以世界銀行在 2004 年發表的《中國：推動公平的經濟增長》報告指出中國的經濟增長，大規模的減少貧困人口（從 1990 年的 3.6 億人下降到 2002 年的 1.6 億人），故連帶由開發中國國內的人力資源，促進了社會的發展（世界銀行（編），2004）。[3]

政治上，中國似乎有了更順利接班的機制，在鄧小平時即將接班問題的重要性提升到了戰略性的高度，而此一問題的克服也將中國政治動亂的可能性減低。鄧小平破格提拔年輕幹部，打破論資排輩的現象，並且將安置老幹部的做法從「顧問制」轉變爲「退休制」，從「半退」轉爲「全退」。從第二代領導核心過渡到第三代領導核心的過渡，鄧小平明確的訂出中國的未來是要靠集體領導，中央最高層領導者是一個集體而非一個人（王光銀，2006：85-87）。這些作爲讓中國政治接班有了較明顯的規則。或許「分散化的威權主義」更能勾勒出中國政治的現實。[4] 謝淑麗

---

2　文中引述中國國家統計局 2009 年 1 月 14 日所公布的報告。顯示 2007 年中國 GDP 總量爲 257,306 億人民幣（約 33,800 億美元）。根據平均匯率計算，這一數字已超過當年德國 33,200 億美元 GDP 水平，中國成爲僅次於美國和日本的世界第三大經濟體。

3　雖然中國實現了令人矚目的經濟高增長，但經濟增長也帶來了兩大矛盾，發展不平衡、資源環境的約束的凸出是第一個矛盾，而另一矛盾爲公共服務不到位與基本公共產品短缺的凸出。故重新調整增長方式，從少數人分享型的增長轉向全體人民分享增長，使資源可以以更公平、更永續的方式利用與發展，將是爲來中國經濟面向上關注的焦點。

4　參考謝淑麗（2008：譯序 16）。

（Susan Shirk）（2008）更以「脆弱的強權」來描述組織結構對中共領導人決策的制約，以及中共領導人對組織結構利益的妥協，表面上中國共產黨仍維持壟斷政治權力的局面，不過社會階級、利益、價值的日趨多元，甚至包括利益團體的形成，官僚體系決策的討價還價與多層化，社會經濟的多元化，使得其權力結構並非集中獨大。江澤民、胡錦濤出身科技官僚世代，既無毛、鄧的奇魅特質，也都在接班後才開始在軍中建立人脈，使其決策處處遷就軍隊、宣傳、安全部門的組織利益；且在經改過程，為了鞏固共產黨領導，維護改革開放的社會秩序，又祭出民族主義，用以替代馬列主義作為意識型態的動員力量。但這種濃烈的民族主義情結（包括對台灣），有其一定風險，謝淑麗甚至認為，當內部矛盾深刻時，可能迫使中國領導人受到內部官僚與民眾力量的影響鋌而走險，對外採取冒進政策。

## （三）台灣自主意識的提高

台灣的變化也隨著國際環境的變化與中國內部的變化，也有著不同的改變。最明顯的在於台灣分別在 2000 年與 2008 年的政黨輪替，以及隨之而來民眾自主意識的提升。

關於台灣的自主意識變化，根據行政院大陸委員會於 2009 年 2 月 16 日所公布的「2008 年兩岸關係國內各界民意調查綜合分析」，[5] 在 2008 年 3 月 23 至 25 日的民意調查中發現公投雖然沒通過，仍有高達 77.3% 的民眾支持我國繼續推動加入聯合國。顯示台灣的自主意識漸漸地興起，而在統獨的看法上，主張維持現狀的民眾佔絕大多數 91.1%。此外，傾向獨立的比率佔 23.1%，超過傾向統一的比率 12.2%。而在對於中國以「一國兩制」發展兩岸關係的主張，有 81.7% 的民眾表示不贊成，有 13.2% 的民眾表示贊成。而在 2008 年 12 月 19 日至 21 日的民意調查中，主張廣義維持現狀（其選項包括「維持現狀，看情形再決定獨立或統一」、

---

5　陸委會指出，去年各界所公布有關兩岸的民調顯示，民眾樂見兩岸關係趨於緩和，不僅對政府維持兩岸和平穩定深具信心，也對未來兩岸的發展表示樂觀。

「維持現狀，以後走向統一」、「維持現狀，以後走向獨立」、「永遠維持現狀」）的民眾佔絕大多數 91.8%，爲歷來調查新高。並且主張「維持現狀，看情形再決定獨立或統一」是六種意見裡的最大多數佔 40.9%，主張「永遠維持現狀」者佔 25.5%。[6]

由此顯示台灣的自主意識在國際情勢與中國的國際地位改變之下，並未減弱，反而是中國依舊強硬的對台政策，似乎讓台灣的自主意識更加的提升，並開始有了分裂的情形。這也讓台灣在面對中國的談判上，由於結構的改變，給了雙方不一樣層面的機會與限制。

此外，值得一提的是，台灣在經濟上與中國大陸的關係也益趨密切。依經濟部國貿局的統計，2008 年我國對中國大陸（含香港轉口）貿易總額 1,054 億美元，較 2007 年增加 3.1%，其中出口 739.8 億美元（減少 0.4%），進口 314.2 億美元（增加 12.1%），進出口相抵，出超 425.7 億美元（行政院主計處，2009）。再者，由於全球化的時代，資訊科技的發達，讓中國的一舉一動對各國重要性也逐漸增強，也使得兩岸關係產生些許的變化，主要是伴隨著中國經濟的崛起而導致。因此，兩岸的互動也變得越來越頻繁，諸多的議題也隨著兩岸恢復溝通機制之後，慢慢地浮出檯面，包括開放陸客來台觀光，以及大三通的簽署也更加強了兩岸的交流。在 2008 年的兩次大選之後，台灣藍綠內部派系卻似乎有進一步分裂的跡象，這些都給了兩岸在談判的時候有更複雜的機制與過程。

## 二、兩岸關係中的「不變」

### （一）分裂的態勢依舊

目前兩岸各自擁有國號、國旗、國內領導人、中央政府、軍隊以及部分國際承認的基本態勢。在過去十年並沒有重大的改變。幾年之前，台灣

---

6　對統獨看法的六種意見包括：維持現狀以後再決定、永遠維持現狀、維持現狀以後獨立、維持現狀以後統一、儘快宣布獨立、儘快宣布統一。

海峽卻被許多國際衝突研究者認為是世界上最可能發生衝突的幾個不穩定地區之一。

## （二）雙方的軍事準備依舊

就中國方面而言，根據美國 2009 年 3 月所發表的中國軍力報告，指出中國正在迅速增強軍力，發展新型的軍事科技，更以其三分之一的地面部隊、1,100 枚飛彈對準台灣，其新型戰機也迅速換裝，使台灣原有的空中優勢首次發生逆轉（自由時報，2009）。這些在在顯示中共仍然在為兩岸可能發生的武裝衝突做好準備。

就台灣方面而言，立法院於最近通過對美軍購預算案，政府亦宣示未來多項軍購案，其中包括多項高精密的軍事裝置，如二代戰機與三代戰機間的過渡機種（F-16C/D）、電戰機、空中加油機，以及具備電子戰、匿蹤、空中加油、短場起降、視距外攻擊、對地精準攻擊能力的三代戰機（F-35）。預算通過時引發了中共對台灣及美國的強烈抗議，顯然其並未放鬆軍事上的戒心。

## （三）台灣持續企圖打開國際空間

台灣一直力圖保有現有邦交國之數目，同時不放棄任何能夠參與國際的機會，如台灣在歷經 12 年的努力，終於在 2002 年加入 WTO。就是連台灣的國會在外交事務上也頗有企圖，如 2009 年 1 月，立法院申請成為美洲議會聯盟觀察員，但因遭中國強力圍堵而功敗垂成。在世界公共衛生事務方面，也努力了十多年才成功的於 2009 年 5 月成為 WHA 世界衛生組織的觀察員。

## （四）中國對終極統一的期待

無論經過多少時日，中國都堅持一個中國原則，堅決反對「台獨」、反對「一中一台」與「兩個中國」。胡錦濤雖提「平等協商，善意溝通，

積累共識，務實進取」16 字原則表達其對兩岸關係現狀與未來發展的基本看法，但最近在倫敦 20 國集團（G20）峰會舉行前，胡錦濤會晤美國總統歐巴馬時再度重申對一個中國的堅持，即可窺知一二（中央社，2009）。

# 貳、文獻探討

面對這些變化，學者由博弈理論探討兩岸關係的努力一直沒有間斷過。早期如王玉玲（1996）、羅致政（1995；Lo and Lin, 1995）分別由雙人（衝突／合作）賽局中的聯盟關係分析之，後者如黃秋龍、王光正（2000）以雙人連鎖店賽局為例進行分析。或如吳秀光（1998）、包宗和（1999）等由中美台三角賽局結構分別企圖分析其中三方的策略行為。晚近則有愈來愈多人注意到兩岸賽局中的內政聯結。這可能除了受到前述兩岸關係中「變」與「不變」形成的新局勢影響之外，亦可能受到 Robert D. Putnam 兩階段談判理論的影響。Putnam（1988）由 1987 年在德國召開的 12 國波昂高峰會議之研究，發現該次會議前，由於與會各國內部對於該會議之焦點議題都充滿了爭議，因而大部分的人在事前對該會議十分悲觀，並不認為該會議能產生任何有意義的結論。然而事實卻相反，該會議達成了諸多重要協議。分析其原因，即因各國代表在會前都已明白對手在其國內可能遭受之壓力，知道過分施壓於對手將徒勞無功。而在「12 國代表聚集開會總得有些成果」期待的壓力下，相互之間都作了較多的忍讓，形成良性互動，最後反而使會議成功，達成協議。

Putnam（1988）對於兩階段談判的觀察深具啟發。然而他並未將其理論形式化，或進一步推演。其後 Helen V. Milner 和 B. Peter Rosendorff（1997）則以此思路作了進一步的推演。他們利用此一概念建立起一個兩面向（two dimension）的模型，說明一個分裂政府（divided government），即行政部門和立法部門分屬不同黨派或立場不同的時候，在面對貿易談判時，代表談判的行政部門會採取什麼樣的策略，以及會有那些

可能的結果。此外，他們也在研究美國與其他國家之間的貿易談判時，將
美國政治制度中的「定期選舉」作為影響國際談判賽局中不確定（uncer-
tainty）的因素之一。他們認為在美國的政治制度中，「立法者能透過許
多不同的方式在不直接參與政策過程的情況下，仍然迫使行政單位不至於
忽視立法單位之政策喜好（Milner and Rosendoff, 1997: 118）。」他們將
美國外貿談判對手國視為單一個體（monolithic），而研究美國國內爭議
與選舉週期對於談判結果的影響。

　　吳玉山（1998；Wu, 2005）以台灣內部各政治團體在「統／獨」與
「經濟／安全」兩個議題面向中的策略性位移，精確地描繪了這些變化的
過程及其對兩岸關係的影響。沈有忠（2006）則提出了美中台三方四角的
概念，意指在美中台三方關係中，台灣的部分要顧及藍綠的兩邊關係。謝
淑麗（2008）更提到很難想像中國領導人會有把握說服人民，台灣問題不
像他們所想得那麼重要，種種趨向顯示，兩岸關係正走上岐路，雖然兩岸
經濟日漸整合，但政治卻漸行漸遠。而為了鞏固共產黨領導，維護社會秩
序，中國領導者有可能祭出民族主義，作為動員力量，並在內部矛盾深刻
時，迫使其鋌而走險，對外採取冒進政策。[7]

　　試圖將此種「雙層賽局」透過形式模型（formal model）而與本文模
型直接有關的，則有吳秀光（1998）及林繼文（Lin, 2000）等研究。在這
些模型中，研究者都試圖將兩岸談判的雙方內部分為委託人與代理人（政
府領導人）並基於不同的研究重點，分別將政治體制及第三國介入的可能

---

7　另外陳牧民（2006）在〈當和平崛起遇上台灣問題：菁英認知下的中國安全戰
　　略〉一文中嘗試由國內角度，特別是中國領導人及部分政治菁英對中國所處的國
　　際安全環境提出的主觀理解，來分析改革開放以來中國政府定調安全戰略的過
　　程。對國家安全的解釋與定位一直是中共政治菁英在中國逐漸溶入國際政治與經
　　濟體系過程中企圖保障其權力及利益所運用的工具。領導人與戰略學者等政治菁
　　英所「認知」的外在環境基本上是受到兩個因素影響：第一是對中國外在安全環
　　境的評估；第二是中國在國際社會的自我定位。二者交互影響，構成領導人心目
　　中對中國國家發展方向與國際地位的主觀期待。討論重點將放在 1990 年代中期之
　　後中國對外戰略的一些新發展趨勢，以及中國崛起戰略與台灣問題之間的關聯。

性等因素納入模型考慮之中，本文即企圖檢視此兩相關之兩岸雙層談判形式模型，深入瞭解其假設條件及論證並檢視其在兩岸談判上的意涵，最後並提出理論可能進一步發展的方向。

# 參、兩階段博弈模型之比較

## 一、模型之比較

在吳秀光、石冀忻（Wu and Shih, 1997）的模型中將談判之雙方都假設爲各由兩行爲者所組成，在 M&R 模型之基礎上進一步假設雙方之談判代表在相互達成協議後，都必須各自得到有權者認可。模型同時假設在賽局中有兩個相關議題，進而討論上述「兩階段」的談判過程對於談判結果會造成何種影響？當其中一方，或是雙方都在內部產生「共識缺乏」的問題時，談判是否仍有可能出現妥協的結果？「缺乏共識」之一方是否會削弱本身談判的力量？

如圖 10-1，其中 X 軸爲代表「台灣和中國大陸分離的程度」（the level of Taiwanese independence）。而以 Y 軸代表「對台衝突的程度」（the level of conflict initiated by mainland China）。X 軸右邊的極端表示台灣完全獨立於中國大陸之外而爲一主權獨立國家，而最左邊極值代表將台灣完全的納入中華人民共和國而成爲中華人民共和國之一省。Y 軸的最上端極值，代表中國大陸對台灣採取發動全面戰爭。最下端極值代表中國大陸對台灣全面和平讓步的政策；中國大陸曾聲明所謂對台用兵之條件有三，包括台灣獨立、第三國介入以及台灣內亂。顯然這兩個議題有相當的關聯性。

模型中以 $G_i$ 代表 $i$ 方的代理人，而以 $S_i$ 代表 $i$ 方的委託人（assume $i$

= t, for Taiwan；i = m, for mainland China），[8] 假設各行為者心中最理想的政策組合為：$G_t$: ($I_{G_t}$, $C_{G_t}$), $S_t$: ($I_{S_t}$, $C_{S_t}$)；$G_m$: ($I_{G_m}$, $C_{G_m}$), $S_m$: ($I_{S_m}$, $C_{S_m}$),，其中

圖 10-1　兩階段賽局情境一

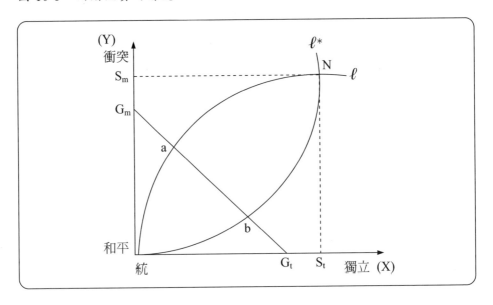

X 座標表示台灣在獨立問題上的政策位置，Y 座標表示中國大陸在衝突程度議題上的政策位置，而 $K_{S_i}$，$K_{G_i}$ 則是常數，模型並假設：$C_{G_t}$ = $C_{S_t}$ = 0；$I_{G_m}$ = $I_{S_m}$ = 0。

$S_t$，$G_t$，$S_m$，$G_m$ 的效用函數表示為

$$U_{S_t}(X, Y) = K_{S_t} - (X - I_{S_t})^2 - Y^2$$

$$U_{G_t}(X, Y) = K_{G_t} - (X - I_{G_t})^2 - Y^2$$

$$U_{S_m}(X, Y) = K_{S_m} - X^2 - (Y - C_{S_m})^2$$

$$U_{G_m}(X, Y) = K_{G_m} - X^2 - (Y - C_{G_m})^2$$

---

8　若其為集體，則由該集體在某單一面向上「中位數者」的立場代表之。

在 X 和 Y 兩議題構成的空間中，行為者 $i$ 對任何兩個議案的選擇會偏好選擇離其理想點較近的議案。其中 $S_t$ 與 $G_t$ 在「統／獨」面向上或有不同的立場，然而在「衝突」面向上應都希望「衝突程度」為 0；$S_m$ 與 $G_m$ 在「合作／衝突」面向上或有不同立場，但在「統／獨」面向上都應希望「統一」。是故 $S_t$ 與 $G_t$ 兩理想點應會著落在 X 軸上，而 $S_m$ 與 $G_m$ 則應會落在 Y 軸上。

圖 10-1 中的 N 點是為 $S_m$ 與 $S_t$ 垂直延長線的交點，它代表對於 $S_m$ 及 $S_t$ 而言情況改善（或變遷）的起點，為雙方在沒有協商情況下的政策組合。顯然，$S_m$、$S_t$、$G_m$、$G_t$ 對於 N 都不滿意，並會依其個別利益試圖改善之。

假設 $\ell$ 為 $S_t$ 經過 N 點的無異曲線（indifference curve）；而 $\ell^*$ 是 $S_m$ 經過 N 點的無異曲線。則此兩曲線交集的梭狀地帶即為 $S_m$ 及 $S_t$ 能「同時改善」的地帶。不過，$S_m$ 和 $S_t$ 之間無法直接談判，故在第一階段必須委由 $G_t$ 與 $G_m$ 為之。假設代理人有較長的時間及較多的機會將其間的歧見逐漸消除，當其果真達成妥協，則其應落於 $G_t$ 與 $G_m$ 之契約線上（$\overline{G_tG_m}$）。

假設在第二階段 $S_m$ 與 $S_t$ 則只能就 $G_t$ 與 $G_m$ 所達成的協議在「接受」或「不接受」之間選擇其一。故若 $G_t$ 與 $G_m$ 所達成的協議落在此一梭狀地帶，則表示該議案亦能同時增進 $S_m$ 與 $S_t$ 的效用，而得到 $S_m$ 與 $S_t$ 的同意。換句話說，線段 $\overline{ab}$ 即成為 $S_t$、$G_t$、$S_m$、$G_m$ 兩階段談判賽局的「核心解」（core）。

由 $S_t$、$G_t$、$S_m$ 及 $G_m$ 之相對位置與距離之遠近，該模型提出此兩階段四人賽局的許多可能情境，並對其一一分析之：

**情境一**（圖 10-1）：假設 $S_t$ 非常偏向「獨立」，而且在 $G_t$ 的右邊；$S_m$ 非常偏向「衝突」，而 $G_m$ 較偏愛「和平」。雙方都顯然有非常深刻的內部歧見，但以握有議程主動權的代理人 $G_t$ 與 $G_m$ 有較強的妥協動機。

**分析**：在此情境中（圖 10-1）妥協的空間不但存在。同時，隨著 $G_m$ 越接近 $S_m$ 以及 $G_t$ 越接近 $S_t$，$G_m$ 與 $G_t$ 越可能找到同時為 $S_m$ 與 $S_t$ 接受的

妥協議案。此處就算是雙方的委託人 $S_t$ 及 $S_m$ 都有較強的對抗傾向，然而只要 $G_t$ 與 $G_m$ 能聯合產出妥協結果，$G_t$ 與 $G_m$ 即能產生議題上的「聯合領導」（joint leadership）作用，而將兩邊的關係帶向較為妥協的方向。

　　**情境二**（圖 10-2）：設此情境中一切條件都與上情境一相仿，唯一不同之處在於 $S_t$ 處於較極端的位置而偏好「台灣獨立」。

圖 10-2　兩階段賽局情境二

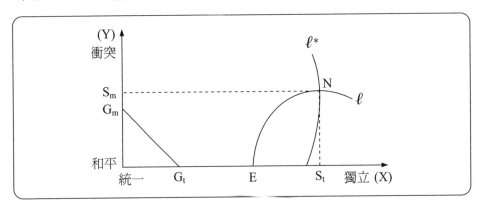

　　**分析**：在此情境中，由於 $S_t$ 極度向右偏靠的結果，會使 $S_t$ 及 $S_m$ 通過 N 點的無異曲線所造成的梭形地帶無法和 $G_m$ 及 $G_t$ 的契約線相交，而雙雙會與 X 軸相交。因此，如果雙方必須達成一妥協結果，則此妥協結果應在梭形地區域內落於 E 點，因為該點對 $G_m$、$G_t$ 及 $S_m$ 都有效用增進的效果，而對 $S_t$ 並不構成效用之減少。

　　**情境三**（圖 10-3）：雙方的委託人 $S_t$ 與 $S_m$ 較具妥協性，各較其相對之代理人都在位置上更接近原點，不過雙方的代理人政策偏好位置與委託人政策偏好位置之間的差距卻不大。

圖 10-3　兩階段賽局情境三

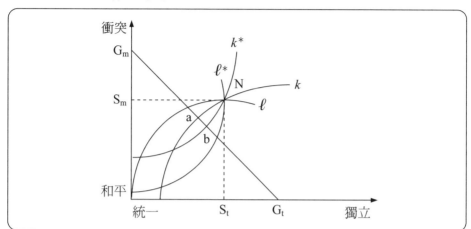

**分析**：在此情境下的委託人會將妥協可能區域縮小至更小的範圍之中，而當其各自距離其委託人的距離越遠時，情境就逐漸變成下一情境四。

**情境四**（圖 10-4）：四個行為者相對位置和上一情境類似，唯兩個代理人都各與其委託人有相當的距離（較情境三時距離更遠）。

圖 10-4　兩階段賽局情境四

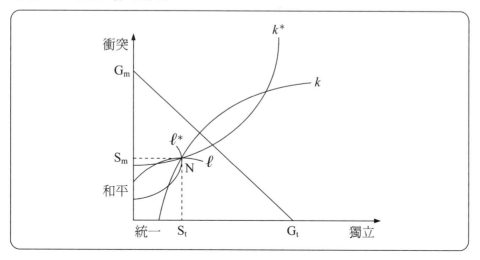

　　**分析**：當 $G_m$ 與 $G_t$ 之理想點相關位置和上例相同，但卻各自距離 $S_m$ 與 $S_t$ 之理想點太遠，則 $\overline{ab}$ 的範圍越小甚至消失。若其消失，則意指 $S_m$ 與 $S_t$ 所認爲之共利地區會各自對 $G_m$ 與 $G_t$ 之現有利益造成損失。既然 $G_m$ 與 $G_t$ 有議程上的先行權，故除非 $S_m$ 與 $S_t$ 各自更換其代理人，否則 $S_m$ 與 $S_t$ 所欲達到之共利結果無法由 $G_m$ 與 $G_t$ 透過談判產生。

　　**情境五**（圖 10-5）：對於 T 方而言，$S_t$ 在 $G_t$ 的右邊；而對 M 方而言，$G_m$ 在 $S_m$ 的上方。其意表 T 方之 $S_t$ 在「台獨問題」面向上採取了較之 $G_t$ 更爲激進的立場；而在 M 方則是 $G_m$ 採取了比 $S_m$ 更爲衝突的立場。

　　**分析**：在此情況下，妥協仍是可能的。不過，如果雙方因某種原因必須達成妥協，則其他條件不變，此妥協結果可能發生的 $\overline{ab}$ 應爲較偏向右下方。換句話說，T 方較有可能在談判中佔有優勢。

圖 10-5　兩階段賽局情境五

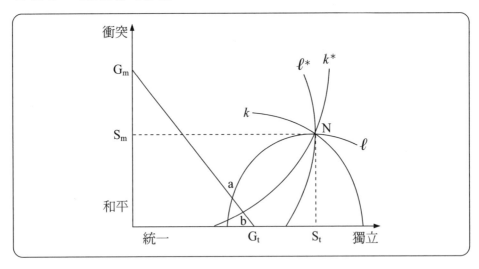

　　**情境六**（圖 10-6）：$S_t$、$G_t$、$S_m$、$G_m$ 之相對位置與情境五相似，唯 $G_t$ 與 $S_t$ 之距離更爲遙遠，意指 T 方內部有非常嚴重的內部歧見。

圖 10-6　兩階段賽局情境六

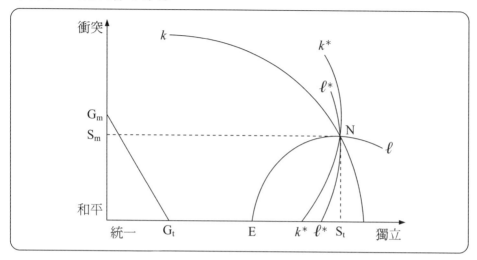

　　**分析**：在此情況下，$S_t$ 與 $G_m$ 的立場較爲激進，妥協在此情境下仍屬可能而將發生於 E 點，若其果眞產生，則其應爲有利於 T 方，並主要受限於 $S_t$ 的偏好，M 要作很大的讓步，方可能產生妥協的結果。

　　**情境七**（圖 10-7）：就 T 方而言，$S_t$ 與 $G_t$ 之相對位置類似情境五中兩者之相對位置，亦即 $G_t$ 在 $S_t$ 之左；然而就 M 方而言，其 $G_m$ 極度偏好「衝突」之政策。

　　**分析**：在此情境下雙方達成妥協的可能微小，甚至可能不存在。若其果眞存在，則其妥協結果應對 T 方較爲有利。此時 $G_m$ 和 $G_t$ 必須放棄「妥協結果必須在兩者之間的契約線上」的想法，而以 E 點來爭取 $S_m$ 與 $S_t$ 的同意。若 $G_m$ 和 $G_t$ 堅持第一階段談判結果必須落入 $\overline{G_mG_t}$，則無法出現能被 $S_m$ 與 $S_t$ 所接受之妥協，並將形成「四人囚犯困境」，意指四者無法達成具「帕雷圖最適原則」（Pareto optimality）條件的妥協結果。

　　由以上七種情境的分析看來，該模型發現 T、M 雙方國內委託者對於妥協結果的承認權及承認方式，加上雙方委託者與代理者之間理想點的相對位置可以對雙方談判造成重大的影響。當雙方主談的代理者有意妥協時，其可形成「聯合領導」的作用，各自將立場較激進的委託者帶向妥協

圖 10-7 兩階段賽局情境七

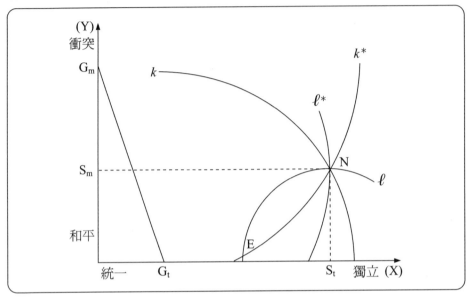

的結果。反過來說,當雙方主談者立場較激進時,縱使雙方委託者都在立場上較具妥協性,然而握有議程主控權的代理者不見得會如其所願。當某方的代理者立場和其委託者之立場相距甚遠時,若不是妥協結果無法出現,則是妥協結果對該方特別有利。在有一方委託者特別激進的情況下,則可能雖然有「四方皆可獲利」之妥協空間存在,但是卻也可能無法達成妥協。

林繼文(Lin, 2000)的模型則由中國大陸、台灣(兩競爭者)及美國(調停者)及其國內(選民)在統／獨單一議題上的談判出發。和前述模型一樣,假設行為者會在議題選擇上會衡量選項與其理想點之間的距離,而選擇最靠近的選項。因此決策者會在該議題面向上依「如何能得到國內最大的支持」為選擇標準,選擇其政策位置。

在林繼文的模型中,台灣是民主國家,以多數決來決定他們的政策。假設在統獨的議題上,所有可能的政策落點可以用數線圖 10-8 表示之,也就是可能的政策集合以介於 0 到 1 的點表示。若台灣的中位數選

圖 10-8　單一面向兩階段模型

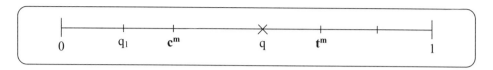

資料來源：Lin（2000）

民（median domestic constituents， 亦即委託人）的立場位於 $t^m$，當採用
簡單多數決的時候，中位數選民的立場可以決定最終政策的落點。當現況
位於 q（SQ）而且在 $t^m$ 左邊時，q 點到 $t^m$ 點右側相等的距離是中位數選
民可以接受的政策變動範圍。假設現在中國政府的立場位於 $t^m$ 左側的 $c^m$
點，此時當新的「現況」$q_1$ 出現在 $c^m$ 點的左側時，$t^m$ 所提出的方案都很
難被 $c^m$ 所接受，除非這個政策很靠近 $c^m$ 點。當新的現況出現在 $c^m$ 和 $t^m$
之間的時候，任何變動都會造成其中一方的損失，因此，現況會穩定地持
續下去。

　　林繼文的模型同時分辨出三種不同政治制度：獨裁、威權及民主。並
推演出下列結論：

1. 國內的中位數選民對現狀愈不滿，國內對領導人改變現狀的要求
　就愈強。這是因為現狀偏離國家中位數選民（national median）越
　遠，國內致勝集合（winset）就會擴張地越大。意指當現狀變得較
　不可忍受，自然會有較多的國內選民去支持他們的領導者，這解
　釋了為何領導人常挑起外部威脅來擴張他們的國內支持的基礎。

2. 當領導人的目標是極大化國內支持，將現狀微幅調整並靠近國家
　中位數選民是最好的策略。此一策略也可使對方報復最小化。較
　大的致勝集合給決策者較多選擇策略的空間。模型也建議，當一
　個政策是改變現狀並更接近國家中位數之偏好，則此「新政策」
　愈接近原先的「現狀」，則會得到更多的國內選民支持。這看起
　來似乎有些矛盾，但其中的理由是，中位投票者（median voter）
　和選民們（constituents）並沒有離原先現狀太遠的理想點，會由

「新政策」達到較高的滿意。符合這個原則的新政策也會使對方的不滿意程度最小化。

3. 新政策創造出來的致勝集合越大，則前述政策的穩定程度就越低。一個國際衝突發生時，領導人會被陷入在兩難的困局中。他可能會希望微幅地修改現狀以爭取國內最大的支持，並且將對方可能的報復行動降到最低。但是當他的政策變成了現況之後，卻可能使得他在國內的政治對手還有足夠的空間創造出更接近國內中位數選民的對立方案。

　　因此一個決策者在選擇方案時會考慮三個因素：他的理想點，國際對他移動後所形成的壓力，以及國內的結構。當他的理想點落在國內中點與競爭國家的中間，決策者將失去誘因去採取強有力的行動對抗競爭國家，因爲只要提醒他們的選民，不理性的反應可能導致更糟的國際結果就足以安撫不滿的選民了。

4. 決策制定的門檻越高，則改變現狀的難度就會越高。如果兩個國家進入衝突狀況，一個較大的國內致勝集合確實會危及國際穩定。因此，在 Putnam 的模型中，能在國內促進國際協議的機制可能會在國際衝突中成爲一個負面的因素。此外，當一個政權是獨裁政體時，致勝集合是單獨由獨裁者個人的理想點所決定。因此，若他的位置越遠離現狀，則他越有動機去改變現有的政策。

5. 當兩個國家間的中位數選民越接近，則這兩個國家越不可能去平衡他們之間的衝突，反而會互相對峙。如果一個國家從它的國內致勝集合選擇了一個極端的結果出來，則和他對峙的國家，其反應也會變得很激烈。和 Putnam 所提出的「當致勝集合越大則越有可能達成協議」的論點不同的是，若其中一方刻意去製造一個挑撥的行爲，用以擴張他們自己國內的致勝集合，則會使雙方變成一種惡性循環：一個國家越激烈的行爲，對手國將會有更大的壓力，並且意圖作更激烈的反應，當國內獲勝集合擴張的越大，則越多極端者會結盟，反而使得溫和提議的可能性更小。這個過程可能會一直持續直到有一邊決定訴諸於武力（暴力）來解決爭端。

6. 制定決策的門檻如果越高，則衝突的行為會降低，並且情勢較為平緩。因為高門檻使得激進的政策被提出的可能性降低。

綜合來說，這些論點再次顯示了在國際關係理論上一個傳統的說法，即指民主國家較不易對另一民主國家發動戰爭。越專制且越激進的兩個政府，會更有可能與對方抗衡。這個衝突反過來是刺激了兩邊國內改變現狀的需求，並且給了政府更大的動機走向極端。

由此「雙層賽局」政治的理解，該模型回答了以下的四個問題：

**問題一：在國際環境中一個改變如何影響國內的政治？**

在國際環境中改變愈為激烈，則現任領導者的命運更為不可測。因為在此情形下，現任領袖為了國內支持的極大化，他的最佳選擇是將政策往國內中位數政策位置做微幅的調整。但是其選擇這種較為溫和的改變時，其亦得冒若被國內指責和對（敵）方勾串的危險。尤其在當有一個較激進的國內挑戰者出現時，其現任地位更危險。

**問題二：對現任領袖來說，其能否從國際和國內的談判的壓力中獲益？**

答案決定於「現狀」的位置。當「現狀」處於兩造之間，對方的政策距離擴大了國內的獲勝集合，使國際衝突的可能性也藉由將較為極端的政策選項納入獲勝集合而增加。因此，一個現任者透過國際壓力去提高國內的支持只有在賽局是零和時才可能。當兩個談判夥伴有著改變現狀的相同目標時，國際的爭論可能減弱國內對政策創新的支持。

**問題三：國內的制度如何影響國際均衡？**

一個尊重少數民意的民主政權，由於有溫和鴿派的存在，較不會採取激進的行動；只有當國際危機發生時，此政權才會被迫採行更為堅決行為。因為只要一方即可引發惡性循環，故只有當雙方同時變得較為民主時，競爭的政權才有機會改善其關係，但這並不表示單靠民主就足以促使和平。

**問題四：國內政權的移轉如何影響國際均衡？並且當新任領導者缺乏正當性，而必須尋求更廣泛的國內支持時將會如何？**

國內偏好的重新分配，是影響領導者更迭的一項重要因素。如同模型顯示，一國激進化的公眾輿論，足以擴大兩國的致勝集合，並因而削弱國際的穩定性。不過，現任者亦可在國內偏好分配未改變的情況下被取而代之。要以直覺來一般化這樣的情境頗為困難，因為問題在於權力架構而非意識型態。新政府如果權力基礎薄弱，則必須與其他派系合作。溫和的領導者被迫以激進的政策來安撫強硬派，然而激進領袖卻必須採取相反的策略。弱勢領導者的上任會導致一種結果：溫和派比起激進派更會引發危機。

不過如果新任領導者權力基礎堅強，則情勢將大為不同。由於不受到任何國內挑戰者的影響，新任領導者沒有誘因調整其立場，迫使敵對國家會做好面對衝突的準備。只有當所有領導者都溫和且穩健時，才最能確保國際的平和。這個論點可以合理擴大為，當兩方政府同時改組，並且都是溫和派掌權時，敵對的政權才最有可能達成國際協議。

## 二、模型之檢討

吳秀光的模型雖然是少數透過形式模型及實證而將國內因素與兩岸談判相連結的理論模型，其重點在將 Putnam 的論點用在兩岸談判上。此一理論至少有以下幾個可以進一步努力的方向：首先，該模型雖然考量了多議題面向但卻為了分析上的方便在兩岸行為者的偏好上加諸了較多的限制。其次，該模型為了雙方政治制度的不同而給予不同的模型安排，以致制度之影響如何，無法深究。第三，該模型假設代理人之間的互動期間較長，而使其妥協結果可出現在契約線上，以致在民主國家中，代理人任期以及其可能被委託人更替的可能性並未在此模型中被討論。

林繼文的模型則更進一步將中美台三角關係、其間政制的不同及其形成的國內因素同時納入模型考量中，其結論發人深省。該文亦顯現了許多

理論研究上可繼續努力的方向。首先，該模型假設單一議題面向，然而在實務上議題空間往往並非單一。過去研究提示，議題空間由單一轉向多面時，會為談判賽局帶來結構性變化（Mckelvey, 1976）。

其次，民主制度中透過選舉所產生的政府領導人往往在談判雙層賽局中推演了代表（representative）而非信使（delegate）的角色。當其獲選為代表時，在其任期當中，往往獲得授權，依其認知追求其利益的極大化。至於其是否合乎選民認知及利益則只有等到其任期屆滿時，選民才有機會透過選票表達意志，從而繼續或終止該代表（領導人）的任命或授權。吾人應將此過程納入模型考量之中。

其三，第三國的因素可能直接或間接影響領導者的決策。所謂直接意指第三國的敵友意圖及其能力，可能直接成為領導者衝突期望值計算中的一部分。而所謂的間接，則指第三國的可能動向會影響雙方民眾對於領導者的選擇，進而間接影響雙方的談判。

本文中的模型基本上承續了先前兩項相關研究（尤其是林繼文模型的架構），但依前言中所提，將美國影響暫不考慮，只將議題面向設定為多議題，並將選舉任期制中代理人的代表（而非信使）性質，納入考量。[9]

## 肆、多議題雙邊兩階段代理談判模型

如果吾人暫時在模型中不處理第三國（例如美國）介入的問題，則兩岸關係的雙層賽局可以被簡化為以下的結構及程序：

首先，在此賽局中最凸顯（salient）的議題應是統一／獨立以及衝突／合作這兩個議題面向。

其次，假設雙方在多面向都有由政策中位數所代表的集體理想偏好

---

9　至於第三國之影響則暫不考慮，留待未來進一步發展。

點，以及代理人的個體理想偏好點。

其三，現狀（SQ）始於雙方的集體理想偏好點相交處。

其四，雙方具有機制由委託人自相互競爭的代理人中，選出與集體理想偏好點最近者，並委於任期內的代理事宜；代理人則在任期內，依其理想點，選擇對自己最佳策略。委託人則只有在代理人任期屆滿之後,依其政策成效決定是否讓其繼續代理。

其五，台灣的委託人與代理人在中國大陸對台衝突／合作面向上的立場一致，其理想點都在合作，但卻在統一／獨立議題上有不同的理想點。中國大陸的委託人與代理人則在（台灣）統一／獨立問題上的立場一致，其理想點都在統一，但卻在衝突／合作議題上有不同的理想點。

台灣民眾透過民主的方式選舉出代表他們的政府和對岸談判，假設台灣委託人（選民）在統獨議題方面的立場是位於 $T^p$，中國大陸則由政治局常委會作爲委託人，並假設由政治局中「中位數委員」的政策位置代表之並位於 $C^p$。在雙方都沒有進行任何的談判和接觸的情形下，此一賽局的均衡點在於點 1。此一均衡爲「囚徒困境」下的納許均衡（Nash Equilibrium）。對 $T^p$ 而言，不管 $C^p$ 做任何的決定，選擇 $T^p$ 點都是最好的決定；對 $C^p$ 而言，不論 $T^p$ 做任何的決定，$C^p$ 點都是最佳的選擇。所以雖

圖 10-9　納許均衡下的兩階段賽局

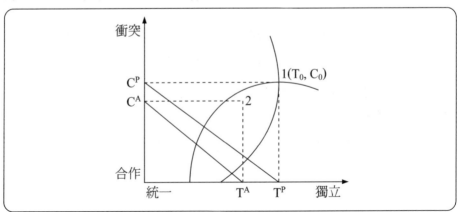

然雙方有合作進步的空間（兩個圓弧之中的區域），點 1 仍是一個此情境下的納許均衡解。

若現在雙方都有意願進行談判以增進各自的利益，並假設雙方的代理人都是有任期的限制，則雙方的代表可依其偏好進行協商，為了要和對方達成協定，台灣一開始會選出在其左側的代理人 $T^A$ 出來以利談判的進行。而中國則會選出在其下方的 $C^A$ 作為其談判代表。$T^A$ 和 $C^A$ 依自己的立場進行談判，在納許均衡的解下，雙方最後達成的均衡在點 2。之所以會有這樣的結果是因為對 $T^P$ 及 $C^P$ 而言，這是一個長期的囚徒困境賽局。雙方都知道可以在長期「一報還一報」的策略互動下，產生合作的空間，因此雙方會有合作的「意願」。然而，由於其無法直接接觸與談判，此意願並無法轉化成梭型區域中的互利結果。另一方面，對代表 $T^A$ 及 $C^A$ 而言，由於有任期的限制，因此對他們而言這是一個有限次數的囚徒困境賽局，因此，他們會選擇納許均衡的解（亦即點 2）。不過，點 2 卻因剛好在 $T^P$ 及 $C^P$ 就點 1 形成的梭形同意空間內，故 $T^P$ 及 $C^P$ 會接受之，並對 $T^P$ 及 $C^P$ 而言都形成一種改善。

假設在開始談判第一期 $T^P$ 選擇了 $T^A$，$C^P$ 選擇了 $C^A$，$T^A$ 和 $C^A$ 最後在點 2 達成一個均衡，此時，在這一個均衡點下，若 $\overline{T^A T^P} = \overline{T^P W}$，則 $T^P$ 便有動機選擇一個介於 $T^A$ 和 W 之間的新代表來在下回合談判中增加他自己的效用。假設他的選擇是 $T^{A'}$，則令對 $T^P$ 而言形成效用增加的結果，但是對 $C^P$ 而言，其效用卻變差了。此時，在不合作的情形下，$C^P$ 可選擇 $C^{A'}$ 作為他們的代表，形成均衡點為點 3。在這種情形下，$T^P$ 會變得比較糟，因此，他會有意願在重啟談判，再下一個階段可能再選 $T^A$，甚至是更妥協的代理人。對 $C^P$ 而言也是一樣的，他也會有意願再選擇 $C^A$，或是更靠近台灣立場的代理人。

就此看來，若兩邊有任期的談判代理人，都較溫和且不考慮連任問題，則 $T^P$、$C^P$ 雙方反而有改善現狀的可能。其次，當 $T^P$ 及 $C^P$ 分別可以透過更換 $T^A$ 及 $C^A$ 來增加其個別利益時，反而會使雙方在較妥協及較衝突情境間擺盪。

圖 10-10    有潛在內部競爭者下的兩階段賽局

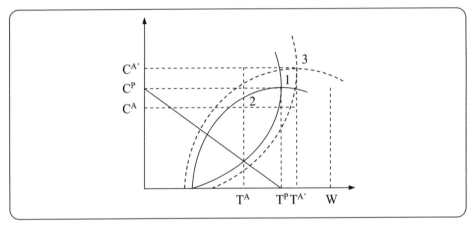

其次，吾人可假設中國與台灣政治制度不同，中國的領導者 $C^A$ 沒有任期問題，並可直接代表 $C^P$，而台灣的情形則維持如前述假設，此時，雙方的談判互動可由圖 10-11 表示之，由圖中，起初的僵局在點 1，雙方都各自選擇對其最有利的政策，當雙方開始產生協商的意願的時候，台灣會選出 $T^A$ 作為其領導人為談判代表。而中國政府則在合作／衝突的面向做出讓步，選擇 V 點作為其政策，此時均衡點在點 2，但是在此一均衡點下，當 $T^{A'}$ 距離中位數選民 $T^P$ 的距離小於 $T^A$ 的時候，$T^{A'}$ 有可能在大選中吸引過半數的選票。但是若 $T^{A'}$ 當選而將政策向右移動，此時 $C^P$ 會重新回到其原來的強硬政策，除非台灣再選出一個態度溫和的領導人。因此，中國領導人的策略就是，當台灣產生出立場溫和的領導人時，則對台灣採取友善的態度，但是，當台灣產生立場激進的領導人時，則採取其原有既定的強硬政策。另一方面，由於 $T^{A'}$ 這個可能威脅的出現，$C^P$ 有可能做出較大的讓步以避免產生均衡點位於點 4 的後果。但是由於 $C^P$ 明確的立場，使得台灣偏離協定所可能造成的損失明確而且會在一定的範圍之內。因此，台灣無須對中國大陸做出太大的讓步。

圖 10-11 不同制度間的兩階段賽局

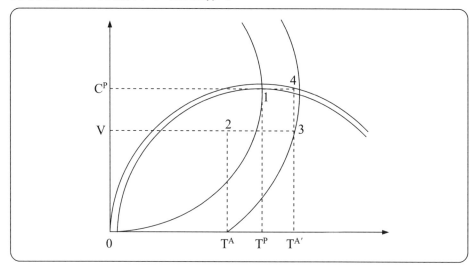

　　假設中國可由 $C^P$ 獨自來決定其政策但在對台政策上比較溫和，台灣反可能取得較佳的成果，雙方達到帕雷圖最適的可能性提高。如圖 10-12，當中國政府的立場在 $C^P$，而台灣中位數選民的立場在 $T^P$ 的時候，台灣必須對中國大陸做出較大的讓步才有可能達到帕雷圖最適境界（位於圖中上方契約線 $\overline{ab}$ 的解），而當中國政府的立場在 $C^{P'}$ 的時候，台灣則無須做出太大的讓步，即可達到帕雷圖最適。由下圖中，也可以顯示，當中國的立場為 $C^{P'}$ 的時候，台灣必須選舉出 $T^{A'}$ 才有可能達到此模型中福利最大化的解（即帕雷圖最適的解），當中國政府的立場為 $C^P$ 的時候，台灣只要能選舉出 $T^A$，即有可能達到此模型中福利最大化的解，因 $T^A$ 偏離 $T^P$ 的程度較低，這使得帕雷圖最適的產生變得較為可能。

圖 10-12　當對手立場不同時的兩階段賽局

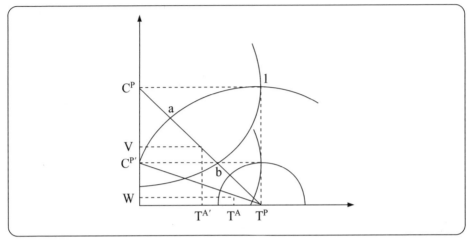

## 伍、推論在實證（兩岸關係）上的意涵

在蔣經國總統去世後，李登輝總統接任之，隨後宣布了《國統綱領》，並成立了國統會。可以說是李在面對當時國際、兩岸與國內諸多因素而形成的策略性政策抉擇。但自從 1999 年李登輝提出「兩國論」後，台灣與大陸的關係發生了較大的變化，已經不再是一個「中華民國」或是一個「中華人民共和國」的關係，並引起了「特殊國與國關係」的爭論（行政院大陸委員會，1999）。較正確的理解，應該是指其兩國論反映並改變了兩岸的結構關係。所謂結構性關係的變化，是指這些新因素將分別牽動其他兩岸關係與台灣重要議題的改變。到了 2002 年 3 月，陳水扁總統以視訊會議方式提出了「一邊一國論」，更加深了台灣是個主權獨立國家的論點，使得兩岸關係在這樣的脈絡下發展，有朝向較為獨立的方向發展的傾向，[10] 並引起了兩岸關係的緊張。

2008 年 1 月，台灣的立法院由於選舉機制的改變以及立法委員人數

---

10　中國大陸看兩岸關係為「一個中國」，台灣看兩岸關係為「一邊一國」。

減半的情況之下，[11]立法院重新改組，使得國民黨與親民黨擁有在立法院三分之二的席次，加上 2008 年 3 月的總統大選，馬英九也贏得總統大選，政黨輪替加上立法院的改組變化甚大，也展現出台灣選民對於執政角色期待，由以前較激進的氣氛，轉變為較為溫和的氣氛。然而台灣民眾雖然在政治的態度上轉趨溫和，但是在自主意識的表現上卻反而有增強的現象。而台灣民眾有在下個回合選出一個較激進的領導人的可能性，會對中國大陸領導人在本回合談判上產生何種影響？

由上述模型的推演對目前兩岸發展及其談判可以有下列意涵。首先，模型指出當兩岸由不接觸到開始談判後，在一開始雖可能朝較相互妥協的方向發展，但雙方民眾的多數傾向與政治領袖面對內部政治競爭的考量確有可能使雙方因為出現較激進的領袖而形成鐘擺的效果，進而在下一期轉變成較衝突的關係。而此種擺盪效果在林繼文（Lin, 2000）實證資料中亦有得到印證。不過，台灣內部下階段出現較激進領導人的可能性卻會使中國在現階段對較溫和的領袖做出較大的讓步。

是故，和過去許多談判理論憂心之民主政體碰到威權政體在談判上可能吃虧的傳統看法似乎大不相同，民主體制在此種情況下面對威權體制反而可取得一些優勢。

就此看來，兩岸的談判在短期之內似乎是較可樂觀期待的，因為目前鐘擺剛好擺向較妥協的方向。但模型的推論提出了鐘擺回頭的可能性仍然存在，而使兩岸關係不但走回頭路，甚至更壞。因此只有在雙方必須長期互動，又無法消滅對方的情況下，才會在一次又一次的鐘擺中學習逐漸走向合作的道路。

---

[11] 台灣的立法委員選舉機制，由複數選區相對多數決制，改制為單一選區兩票制。參考王業立（2006）。

# 陸、結論及未來研究的展望

在本文中就任期機制對政治領導者的影響並未做更深入的討論與研究。事實上，在兩任任期的限制下，在第一任的任期中，爲了取得人民的支持，領導人有可能在有限的範圍內做出偏離其理想點的決策和對手達成協定。但是到了第二個任期，由於不需要考慮到連任的問題，政治領導人則會採取最符合自身偏好的政策，以滿足個人效用的最大化。但此種偏離協議的行爲，有可能造成對手的傷害而導致對手的報復。如何將此因素納入模型討論中，應是未來努力的方向之一。

如下圖，$T^A$ 在第一個任期有可能假裝成 $T^{A'}$，和 $C^P$ 達成協議，使均衡點由點 1 移動到點 2，到了第二個任期再將政策調整成符合自己偏好的方向。

圖 10-13　不同任期制度下的兩階段賽局

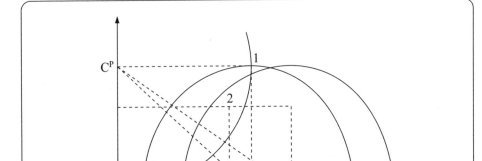

此外，本文也未考慮政客當選後所能獲得的物質報酬，例如金錢上的收入，對其行爲的影響。人民可能可以利用控制談判代表報酬的方式來建立一個機制，使得政治領導人更願意爲了增進民眾的福祉而努力。

其三，美國的加入也會使得模型更爲複雜，但可能更爲貼近事實。此

參與賽局的三方有可能不經由三方直接會談而透過兩兩間的相互談判對國際間的政治局勢產生交叉的影響。

而這些都可在模型中待更進一步的研究和討論。

# 參考書目

《自由時報》社論，2009，〈中國軍力報告戳破馬英九的一廂情願〉，
　　3 月 28 日：http://www.libertytimes.com/2009/new/mar/28/today-s1.htm。
　　檢索日期：2009 年 6 月 23 日。

《亞洲週刊》，2009，〈中國成爲世界第三大經濟體〉，23（5）：57。

《經濟日報》，2009，〈美 3 月失業率 8.5%，26 年新高破紀錄！3,220
　　萬人向政府領取食物券，每十人就有一人靠政府救濟過活〉，4 月 4
　　日，A6 版。

《聯合報》，2008，〈7000 億美元紓困，經濟學家克魯曼質疑「花錢買
　　垃圾」〉，9 月 23 日：http://udn.com/NEWS/WORLD/WOR6/4528915.
　　shtml。檢索日期：2009 年 6 月 23 日。

中央社，2009，〈白宮發布歐巴馬胡錦濤倫敦會晤正式聲明
　　稿〉，4 月 2 日：http://www.cna.com.tw/SearchNews/doDetail.
　　aspx?id=200904020062。檢索日期：2009 年 6 月 23 日。

王玉玲，1996，《由兩岸關係探討台灣的統獨問題——以博弈理論析
　　之》，台北：桂冠。

王光銀，2006，〈論中共三代領導集體關於接班人理論的實踐與演進〉，
　　《社會主義研究》（6）：85-87。

王業立，2006，《比較選舉制度》，台北：五南出版社。

包宗和，1999，〈戰略三角角色轉變與類型變化分析——以美國和台海
　　兩岸三角互動爲例〉，包宗和、吳玉山（編），《爭辯中的兩岸關係理
　　論》，台北：五南出版社。

世界銀行（編），2004，《中國：推動公平的經濟增長》，北京：清華大
　　學出版社。

行政院大陸委員會，1999，《李總統登輝特殊國與國關係：中華民國政策
　　說明文件》，台北：行政院大陸委員會。

行政院大陸委員會，2008，〈2008 年兩岸關係國內各界民意調查綜合
　　分析〉，2 月 16 日：http://www.mac.gov.tw/big5/mlpolicy/pos/9802/
　　po9802.htm。檢索日期：2009 年 6 月 23 日。

行政院主計處，2009，《國情統計通報（第 052 號）》，3 月 20 日：
　　http://www.dgbas.gov.tw/lp.asp?ctNode=1481&CtUnit=690&BaseDSD=7
　　。檢索日期：2009 年 6 月 23 日。

吳玉山，1998，《權力不對等政治實體模式與選票極大化策略模式在兩
　　岸關係研究上的適用》，行政院國科會專題研究計畫（計畫編號 NSC
　　87-2414-H-002-001）。

吳秀光，1995，〈理性抉擇途徑與兩岸關係研究〉，《中國大陸研究》38
　　（3）：58-65。

吳秀光，1998，《政府談判之博奕理論分析》，台北：時英出版社。

沈有忠，2006，〈從台灣的政治競爭推論《反分裂國家法》下的美中台賽
　　局〉，《遠景基金會季刊》7（3）：105-137。

俞正，2008，〈美國盛極而衰的根源〉，《知識通訊評論》（73）：
　　57-59。

陳牧民，2006，〈當和平崛起遇上台灣問題：菁英認知下的中國安全戰
　　略〉，《中國大陸研究》49（4）：1-26。

黃秋龍、王光正，2000，〈兩岸統獨對峙之賽局分析：以連鎖體系
　　（Chain-Store）賽局為例證〉，《問題與研究》39（10）：59-78。

遲福林，2008，〈改革開放 30 年：歷史貢獻與未來使命〉，中國共產黨
　　新聞網（轉載自《上海證券報》），12 月 17 日：http://theory.people.
　　com.cn/BIG5/49150/49152/8533428.html。檢索日期：2009 年 6 月 23
　　日。

薄燕，2007，《國際談判與國內政治──美國與京都議定書談判的實
　　例》，上海：三聯書局。

羅致政，1995，〈美國在台海兩岸互動所扮演的角色──結構平衡者〉，
　　《美歐月刊》10（1）：37-54。

BBC 中文網，2009，〈中國軍費增幅引起外界擔憂〉，3 月 4 日：http://
　　news.bbc.co.uk/chinese/trad/hi/newsid_7920000/newsid_7923600/7923652.
　　stm。檢索日期：2009 年 6 月 23 日。

Clack, George, ed. 2007. *USA Economy in Brief*. Washington, DC: U.S. De-
　　partment of State.

Dai, Xinyuan. 2002. "Political Regimes and International Trade: The Democratic Difference Revisited." *American Political Science Review* 96(1): 159-165.

Doron, Gideon and Itai Sened. 2001. *Political Bargaining: Theory, Practice and Process*. London, UK: Sage Publications.

Evans, Peter B., Harold K. Jacobson, and Robert D. Putnam, eds. 1993. *Double-Edged Diplomacy: International Bargaining and Domestic Politics*. Berkeley, CA: University of California Press.

Krugman, Paul. 2008, "Let's Get Fiscal." *New York Times* October 16: http://www.nytimes.com/2008/10/17/0pinion/17krugman.html?_r=1 (accessed June 23, 2009).

Lin, Jih-wen. 2000. "Two-level Games Between Rival Regimes: Domestic Politics and the Remaking of Cross-Strait Relations." *Issues and Studies* 36(6): 1-26.

Lo, Chih-Cheng and Jih-wen Lin. 1995. "Between Sovereignty and Security: A Mixed Strategy Analysis of Current Cross-Strait Interactions." *Issues and Studies* 31(3): 64-91.

McKelvey, Richard D. 1976. "Intransitivities in Multidimensional Voting Models and Some Implications for Agenda Control." *Journal of Economic Theory* 12(3): 427-482.

Milner, Helen V. and B. Peter Rosendorff. 1997. "Democratic Politics and International Trade Negotiations." *Journal of Conflict Resolutions* 41(1): 117-146.

Putnam, Robert D. 1988. "Diplomacy and Domestic Politics: The Logic of Two-Level Games." *International Organization* 42(3): 427-460.

Shirk, Susan 著，溫洽溢譯，2008，《脆弱的強權》，台北：遠流。譯自 *China: Fragile Superpower: How China's Internal Politics Could Derail Its Peaceful Rise*. New York, NY: Oxford University Press. 2007.

Wu, Samuel S. G. and Chris Shih. 1997. "Domestic Factors in Cross-strait Relations: A Model of Two-level Negotiation Game." Paper presented at the

26th Annual SINO-AMERICAN Conference on Contemporary China, University of Maryland, June 9-10, College Park, MD.

Wu, Yu-Shan. 1998. "Theoretical Reflections on Cross-Straits Relations." Paper presented at the International Workshop on the Impact of Taiwan's Party Politics on Cross-Straits Relations, World League for Freedom and Democracy, January 10, Taipei.

Wu, Yu-Shan. 2005. "Taiwan's Domestic Politics and Cross-Strait Relations." *The China Journal* 53: 35-60.

## 附錄

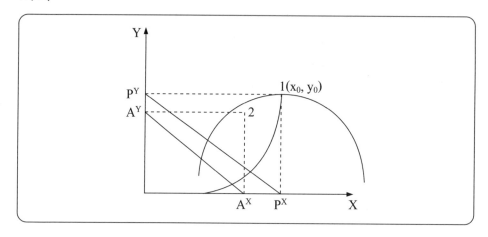

假設代理人的理想點是 $A^X$ 和 $A^Y$。委託人的理想點是 $P^X$ 和 $P^Y$。 我們可以在座標平面上定位代理人的理想點為 $(A^X, 0)$ 和 $(0, A^Y)$，委託人的理想點則可以在座標平面上標示為 $(P^X, 0)$ 和 $(0, P^Y)$。我們先定義一個具連續性而且可微的效用函數 $U(X)$。代理人的目標是在不會減低其他人的效用的前題下，極大化他自己的效用。

代理人的效用函數可以表示成 $U_A^X(A^X, 0)$，和 $U_A^Y(0, A^Y)$。委託人的效用函數則可以表示成 $U_P^X(P^X, 0)$，和 $U_P^Y(0, P^Y)$。委託人雇用代理人替他們和對手談判以增加他們自己的利益。代理人根據自己的偏好來做決定。然而，他們的決定不能使委託人蒙受損失，不然他們將會失去自己的職務。最初的起始點可表示成座標 $(x_0, y_0)$，這是一個納許均衡點。此時，雙方沒有任何的一項的協議或是合約。代理人 $A^X$ 的目標函數可以表示如下：

$$\max_x U_A^X(X - A^x, y)$$

並且

$$U_P^X(x - P^X, Y) \geq U_A^Y(x_0 - P^X, y_0)$$
$$U_A^Y(x, Y - A^Y) \geq U_A^Y(x_0, y_0 - A^Y)$$
$$U_P^Y(x, Y - P^Y) \geq U_P^Y(x_0, y_0 - P^Y)$$

其中，U 具有凹性（concave），並且 x, y ≥ 0，其解爲 x*, y* ≥ 0，則

$$L_i'(x^*, y^*) = \frac{\partial U_A^X(x^* - A^x, y)}{\partial x} + \lambda_1 \frac{\partial U_P^X(x^* - P^X, Y)}{\partial x}$$
$$+ \lambda_2 \frac{\partial U_A^Y(x^*, Y - A^Y)}{\partial x} + \lambda_3 \frac{\partial U_P^Y(x^*, Y - P^Y)}{\partial x} \leq 0$$

$$x^* = 0 \text{ or } \frac{\partial U_A^X(x^* - A^x, y)}{\partial x} + \lambda_1 \frac{\partial U_P^X(x^* - P^X, Y)}{\partial x} + \lambda_2 \frac{\partial U_A^Y(x^*, Y - A^Y)}{\partial x}$$
$$+ \lambda_3 \frac{\partial U_P^Y(x^*, Y - P^Y)}{\partial x} = 0$$

$$U_P^X(x^* - P^x, Y) \geq U_A^Y(x_0 - P^x, y_0)$$
$$U_A^Y(x^*, Y - A^y) \geq U_A^Y(x_0, y_0 - A^y)$$
$$U_P^Y(x^*, Y - P^y) \geq U_P^Y(x_0, y_0 - P^y)$$

$$\lambda_1 = 0 \text{ if } U_P^X(x^* - P^x, Y) > U_A^Y(x_0 - P^x, y_0),$$
$$\lambda_2 = 0 \text{ if } U_A^Y(x^*, Y - A^y) > U_A^Y(x_0, y_0 - A^y),$$
$$\lambda_3 = 0 \text{ if } U_P^Y(x^*, Y - P^y) > U_P^Y(x_0, y_0 - P^y)$$

我們可以進一步假設效用函數爲以下的型式，

$$U_P^X(x, y) = K_P^X - (x - P^X)^2 - (y - 0)^2$$

其中 $K_P^X$ 爲常數，且

$$U_A^X(x, y) = K_P^X - (x - A^X)^2 - (y - 0)^2$$
$$U_P^Y(x, y) = K_P^Y - (x - 0)^2 - (y - P^Y)^2$$
$$U_A^Y(x, y) = K_A^Y - (x - 0)^2 - (y - A^Y)^2$$

在納許均衡時，代理人 $A^X$，提出 $A^X$ 作爲其談判籌碼，而代理人 $A^Y$ 則會提出 $A^Y$。因此，雙方達成的談判結果就是 $(A^X, A^Y)$。因爲不論對手做出什麼樣的決定，$A^X$ 或 $A^Y$ 都是對他們自己而言最好的回應。他們的委託人也明白這個道理。因此，委託人在期初選擇代理人時，他們的目標可以表示如下，對 $P^X$ 而言，其目標就是

$$\max_{A^X} U_A^X(A^X, A^Y) = K_P^X - (A^X - P^X)^2 - (A^Y - 0)^2$$

　　而委託人 $P^X$ 所選擇的代理人，其理想點 $(A^X, 0)$ 將落於 X 軸座標平面上 $(P^X - P^Y)$ 到 $P^Y$ 之間，委託人 $P^Y$ 的抉擇也可依此類推。

# 第十一章

# 雙層三角：以空間模型分析
# 國內政治對美中台戰略三角的影響

林繼文

## 壹、兩岸關係與內部政治

在現實主義者（realist）的眼中，國際關係由追求最大利益的國家所構成。[1] 所謂「國家」（state），不但在分析上經常被視為單一個體的行動者（unitary actor），在許多人的心中也是真實存在的本體。這樣的視野，可能帶來一項分析上的困難：不同的執政者，是否追求同樣的國家利益？政治體制，會不會影響國家的對外行為？這並不是新問題（Evans, Jacobson, and Putnam, 1993; Rosenau, 1969），而在諸派理論中，又以 Robert Putnam（1988）的雙層賽局（two-level game）模型受到最多的注意和引用。[2] 到今天，很少人能忽略國內政治為國際關係帶來的影響。

兩岸關係亦不例外。過去十年，台灣和大陸的經濟互動日漸加深，政治上卻趨向對立；在同一時間，台灣完成了兩次政黨輪替，中國大陸的政治結構則進一步的體制化。要理解這些現象，我們必須解釋台灣的內部政治變遷如何和國際環境的變化產生互動：過去十年，李登輝和陳水扁兩位前總統，在建構本土政權的同時，也試圖替加溫中的兩岸經貿互動踩煞

---

[1] 關於現實主義的流派以及對現實主義的批評，請參閱 Donnelly（2000）。

[2] 知名的國際關係期刊 *The Journal of Conflict Resolution* 曾在 1997 年 2 月號（第 41 卷第 1 期）出版專號，探討賽局理論在連結政治上的運用。

車，但主權獨立的呼求和台灣意識的上升畢竟難以抵擋全球化的趨力和中國經濟的壯大。隨著中國在國際舞台影響力的擴大和美國對中國大陸依賴度的增加，台灣逐漸在新的國際秩序中被邊緣化。在此情勢下，主張「不統、不獨、不武」的馬英九在 2008 年 3 月贏得總統選舉，是否能突破台灣的困境？還是會加深台灣對中國經濟的依賴、進一步弱化台灣的國際地位？[3]

欲回答上述問題，我們不但要解析短期的政策變化，更要能著眼長期，提出普遍性的理論架構。這個架構，要能以同一個理論整合國內政治、兩岸關係和美中台三角互動。在兩岸關係的研究上，一些學者探討過台灣的選舉、民主化和認同政治對兩岸關係的影響（吳玉山，2000a；Chan, 2005; Garver, 1997; Hsieh, 2004; Li, 2005; Wu, 1999, 2006），基本上是把台灣的內部因素視為影響兩岸關係的變數。也有不少研究採取戰略三角（strategic triangle）的途徑（吳玉山，2000a、2000b；Dittmer, 1981, 1987），從三角關係的型態來分析美中台的國際處境（例如吳玉山，2000a、2000b；包宗和，1999；Wu, 1996, 2005, 2006）。本章希望在這些研究的基礎上，建構一個採取以下假定的「雙層三角」（two-layered strategic triangle）模型：第一，模型的第一層是各方政府，第二層是國家，各國對其他國家的態度，由政府所代表的民意決定；[4]第二，對三角關係的描繪，從「友好／敵對」的二分延伸為連續空間，國與國的距離，表現其利益差距的程度；第三，國內政權（或領導權）的變動和各方改變現狀的能力，是影響戰略三角型態的主要變數。立基於這些假定，「雙層三角」模型賦予傳統戰略三角理論動態的個體基礎。此一模型以各方的政府為分析單位，各方互動產生總體效應，並回過頭來影響各方的利益。因為各國政府的利益又受制於選民結構和內部競爭，國內政治就和國際關係產

---

3　馬英九在 2007 年 11 月 20 日公布他的外交政策白皮書，強調他主張兩岸關係「不統、不獨、不武」，以「活路外交」為中華民國在國際找出路（《聯合晚報》，2007：5 版）。

4　這個假定，並不預設國家一定採取民主體制。對於非民主國家，可以將「民意」定義為「參與決策的菁英」所呈現的集體偏好。

生了動態的聯繫。

「雙層三角」模型既然以構成戰略三角的政府為行動主體，國家之間的關係又取決於各政府的利益，最適合的分析框架就是理性選擇中的空間模型（spatial model）。由於國內相關的理論著作有限，所以本文將以一定的篇幅介紹相關概念，並借用 George Tsebelis 的「否決者理論」（veto player theory）推論相關命題，說明國內政治如何影響戰略三角的總體後果。之後，將以台灣過去十年三位總統的兩岸政策為案例，說明如何運用「雙層三角」模型來解釋國內政治對戰略三角的影響。

# 貳、理性選擇、賽局理論與空間模型

本節介紹重要的分析概念。當我們以台、美、中三方政府為行動者，並根據各方利益來探討他們的互動結果時，已經隱含了「理性選擇」（rational choice）的分析途徑。理性選擇研究的是「意向性」（intentional）的行為，假定行為者有特定的目標，並會儘可能地實現其目標。更詳細言之，理性選擇途徑採取以下的假定（林繼文，2005：76-77）：

1. 方法論上的個體主義（methodological individualism）：發生於某個層次的現象，乃由構成這個層次的個體之行為所產生。
2. 具有完全性（completeness）與遞移性（transitivity）的偏好（preference）：所謂完全性的偏好，是指行為者對於所有的選項都能進行偏好排序；遞移性的偏好，是指偏好排序（preference order）可以在不同選項間遞移，例如 a 比 b 好，b 比 c 好，則 a 比 c 好。
3. 利益的極大化。

這三個假定彼此相關：如果偏好沒有完全性或遞移性，行為者就不知道最大利益是什麼，當然也就無所謂利益極大化，也不能藉此推論集體選擇。理性選擇途徑最大的挑戰，不在偏好的假定，而在如何由個體的偏好推論其行為，並加總為集體的後果。理性選擇途徑之下的各種理論，

就是在處理「個體偏好如何轉爲集體選擇」的「加總機制」（aggregation mechanism）問題，其中又以賽局理論（game theory，或譯博弈理論）是最爲人所熟知。

　　賽局理論，又可依加總機制的不同區分爲非合作賽局理論（non-cooperative game theory）和合作賽局理論（cooperative game theory）。合作賽局假設行爲者可以根據共同利益而持守某些約定（例如形成聯盟），非合作賽局則無此假定。非合作賽局的均衡是指「所有行爲者都無法獨自求得更大利益」的狀態，可以用來處理細緻的情境（例如具體的談判過程），但較難處理多行動者的問題。合作賽局的均衡，是指無法被任何聯盟改變的狀態，可以用在人數眾多、議題複雜的情境。非合作賽局理論和合作賽局理論並不矛盾，兩者所描繪的均衡可能是同樣的狀態，而透過合作賽局建構的一般理論正可和非合作賽局的細緻分析相輔相成。本文所要建構的雙層三角模型，處理的問題是美、中、台三方的互動如何受到內部政治的影響，因爲牽涉的因素眾多，比較適合運用合作賽局的概念，一些細節的部分則可透過非合作賽局來處理。[5]爲便於分析，以下使用形式理論（formal theory）的語言來界定本文所用到的基本概念。

　　第一個概念是「勝集」（winset）。令 O 爲所有選項（alternatives）所構成的集合，則選項 $x \in O$ 的勝集爲 $W(x) = \{y \mid y \neq x, y$ 可替代 $x\}$。y 之所以可以替代 x，和制度或遊戲規則有關。在多數決制下，只要支持 y 的人多於支持 x 的人，y 就可以替代 x；在共識決制下，只有所有的人都覺得 y 比 x 好，y 才能替代 x。在國際關係中，改變某種狀態的能力和國家

---

5　以賽局理論探討兩岸關係的研究，絕大部分採用非合作賽局，主題則是以安全、遏阻戰略（deterrence strategy）最多，例如 Franck and Melese（2003）；Huang, Kim and Wu（1992）；王玉玲（1996）；包宗和（1990、2000）；吳秀光（1995、1999）；李英明、賴皆興（2005）；沈有忠（2006）；胡均立（1996）；黃秋龍、王正光（2000）；鄧志松、唐代彪（2006）等。也有少數的賽局論文從經濟互賴探討兩岸的政治關係，如林繼文、羅致政（1998）；Benson and Niou（2007）。純粹處理兩岸經貿關係的賽局分析，則有葉國俊（2005）；葉國俊、侯乃榕（2007）。以合作賽局探討兩岸關係的則有Lin（2000）。

實力以及議題性質有關。一般而言，各國政府都有某些可獨自改變的狀態，而這種能力隨國家實力而改變。但若議題涉及雙邊乃至多邊協議，參與協議的各方必須要有共識才能通過協議；此時，參與協議的國家成為「否決者」（veto player）。第二個概念是「局心」（core），和勝集有關。對任何的合作賽局而言，局心的定義是 $\{x \mid W(x) \neq \varnothing\}$。換言之，局心就是所有無法被替代的選項所構成的集合，也就是合作賽局的均衡。當 x 為現狀（status quo，以下稱為 SQ）時，W(x) 就是可以替代現狀的選項所構成的集合，W(x) 的元素越少，表示現狀越難改變；局心，就是無法被改變的現狀。以「勝集」和「局心」的概念來分析國際關係，可以協助我們解決一項合作賽局的弱點：行動者之間的結盟是否具有可行性（enforceability）。國際政治中的結盟關係原本就欠缺穩定性，敵我關係也時常產生變化，所以「局心不存在」（亦即沒有不可被聯盟改變的現狀，請參考 Plott, 1967）原本就是常態，以「勝集」作為主要的分析概念，剛好可以反映國際政治的特性，也可描繪出國家間的結盟空間。

　　運用以上的概念來分析戰略三角，要先處理三個問題：誰是行動者？在三角互動中，「選項」是指什麼？對於這些選項，如何描繪行動者的偏好？第一個問題比較簡單，我們可以假定行動者是各方政府，其利益由所代表的民意決定。至於選項和偏好，是一體的兩面，傳統的戰略三角理論提供了一些啟示。在戰略三角的理論中，每兩國之間具有「友善」或「敵對」兩種關係，所以三國構成一個三角形。本文以理性選擇為出發點，對戰略三角理論做了一些修正：首先，從分析層次而言，「友善」或「敵對」是各國政府互動之後產生的集體後果，所以應將政府視為行為者，將其關係視為被解釋項；第二，將「友善」或「敵對」的二分延展為連續的空間。做了這樣的修正，最適合表達選項和偏好的就是前面提到的「空間模型」（spatial model）。

　　空間模型的基本概念，是以距離表達偏好。所謂空間，指的是「歐氏空間」（Euclidean space），其維度（dimensionality）可以從 0 到無限多。在空間模型中，每個行動者都有一個最喜歡的結果，稱之為理想點（ideal point）；在 k 維的空間中，理想點就是一個 k 維的向量（vector）。所謂選項，即可用空間中的向量來表達。[6]對任意選項 x 而言，$i$ 行動者的效用函數為：

$$U_i(x) = -[\sum \alpha_{ij}(x_j - t_{ij})^2]^{1/2}$$

其中 $t_i$ 是 $i$ 的理想點，$x_j$ 和 $t_{ij}$ 分別是 x 和 $t_i$ 在第 $j$ 維的位置，$\alpha_{ij}$ 則是對第 $j$ 維向度的加權值。這個效用函數，其實就是一般化的歐式距離（Euclidean distance），在 $x = t_i$ 的時候達到極大值。因為我們以歐氏空間來表達效用，所以必然符合理性選擇關於完全性與遞移性的假定。

　　以空間模型來分析戰略三角，關鍵的問題在於「空間」如何構成，以及如何界定政府在空間中的位置。對於這個問題，有兩種殊途同歸的思考方式。第一，我們可以將各方政府關切的議題視為空間的軸線，並透過各政府在各議題上的立場歸納出其理想點。由於戰略三角的行動者有三個，不論議題有多複雜、空間的維度有多大，都可以把三者的理想點投射在一個二維的空間上，構成一個三角形、直線或點。第二種方式，是將三方的理想點視為空間中的三個點，點和點的距離表達國與國之間的利益差距，所以三方政府構成三組關係，也可用二維空間表達。這兩種方式，不論是以具體議題為基礎，或以理想點為基準，都可以用三角形表達三者的關係，三角形的三個邊長越相等，表示三者之間的關係越等距，三個邊長差距越大，越表示其中兩者的關係好於第三者。圖 11-1 描繪一個假想的狀況。假設美、中、台三方的理想點分別是（0.6, 0.6）、（0, 0）與（0, 1），這三個點，剛好就是戰略三角的三個頂點，這三個頂點間的距離，反映各方的利益差距。以圖 11-1 為例，台美的距離為 0.72，美中的距離為 0.85，中台的距離則是 1。

---

6　為便於分析，我們假設選項所構成的是一個緊緻的凸集合（compact and convex set）。這表示議題不會無限延伸，而選項之間的空間也可列為選項。

圖 11-1　空間模型中的美中台戰略三角

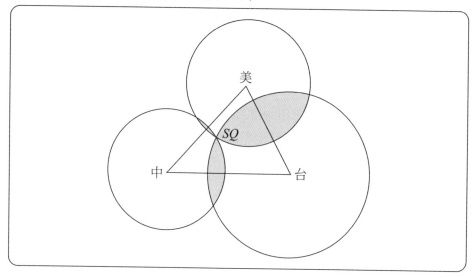

　　根據各國的理想點和效用函數，我們可以描繪三方政府對於現狀的勝集。如果我們假設行動者對議題的加權值相等，一國政府對現狀的無異線（indifference contour），就是以其理想點為圓心，以其理想點到現狀為半徑的圓。[7]假設改變現狀需要兩國合作，則雙方的利益交集區域就是勝集。如果現狀果真被勝集中的選項取代，將導致兩國關係往友善方向前進，但兩國與第三方的關係則往敵對的方向發展。以圖 11-1 為例，如果我們假設現狀為（0.3, 0.3），則三個圓交集的區域就是能夠改變現狀的區域。當然，國際政治沒有什麼固定的結盟規則，有共同利益的國家，可能因為諸多障礙而不能立即改變現狀，但能被單一國家改變的現狀也不少。圖 11-1 所顯示的勝集，是由兩方所構成的潛在合作空間。

　　空間模型的另一個用處，是能清楚地顯示國內政治對三角關係的影響。再以圖 11-1 為例，假設台灣因為政黨輪替，理想點由（0, 1）變為

---

[7]　不同面向的加權值不見得相等。若然，要證明相關命題的技術層次較高，超出本文的範圍，不過，無論是否假設面向的加權值相等，現狀點移動的方向仍不會改變，所以本文所提出的命題仍然成立。

（0, 0.5），所以新的理想點距離美、中的理想點都更近。此時，美中距離不變，但中台距離變爲 0.5，台美距離變爲 0.61，表示台灣對美中兩方都是朝友善的方向前進。我們可以用同樣的方法，顯示其他各方內部權力的變化對三角關係的影響，甚至可以在各國之內放入不同的行動者，觀察國內競爭如何影響三角關係。

上面的例子說明如何運用空間模型來建構雙層三角理論。這個例子中所用到的分析概念，可以當成模型的變數，用來解釋三角關係的轉變。主要的自變數包括國家之間的利益差距、國內政權的變化、決策體制的性質、現狀的位置以及各方對現狀的改變力等。對於這些變數間的關係，George Tsebelis（2002）的「否決者理論」（veto player theory）提供了相當有用的分析工具。所謂否決者，如其名所示，是能夠否決某一集體選擇（如議案、條約）的行動者。某些否決者是個別行動者，某些則是所謂的集體否決者（collective veto player）。否決者理論的核心概念，正是勝集。次節先說明雙層三角理論的內涵，再根據否決者理論的概念建構相關命題。

# 參、雙層三角模型的空間化

傳統的戰略三角模型，分析的焦點在於國家在不同型態戰略關係中的處境。本文也以國家之間的敵對或友好爲關切對象，但採取較爲動態的觀察角度。主要步驟有二：首先，以理想點的差距來描繪國家之間的利益差距；其次，探討理想點和現狀的位置如何影響國家之間的合作空間；第三，以各國對現狀的改變力來預估現狀的改變方向，以及對三角關係的影響。以空間模型的概念來說，雙層三角模型要尋找的是國家間的勝集，勝集越大（小），代表合作的空間越大（小）。不過，勝集包含的範圍還是相當大，其中的選項仍有好壞之別。一個合理的假定是，結盟國應該在勝集中尋找最符合雙方共同利益的選項，而這些選項應該位於結盟國的「帕雷圖集合」（Pareto set）上。帕雷圖集合的定義爲：如果選項 x 屬於兩國

的帕雷圖集合，即表示對任意 $y \neq x$ 而言，$y$ 必然比 $x$ 距離其中一個結盟國的理想點更遠；反論之，如果 $x$ 不屬於帕雷圖集合，即表示必然存在比 $x$ 更靠近兩方理想點的選項。依此理，任意兩方在空間模型中的帕雷圖集合，就是連結兩方理想點的線段。所以，結盟國勝集和其帕雷圖集合的交集，應該就是他們最可能用來替代現狀的選項，而兩國之間的談判也應該集中在此交集的選項上。為便於說明，以下將勝集和其帕雷圖集合的交集稱為 V 集合。我們若假設聯盟由兩國構成，V 集合就是一個線段。根據這些概念，以下是雙層三角模型依變數的形式化定義（見圖 11-2）：

1. 勝集的寬度：如果結盟國有兩國，V 集合是一個線段；線段越長表示兩國合作空間越大。

2. 勝集的中點：V 集合既然是線段，就會有中點，而此一中點距離某國的理想點越近，表示合作對此國越有利。

3. 現狀的改變方向：新現狀應該位於 V 集合之內，但具體位移受制於現狀改變力。

圖 11-2　勝集的寬度與中點

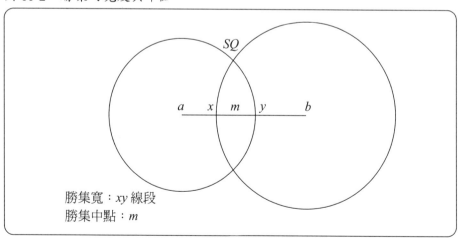

主要的自變數包括：

1. 理想點和現狀的位置：理想點由國內政權的特性決定，現狀的位

置可能受到外生因素（例如國際情勢的變化、重大危機等）的影響，也可能是內生於三角關係的，亦即對既有現狀的改變。

2. 改變現狀的能力：改變的現狀方式，包括國家間的聯盟（例如簽署協議）或單一國家的行為（例如增加武力、宣告獨立）。某些國家在某些議題上沒有改變現狀的能力，例如美國不能替台灣宣告獨立，台灣不能替美國增加軍備。若然，即使某些國家間的合作空間很大，現狀也不見得能立即改變。我們只能說這些國家具有強大的結盟動機，但現狀究竟如何變動，要看國家的可行選項（feasible alternatives）為何。

3. 國內政治制度：國內有幾個多數聯盟？除了政府，一國之內是否有其他的否決者？關於前者，我們將以「局卵」（yolk）的大小測量國內的分歧度。所謂「局卵」，是指和所有「中位線」（median line，在二維以上的空間稱為中位面）相交的圓中最小的圓，而「中位線」的定義則是線上的理想點加上任意一邊的理想點皆構成多數的線。對集體否決者而言，「局卵」是衡量決策穩定性的重要指標，局卵越小，表示決策越不容易被推翻；如果局卵的半徑等於 0，局卵即等於局心，也就是合作賽局的均衡（Feld, Grofman, and Miller, 1988; Miller, Grofman, and Feld, 1989）。

為便於分析，以下假定兩國理想點之間的距離大於兩國理想點和現狀之間的距離。[8] 在此假定下，我們可以根據否決者理論的概念，推論出以下的命題，其中前兩個命題說明影響合作空間的因素，命題三、四解釋國內政治對於合作空間的影響，命題五則描繪兩國的結盟對第三國的影響。

---

8　如果兩國理想點間的距離小於現狀距離兩國理想點的距離，則兩國的帕雷圖集合將被包含在勝集之內，所以勝集和帕雷圖集合的交集就是連接兩個理想點的線段，勝集的中點就是此一線段的中點。這表示，當結盟雙方都非常希望改善現狀時，雙方的談判地位是平等的。

**命題一：兩國的理想點距離越近，勝集的寬度越長；當 B 國的理想點朝 A 國理想點的方向靠攏時，勝集的中點也往 A 國理想點的方向移動。**

以圖 11-3 為例，假設 A 國的理想點 $a$ 不變，而 B 國的理想點由 $b$ 變為離 $a$ 更近的 $b'$。此時以 $a, b'$ 為兩國理想點的勝集比原來更寬，勝集的中點 ($m'$) 也比原來的中點 ($m$) 離 $a$ 更近。這個道理很容易從簡單的幾何學推得，所以命題一適用於所有符合假定的案例。[9] 命題一的現實意涵是，結盟國之間的利益差距越小，合作的空間越大；如果利益差距的縮小來自某國理想點的改變（例如政權替換），反而會減少對手國的讓步空間。

圖 11-3　理想點的變動對勝集寬度與中點的影響

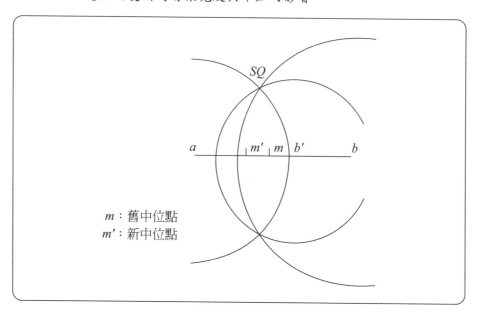

9　以圖11-3為例，假設以 $b$ 為圓心、以 $SQb$ 線段為半徑的圓與 $ab$ 線段相交於 $y$，以 $b'$ 為圓心、以 $SQb'$ 線段為半徑的圓與 $ab$ 線段相交於 $y'$，則只要計算各點之間的距離，即可得知 $by$ 線段必定短於 $by'$ 線段。

**命題二：現狀距離結盟國越遠，勝集寬度越長。**

　　勝集的寬度由 $SQ$ 和理想點的距離決定，而 V 集合又是由兩國的理想點和 $SQ$ 的距離所決定，所以 $SQ$ 離理想點越遠，V 集合的寬度也越長。這個命題的現實意涵是，結盟國越需要改變現狀，其利益交集越大。

圖 11-4　現狀點的變動對勝集寬度與中點的影響

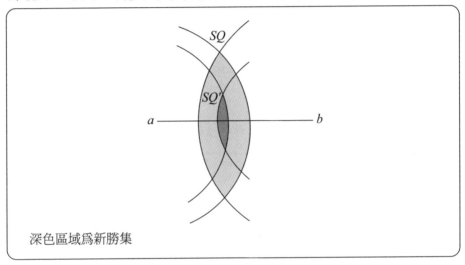

深色區域為新勝集

**命題三：一個國家內部的局卵越大，勝集寬度越長，勝集中點離對手國的理想點越近。**

　　作為集體否決者，國家內部可能存在著一個「小三角」。我們可以將局卵想像成這個小三角形成的內部妥協空間。令 $c$ 為集體否決者局卵的圓心，$r$ 為其半徑，$d$ 為 $c$ 與 $SQ$ 的距離，則該國對於 $SQ$ 的勝集被包含在以 $c$ 為圓心，以 $d + 2r$ 為半徑的圓內（Miller, Grofman, and Feld, 1989; Tsebelis, 2002: 45-51）。所以，局卵的半徑越長，勝集的寬度就越長，勝集中點也離對手國的理想點越近。由於局卵建立在多數決制之上，此一命題同時顯現政治制度以及意見分歧對戰略三角的影響：一個以多數決制進行決策但內部意見分歧的國家，和他國的合作空間最大，但在談判上處於較不利的地位。這表示，多數決制的民主國家之間的合作空間最大，而威權國家較易在和民主國家的結盟過程中佔有上風。

圖 11-5　國內分歧對勝集寬度與中點的影響

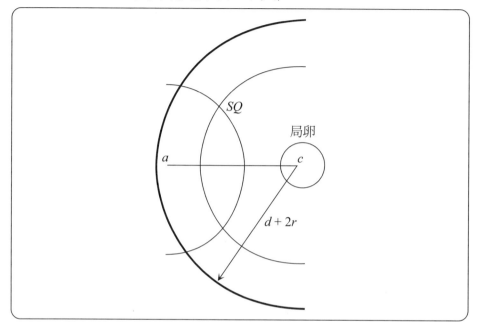

**命題四：極端位置的否決者將減少合作空間。**

　　圖 11-6 顯示，當 B 國出現極端否決者 B' 時，勝集的寬度比 B' 不存在時窄很多。這個命題也具有兩個重要意涵。多數決並非唯一的決策體制，某些民主國家採共識決，而極端的黨派若具有否決能力，就會降低與對手國合作的空間。事實上，即使是威權國家也可能存在著不利結盟的鷹派或激進派。從談判的觀點來看，極端否決者的出現，一方面會降低談判空間，另一方面卻可以讓處於不利談判地位的國家向對手表示讓步空間有限，藉以提高談判籌碼。

圖 11-6 內部否決者對勝集寬度的影響

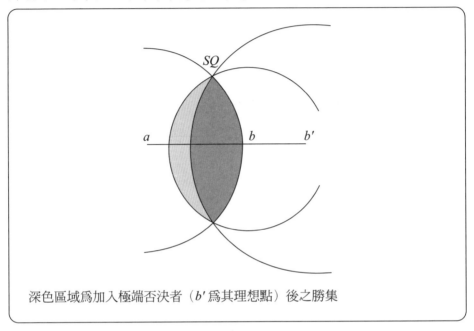

深色區域爲加入極端否決者（*b'* 爲其理想點）後之勝集

## 命題五：當現狀位於三方的帕雷圖集合時，任何兩方結盟所產生的新現狀，必然比舊現狀距離第三方的理想點更遠。

　　如果三個國家的理想點構成一個三角形而現狀位於三角形（即三方的帕雷圖集合）內，則現狀的改變至少會使一方的理想點距離新現狀更遠。我們可以延伸這個命題，根據現狀的位置來探討戰略三角的性質（見圖 11-7）。首先，若現狀位於三方的帕雷圖集合內，表示三方不可能形成改變現狀的共識，所以任何兩方合力改變現狀，就會使第三方成爲孤雛，亦即產生「結婚型」（marriage）的三角關係。其次，如果現狀不在三方的帕雷圖集合內，兩方的結盟可能使第三方獲利，造成「三邊家族型」（ménage à trois）的三角關係。第三，關於「羅曼蒂克型」（romantic）的三角關係，只可能在一種狀況下產生：三方的理想點構成一條直線，居中的國家是其他兩方的好友，也是現狀的維持者，但兩端的國家彼此敵對。此時，「現狀即局心」，任何對現狀的變動都會被中間行動者和其中一者反對。最後，如果每個國家都可以獨自否決現狀的變動，而現狀

剛好又位於任何三方的帕雷圖集合中，則國家間沒有結盟的誘因，因而形成「單位否決型」（unit-veto）的三角關係。這也表示，對於「結婚型」的孤雛而言，突破困境的方法之一就是讓自己具有否決現狀改變的能力，使三角關係轉為「單位否決型」。[10]

圖 11-7　四種戰略三角型態的空間化

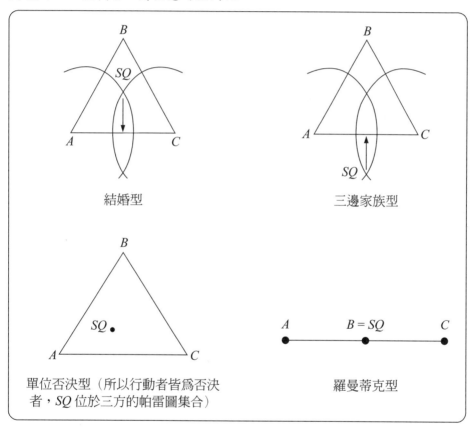

現狀如何改變，是一個外生性的問題。以上推論假設現狀要靠國際合作改變。如果現狀可以被單一國家改變，戰略三角的型態取決於該國如何

---

10 舉例而言，台灣可以設置「改變現狀需要公民投票」的機制，預防國家定位被大國決定。

改變現狀。如果某國政府使現狀更加偏離其他兩國的理想點，將給予其他兩國更大的合作空間，並使自己陷入孤雛的困境；如果該國使現狀更接近自己和另一個國家的理想點，等於是在創造合作空間，並使第三國變為孤雛。如果現狀位於三國的帕雷圖集合之外，能獨自改變現狀的國家可以同時使三方獲利，創造三邊家族的型態。以下，將以台灣的實際情況說明現狀如何改變。

## 肆、以雙層三角模型分析美中台的戰略互動

前節探討國家利益、政治制度和現狀位置如何影響國家間的結盟空間，但仍未觸及現狀改變的軌跡。原因在於各國改變現狀的能力不一，而且因個案而有差別。本節將前述命題運用在美中台三角關係上，指出各方政府在個別議題上的現狀改變力，並分析台灣的政權替換如何影響三角關係的改變。過去十多年，美國雖然歷經不同黨籍的總統，但兩岸政策並沒有太大的變動，中國大陸也並未大幅調整對台的官方立場。反觀台灣，歷經李登輝、陳水扁和馬英九三位總統，採取的兩岸政策具有相當的差異性，正可讓我們觀察國內政治的變化如何影響戰略三角關係。

在進入分析之前，先說明美中台戰略三角所處之空間。和美中台相關的議題相當多，例如台灣的主權歸屬、兩岸經貿關係、中國和美國在東亞的競逐等。不過，某些議題可能具有高度相關性，所以議題的數目不見得等於空間的維度。即使空間維度很高，我們仍可將三個行動者的理想點投射到一個二維的空間上，而此空間的向度，將由最具爭議性的議題主導。以美中台的現況觀之，應該有兩個最重要的面向：兩岸關係與中美關係。以兩岸關係而言，最重要的議題是台灣的統獨。在此面向上，台灣的統獨立場因執政者而有不同，中國大陸當然希望達成統一，美國在形式上接受一個中國，但認為兩岸應該進行協商，所以位置介於中、台之間。在中美關係上，對重要的課題是美國如何面對崛起的中國。在此面向上，美國政府可以採取平衡者的角色，也可以讓中國扮演區域霸權（亦即從中國勢力

所及之處「撤離」）；影響其策略的因素除了執政者的意識型態，還有美國的全球戰略以及美中的國力變化等。台灣的政府大致希望美國能平衡中國大陸的擴張，北京則希望美國隨著中國崛起而從其勢力範圍撤離。

至於現狀改變力，我們可以做出以下的假定。第一，台灣可以決定走向獨立或統一，但最終結果受制於美國和中國大陸是否支持；台灣對美中關係所能產生的影響，則是相當有限的。第二，美國和中國大陸可以決定彼此的關係，對於台灣的統獨走向，則只能間接促成或直接反對。第三，雙邊關係若需透過協議來改變，則雙方都是否決者。根據這些假定，以下分為不同時期說明台灣政府的政策如何影響美中台關係。[11]

第一，在 1996 年台灣總統選舉前，李登輝政府的兩岸政策比蔣經國時代更偏離中共政府的立場（理想點），但並未大幅偏離美國政府的立場，再加上推動民主化和總統直選符合美國的意識型態，因此創造台美的合作空間。命題一指出，兩國的理想點差距越大，勝集的寬度就越窄；反過來說，兩國理想點越接近，其合作空間也越大。命題二則顯示，現狀距離兩國越遠（近），兩國合作的空間就越大（小）。我們可以根據這兩個命題得出這項推論：李登輝比蔣經國更強調台灣的主體性，又透過修憲推動台澎金馬人民直選總統，使台灣更具有實質獨立的樣貌，兩岸在國家認同上的差異隨之擴大。不過，李登輝在 1996 年之前的政策並未大幅偏離美國的立場，反而因為推動民主化而符合美國的意識型態，等於為美國創造一個民主盟邦，因此擴大了和美國合作的空間。

更詳細言之，李登輝政府關於台灣的國家定位，先在 1992 年 8 月由國家統一委員會提出「海峽兩岸均堅持一個中國之原則，但雙方所賦予之涵義有所不同」的決議（亦即所謂的「一個中國，各自表述」），和對岸的「一國兩制」具有一定的交集。兩岸自 1993 年舉行辜汪會談，並展開相關會議，李登輝則在 1995 年發表兩岸關係正常化的談話。然而，李登

---

[11] 有關於歷任總統的兩岸關係談話或是相關事件，請參考行政院大陸事務委員會網站：http://www.mac.gov.tw/。

輝在 1994 年與日本作家司馬遼太郎的會談提到「身爲台灣人的悲哀」，被看成是他台灣主體意識的表徵。1994 年修憲確立中華民國總統由台澎金馬地區人民直選產生，在實質上將這些地區視爲一個獨立國家；1995 年訪問美國，發表有關台灣民主化的演講，一般多以「台灣總統」視之。面對此情勢，中共推遲二次辜汪會談，並在台海進行飛彈演習。此一危機，在美國柯林頓總統派遣兩艘航空母艦穿越台灣海峽後停止。很明顯地，飛彈危機顯現中共政府企圖遏止現狀滑向台灣獨立，美國則在其中扮演了平衡者的角色。

圖 11-8　台灣不同政權下之戰略三角變化

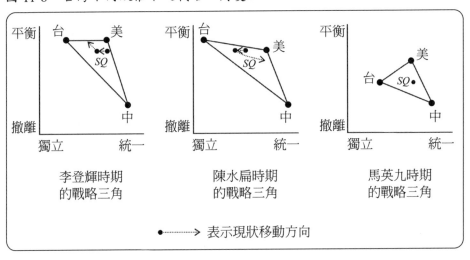

李登輝時期
的戰略三角

陳水扁時期
的戰略三角

馬英九時期
的戰略三角

●┈┈┈┈┈> 表示現狀移動方向

圖 11-8 顯示了上述變化：在蔣經國總統時期，台灣在統獨上的立場和對岸差異並不大。李登輝推動總統直選和本土化政策，使現狀往獨立的方向移動，但並未大幅偏離美國和台灣的合作空間。

第二，1996 年李登輝當選總統後，立場繼續偏離中共政府，導致台灣與中國大陸談判空間的進一步減縮；美國政府的態度則取決於台海現狀被武力破壞的可能。這個推論同樣來自命題一和命題二。李登輝在 1996 年勝選後，推動民主化和總統直選的效應降低，柯林頓則在 1996 年 11 月贏得美國總統選舉，希望能與北京修補關係，同時倡議各種版本的「中程

協議」，希望台灣不要走向獨立，中國不要對台動武。1998 年 6 月，柯林頓訪問中國大陸，發表「不支持台灣獨立、不支持一中一台與兩個中國、不支持台灣參加以國家爲主體的國際組織」的「三不政策」，等於是在平衡台灣在總統選後的情勢。

相對於美中關係的改善，李登輝在 1999 年接受德國媒體訪問時提到「台灣與中國大陸是特殊的國與國關係」（一般稱爲「兩國論」），等於是把台灣的位置往偏離中、美立場的方向移動。根據圖 11-8，此時台灣對現狀的改變已經超越了美國所能接受的範圍，美國和中國反而因此產生合作空間。從實際面觀之，面對李登輝的兩國論，中共政府在 2000 年 2 月發表白皮書，措辭強硬地批評李登輝和「分裂勢力」，抨擊台灣的憲政改革是在將台灣製造爲獨立的政治實體，並表示「中國政府只能被迫採取一切可能的斷然措施、包括使用武力，來維護中國的主權和領土完整，完成中國的統一大業」。中共政府的強硬態度顯示台海現狀有可能受到武裝衝突的破壞，柯林頓政府因此很快對北京發出警告，表示中國大陸若使用武力將帶來嚴重的後果。這表示，兩岸政府企圖改變現狀的企圖，增加了美國平衡台海現狀的壓力。

上述變化，同樣呈現在圖 11-8 中：李登輝在第二任總統期間持續推動本土化政策，使台灣更加偏離北京的理想點；如果北京以武力反制台灣的走向，美國雖然可能扮演平衡者的角色，卻也讓新現狀位於台美的帕雷圖集合上，大幅減縮兩方的合作空間。反觀美中的合作空間，卻因新現狀偏離兩者立場而擴大。

第三，陳水扁擔任總統後，立場更加偏離中共政府的立場，並逐漸擴大與美國的差距，導致中美合作空間進一步擴大；九一一事件後美國在國際舞台上對中國的需求增加，進一步使台灣邊緣化。陳水扁於 2000 年和 2004 年當選總統，相較於李登輝時期的中國國民黨，陳水扁所代表的民主進步黨更明確地主張「台灣不是中國的一部分」。陳水扁雖然在 2000 年 5 月宣示就職時主張「只要中共無意對台動武，其保證在任期之內，不會宣布獨立，不會更改國號，不會推展兩國論入憲，不會推展改變現狀的

統獨公投，也沒有廢除國統綱領與國統會的問題」（四不一沒有），但在 2002 年 8 月又表示「台灣主權獨立，台灣和對岸的中國是一邊一國」。此外，陳水扁並推動一系列嘗試改變台灣現狀的措施，包括制憲正名、公民投票捍衛主權等。台灣政府的立場再度往北京的反方向移動，使兩岸談判空間快速縮小。此外，陳水扁推動改變台灣現狀的作為，再次擴大了美中的合作空間。

這個趨勢，在陳水扁的第二個總統任期更為明顯（Lin, 2008）。「正名運動」的對象從國家到擴展到海內外的政府機關，《中華民國憲法》則被視為不合時宜；他在 2006 年 2 月終止了「國家統一委員會」和《國家統一綱領》，並推動台灣進入聯合國的公民投票。陳水扁又在 2007 年 3 月 4 日提出「四要一沒有」：台灣要獨立，台灣要正名，台灣要新憲，台灣要發展；台灣沒有左右路線，只有統獨的問題。面對陳水扁的台獨路線和改變現狀的企圖，中共政府在 2005 年 3 月由全國人大通過《反分裂國家法》，特別提及「得採取非和平方式及其他必要措施，捍衛國家主權和領土完整」。更重要的變化在於美國的態度：如命題二所示，當陳水扁嘗試推動多項突破現狀的行動時，美、中的合作空間反而因此擴大。美國不但公開反對台灣推動進入聯合國的公民投票，布希總統更在 2007 年 8 月 31 日表示「台灣或中華民國都不是一個國家」。另一個促成美國態度轉變的因素在於國際情勢的變化。2001 年 9 月 11 日美國遭受恐怖份子的攻擊，之後相繼發動對阿富汗和伊拉克的戰爭，不但需要其他大國在國際事務上的支持，也難以全力處理其他區域的危機。作為崛起中的大國，中國對國際事務的影響力日漸增加，自然成為美國尋求支持的對象。台灣政府在此時採取傾向獨立的行動，即使是透過憲政改革或公民投票等民主程序來進行，仍然難以獲得美國的支持。

圖 11-8 描繪了這些變化。陳水扁的總統任內，現狀有兩個移動軌跡。首先，他的策略比李登輝更趨向台灣獨立，也就是使現狀往獨的方向移動。然而，此種移動反而擴大了美中合作的空間，使美中形成「共管台灣」的默契，共同遏止台灣走向獨立，所以使現狀又往統的方向移動。此外，中國逐漸崛起，美國在國際事務上對中國的需求增加，使兩方的利益

差距縮小。兩項變化相加，使台灣趨向獨立的困難度增加，美國逐漸失去作為「平衡者」的力量，台灣進一步被邊緣化。

第四，馬英九於 2008 年當選總統後，採取對美、中的等距交往，立場較陳水扁政府大幅往北京政府立場接近，使兩岸談判空間大幅擴大，但兩岸距離的拉近起因於台灣立場的調整，所以談判空間的中點也往北京方向移動，最後的談判結果則與國內政治結構有關。圖 11-8 顯現了這個變化。在統獨立場上，馬英九政府反對台灣獨立，在美中關係上，馬政府採行等距交往，使馬英九政府的新立場離美中雙方都更接近。再加上現狀位於三者之間，使馬政府同時擴大了和雙方交往的空間，其中又以兩岸關係的變化最受到注目。

我們可以從馬英九當選總統後的變化來印證上述推論。相較於陳水扁和李登輝，馬英九更強調維持台海現狀，主張「不統、不獨、不武」的「三不政策」。2008 年 9 月，馬英九在回答「兩個中國」的問題時，認為兩岸不是國與國的關係，和李登輝的「特殊國與國」以及陳水扁的「一邊一國」有很大的區別。馬英九的主張當然不等於統一，但仍是往北京方向移動。根據命題一，馬政府的新兩岸政策雖然擴大了兩岸的合作空間，但也使勝集的中點往北京方向移動。這表示，如果談判不成，損傷較大的可能是馬政府，所以北京似乎居於較有利的談判地位。再加上台灣經濟情勢不佳，馬英九又背負著總統改選壓力，亟需提振台灣經濟，所以將兩岸協商視為優先議題。此種情況，顯現在馬英九政府對於兩岸經濟協議的態度上。[12]

馬英九當選總統後，台灣的六大工商團體為因應「東協加三」的態勢，要求馬政府盡速與中國大陸簽署《綜合性經濟合作協議》（Comprehensive Economic Cooperation Agreement, CECA），以圖解決兩岸經貿整

---

[12] 另一個相關事件是中國海協會會長陳雲林的來台訪問。陳於 2008 年 11 月 3 日訪台，和海基會董事長江丙坤簽署兩岸空、海運直航、郵政合作、食品安全等四項協議。行政院陸委會表示，如果立法院 30 日內未針對海空協議作出決議，法律上視為同意。此一安排顯示馬政府對於兩岸協商的急迫性。

合的關鍵問題，例如關稅減讓、投資保障、雙重課稅等，馬政府也將簽訂此項協議視爲既定政策。CECA 後來被更名爲《兩岸經濟合作架構協議》（Eco-nomic Cooperation Framework Agreement, ECFA），彰顯其爲「架構性的協議」。對於 ECFA，台灣社會出現一些不同的意見，包括是否圖利特定企業、台灣失業率是否增加、協商過程是否透明化、台灣主權是否弱化等。面對這些質疑，馬英九並未承諾將協議送交立法院事前審查，而表示「今天不做，明天就會後悔」。[13]

這種急迫性，使馬政府希望能儘速簽訂 ECFA，北京因此居於優勢談判位置。縱使如此，最後結果仍然受到內部政治結構的影響，對何方有利仍有待觀察。首先，談判中點雖然往北京方向移動，但究竟距離台灣的「中位選民」（median voter）更遠還是更近，取決於馬英九政府的理想點，無法從模型本身得知。其次，台灣在野力量對於馬英九政府的批評，不見得對談判不利。根據命題四，民進黨若能在兩岸談判的議題上扮演否決者的角色（例如質疑未經民主程序同意的談判結果），將會縮減談判空間。此時，如果談判對兩岸政府都有利，台灣內部的極端意見等於是把台灣的位置拉往與北京相反的方向，進而增加馬英九政府的籌碼。至於馬政府是否會採取此一策略，取決於其眞實理想點究竟是較爲靠近北京還是台灣的中位選民。如果是後者，馬政府可以利用內部否決者使談判結果趨近自己的理想點，以避免喪失多數選民的支持。

第五，台灣如果出現分裂的多數，將使其居於較爲不利的談判位置。命題三指出，國內利益差距越大、決策越依賴多數決，勝集的中點就越接近對手國。以兩岸政府的型態來看，中共政府爲威權體制，台灣則爲民主體制，因此較可能出現分裂多數，使其處於較不利的談判地位。更詳細言之，台灣採行的是半總統制，雖然大多數人以總統爲最高的實質領袖，但總統不見得能完全掌控行政機關，更可能和立法院的多數不同黨。陳水扁擔任總統的八年，就處於「分立政府」（divided government）的狀況，此時兩岸雖然沒有展開正式的協商，但北京卻與中國國民黨建構了「國共

---

13　《聯合晚報》，2009：B2 版。

論壇」的協商管道，給予民進黨政府相當大的壓力。

　　「國共論壇」起於國民黨黨主席連戰在 2005 年 4 月在中國大陸的訪問。此次訪問由中國國家主席胡錦濤邀約，連胡會後提出四點主張，強調「九二共識」、「一個中國」原則，中國絕不能分裂、中華民族絕不能分裂，並應加強兩岸經濟上的交流合作，展開平等協商等；之後，國共兩黨又共同舉辦了「兩岸經貿文化論壇」。很顯然地，國共論壇不論在主張或形式上，都是針對陳水扁政府而來的。陳水扁政府之所以面臨相當的壓力，正是因爲國民黨代表的是佔有國會多數的泛藍陣營，而這個多數是有可能根據國共論壇通過相關法令的。

　　綜合馬英九和陳水扁的經驗，我們發現台灣的民主體制對於兩岸談判具有雙面作用：在一致政府時期，內部的否決者可以增加談判籌碼，但分立政府卻可能弱化政府的談判能力。反觀北京，始終處於威權政府狀態，所以不會出現分裂多數的問題，反而可以利用內部極端派的否決聲音來增加其談判籌碼。

# 伍、結論

　　本文透過空間模型將戰略三角理論動態化，並探討國內政治對國際結盟的影響。戰略三角理論原本就有空間的意涵，本文更明確地以「空間距離」來描繪國家間的敵友關係，以理想點和現狀的空間位置與現狀改變力爲自變項，解釋三角關係的變化。從理論的角度來看，本文所建構的「雙層三角」模型，對相關理論提出幾個補充。首先，對戰略三角理論而言，雙層三角模型是建立在個體論的基礎（micro foundation）上，以各國政府爲行動者，以其所代表的民意定位其理想點，並以空間模型分析其互動結果，使得我們能從個體的角度解釋集體的後果。第二，雙層三角模型運用「否決者理論」的分析概念，指出不利國際合作的因素，例如極端的國家利益、使國際競爭趨於零和的現狀等。這些因素的變化不但影響兩國間的合作空間，也牽涉到與第三國的關係，所以可以解釋戰略三角關係的

轉變。從這個觀點，可以看出國內政治如何影響戰略三角關係。例如，某國政府如果因為內部競爭而逐漸採取極端的立場，將強化其他國家間的合作空間，並使自己陷入孤雛困境。某國的新政權如果採取向他國靠攏的策略，將可擴大國際合作的空間，但不見得能取得有利的談判位置。

　　從經驗研究的角度觀察，雙層三角模型，提供我們解釋兩岸關係過去十年重要變化的線索。兩次的政黨輪替，不但為台灣的民主化立下重要的里程碑，也深刻影響兩岸關係的發展。李登輝從「九二共識」變為「特殊國與國關係」，陳水扁從「四不一沒有」轉為「四要一沒有」，無論是基於理念或政治考量，都使中國大陸找到和美國「共管台灣」的理由。馬英九當選總統後亟欲解凍兩岸關係，但究竟能否取得有利的談判位置，或是更進一步成為北京與美抗衡的工具，仍有待時間考驗。從長遠的角度來看，美國與中國的競合關係固非台灣所能左右，但台灣卻很難不成為兩國棋盤上的重要棋子，而台灣內部的政治變化，勢必也影響到北京和華盛頓的關係。

　　本文的主要目的是介紹研究兩岸關係的空間模型途徑，在理論和實證上必然有所不足，不過正可和其他各章搭配運用。例如，雙層三角模型以「勝集」描繪國家之間的合作空間，但在特定的勝集中如何協商，涉及動態的談判過程，可以採用非合作賽局進行分析。再者，國家實力的消長涉及複雜的因素，對理性選擇而言屬於外生因素，所以應該參照政治經濟學、政治社會學的分析途徑。最後，政治領袖的立場固然受制於選民，但我們不能忽略個人理念以及政策的正當性，而政治心理學和規範研究正好可以彌補這個空缺。

# 參考書目

《聯合晚報》，2007，〈公布外交政策白皮書：馬倡活路外交〉，11 月 20 日，5 版。

《聯合晚報》，2009，〈上任十月，再上火線說政策〉，3 月 20 日，B2 版。

王玉玲，1996，《由兩岸關係探討台灣的統獨問題——以博奕理論析之》，台北：桂冠。

包宗和，1993，《台海兩岸互動的理論與政策面向 1950-1989》，台北：三民。

包宗和，1999，〈戰略三角角色轉變與類型變化分析——以美國和台海兩岸三角互動為例〉，包宗和、吳玉山（編），《爭辯中的兩岸關係理論》，台北：五南，頁 337-364。

包宗和，2000，〈台海兩岸互動之和平機制〉，《遠景季刊》1（1）：1-15。

吳玉山，2000a，〈台灣總統大選對於兩岸關係產生的影響：選票極大化模式與戰略三角途徑〉，《遠景季刊》1（3）：1-33。

吳玉山，2000b，〈非自願的樞紐：美國在華盛頓－台北－北京之間的地位〉，《政治科學論叢》12（7）：189-222。

吳秀光，1995，〈理性決策途徑適用於兩岸關係的一些思辯〉，《中國大陸研究》38（3）：58-65。

吳秀光，1999，〈兩岸談判之結構分析：由博弈理論出發〉，包宗和、吳玉山（編），《爭辯中的兩岸關係理論》，台北：五南，頁 119-152。

李英明、賴皆興，2005，〈從理性博弈向結構博弈轉移：兼論兩岸結構博弈〉，《遠景基金會季刊》6（4）：1-29。

沈有忠，2006，〈從台灣的政治競爭推論《反分裂國家法》下的美中台賽局〉，《遠景基金會季刊》7（3）：105-137。

林繼文，2005，〈虛假霸權：台灣政治學研究中的理性選擇〉，《政治科學論叢》（25）：67-104。

林繼文、羅致政，1998，〈零和或雙贏？兩岸經貿交流新解〉，《人文及

社會科學集刊》10（1）：33-77。

胡均立，1996，〈兩岸以合作代替對抗能實現嗎？一個賽局論的觀點〉，《台灣經濟研究月刊》19（2）：86-88。

黃秋龍、王正光，2000，〈兩岸統獨對峙之賽局分析：以連鎖體系（Chain-Store）賽局為例證〉，《問題與研究》39（10）：59-78。

葉國俊，2005，〈建立兩岸經濟合作機制是台灣免於經濟邊緣化的唯一選擇？一項總體經濟賽局模擬初評〉，《經濟論文叢刊》33（4）：229-261。

葉國俊、侯乃榕，2007，〈探索台灣經濟邊緣化問題：國際總體經濟政策協作思維〉，《社會科學論叢》1（2）：71-104。

鄧志松、唐代彪，2006，〈兩岸賽局：一個新情勢的開始〉，《國家發展研究》5（2）：21-50。

Benson, Brett V. and Emerson M. S. Niou. 2007. "Economic Interdependence and Peace: A Game-theoretic Analysis." *Journal of East Asian Studies* 7(1): 35-59.

Chan, Steve. 2005. "Taiwan in 2005: Strategic Interaction in Two-Level Games." *Asian Survey* 46(1): 63-68.

Dittmer, Lowell. 1981. "The Strategic Triangle: The Elementary Game-Theoretical Analysis." *World Politics* 33(4): 485-515.

Dittmer, Lowell. 1987. "The Strategic Triangle: A Critical Review." In *The Strategic Triangle: China, the United States and the Soviet Union*, ed. Il-pyong J. Kim. New York, NY: Paragon House Publisher, pp. 29-47.

Donnelly, Jack. 2000. *Realism and International Relations*. Cambridge, UK: Cambridge University Press.

Evans, Peter B., Harold K. Jacobson, and Robert D. Putnam, eds. 1993. *Double Edged Diplomacy: International Bargaining and Domestic Politics*. Berkeley, CA: University of California Press.

Feld, Scott L., Bernard Grofman, and Nicholas Miller. 1988. "Centripetal Forces in Spatial Voting: On the Size of the Yolk." *Public Choice* 59(1): 37-50.

Franck, Raymond E. and Francois Melese. 2003. "A Game Theory View of

Military Conflict in the Taiwan Strait." *Defense and Security Analysis* 19(4): 327-348.

Garver, John W. 1997. *Face Off: China, the United States, and Taiwan's Democratization*. Seattle, WA: University of Washington Press.

Hsieh, John Fuh-sheng. 2004. "National Identity and Taiwan's Mainland China Policy." *Journal of Contemporary China* 13(40): 479-490.

Huang, Chi, Woosang Kim, and Samuel Wu. 1992. "Conflicts across the Taiwan Strait, 1951-1978." *Issues and Studies* 28(6): 35-58.

Li, Chenghong. 2005. "Two-Level Games, Issue Politicization, and the Disarray of Taiwan's Cross-Strait Policy after the 2000 Presidential Election." *East Asia: An International Quarterly* 22(3): 41-62.

Lin, Jih-wen. 2000. "Two-Level Games Between Rival Regimes: Domestic Politics and the Remaking of Cross-Strait Relations." *Issues and Studies* 36(6): 1-26.

Lin, Jih-wen. 2008. "The Institutional Context of President Chen Shui-bian's Cross-Strait Messages." *Issues and Studies* 44(1): 1-31.

Miller, Nicholas R., Bernard Grofman, and Scott L. Feld. 1989. "The Geo- metry of Majority Rule." *Journal of Theoretical Politics* 1(4): 379-406.

Plott, Charles. 1967. "A Notion of Equilibrium and Its Possibility under Majority Rule." *American Economic Review* 57(4): 787-806.

Putnam, Robert D. 1988. "Diplomacy and Domestic Politics: The Logic of Two-Level Games." *International Organization* 42 (3): 427-460.

Rosenau, James N. 1969. *Linkage Politics: Essays on the Convergence of National and International Systems*. New York, NY: Free Press.

Tsebelis, George. 2002. *Veto Players: How Political Institutions Work*. Princeton, NJ: Princeton University Press.

Wu, Yu-Shan. 1996. "Exploring Dual Triangles: The Development of Taipei-Washington-Beijing Relations." *Issues and Studies* 32(10): 26-52.

Wu, Yu-Shan. 1999. "Taiwanese Elections and Cross-Strait Relations: Mainland Policy in Flux." *Asian Survey* 39(4): 565-587.

Wu, Yu-Shan. 2005. "From Romantic Triangle to Marriage? Washington-Beijing-Taipei Relations in Historical Comparison." *Issues and Studies* 41(1): 113-159.

Wu, Yu-Shan. 2006. "Domestic Political Competition and Triangular Interactions Among Washington, Beijing and Taipei: the U.S. China Policy." *Issues and Studies* 42(1): 1-46.

# 國際環境面向

# 第十二章

# 國際體系層次理論與兩岸關係：檢視與回顧

## 明居正

## 壹、前言

　　台海兩岸的互動多年來一直是國際上的熱門話題。經過民進黨八年執政與國民黨重新執政將近一年，兩岸關係出現了極大的變化。這對兩岸的相互認知、互動政策、經貿關係、民生影響等，各方面都是相當重要的課題。

　　在其他的領域中談兩岸關係大多偏重實務，而且其偏重的程度有時甚至會達到輕視理論的地步。學術界當然不會同意這種觀點。我們並不是單純地執著於學院派的理論，而是真正明白，理論一方面是過去有關知識的結晶，一方面又是未來的指引。事實上，理論的意義與價值已經被過去多年的實務與政策所肯定了，所以談兩岸關係，使用理論仍然大有必要。

　　影響兩岸的因素眾多，本書將其歸納於國內政治、兩岸互動與國際因素等三個層面，本文主要擬自國際因素層面開展討論。

## 貳、體系層次的理論

### 一、分析層次的意義

　　早在 1950 年代時，華爾茲（Kenneth Waltz）（1959）即已針對國際

關係中戰爭的研究提出分析層次的論述。他有關分析層次的見解後來廣為學界接受,也發展出了許多相關的學說。在分析美國外交政策時,凱格立(Charles Kegley)與威特科夫(Eugene Wittkopf)(1979)進一步將其推衍成為包含外在、社會、政府、角色與個人等五個層面的分析架構。華爾茲更在 20 年後依循其分析層次的思路而寫了一部名著《國際政治的理論》(*Theory of International Politics*)(1979)開展了新現實主義(或曰結構現實主義)學派。

在本書中,華爾茲(1979: 18-37)開宗明義地提出了一個觀點:研究國際關係必須使用體系層次的理論,否則即為化約理論(reductionist theory)。在他看來,化約論雖然還不是十惡不赦,但是是絕對無法理解國際關係的。不幸的是,截至成書時為止,他認為在國際關係領域中絕大多數的理論都不是體系層次的理論,而是化約理論。

## 二、本文分「派」的考慮

華爾茲對於國際關係理論的要求很高且標準很嚴,嚴格到我們認真遵循的話,則能夠入選的文章會很少,導致討論困難,所以我們勢必要加以放寬,將標準由「體系理論」放寬至「體系層次因素的分析」。在本文中,所謂「體系理論」,指的是比較嚴格地使用華爾茲的國際體系理論或者至少是經過嚴格延伸而成的相關理論,並用以分析兩岸關係的作品;而所謂「體系層次因素的分析」,則是指大體上所使用的理論或所隱含的「理論前提」是屬於體系層次的因素或論述即可。是故,由於體系層次因素的分析相較而言比較不那麼精確,它的範圍就比較大,而體系理論的作品反而成為它的一個部分了。

經適度放寬後,本文所處理的文章大體就可以被分為兩大「派」:一個是所謂「體系影響派」,另一個則是「體系層次因素派」,而後者又可以再次區分為「三邊互動派」與「崛起與回應派」。簡單的說,這三者的區別為:「體系影響派」比較嚴格地使用華爾茲的體系論或其衍生理論作為分析工具,並用以分析兩岸關係,故兩岸關係成為被分析標的。「三

邊互動派」的分析興趣多在於兩岸關係，但是它看見有外在因素──通常是美國──對兩岸關係產生影響，而他們的作品中通常不一定具有嚴格意義的理論。至於「崛起與回應派」指的是中共的崛起與美國的回應，其關注的重點其實在兩個大國之間的互動，但是兩岸關係會受到它們互動的衝擊，而這些作品的背後多數是有國際關係的理論。

學術中的分派或分類，有一定的要求，基本上它們必須是互斥而窮盡。在本文中，落實窮盡原則並不困難，我們碰到的困難大多在於互斥原則。因為有不少作者並不在意分析層次的區別，他們常常會跨越層次而做分析，所以有時會有一篇文章出現在多個派別中的現象，這使得我們在分析時必須特別注意，有時還要指出我們的考量因素以期讀者明瞭。

## 三、華爾茲國際體系理論精義

由於華爾茲的國際體系理論開創了一個學派，至今仍然影響深遠，而且也是本文所檢視的重點之一，所以我們有必要對其理論先作個簡介。

在華爾茲的眼中，國際社會處於一個無政府的狀態。國際體系由邊界、成員國與它們間的互動所構成，成員國在這個無政府狀態中生存、競爭與社會化。國際上，由於強國數目的不同而形成了不同的國際體系，而不同的體系又會對體系中的成員──國家──帶來不同的影響。為了追求生存與發展，各成員國家在不同的體系中會採取不同的內在或外在的方法追求優勢，但是從整個體系的角度來看，權力平衡（balance of power，BOP）是最容易出現的。與克普蘭（Morton Kaplan）不同的是，華爾茲（1979）不認為在國際體系中，至少需有五個或以上的行為者才能藉著形成同盟與變換同盟的方式來達成權力平衡。他認為，只要有兩個以上的行為者就可以了，因為它們可以藉著由內部強化的方式來達到權力平衡。

## 四、一些體系層次的理論或論述

因為我們將選文的標準放寬了，有些作品所使用的理論工具就不必然

是體系理論而是涉及體系層次的因素或理論。在此，爲了後文的分析預做理論鋪墊，我們有必要簡介一些近年來在國關研究領域中所出現的相關理論或論述。

## （一）美國霸權論

當蘇聯與東歐共產政權於 1990 年代初期先後崩潰時，人們逐漸認識到：在國際政治上呼風喚雨半個世紀之久的二元體系就此瓦解，而美國從此成爲國際社會當中的唯一強權。由此而生的國關理論就是美國霸權論。這個美國霸權的理論雖然有多種版本，但其核心觀念卻相當接近，亦即：目前美國在政治、經濟、科技、文化甚至意識型態上都遙遙領先世界各國，因此美國要設法保持這種地位，並利用這千載難逢的機會好好做點事。如果可能的話，美國還應該設法將其價值觀推向全球。近年來，比較有名氣的理論不少，譬如克洛太默（Charles Krauthammer）（1990）的單極論、杭亭頓（Samuel Huntington）（1999）的孤獨超強論、喬菲（Josef Joffe）（2006）的美國的帝國誘惑論以及奈伊（Joseph Nye）（2005）的柔性國力論等。除了柔性國力論是中共目前正在致力推進的之外，其他的雖然未被明確點名，但是基本上都是中共及大陸學者批判的對象。

## （二）攻勢現實主義

沿著結構現實主義的思路，芝加哥大學政治系教授米爾賽默（John J. Mearsheimer）在其《大國政治的悲劇》（*The Tragedy of Great Power Politics*）（2001）中提出了一個頗有爭議性的觀點：攻勢現實主義。他認爲「國際政治就是大國政治。因爲大國對國際政治所帶來的影響最大。從根本上看，所有國家的命運都取決於那些最具實力國家的決策和行爲。那麼，大國政治爲什麼一定就是悲劇呢？因爲大國註定要侵犯他國。大國之間的安全關係是零和的，爲了生存，大國勢必要成爲區域霸權，海洋的阻隔使全球霸權不可能實現。大國之間處於永無休止的安全競爭狀態中，所以它往往是個悲劇。」 若然，則身爲當今超強的美國怎麼辦呢？米爾

賽默認為，美國可以選擇擔任「隔岸平衡者」（offshore balancer），與大陸國家的政局發展保持一定距離，待有必要時出手介入，才有可能常保優勢地位於不墜。

　　針對當前的時局，米爾賽默提出了屬於自己版本的「中國威脅論」：「如果中國日漸強大，它會像美國一樣，最大限度地爭取世界權力。就像美國支配西半球一樣，中國會支配亞洲，中國將會尋求地區霸權，中國的利益就是將美國的利益趕出亞洲，這正是大國政治的悲劇」。[1]是故，在許多大陸學者的眼中，米爾賽默和後文會提到的提出「文明衝突論」的杭亭頓都是美國霸權的魔鬼辯護士，當然也就成了眾人攻伐的對象。

## （三）柔性國力論

　　二元體系瓦解後，美國獨步全球已經是個不爭的事實。美國在政治、軍事、科技方面所擁有的優勢的確是世界上其他國家所難以望其項背的。但是就在國力如日中天之際，美國政府還是犯下許多愚蠢錯誤，從而削弱了它應有的影響力。奈伊提出「柔性國力」（soft power）的觀點就是要提醒美國政府，光是依靠軍事等「硬國力」無法令世界各國心服口服，故柔性國力的輔助是不可或缺的。那麼，柔性國力又是什麼呢？奈伊的見解是：「某國企圖在國際政治中獲得其所欲之結果，是由於其他國家願意追隨她，仰慕其價值觀，學習其發展經驗，或渴望達到與其相同之開放與繁榮的程度」，它是「一種使他人與你目標一致的能力，其重點在於拉攏」（2005）。[2]中共今天正在高呼崛起，所以也在致力發展他們的柔性國力：推廣北京發展模式、打造中國 CNN、提出自己的「民主觀」與「人權觀」來爭奪全球話語權等，都是這個努力的一部分。

---

[1]　為了行文流暢，此節有關米爾賽默的介紹文字經過本文作者加以修訂，並非中譯本之原文。

[2]　「Soft power」一詞有多種翻譯：軟實力、軟國力、柔性國力、柔性權力等，本文並無特別偏好。為了行文流暢，此節有關柔性國力的介紹文字經過本文作者加以修訂，並非中譯本之原文。

## （四）文明衝突論

如果上述的觀點都還有一定的侷限性的，那麼杭亭頓在《外交事務》（*Foreign Affairs*）季刊上發表的〈文明衝突〉（The Clash of Civilizations）（1993）一文，就是以極宏觀的視野而提出的觀點。由於此文一出便引起各方的熱烈討論，1996年他又根據各方的批評意見推出了《文明衝突與國際秩序重建》（*The Clash of Civilizations and the Remaking of World Order*）一書，進一步擴充了他的理論。杭亭頓認為，冷戰結束後，政治的意識型態不再是國際政治衝突的核心。衝突的核心已經轉變成為各大文明間的衝突。因此後冷戰時代各國的領導者有必要了解世界八大主要文明：西方、東正教、中華、日本、印度、伊斯蘭、拉丁美洲與非洲。因為這些文明之間的斷層，將成為新時代的世界政治中統一、解體、衝突與戰爭的最主要根源。

經過了幾個世紀的互動，各個文明之間的權力平衡關係出現了轉變：總體來說，所有的非西方文明如今都在重新肯定本身文化的價值。亞洲文明的經濟、軍事與政治實力正在逐漸擴張，伊斯蘭文明則因為人口暴增，而和鄰國之間埋下動盪的因子，所以西方的相對影響力正在衰微。西方文明的生存契機，就在於美國人必須重新確認他們的西方認同，接受本身文明「獨特但並非普世」的事實，團結起來為文明注入新血，形成新的歐美文明來回應非西方社會的挑戰。

引人注目的是，杭亭頓在《文明衝突與國際秩序重建》的最後一章假想了一場世界文明間的大戰：美國、歐洲、俄羅斯與印度聯合起來與中國、日本和多數伊斯蘭國家之間爆發全面大戰。他當然不會去推想戰爭的勝負，但是藉此他很嚴肅地提醒人們，由於文明的衝突其實就是部落衝突的全球化，所以除非世界各國領袖願意合作，維持全球政治的多文明特色，否則文明間的戰爭並非完全不可能。

## （五）爭霸理論

戰爭與大國爭霸在國際關係學中一直是個重要的領域。從伯羅奔尼撒之戰到拿破崙、希特勒、日本軍國主義一直到美蘇對抗莫不是這個主題的再現。有關的理論也相當的多，本節我們想介紹與本題較相關的奧干斯基（A. F. K. Organski）的霸權移轉論（power transition theory）。

國際關係學界對於國際戰爭爆發時間點的問題，一直存有爭議，比較普遍的看法是：當國家間達到權力均衡時戰爭就不會爆發。在考察了近三百年的國際關係史後，奧干斯基強烈質疑此一看法。他認為引發戰爭的最重要的原因是大國間彼此實力的接近，特別是當出現「持平」（power parity）現象時，戰爭爆發的可能性反而是最高的。他的發現與前述的權力均衡時不會出現戰爭的看法完全相反（Organski, 1958）。

後來奧干斯基進一步修正了他的理論，認為崛起的大國常常對當前的國際秩序不滿，是為「不滿意國家」；而由於主導的大國又是當前國際秩序的既得利益者，因此想要維持現有秩序，是為「滿意國家」，這就形成了「不滿意國家」和「滿意國家」之間，為了挑戰或維護當前國際秩序而產生競爭與衝突。而當「不滿意國家」認為有機會通過戰爭贏得主導權時，他們就會發動戰爭來爭取改變現狀，戰爭因而爆發。1980 年，奧干斯基和他的得意門生庫格勒（Jacek Kugler）合作發表了《戰爭細賬》（*The War Ledger*）（1980）一書，為奧干斯基所提出的大國間的「權力轉移」會帶來戰爭之間的關係提供了統計學的證明。人們通常比較注意他的理論當中與戰爭相關的部分，其實他也借用美國超越英國而稱霸的案例，提出了霸權「和平移轉」的可能性。大陸學者在談中共崛起及美國壓力等議題時，雖然尚無完整理論，可是已經有人提出了霸權和平移轉的論點。可以預見的是，隨著中共國力的增長，將來一定會有更多的大陸學者出來進一步發揮相關觀點，其最終目的就是要求美國退讓並接受中共稱霸的事實。

討論完相關的「大」理論後，我們就可以正式進入有關兩岸關係的文獻探討了。

# 參、兩岸關係中的「三邊互動派」

如同前言，這派作品的研究焦點主要是在兩岸關係。它們探討台灣與大陸之間的互動、相互政策、交流及效果；其研究重點遍及政治、經濟、商業、民生、軍事、外交、文化、體育、新聞、宗教以及兩岸領導階層的個人特質與來往等等。但是這些作品當中有一部分會談到外在因素——通常是國際因素，而且通常是美國——對於兩岸關係所產生的衝擊，這就使得這些作品進入了我們的視線。

旅美大陸學者鍾揚在〈海峽兩岸關係中的美國因素〉一文中，回顧了從冷戰結束以來，美國對於大陸所採取的三種策略：接觸、對抗與搞垮。但是以後來的發展態勢而言，他認為：

> 現在美國對大陸、對台灣的主要政策將會繼續。總的來講，美國會以與中國大陸的關係為主，以與台灣的關係為副，美國不會過份在台灣問題上刺激中國大陸，同時美國基本上還會繼續對中國大陸實行「接觸」政策，而不是「對抗」或「搞垮」。基於此，美國會盡量保持海峽兩岸的現狀，反對台灣過份的擴大國際活動的空間，更會反對台灣獨立（鍾揚，1996）。

另一位旅美大陸學人胡偉星在分析 1996 年因為李登輝訪美引爆兩岸風波後，對於美、中、台三邊關係有如下的見解：

> 在過去的 16 年裡，美國實際上在大陸與台灣之間扮演了一個平衡者的角色。美國不介入兩岸統或獨的糾紛，不在兩岸之間充當調人，不對任何一方施加壓力去與對方和平談判……。
>
> （經過 1996 年的兩岸風波後）台北會收斂一下擴大國際空間的務實外交，不過份刺激北京，不為難華盛頓。北京做出了非理性反應，似乎也表明了自己不是「不按牌理出牌」，而是按照自己行事邏輯應對……華盛頓通過這一輪交鋒，體會到了台灣問題的敏感性，更加小心謹慎，避免捲入兩岸關係是非渦流

（胡偉星，1996）。

　　第三份作品對於美國在兩岸關係中的角色就採取了比較批判的態度。何仲山、郭建平與張瑩在分析九一一事件後的兩岸關係時認定：台灣在陳水扁執政後正加緊搞「漸進式台獨」活動，而台灣與美國之間又在搞「準軍事同盟」，這當然和小布希上台後的政策分不開關係。九一一事件後，美國調整其全球戰略，而這種調整對兩岸會帶來相當的衝擊：

> 其一，（因為美國調整其全球戰略），兩岸（特別是台灣）有
> 被美國拖回到冷戰時期兩岸相互敵視狀態……其二，美台軍事
> 關係的全面提升，將會導致兩岸軍事對峙局面得以緩解的難度
> 增大，使兩岸軍事對抗進一步升級……其三，九一一事件後美
> 國的動向和政策的調整，對嚴重依賴美國的台灣有著巨大影響
> 力，這直接關係台灣的今後走向，為兩岸關係的發展增添了新
> 的變數（何仲山、郭建平、張瑩，2001：209-245）。

　　對此，何仲山、郭建平與張瑩呼籲：兩岸關係的發展關鍵還是取決於兩岸自身，只要兩岸自己解決並排除外部勢力的插手和干涉，則負面因素會減少，新的機遇可能出現。

　　如果說大陸人士對於美國在兩岸關係中的角色認知存在一個光譜的話，那麼第四份作品代表的可能就是大陸較左、較激烈的看法。在大陸學者崔之清主編的《台灣是中國領土不可分割的一部分》書中，美國被描繪成一個窮兇極惡的帝國主義：它不但早在 1832 年就開始覬覦台灣，而且在後來的一百多年中不斷插手，甚至在國共內戰後還直接製造了中國的分裂與今日的台灣問題。其中羅列了許多的事件與數據，證明他對美國的指控是有根有據的。最後，崔之清（2001：361-401）直指當前美國的對台軍售就是其反華的最大陰謀，並要求美國遵守承諾盡快解決此一問題。

　　相較之下，即便有其政治立場，台灣方面的作品一般而言就平和得多。目前執掌國家安全會議的秘書長蘇起為學者從政，在 2000 年政黨輪替後離開政府，後將自己對 1990 年代初期到 2003 年的兩岸關係之觀察

詳加記錄分析，成爲《危險邊緣：從兩國論到一邊一國》（2003）一書。

　　《危險邊緣》一書涵蓋了前後十多年的時間，談到的事件相當多，但是其中有三件事情對兩岸三邊關係帶來的衝擊可能是最大的，分別是 1995 年李登輝的康乃爾之行、1999 年的兩國論及 2002 年的一邊一國論。三件事情的起因雖說各有不同，三方的責任也各有不同，但是由於台灣是最小的一方，所以最後受到傷害最大的也都是台灣。至於美國的角色，按照蘇起（2003：69）的說法，則是在兩岸關係當中扮演平衡者與預防管理者。

　　蘇起對於美國角色的看法在台灣學界是相當普遍的。林正義（Lin, 1996）在分析比較了 1958 年與 1996 年兩次台海危機，他認爲雖然美國介入了兩次危機，但是手法與程度都不同。不過，其間的不同並不妨礙美國扮演平衡者的角色；只是經過 1996 年的台海風波後，他沒有把握下次兩岸衝突再起時美國還會派軍隊馳援台灣。

　　羅致政（1995）對於美國的角色也有類似的觀察。使用美國學者羅德明（Lowell Dittmer）所發展的三角政治理論作爲分析的架構，羅致政觀察到，數十年來美國、中共與台灣的互動形成了一組三角關係，在此關係中一直存在著結構平衡的因素，而美國所扮演的就是一個結構平衡者的角色。因此，他提醒華盛頓，此一角色的扮演不但不違背美國對華政策中「和平解決」與「拒作調人」的兩項基本立場，且完全符合美國的國家利益。

　　另一位使用羅德明的三角政治理論架構來探討兩岸關係的是吳玉山。他將兩岸間土地、人口、經濟與軍事等各方面的巨大差距，作爲兩岸關係研究的出發點，其理論根源爲國際關係學中的權力不對稱理論（power asymmetries theories）。仔細分析了由前蘇聯分裂出來的 14 個國家對於俄羅斯的政策立場後，他發現這些國家的政策可歸納爲「抗衡」與「扈從」兩大類，而影響其政策選擇的因素有二：相較於俄國其本身的經濟發展程度以及是否得到西方大國的支持。接著，他將這些觀察運用到兩岸關係上，並推進羅德明的三角政治理論，發展出「美一蘇（俄）一中」大三

角與「美－陸－台」小三角聯結與互動的分析。在吳玉山（1997）的分析中，西方大國（例如美國）的支持以及三角政治理論都是國際體系層次的因素。他的分析深入而精闢，對於兩岸關係的研究起了很大的推進作用。

此外，吳玉山（1999）還曾經探討過美國在這個小的戰略三角中的角色，其結論是：美國雖然扮演樞紐的角色，但是這並非是美國的願望，或者說，它其實是個「非自願」的樞紐。最後，吳玉山更進而探討在「美－陸－台」架構中，三方各自內部的政治考量，如選舉或競爭政治支持，如何影響這三角間的互動。當然，這時他已經很謹慎地跨越了華爾茲教授分析層次的界線，並探索國內政治與對外政策間的連結了。在國際關係學中，人們將其稱爲聯結政治（linkage politics）。吳玉山的這些作品中，雖然由於分析重點的不同而導致側重的差異，但是對於他而言，國際因素——尤其是美國——始終在兩岸關係中扮演了一個舉足輕重的角色。

同樣源自三角政治理論，包宗和（1993、1999）將對兩岸三邊關係的觀察提升到了三角的總體層次。他引用吳玉山「提升角色」的觀念，透過「量化定位」的方式找出美、陸、台三方「提升角色」的取向，於其中他不但看到各方的角色轉變，也看見羅德明原來四種三角模式轉變的可能性，可謂同時兼具個體與總體層面的分析與預測能力。除了原來 1950 年至 1989 年間的三角互動外，他還將其延展至 1990 年至 1999 年間的三邊關係。從上述過程的分析中，他發現：在個體層面的角色扮演來說，三方都有向「朋友」移動的趨勢，而從整體戰略三角的屬性而言，則有向「三邊家族」發展的趨勢。

回到前述美國角色的問題，在分析兩岸可能來臨的談判後，邵宗海（2006：679）認定美國的立場仍然應該是：拒做調和者（mediator），但會繼續擔任平衡者（balancer）及監督者（watcher）。相較於前述的看法，張亞中（2003：117-118）對於美國的可能角色似乎有略微不同的判斷。近年來中共在各個面向全力發展，其目的就是成爲東亞強權，但是在強權之路上如果判定台灣走上台獨，則中共會認爲無所選擇而可能對台灣發動預防性攻擊，這時張亞中認爲，以美國爲首的西方社會「會將兩岸的

可能軍事衝突當做是扼制中共的千載難逢的機會」。

綜合上述十多份作品，雖然他們都將研究重點置於三邊關係，但是除了包宗和與吳玉山外，其他人對於三邊中的最強者——美國——都視為外在的影響因素。不過對於這個外在因素究竟會扮演什麼角色，或是會介入到什麼程度，大家的看法還是有一定的差異。以下我們將討論兩個相互關連的重要問題。

第一，截至目前為止，美國扮演過什麼角色？關於這個問題，多數學者看法較一致，美國作為兩岸間的平衡者大概是多數人的共識。其他如蘇起所謂的預防管理者、邵宗海的監督者因為沒有明確界定，所以難以窺見其真義。至於何仲山、郭建平與張瑩三位的準軍事盟友論及崔永清的帝國主義論就較接近中共的官方立場，比較經不起認真的學術分析，所以在大陸以外接受這種看法的人是很少的。

第二，在未來兩岸可能的衝突中，美國將來會扮演什麼角色？或插手到什麼程度？關於此點，多數大陸以外的學者會同意：美國最可能還是做平衡者，雖然蘇起可能會擔心這個平衡者會更向大陸方面傾斜，而林正義比較沒有把握下次兩岸衝突再起時美國還會派軍隊馳援台灣。而如果大陸學者如何仲山、郭建平、張瑩及崔永清等人不改變他們的觀點的話，他們雖然很不希望看到但是大概會悲觀地認為美國還會積極支持台灣，甚至面臨對大陸動武而在所不惜。有趣的是，他們的悲觀論在張亞中心中會得到迴響，雖則迴響的原因不盡相同；當然，鍾揚和胡偉星對這種悲觀的見解大概就會有相當的保留了。

## 肆、崛起與回應派

隨著時間的推移與中共國力的上升，學界與政界有愈來愈多的人認為中共開始快速崛起，而且已經漸漸到達可以讓美國感受威脅的地步，甚至美國已經採取各種軟硬兼施的手法開始回應。當然我們也注意到，近幾年

來有許多作品開始討論相關話題，甚至有漸成主流的趨勢。本節我們將挑選幾篇較具代表性的作品並加以分析。

　　或許受到馬克斯與列寧的「兩大陣營對抗論」的影響，中共官方在分析國際政治時向來採取的是格局論的觀點。在美蘇尖銳對抗的幾十年中，他們對國際格局的看法或者稱之為雅爾達體系或者是兩極體系。但是當蘇聯及東歐共產政權瓦解後，他們在震驚之餘也必須修改用以剖析國際政治的視角。中共的官方見解是經過一番調整的：最早出爐的看法是「一超多強」，亦即美國是唯一的超級強國，而其下有三、四個二流強國，如俄羅斯、德國、日本及中共自己。[3] 這種看法流傳了一段時間，不過除了這個引人注目的名詞外，中共似乎並沒有提出任何具體內涵來充實它。後來為了平衡美國的超強壓力及國際統戰的考量，中共遂閉口不提「一超多強」而改談「多極化」了。但是如果仔細分析中共的相關政策，我們看得出來他們的政策假定其實還是「一超多強」，所謂的「多極化」只是未來的理想罷了（明居正，2002：233）。

　　中共最早提出「中國崛起」這個概念的官方人物是胡錦濤。其間一度稱為「大國崛起」，後來因為擔心這個口號會讓國際社會聯想到盛極一時的「中國威脅論」，才將其改為「和平崛起」，而這個口號兼具對內與對外兩重設計。[4] 但是究其實，中共的內心是想說「大國崛起」的，這從中央電視台於 2006 年所推出的《大國崛起》系列影片即可窺知（中央電視台，2006）。

　　將「和平崛起」這個口號賦予具體理論內容而且在國際上加以宣傳推廣的是鄭必堅，是中共的理論家亦為原中央黨校的副校長。鄭必堅在《外交事務》季刊上發表了〈中國的和平崛起〉（China's 'Peaceful Rise'

---

3　這份二流強國的名單時有不同；有時是德國，有時是歐盟，有時甚至會包括印度。

4　有大陸學者說：官方說，「和平」是講給國際聽的，而「崛起」是講給自己人聽的。

to Great-Power Status）（Zheng, 2005）一文，[5]強調大陸目前的國家目標是發展經濟，過程中會遭遇三大問題：資源不足、環境污染和協調經濟與社會的發展。為了回應這三大挑戰，中國提出三個戰略：新的經濟發展模式、和諧社會與不追求霸權。總而言之，中國的崛起會是和平的。就在同一期上，中共另一位理論家王緝思也發表了〈中國尋求與美國間的穩定〉（China's Search for Stability with America）（Wang, 2005）一文，文章自數個角度進行剖析：九一一後、美國是孤獨霸權、美國的弱點、放眼亞洲與長程利益等。他強調中共目前完全無意與美國為敵，即便雙方政治社會制度與意識型態有所不同，雙方仍有多方面的共同利益，只要美國改變對中共的想法與政策，中美會是很好的國際上的伙伴。究其實，這是「大國崛起論」的溫和版。

由於他們二人的身分，這兩篇文章都可視為中共官方立場的表達，中共的確察覺到國際社會上對於其國力的上升有相當疑慮，所以出面滅火。準確地說，這種戰略疑慮其實是兩方面的：一方面是國際疑慮中共，而另一方面卻是中共疑慮國際。這兩方面的疑慮在學界其實早已出現，而且程度還很嚴重。

表達大陸方面立場比較有代表性的言論之一，還是出自於王緝思。早在 2001 年時，他主編了《冷戰後美國的全球戰略和世界地位》一書，其中第八章專談美國的對華政策，王緝思很系統的表達了他的見解。由於王緝思的身分與見解的重要性，以下我們必須做一些引述。

首先是關於美國如何看待中共的問題。王緝思認為，在冷戰後美國評估了它與世界上其他大國的關係，如中共、俄羅斯、日本與歐洲，並發現它與中共的矛盾是最大的，因為冷戰後美國確立了外交三大支柱：經濟安全、軍事安全及民主人權，

（而）在冷戰後美國與其他大國的關係中，對華關係的矛盾最為突出，原因就十分清楚了。美國與其他大國的矛盾僅涉及

---

5　標題的中譯是作者的翻譯。

「三大外交支柱」中的一個或兩個，而與中國的矛盾是全面的（王緝思，2001：303-304）。

但是，中國正在興起而走進世界強國的行列，已是不爭的事實。中國有足夠的理由感到自豪。面對一個意識型態上與自己對立、政治經濟上不時發生摩擦、國際事務中立場每每相左的中國，美國則確實有理由感到不安，兩大國實力對比的巨大變化，構成 20 世紀末中美關係的重要時代背景（王緝思，2001：340）。

接著，在解釋了六種有關中國威脅論的說法其實都不成立後，他進而指責美國針對中國的領土、主權及統一問題不斷插手，這其中除了香港與西藏外，台灣問題自然是最尖銳的。「美國國內的反華親台勢力固然對『台獨』傾向起著推波助瀾的作用，但美國的長期戰略利益和歷屆美國政府的主導思想在於維持兩岸分裂但不發生武裝對抗的基本局面」（王緝思，2001：297）。

所以，結論很清楚：美國擔心中共的崛起，企圖扼制之，而台灣就成為一張好用的戰略牌了（王緝思，2001）。另一位能見度也很高的學者，楚樹龍的《冷戰後中美關係的走向》也表達了類似的關切。他直指「改變、利用、制約和防範」中共，才是美國對華戰略的根本目的：

一些美國政要也承認，「接觸」不是目的，只是達成戰略目標的手段。儘管在同中國的接觸中實現美國在防擴散、亞太地區、經貿、人權、環保等新興跨國問題等方面的利益對美國來說是重要的，但接觸戰略要達到的根本目的還不是這些廣泛的、一般的目標。美對華「接觸」戰略長期和根本的目標是改變中國、利用中國和制約、防範中國（楚樹龍，2001：89）。

楚樹龍對於台灣問題在中美關係中的重要性與其他學者實質上沒有根本的不同，但是他的表述方式卻比較強烈。他說：

台灣問題始終是中美關係的核心問題、原則問題、要害問題，

也是中美關係的一個戰略問題。這在冷戰時期是如此，在冷戰後則更是如此。因爲美在台灣問題上的政策立場決定著美國對華戰略的性質和實質，從而決定著中美關係的性質和狀態（楚樹龍，2001：283）。

楚樹龍（2001：284-316）用了相當多的篇幅討論美國對台灣政策的調整和變化：逐步改變台美「非官方關係性質」、加強官方關係、允許李登輝訪美、逐步拋棄《八一七公報》鼓吹《與台灣關係法》高於《八一七公報》、不斷宣稱對台灣的「保證」、鼓吹「保衛台灣」、對台「重返國際社會」表示「理解」和「支持」、「對台政策調整」、「三不支持」、對台軍售以及「三根支柱」等等。而其結論就是美國必然介入台灣問題。

在大陸的學界中，類似的意見可以說是十分普遍。我們不論從報章雜誌、官方文件或網站文章上都隨時可以看到，可謂俯拾皆是。例如：2004 年官方的《瞭望》週刊上出現了這麼一篇文章〈美國的扼制與合作戰略〉，作者署名萬光，爲原國務院國際問題研究中心研究兼常務幹事，他的觀點是：

> 布希《美國國家安全戰略》的核心戰略目標是，扼制所有美國的競爭對手，建立美國獨霸全球的單極世界。特別是扼制可能對美國領導地位挑戰的大國競爭對手，其中有中國、俄羅斯和印度，也有美國的盟國特別是歐洲主要盟國。而美國國防部在 2002 年 1 月的《核態勢評估報告》中，指名把中國列爲美國未來可能核打擊的目標。在阿富汗和伊拉克戰爭中，美國大大加強了在中亞、中東和南亞的軍事存在，在反恐和新的全球軍事佈署調整中，美國還要進一步加強緊鄰中國周邊的中亞、中東、南亞、東南亞、東北亞等地的前沿軍事佈署，美國正加強關島前沿的空海軍力量，加強同日本、澳大利亞等的軍事聯盟，支持日本出兵海外。美國構築這樣的戰略包圍，針對中國的用意是明確的。

> 在台灣問題上，布希政府最近宣布，美國反對雙方單方面改變

台灣現狀。同時布希政府重申，如果台灣海峽出現「危機」，
美國很可能干預。美國還考慮向台灣出售海基導彈防禦系統，
決定向台灣出售遠端預警雷達。美國不是要長期把台灣作為
「不沉的航空母艦」，來扼制中國嗎（萬光，2004）？

　　相較之下，美國方面的意見就十分多元，從溫和到「激進」都有，
以下是幾份較具特色的作品。在美中關係委員會擔任主席長達十年之久的
藍普頓（David Lampton），就以他多年關注兩岸三邊關係的經歷為主題
而寫了《同床異夢》（2002）。本書在章節編排上雖然使用了全球層次、
國家和市民社會層次以及個人層次等架構，但是其內容與分析方式反而是
較為事件取向，學術意味並不十分濃厚，不過他的一些觀察倒相當有趣。
與許多美國學者相同，他也認為中共崛起了而且它的實力似乎還在不斷增
強。他注意到「中國用『台灣問題透視鏡』來看待政策問題及美國在亞洲
的存在」：

> 中國關於美國對台灣意圖的疑慮，影響了北京對美國在該地區
> 每一項行動的看法。北京經常想利用美國在某個政策領域（如
> 不擴散領域）的關注來誘使美國在台灣問題上做出讓步（Lamp-
> ton, 2003: 106）。

　　所以藍普頓建議：「必須把握好台灣問題，使之不至於擾亂中美關係
的整體框架，也不至於釀成衝突（2003: 109）。」在柯林頓政府時代擔
任過國務院副助理國務卿的謝淑麗（Susan Shirk）在她的書中也有近似的
看法。不同的是，她看到了許多對外政策與國內政治交互影響的面向。例
如談到台灣問題時，她從兩位解放軍智庫人士與她的談話切入，談到他們
憂慮 2004 年台灣政局的變動會如何衝擊北京政情，而這又會如何迫使北
京對台灣採取更激烈的政策，然後這又會如何衝擊到華府等等。這組連鎖
關係的背後其實就是北京與華府的相互認知，也就是心照不宣的大國互動
遊戲。這時，避免兩大國間的軍事衝突就成為一個十分關鍵的考量了。當
然，或許因為謝淑麗是在政府高層服務過的學者，所以她的政策立場明顯
比較溫和。她同樣贊成在與中共保持良好關係的同時，要掌握好對台灣政

策的分寸（Shirk, 2008: 224-261）。

就時間點而言，中共自稱崛起是 2002 年底以後的事情，但是它與美國在戰略層面可能會出現對抗卻是大家談論了一段時間的話題。知名的中國問題專家陸伯彬（Robert Ross）在世紀之交眺望東亞局勢時就說：放眼望去，蘇聯解體後，由於俄國與日本都暫時不具備成為一「極」的條件，在東亞唯一能與美國對峙的就只有中共了。所以他認為，東亞會漸漸成為一個「兩極」的體系，會引爆美中兩強進入軍事對抗的熱點有南沙群島、朝鮮和台灣，而台灣恐怕是三者中最危險的因素，是個潛在引爆點，所以要小心處理。但是陸伯彬（2002）對於未來的看法卻是審慎樂觀的。他認為，民主、相互依賴與安全機制固然可以起到穩定局勢的作用，但是地理因素，也就是說，美國在東亞是個海上強權而中共是個陸上大國，加上「兩極」體系的約束，兩者應該可以因此而形成穩定的平衡從而將軍事衝突的機率降低。

最後要介紹的是另一位知名的中國問題專家孟儒（Ross Munro）。他的立場比起前面幾位來說就顯得強硬得多了。他開宗明義地說中共是個崛起中的強權，它的戰略目標就在稱霸亞洲：

> 1990 年代，中共愈來愈露骨地表示，其於亞洲的目標，乃在宰制整個地區。中共已經公開宣稱，其未來的目標會佔領台灣並掌控南海，終止美國在亞洲的駐軍，瓦解美國與亞洲國家的所有軍事聯盟，及迫使日本「永遠屬於戰略從屬地位」而無權擁有一支正式的軍事武力。一言以蔽之，中共希望亞洲無一國家有能力對抗中共的意志（Munro, 2002: 73）。

接著孟儒（2002: 57-92）強烈批評柯林頓的台海政策，認為柯林頓面對中共這種政權，就應該採取強硬的政策，在台灣問題上一面對中共的壓力時，就對中共承諾「三不」政策是錯誤的。他堅持美國應該善待台灣，因為台灣的民主可以針對中共而發揮美國希望產生的威力，減低或放棄對民主老友台灣的安全承諾會傷害到美國的國際信用，導致亞洲各國不信任美國，不敢將軍事基地借給美國，最終美國會被迫退出亞洲，這當然就大

大地助長了中共的氣焰。最後，他指責柯林頓的「交往」政策其實成為「姑息」政策，反而讓中共步步坐大，嚴重地威脅了美國自身的國家利益。

從以上的七份作品中，我們發現有兩點現象特別值得加以關注。第一，對於中共是否已經崛起或是否會崛起的問題，人們基本並無爭議，多數人是同意中共崛起的。但是他們的差別在於其對於中共崛起的情感或是態度。這當然與國籍或認同密切相關：大陸學者幾乎是毫無例外的接受、欣喜，要求美國接受這個事實，甚是進而要求美國給予認可、尊重或是讓步。而美方學者的態度是承認中共已經或即將崛起，但未必能坦然接受。

第二，那麼，這個即將或已經崛起的中共是否構成區域的或是對於美國的威脅呢？針對這個問題的答案不外乎：否與是。多數大陸學者在表面上會說「否」，也就是崛起的中共（中國）不會對任何地區或國家形成安全威脅，大家不用擔心。最明顯的例子當然就數上述鄭必堅與王緝思發表在《外交政策》季刊上的二文。然而，王緝思在 2001 年的《冷戰後美國的全球戰略和世界地位》中的口吻就更像楚樹龍、何仲山、郭建平、張瑩甚至有點像萬光或崔永清了。也就是說，我們認為大陸學者因為中共一黨化教育及多年強力民族主義宣傳的結果，他們的思路其實都很接近，或者說很制式，差別只在於講話的場合、對象及當時的需要而已。

至於說「是」的那幾位，他們的差別在於回應方式的不同。對於陸伯彬來說，他認為「東亞兩極體系」加上其他因素或許可以制約中共而維持和平；而這個對策對於孟儒而言或許已經是太過溫和了，他強調的是積極的對抗與制約。或許有人會稱他為「戰爭狂人」，但是他應該會把自己看做另一位雷根。至於藍普頓與謝淑麗兩位，在文字上他們明顯是「交往」派，但是他們對於中共的未來動向也不是全無憂慮的，只不過他們認為目前採取「交往」政策對於兩國關係更有利，更能避免不必要的衝突。當然，他們的「交往」政策看在楚樹龍眼中就不過只是美國對中共的「改變、利用、制約和防範」了。

大體說來，大陸學者的立場比較接近上述「大」理論中的爭霸論、霸

權和平移轉論、文明衝突論或是柔性國力論——當然是發展中共自身的柔性國力；而美方及台灣學者則更接近美國霸權論或是攻勢現實主義。

## 伍、體系影響派

前曾提及，「體系影響派」比較嚴格地使用華爾茲的體系論或其衍生理論作為分析工具以分析兩岸關係，故其分析的標的可以是國際局勢也可以是兩岸關係，只不過本文會更著重分析討論兩岸關係的文章。換句話說，本節要討論的是國際體系的結構與大國互動如何衝擊兩岸關係。[6]另外，本文所討論的多為偏向結構現實主義的觀點，較偏向新自由主義的理論，如全球化或霸權穩定論就不在我們討論範圍之內了。

或許因為蘇聯與東歐的瓦解對中共的衝擊太大，有不少大陸學者很快地就將注意力轉移到國際格局變遷的問題上。在此一問題上較引人注意的是陳啓懋。他從兩極格局的瓦解出發，比較詳細地談論了俄羅斯與前蘇聯各國的變化、歐洲各國的變化、亞太地區的變化、中東的變遷以及美國的變化，他的基本論斷是：截至 1996 年左右，全球政治仍處在一個格局轉化的過程中，尚未塵埃落定。所以他建議中共當局謹慎應對、掌握機遇（陳啓懋，1996）。

四年後，陳啓懋（2000：318-339）的思路已經出現明顯變化。他批駁了國際上流行的「美國單極論」，對「一超多強」的觀點也語多保留，最後他指出，雖然美國想建立它的「單極秩序」但是國際上其他大國並不接受，而且「多極化」的概念也愈來愈風行，所以他看見的國際現狀就是一個「單極對抗多極」的形勢。

令人不解的是，陳啓懋（2000：293-317）在同書中的另一章單獨討

---

6　嚴格說，全球化與互賴理論等理論亦屬於此層次，但本文基本上側重於兩岸的政治、安全關係，而經貿互動就不在討論的範圍內了。

論了「中國對外關係中的台灣因素」，其中分成四節：台灣問題是中國的內部問題、外國勢力插手是台灣問題形成的外部因素、中國政府在對外關係中處理涉台問題的基本原則和政策，以及台灣當局「務實外交」的實質和「外交休兵」的問題等。從這四節的標題來看，特別是第二節：「外國勢力插手是台灣問題形成的外部因素」，任何讀者都很容易聯想到，他應該會將他有關國際格局變遷的觀點，運用到這個問題上並加以分析。但是他完全沒有這麼做，好像這兩個問題根本不相關，實在令人費解。如此一來，他所提出的國際格局變動的觀點就出現了缺漏；二來，他和其他大陸學者有關台灣問題的觀點驚人相似的事實，也就再次印證了他們的共同盲點：受到偏執的民族主義扭曲而生的盲點。

在國際格局問題上持有「多極化」或「一超多強」看法的人相當多，但是企圖將其運用到兩岸關係上的人則並不多見，大陸前中國國際問題研究所副所長蘇格即曾經做了嘗試。在蘇格的《美國對華政策與台灣問題》（1998：632-644，724-746，784-809）一書中，他用了相當的篇幅討論1991年後國際格局的變化，他多處提到「多極化」或「一超多強」等詞彙，也認眞討論了其相關內涵甚至其對於國際政治的可能衝擊等等。但是同樣地，當他進入到與台灣問題的相關討論時，所有的國際格局、可能影響等通通消失了。也就是說，他的書中雖有這些詞彙，但是這些詞彙並無理論意涵也並未爲他的分析帶來任何實質的推進。似乎只要一碰到台灣問題，大陸學者的思路就進入了一個完全不同的領域，而多數大陸學者在這個領域中的見解又出奇地相似，都被強烈而淺薄的民族情感所帶動，唯一的差別就是資訊的多寡與分析著重點的不同而已。整體而言，這兩位大陸學者的觀點就只不過是從另一個不同的層面來批評前文所提到的美國霸權論或美國單極論而已。

第三位我們要介紹的就是明居正。他所採用的分析架構基本上是前述華爾茲的國際體系理論。他考察的出發點是冷戰結束後的國際格局變遷，而他所關切的問題是：

1. 國際格局基本上是如何變遷的？有何特色？

2. 在這個新形成的格局中，具有主導實力與地位的是誰？它的戰略目標與構想爲何？這些構想是否化爲具體政策？

3. 這些政策對於國際政治又帶來了什麼樣的衝擊？

4. 這些衝擊對亞太局勢乃至兩岸關係有何意涵？

5. 根據上述分析，中共的對台政策爲何？

6. 那麼，台灣的最佳國家大戰略爲何？

針對這些問題，他的主要觀點大致可以歸納如下（明居正，1997、1999、2002、2007）：

1. 二次大戰後出現的二元體系隨著 1991 年蘇聯及東歐各國共產政權的瓦解而瓦解；

2. 十餘年來，國際上漸漸出現了一個包括美國、俄國、歐盟、日本及中共的「一霸四強」的體系，而這個體系還在逐步成形；[7]

3. 這五國各有優缺點，爲了競爭明日的國際社會的霸權，他們的關係可以用「既合作又競爭」來概括；而它們的互動模式可以用下圖來表示：

圖 12-1　一霸四強的互動

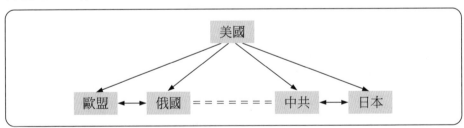

───────────

7　學界對於「一霸」或是「單極」存有不少誤解。常見的說法是：美國在伊拉克打仗這麼不順利，怎能稱爲「超強」？遑論「一霸」或是「單極」了。這是將這三個概念與「一統的帝國」或是「國內秩序」混淆了。後二者才可能「壟斷暴力」甚至「隨心所欲地貫徹國家意志」，而「一霸」就只能是「全球最強大的國家」而已，它在運用政治軍事權力時當然是會有一定的限制。

4. 在這五國中由於美國是超強，所以它掌握了國際政治的主導權；在將來一段時間內，美國的戰略目標是：基本維持現狀，但若有機會就會毫不猶豫地推進其戰略優勢；

5. 美國的操作方式是：（1）掌握美國與另外四國的四組雙邊關係，意即美歐、美俄、美中與美日當中的主動權，也就是各組雙邊關係的好壞由美國主控；（2）針對歐俄關係與日中關係，美國的策略是「分而治之」，或是拉左打右、拉右打左。在歐俄關係中，美國的策略是鼓勵歐盟與北約組織向東擴張，使得歐俄關係難以根本好轉，從而給了美國很大的操控空間；而針對日中關係，美國的策略則是強化美日安保盟約，隱然箝制中共。換言之，美國在這兩組三角關係中都扮演樞紐的地位；

6. 因此，亞洲未來的局勢就是：美國繼續留駐亞洲與美國會持續企圖平衡中日二國間之爭霸；

7. 目前維持一黨專政的中共國力上升，對美國的挑戰較大，所以除了美國繼續留駐亞洲與運用美日安保隱然箝制中共外，又將台灣引入，成為對付中共的另外一張戰略牌；

8. 除了上述的「硬手」外，美國對付中共還有「軟的一手」：例如經貿、交流、國際合作與對話等；

9. 美國對付中共的這套兩手策略對於台海局勢帶來的影響可以用 16 個字概括：「不統不獨、不戰不和、動態平衡、牟取（美國的）利益」。這套戰略有其上下限，上限是：在中共的戰略壓力未降低到一定程度前，美國不會輕易放手讓兩岸統一或統合；而下限是：為了避免美國捲入與中共的戰爭，美國會極力阻止兩岸間爆發較大軍事衝突；

10. 中共的作為是：在羽翼未豐之前不與美國強力對抗，設法爭取美國好感，透過美國對台灣施壓，另一方面則是企圖以經貿與交流等手段統戰台灣；

11. 由於受到上述外在結構因素的制約，台灣的戰略空間其實有其侷限。台灣最好的戰略定位就只能是在「美日安保」與「倒向中共」之間微幅擺盪。

因此，台灣面對大陸的最佳戰略應該是配合美日歐等大國政策，加速大陸的民主化進程。

# 陸、國際體系層次理論與兩岸關係：適用性與侷限性

在將三派的重要作品做了介紹後，我們可以對這些理論做出一些評價。首論「三邊互動派」。由於列於本派的許多人為政治學者，所以在分析時通常會隱含有例如 realism、power politics 或是權力平衡等概念。但是就是因為並未自覺的使用較有系統的理論，而導致他們的分析雖然時有洞見，但是由於系統性不足，故對於事態的發展與具體政策未必可以產生太大的指引性，殊為可惜。如果一些相關的重要概念，如多人談到的平衡者、蘇起的預防管理者或是邵宗海的調和者與監督者等，能夠進一步的理論化或是系統化，則他們的分析應該可以更加深入，可以更大地推進相關的知識。

在本派中，運用三角政治理論的包宗和、吳玉山與羅致政三位分別關注了不同的面向，系統地拓展了我們的知識。進一步說，明居正的「一霸四強論」與三角政治論之間其實有著相當密切的關連。例如在明居正所說的「美歐俄」、「美俄中」、「美中日」實質上就是三組三角關係，他所謂「美國在各組雙邊關係中採取主動」就是在爭奪樞紐，而當他提到美國在亞洲將台灣拉入箝制中共的棋局中時，這與吳玉山所說的大小兩個三角的互動關係本質相同，不同處僅在於美國的主動性與其後的策略推演及設計而已。

次論「崛起與回應派」。如前所述，除了表達或呼應中共官方立場的作品外，列於本派的作品多數亦未明確運用具體的理論。藍普頓強調要處理好台灣問題，不要讓其成為美中衝突的焦點；謝淑麗呼籲美中兩國要多交往；陸伯彬認為東亞會漸漸成為美中二元體系，從而穩定；而孟儒則大

聲疾呼要及早對抗中共，免遭未來之禍。這些看法是政策設計或建議，並非理論性的分析。

　　但是由於他們的共同前題是「中共崛起」，於此我們倒需要提出一些問題來探討。這些文章的主要爭點包括：第一，何謂「崛起」？在這個問題上，我們看到的絕大多數都只是「認定」而無客觀的標準。也就是說，截至目前為止，雖然有關「中共崛起」的說法已經相當流行，但是學界對於究竟如何才可稱為「崛起」，我們並無任何普遍接受的定義。在未來的研究中，這倒是一個很值得進一步探討的焦點。

　　第二個問題是：美國應該如何看中共崛起？目前看到的說法包括四種：壓制、默認、善鄰或扶持。但是，多數文章所提的建議是「應然的」政策建議，有能力提出客觀標準再提出具體政策建議的並不多見。有不少大陸學者對美國所提出的建議表面上看來是「善鄰」甚至「扶持」，其實背後的意涵更多是民族主義的驕傲感。當然，有時我們會嗅到一些類似前述奧干斯基「霸權移轉論」的味道，但是那都畢竟只是「味道」，還不是真正的紮實基於該理論而做出的分析。值得注意的是，即便在台灣學者或是美國學者當中，面對中共的崛起，「穩健交往派」似乎還是佔了絕大多數，像陸伯彬預見二元平衡，甚至孟儒強烈建議壓制的人還是很少。

　　其實，若從「體系影響論」看「崛起與回應論」的話，「一霸四強」的理論完全可以涵蓋後者。因為在「崛起與回應論」的所有作品中，沒有任何人敢說中共已經強大到足以成為挑戰美國的另一極，而且也只有在這種情況出現時，我們才會說全球體系出現了根本的變化。所以在我們看來，「崛起與回應論」所描繪的情況其實只是「體系影響論」所分析的一部分而已。

　　最後，在結束之前，我們還有必要看看「體系影響派」究竟有哪些優缺點。大體而言，它的優點有四個方面：

1. 在一個基本上仍是處於無政府狀態的國際秩序中，現實主義畢竟還是主流思潮。例如：人們見到中共國力上升就心生警惕，或很

自然地預期美中對抗將會出現等，這就是現實主義！

2. 與另外兩派相比，「體系影響論」是個宏觀的理論，也就是說是個「上位」的理論。它企圖解釋或預測的是國際政局的長程趨勢。它的興趣在於預判數年、數十年、甚至百年後的局勢變化，而非一時一地的政策或事件的變化。

3. 「體系影響論」，尤其是「一霸四強」論，是關照全局的變化。它可以系統地預見不同變項組間的關連與互動，具有宏觀分析的威力，對於看長期與看大局幫助較大。所以，它較適合為國家進行戰略設計，這時它會展現較大的預測力。

4. 由於體系論有全局觀，可系統地預見不同變項組間的關連與互動，故可據此推演出許多可以等待驗證的假說——在這一點上，三角政治理論亦同——例如：強化美日安保與鼓勵歐盟東擴會引發中俄在戰略上接近，這自 1996 年 5 月兩國簽訂「戰略協作伙伴關係」上得到驗證；又例如當日本國力上升到達足以威脅美國時，則美國可能會將美日安保擴充為美中日安保甚至進而成為美中安保，以平衡日本的戰略壓力；或是如果俄國重新建軍，則美國會進一步友好歐盟等等。這種系統關照全局並可預先推演可待驗證假說的能力，應該是體系論較為突出的特點。

當然，凡事有利必有弊，體系理論有它的優點自然也有它的缺點：

1. 由於理論或是模式通常會對現實做出必要的簡化，這就使得它會選擇性地忽視一些因素，如一些小的或是短期的變化等，這在其他派別學者眼中就會認為它是見林不見木，甚至失之粗糙。

2. 體系理論建基於現實主義之上，所以它假設國家是一元化的行為者，然後據以開展分析。這當然是個過強的假設。譬如魏蜀吳三國對抗的時候，三方內部不但存在著不同的意見，有時還出現間諜；今天的兩岸三地間除了中共外，內部不也有黨派間的爭執嗎？

3. 復次，由於它的前提假定比較強，體系理論很容易輕忽「次體系層次因素」所可能帶來的影響。華爾茲在其書中甚至將其斥之為

「化約論」；不過，有些「次體系層次因素」的影響力其實是是非常巨大的。例如「九一一事件」就是一個很好的例子。蓋達組織不是國家，在體系理論中它通常不被視爲體系行爲者，但是它所做的事情所產生的衝擊卻遠遠大於一般國家所可能造成的（吳玉山，2002）。

4. 最後，原來華爾茲提出他的體系理論時，是帶有比較強烈的「體系決定論」色彩，這點常常爲人所詬病。所以我們在各相關文章中已經有意識地降低了有關論述的強度。

其實，正如世間所有現象都有多個面向，兩岸關係亦然。我們將其分自三個面向分析只是爲了方便。因爲有時凸顯單一面向可以在理論上將這個特定面向的影響力發揮到極致，但是這時往往也就是這個面向的解釋力的不足之處顯現之時，同時也就是其他面向或是其他因素發揮效力的時候了。

而且也唯有如此，我們才可能更好的掌握事情的全貌。在此意義上，體系理論也只不過是在配合其他分析面向，自一個特定角度提供它的觀察並做出它的貢獻罷了。

# 參考書目

中央電視台（編著），2006，《大國崛起：十二集大型電視紀錄片》，北京市：中國民主法制出版社。檢索日期：2009 年 6 月 11 日。

王緝思，2001，《冷戰後美國的全球戰略和世界地位》，台北：生智。

包宗和，1993，《台海兩岸互動的理論與政策面向 1950-1989》，台北：三民。

包宗和，1999，〈戰略三角角色轉變與類型變化分析——以美國和台海兩岸三角互動爲例〉，包宗和、吳玉山（編），《爭辯中的兩岸關係理論》，台北：五南，頁 337-364。

何仲山、郭建平、張瑩，2001，〈九一一事件後的兩岸關係的發展與變化〉，台北中華歐亞基金會、北京改革開放論壇（編），《反恐戰後的美中關係與台海局勢》，台北：大屯出版社，頁 209-245。

吳玉山，1997，《抗衡或扈從——兩岸關係新詮：從前蘇聯看台灣與大陸間的關係》，台北：正中。

吳玉山，1999，〈台灣大陸政策：結構與理性〉，包宗和、吳玉山（編），《爭辯中的兩岸關係理論》，台北：五南，頁 153-210。

吳玉山，2000，〈非自願的樞紐，美國在華盛頓－台北－北京之間的地位〉，《政治科學論叢》12（7）：189-222。

吳玉山，2002，〈仍是現實主義的傳統：九一一與布希主義〉，《政治科學論叢》17（12）：1-32。

明居正，1997，〈美國、中共與日本的戰略關係與台海風雲〉，許光泰（編），《香港回歸與大陸變局》，台北：國際關係研究中心，頁 169-195。

明居正，1999，〈美國的「三不支持」政策與我們的務實外交〉，「國家暨社會安全研討會」論文，3 月 26 日，台北：國防醫學院政治作戰部。

明居正，2002，〈面向 21 世紀的中共外交戰略：認知與對策〉，宋國城（編），《21 世紀中國：全球化與中國之發展（卷二）》，台北：政治大學國關中心，頁 215-254。

明居正，2007，〈後冷戰時期美國的全球戰略：新現實主義的觀點〉，蔡政文等（編），《全球化趨勢下之世界、區域與國家建構》，高雄：高大政法系編輯委員會。

邵宗海，2006，《兩岸關係》，台北：五南。

胡偉星，1996，〈中美台三角關係的互動及其後果〉，明居正（編），《雙贏？雙輸？兩岸關係何去何從？》，台北：吉虹文化，頁 23-42。

崔之清（編），2001，《台灣是中國領土不可分割的一部分》，北京：人民出版社。

張亞中，2003，《全球化與兩岸統合》，台北：聯經。

陳啟懋（編），2000，《中國對外關係》，台北：吉虹文化。

陳啟懋，1996，《跨世紀的世界格局大轉換》，上海：上海出版社。

楚樹龍，2001，《冷戰後中美關係的走向》，北京：中國社會出版社。

萬光，2004，〈美國的扼制與合作戰略〉，《瞭望》（23），6 月 8 日：54。

鍾揚，1996，〈海峽兩岸關係中的美國因素〉，明居正（編），《雙贏？雙輸？兩岸關係何去何從？》，台北：吉虹文化，頁 2 -22。

羅致政，1995，〈美國在台海兩岸互動所扮演的角色——結構平衡者〉，《美歐月刊》10（1）：37-54。

蘇格，1998，《美國對華政策與台灣問題》，北京：世界知識出版社。

蘇起，2003，《危險邊緣：從兩國論到一邊一國》，台北：天下文化。

Huntington, Samuel. 1993. "The Clash of Civilizations?" *Foreign Affairs* 72(3): 22-49.

Huntington, Samuel. 1996. *The Clash of Civilizations and the Remaking of World Order*. New York, NY: Simon & Schuster.

Huntington, Samuel. 1999. "The Lonely Superpower." *Foreign Affairs* 78(2): 35-49.

Joffe, Josef. 2006. *Uberpower: The Imperial Temptation of America*, 1st ed. New York, NY: W. W. Norton.

Kegley, Charles and Eugene Wittkopf. 1979. *American Foreign Policy: Pattern and Process*. New York, NY: St. Martin's Press.

Krauthammer, Charles. 1990. "The Unipolar Moment." *Foreign Affairs* 70(1): 23-33.

Lampton, David 著，計秋風譯，2003，《同床異夢》，香港：中文大學出版社。譯自 *Unfolding the Panorama of Sino-U.S. Relations: Comments on Same Bed, Different Dreams: Managing U.S. -China Relations 1989-2000.* Berkeley, CA: University of California Press. 2002.

Lin, Cheng-yi. 1996. "The U.S. Factor in the 1958 and 1996 Taiwan Straits Crises." *Issues and Studies* 32(12): 14-32.

Mearsheimer, John J. 2001. *The Tragedy of Great Power Politics*. New York, NY: W. W. Norton & Company.

Munro, Ross 著，國防部譯，2002，《當前威脅：美國外交與國防政策的危機與契機》，台北：國防部史政編譯室。譯自"China: The Challenging of a Rising Power." In *Crisis and Opportunity in American Foreign and Defense Policy*, ed. Robert Kagan. New York, NY: Encounter Books, pp. 47-74. 2000.

Nye, Joseph Jr. 2002. *The Paradox of American Power: Why the World's Only Superpower Can't Go It Alone*. New York, NY: Oxford University Press.

Nye, Joseph Jr. 2005. *Soft Power: The Means To Success In World Politics*. New York, NY: Public Affairs.

Organski, A. F. K. 1958. *World Politics*. New York, NY: Alfred A. Knopf.

Organski, A. F. K. and Jacek Kugler. 1980. *The War Ledger. Chicago*, IL: University of Chicago Press.

Ross, Robert 著，國防部譯，2002，《中共崛起》，台北：國防部史政編譯室。譯自"The Goegraphy of the Peace: East Asia in the Twenty-First Century." In *The Rise of China*, ed. Michael E. Brown. Cambridge, MA: MIT Press, pp. 167-206. 2000.

Shirk, Susan 著，溫恰溢譯，2008，《脆弱的強權》，台北：遠流。譯自 *China: Fragile Superpower: How China's Internal Politics Could Derail Its Peaceful Rise*. New York, NY: Oxford University Press. 2007.

Waltz, Kenneth. 1959. *Man, the State and War*. New York, NY: Columbia University Press.

Waltz, Kenneth. 1979. *Theory of International Politics*. New York, NY: Mc-Graw-Hill.

Wang, Jisi. 2005. "China's Search for Stability with America." *Foreign Affairs* 84(5): 39-48.

Zheng, Bijian. 2005. "China's 'Peaceful Rise' to Great-Power Status." *Foreign Affairs* 84(5): 18-24.

# 第十三章
# 戰略三角個體論檢視與總體論建構
# 及其對現實主義的衝擊

## 包宗和

## 壹、緒論

　　戰略三角理論延續 1980 年代後期羅德明（Lowell Dittmer）之創見及 1990 年代吳玉山（1997：177-178，183）、羅致政和包宗和（1999：343-346）之論述，到 1999 年已發展出三角架構中個別單元尋求角色地位提升之「個體戰略三角理論」，而追求的最佳狀況即羅曼蒂克型三角（Romantic Triangle）中之「樞紐」位置。惟就三角關係整體的面向而言，三邊家族型三角顯然是平衡度最高的類型（包宗和，1999：358）。這個觀察觸發我的學生及我個人日後進一步思索「總體戰略三角理論」的興趣。過去近十年中，對戰略三角理論的回應，除了從個體論衍生出的總體論觀點外，尚有對戰略三角形構要件的討論、實證上「背離己方利益行為」的解釋問題、戰略三角理論與新現實主義及新自由主義之關係，以及個體戰略三角理論中三方爭取角色地位提升會形成何種局面等議題。在本文中，除將針對這些回應一一做再回應之外，並且也將就總體戰略三角理論和個體戰略三角理論間之關係加以分析，並對前者做更深入的剖析，以建構出更完整的總體論觀點。此外，本文也將以 1999 年至 2009 年的美中台戰略三角關係變化，作為戰略三角個體論與總體論之實證個案分析佐證。

# 貳、戰略三角的形構要件

權力通常被認爲是戰略三角的構成要件，三方權力如果不對等，是否仍能形成戰略三角，是常被討論的議題。其實戰略三角的另一形構要件是「關切」（concern）。只要三方彼此間非常在意對方的政策發展，就能產生相互牽動的效果。事實上，三角中之三方必須相互間有接觸和互動，有合作和對抗的可能，且任兩方關係的變化，均爲第三方所關注，就可以形構成戰略三角。權力是一重要因素，但非唯一因素，三邊之間的關聯性也是要件之一。試想不相關之三方即使權力對等，也不可能成爲戰略三角；而緊密相關之三方即使權力不對等，仍可能構成戰略三角關係。

在戰略三角的形構要件中「自主性」也是必要的。換言之，三方中的任一方均有自主決定如何與他方互動的權力，非任何其他各方所能掌控。強勢一方容或有較大的影響力，但也不可能左右其他兩方間之互動關係。[1]譬如強勢一方或許可試圖破壞另兩方間之關係，但後者關係的好壞，仍取決於當事者，非第三者所能左右。

# 參、個體戰略三角理論

個體戰略三角理論（或稱戰略三角個體論）所根據的是理性主義（rationalism）的精神，即利益的極大化與代價的極小化（Baylis and Smith, 2005: 210; Evans and Newnham, 1998: 462-464）。在戰略三角角色量化定位下，角色效益大小是樞紐＞朋友、夥伴＞側翼、敵人＞孤雛。在理性主義原則下，任一方若居孤雛地位，則其致力於角色地位提升的脈絡如下（包宗和，1999：345-346）：

---

[1] 山君豪（2004）曾探討美國霸權對台美中戰略三角變化之影響。

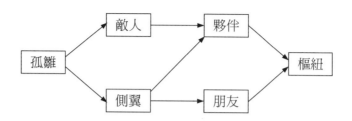

其所帶動的戰略三角類型變化如下：

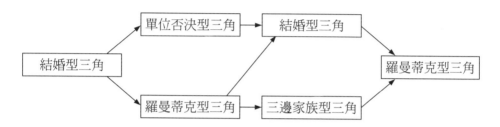

　　上述角色地位提升若按理性主義的詮釋，就是自身利益極大化的過程，所強調的是「絕對利得」（absolute gains），而此種利得的獲取主要是靠己方與另兩方間之合作，譬如孤雛須與另兩方中之一方合作方可提升至側翼的地位；再與剩下一方合作方可提升至朋友的地位，這也成為其成就樞紐地位的基礎。而敵人則須與另兩方中之一方合作方能提升至夥伴地位；再與剩下一方合作方能成就樞紐地位。故戰略三角中任一方在尋求提升自己角色地位的過程中，除有時須靠另兩方間關係的變化外，主要靠自己和另兩方建立合作友善的關係。個體戰略三角理論因而帶有新自由主義（neoliberalism）的色彩。[2]

# 肆、總體戰略三角理論

　　總體戰略三角理論（或稱戰略三角總體論）則是著重觀察戰略三角

---

[2]　新自由主義的一項重要觀點即相信國家可以經由合作來獲致絕對利得（Baylis and Smith, 2005: 214）。

各種類型的整體利得以及整體利得在三方間的分配狀況。前者指涉各三角類型資源競爭的氛圍，基本假定是整體利得越大，則各方獲益的空間也就越大，彼此間的競爭相對就較小，而戰略三角的穩定度就較高。反之，整體利得越小，則代表各方獲益的空間也就越小，彼此間的競爭也就相對較大，戰略三角體系的穩定度也就較低。至於戰略三角整體利益是以三方利得加總計之。各三角類型整體利益在各方的分配狀況就指涉出三方各自收益的多寡。這又有兩個重要觀察點，其一是從個體戰略三角理論而言，各自收益多寡涉及各方分別距離其追求之最佳樞紐位置之遠近，越近則滿意度越高，越遠則滿意度越低。從另一個角度詮釋就是滿意度越高，對現狀之接受度就越高；滿意度越低，對現狀之接受度就越低。三方距離樞紐之總差距越小，對現狀整體滿意度就越高，戰略三角體系就越穩定；三方距離樞紐之總差距越大，對現狀之整體滿意度就越低，則戰略三角體系就越不穩定。

對三方收益多寡之另一觀察點是己方與另兩方間利得之比較。落後越多，則越不滿意，安全感也越低；落後越少，則不滿意度會越低，不安全感也就越低。如果利得均無落後，甚至超前，當然滿意度就高，安全感也大。而三方利得落後他方之總差距越小，整體安全感就越高，戰略三角體系的穩定度也就越高；反之則整體安全感及體系穩定度就越低。此一觀察面涉及各方之相對利得（relative gains），已具有若干新現實主義（neo-realism）之精神。[3]

戰略三角總體論論述的主軸即在比較四種戰略三角類型的穩定度。除了前述各種類型的整體利得及整體利得在三方的分配狀況所指涉的兩個觀察點可供判定外，另有兩項層面亦可作為判別戰略三角體係穩定度的指標。一項即三方利得的正負數。如果任一方利得為正，即使尚未獲致樞紐位置的最高利得，但對現狀是較能接受的。反之，若所得為負，則合理的假設是對現狀會相當不滿。戰略三角三方中擁有正利得者越多，對此體系

---

3　新現實主義認為相對利得是阻礙國際合作的一項因素（Baylis and Smith, 2005: 210; Waltz, 1979: 105）。

之整體不滿情緒會越低，戰略三角就越穩定；反之，擁有負利得者越多，則對此體系之總體不滿情緒就越高，戰略三角的穩定度就越低。

　　另一項指標即戰略三角各類型的衝突機率，而觀察指標即在三個雙邊關係中敵對關係（即負向關係）的比率。比率越高，代表衝突機率越高，體系就越不穩定；反之，比率越低，代表衝突機率越低，體系就越穩定。

　　在本文中，將以上述五項主要指標來比較戰略三角四種類型間的穩定度，以建構出總體戰略三角理論之內涵。

## 伍、戰略三角四種類型穩定度比較

　　在戰略三角個體論中，四種三角角色量化定位類型分別如下（包宗和，1999：343）：

圖 13-1　戰略三角角色量化定位類型

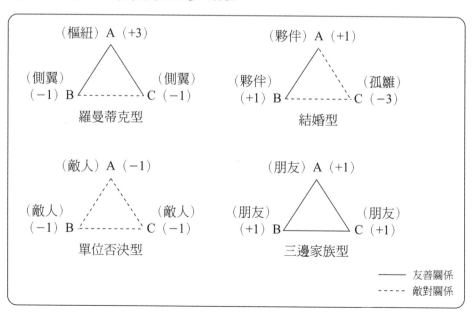

　　下面分從各類型整體利得、各類型三方利得與樞紐利得之總差距、各類型三方利得落後他方利得之總差距、各類型三方擁有正負利得者數目之差，以及各類型三方間敵對關係之比率五項指標來觀察四種戰略三角類型的穩定度。

## 一、各類型整體利得

　　依據先前之界定，戰略三角之整體利得是以三方利得加總計算，如此依據圖 13-1 可以得出：羅曼蒂克型三角之整體利得爲（+3）+（−1）+（−1）= +1，結婚型三角之整體利得爲（+1）+（+1）+（−3）= −1，單位否決型三角之整體利得爲（−1）+（−1）+（−1）= −3，三邊家族型三角之整體利得爲（+1）+（+1）+（+1）= +3。四種類型之各自整體利得如圖 13-2 所示：

圖 13-2　各類型整體利得

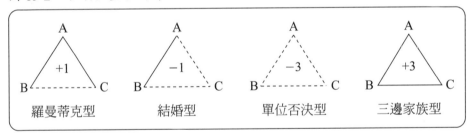

資料來源：涂志堅（2001：25）

　　由前文論述，整體利得多寡與三角類型穩定度高低成正比。由圖 13-2 可知三邊家族型三角穩定度最高，羅曼蒂克型三角次之，再其次爲結婚型三角，穩定度最差者爲單位否決型三角。

## 二、各類型三方利得與樞紐利得之總差距

　　從圖 13-1 可看出在羅曼蒂克型三角中，A 本身即爲樞紐，故與樞紐利得之差距爲 0。B、C 兩側翼之利得分別爲 −1，故與樞紐利得之差

距分別爲（－1）－（＋3）＝－4。故總差距爲（－4）＋（－4）＝－8。在結婚型三角中，A、B 兩夥伴之利得分別爲 ＋1，故與樞紐利得之差距分別爲（＋1）－（＋3）＝－2。而孤雛 C 之利得爲 －3，與樞紐利得之差距爲（－3）－（＋3）＝－6。故三方與樞紐利得之總差距爲（－2）＋（－2）＋（－6）＝－10。在單位否決型三角中三方敵人各自利得爲 －1，與樞紐利得之差距分別爲（－1）－（＋3）＝－4。故三方利得與樞紐利得之總差距爲（－4）＋（－4）＋（－4）＝－12。在三邊家族型三角中三方朋友各自利得爲（＋1），故與樞紐利得之差距分別爲（＋1）－（＋3）＝－2。三方利得與樞紐利得之總差距爲（－2）＋（－2）＋（－2）＝－6。而四種類型中之三方利得與樞紐利得之總差距可以下圖示之：

圖 13-3　各類型三方利得與樞紐利得之總差距

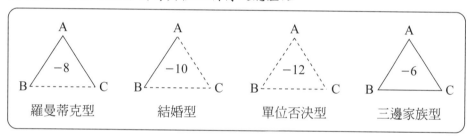

可知三方利得與樞紐利得之總差距大小與戰略三角之穩定度成反比，差距越小，穩定度就越高，反之則穩定度就越低。從圖 13-3 可以看出三邊家族型三角之穩定度最高，羅曼蒂克型三角次之，結婚型三角又次之，單位否決型三角之穩定度最差。

## 三、各類型三方利得落後他方利得之總差距

圖 13-1 顯示在羅曼蒂克型三角中，得分最高者爲樞紐 A，而側翼 B、C 之利得與樞紐 A 之利得分別相差（－1）－（＋3）＝－4，而 B、C 彼此間之差距爲（－1）－（－1）＝0。故在此戰略三角中三方利得落後他方利得之總差距爲（－4）＋（－4）＋（0）＋（0）＝－8。在結婚型三角中，得

分最高者爲夥伴 A、B，故彼此間之差距爲（+1）－（+1）＝0。而孤雛 C
與 A、B 間之差距分別爲（－3）－（+1）＝－4，故此一戰略三角三方利得
與另兩方利得間之總差距爲（0）+（0）+（－4）+（－4）＝－8。單位否決
型三角敵人 A、B、C 之利得均爲 －1，相互之差距均爲（－1）－（－1）＝
0，故三方利得與他方利得之總差距爲 0。三邊家族型三角三方 A、B、C
之利得均爲（+1），故彼此差距均爲（+1）－（+1）＝0。故三方利得與
他方利得之總差距亦爲 0。如此得出四種類型三方利得落後他方利得之總
差距圖示如圖 13-4：

圖 13-4　各類型三方利得落後他方利得之總差距

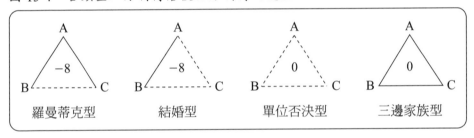

從圖 13-4 可看出三邊家族型與單位否決型之總差距均爲 0，故在此
一指標中穩定度均最高；而羅曼蒂克型及結婚型之總差距均爲 －8，故穩
定度相同，均次於前兩種類型戰略三角。

## 四、各類型三方擁有正負利得者數目差

從圖 13-1 可看出在羅曼蒂克型三角中，只有樞紐 A 擁有正利得，側
翼 B、C 均爲負利得，故正負利得者數目之差爲 1 － 2 ＝ －1。在結婚型三
角中朋友 A、B 均爲正利得，孤雛 C 爲負利得，故正負利得數目之差爲 2
－ 1 ＝ 1。在單位否決型三角中三方 A、B、C 均爲負利得，故正負利得者
數目差爲 0 － 3 ＝ －3。而在三邊家族型三角中，A、B、C 三方均爲正利
得，故正負利得者數目差爲 3 － 0 ＝ 3。如此得出四種類型三方擁有正負利
得者數目差之圖示如圖 13-5：

圖 13-5 各類型三方正負利得者數目差

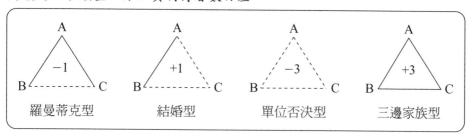

從前文可知三角類型中正負利得者數差越大者，穩定性越高，反之，則穩定度越低。由圖 13-5 可看出正負利得者數差最大者爲三邊家族型三角，故穩定度最高；其次爲結婚型三角，故穩定度次之；再其次爲羅曼蒂克型三角，故穩定度又次之；擁有正負利得者數差最小者爲單位否決型三角，故穩定度也最低。

## 五、各類型三方面敵對關係比率

圖 13-1 顯示羅曼蒂克型三角中 AB、BC、CA 三個方面中僅 BC 爲敵對關係，故敵對關係比率爲 1/3；結婚型三角中，AB、BC、CA 三個方面中 BC、CA 均屬敵對關係，故敵對關係比率爲 2/3；單位否決型三角中 AB、BC、CA 三個方面均爲敵對關係，故敵對關係比率爲 3/3 = 1；三邊家族型三角中 AB、BC、CA 三個方面中無一爲敵對關係，故敵對關係比率爲 0/3 = 0。如此得出四種類型三方面敵對關係比率圖示如圖 13-6：

圖 13-6 各類型三方面敵對關係比率

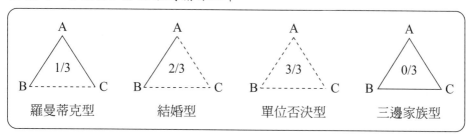

　　圖 13-6 顯示在四種類型中，敵對關係比率最低者爲三邊家族型三角，故衝突率最低，穩定度最高；敵對比率次低者爲羅曼蒂克型三角，故衝突率次低，穩定度次高；敵對比率次高者爲結婚型三角，故衝突率次高，穩定度次低；敵對比率最高者爲單位否決型三角，故衝突率最高，穩定度最低。

　　如將上述五項指標所指涉之四種類型戰略三角的穩定度加以歸納，並以「1」代表穩定度最高，「2」代表穩定度次之，「3」代表穩定度又次之，「4」代表穩定度最差，則可以表 13-1 表示之：

表 13-1　各類型戰略三角穩定度順位

| 三角類型<br>穩定指標 | 羅曼蒂克型 | 結婚型 | 單位否決型 | 三邊家族型 |
|---|---|---|---|---|
| 整體利得 | 2 | 3 | 4 | 1 |
| 三方利得與樞紐利得之總差距 | 2 | 3 | 4 | 1 |
| 三方利得落後他方之總差距 | 2 | 2 | 1 | 1 |
| 三方正負利得者數目差 | 3 | 2 | 4 | 1 |
| 三方敵對關係比率 | 2 | 3 | 4 | 1 |
| 穩定度順位加總 | 11 | 13 | 17 | 5 |
| 穩定度總順位 | 2 | 3 | 4 | 1 |

　　表 13-1 顯示出各類型戰略三角依據前文分析在各穩定度指標中之排序，加總後得出各類型之排序總數，數目越低代表穩定度越高，數目越高則代表穩定度越低，如此得出三邊家族型戰略三角以最低之排序總數高居穩定度榜首，其次爲羅曼蒂克型三角，再其次爲結婚型三角，穩定度最差者爲單位否決型三角。

　　事實上，從表 13-1 可看出三邊家族型三角在各項指標中穩定度均最高，即此一類型戰略三角整體利得最高，三方對利得之滿意度頗高，且彼此間相對安全感高，衝突機率低。而羅曼蒂克型三角之穩定度略高於結婚型三角，在於整體利得較高，三方利得之整體滿意度較高，雖然羅曼蒂克

三角有兩方利得為負，但友善關係較多，且另有一項重要指涉，即結婚型三角中之孤雛不論就個別滿意度或相對安全感而言，均非常低，成為潛在破壞現狀的重大因子。合理的推論是羅曼蒂克型三角中樞紐與側翼間所形成之落差相較於結婚型三角孤雛與夥伴間所形成之落差，前者的穩定度顯然較高。至於單位否決型三角則因三方間均為敵對關係，因而形成整體利得最低，三方滿意度均低及衝突率最高之狀態，雖然相對安全感不低，但整體氛圍仍呈現高度不穩定的狀態。總體戰略三角理論之特性即在能從全盤角度觀察三角類型內部結構之穩定性。

## 陸、三方角色地位提升之動態平衡

　　個體戰略三角理論的觀察點在三方中任一方追求最佳位置樞紐的途徑，但從總體戰略三角理論之角度觀之，則三方中每一方均在同時追求最佳之樞紐位置。前文已述及戰略三角之形構要件之一，即三方中每一方均有自主性，在此前提下，會有何種結果？茲從利得最差的孤雛觀之。

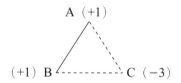

　　上圖結婚型三角中孤雛為提升自己的角色地位，必會尋求與 A 或 B 改善關係，設若 C 試圖與 A 改善關係，以便能提升為羅曼蒂克型三角中之側翼地位，而 A 也可藉此成就自身更佳之樞紐地位，在各自有自主性的前提下，上述結婚型戰略三角將會演變成下圖以 A 為樞紐的羅曼蒂克型三角：

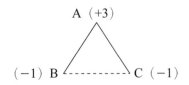

　　在此情況下，C 為求能繼續提升自己的角色地位，會試圖與 B 改善關係，以成就較佳之三邊家族型三角之朋友地位。而 B 已在前述轉變中從結婚型三角夥伴地位降至羅曼蒂克型三角之側翼地位，為求恢復原先較佳利得之地位，自然也樂於與 C 改善關係。於是羅曼蒂克型三角在各方具自主性的狀況下又演變為三邊家族型三角：

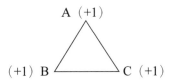

　　此時 A 若想恢復樞紐位置，或 B 與 C 希望成就樞紐位置，均必須試圖破壞另兩方間之關係，或靜待另兩方關係惡化，使戰略三角轉成對自己有利之羅曼蒂克型三角。但因各自均為追求利益極大化之理性個體，勢必會儘量維持與他方之友善關係，如此三方之動態追求利得乃形成三邊家族型三角之結果，在此狀態下任一方均沒有與另兩方交惡之意圖，因而形成為一種戰略三角三方致力角色提升下之均衡（equilibrium）。[4]

　　分析至此，可知不論從戰略三角之穩定度而言，或三方追求各自利益之動態平衡而言，三邊家族型三角均為一種符合整體利益之狀態，此與個體論中個別單元欲成就羅曼蒂克型三角之樞紐地位是有所不同的。換言之，從個體觀之與從總體觀之，會得出不盡相同的結果或意涵。

---

4　此種平衡類似博奕理論中的「納許均衡點」（Nash Equilibrium）的狀況，即在此均衡狀態下，各方均無改變和他方既有關係的意圖，因為任何與他方雙邊關係的變動，都將使自己的利得減少（Ordeshook, 1986: 188）。

# 柒、1999 年至 2009 年美中台戰略三角實證分析[5]

　　美中台三角關係在 1950 年至 1999 年間，其類型基本上是在羅曼蒂克型、三邊家族型及結婚型間變動。1998 年呈現以美國爲樞紐之羅曼蒂克型三角轉爲三邊家族型三角之態勢（包宗和，1999：347-356）。1999年 7 月，李登輝總統提出兩岸「特殊國與國關係」論後，兩岸關係從友善開始倒退，以美國爲樞紐的羅曼蒂克型三角重新浮現。迨 2000 年民進黨執政不再承認有「九二共識」存在，並拒絕以「一個中國」爲前提進行兩岸協商後，海基海協兩會間之談判在陳水扁總統執政八年間乃始終無法恢復。2000 年至 2008 年間，雖有小三通、春節包機等友善關係的互動，但基本上雙方是陷入一種僵持對立的狀態。在 2000 年至 2004 年間，兩岸最主要的問題在於一中原則與九二共識的爭議。譬如 2000 年 8 月 4 日海協會官員宣稱除非台灣方面不搞「兩國論」，回到九二兩會「一中」共識，否則無法復談。2000 年 11 月 16 日，江澤民表示台灣接受「一中」原則，兩岸即可復談。2001 年 5 月 30 日，中共國台辦發言人張銘清表示兩岸陷入僵局與台灣領導人不承認「一中」密切相關。2001 年 6 月 7日，中共外交發言人孫玉雲宣稱，台灣接受一個中國，兩岸即可就緩和台海緊張局勢進行商談。2001 年 11 月 1 日，陳水扁總統表示中共提出以一個中國、九二共識爲復談前提，是變相拒絕對話。2001 年 12 月 16 日，汪道涵呼籲台灣承認九二共識，以便兩會及早重開對話。2003 年 3 月 26日，張銘清提及兩岸兩會復談基礎爲一個中國，九二共識。同年 12 月 5日，中共新華社警告台灣進行防禦性公投是極其危險的挑釁（行政院大陸委員會，2009）。

　　2004 年後，兩岸關係進一步惡化，大陸對台灣走向台獨的疑慮加深。2004 年 12 月 1 日，國台辦副主任王在希表示只要台灣承認堅持一中原則之九二共識，兩岸可立即復談。2005 年 3 月 14 日，中共人大通

---

[5]　此一時期之實證分析資料，可參閱行政院大陸委員會，2009，〈兩岸大事記〉：http://www.mac.gov.tw/。

過《反分裂國家法》，兩岸關係更形緊繃。2006 年 1 月 29 日，陳水扁總統聲稱台灣走自己的路，應考慮廢除國統會、國統綱領等議題。2006 年 2 月 28 日，陳總統批示終統，中共對此有相當強烈的反應。2007 年 1 月 26 日，陳總統希望以台灣名義入聯；同年 3 月 4 日對台灣人公共事務會（FAPA）宣稱台灣要獨立。5 月 9 日，台灣拒絕大陸奧運聖火來台。2007 年 10 月台北政府以台灣名義申請入聯，而 2007 年整年陳水扁政府均致力推動入聯公投，兩岸關係跌入谷底（行政院大陸委員會，2009）。故 2000 年至 2008 年 3 月這幾年間，兩岸關係基本上是處於僵持對立。

2008 年 3 月總統大選，國民黨獲得勝利，5 月 20 日馬英九先生就任總統，兩岸關係也大幅改善。繼 2008 年 4 月 12 日博鰲論壇胡錦濤、蕭萬長會面之後，陸續有 2008 年 4 月 29 日連戰、胡錦濤二次會，5 月 28 日國民黨主席吳伯雄與胡錦濤會面，6 月 12 日的海基會董事長江丙坤與海協會會長陳雲林的會面以及 11 月 4 日陳雲林訪台與江丙坤簽署四項協議，即《海峽兩岸空運協議》、《海峽兩岸海運協議》、《海峽兩岸郵政協議》及《海峽兩岸食品安全協議》（行政院大陸委員會，2009），兩岸兩會中斷八年多的談判也因此在國民黨重新執政後恢復。

1999 年至 2008 年間，美國與台海兩岸大致上均維持友好的關係，其間美台關係一度因陳水扁總統廢統及入聯公投而趨於緊張，以美國為樞紐的羅曼蒂克型三角有倒退為以台灣為孤雛的結婚型三角之虞，但終究尚未使美台間成為一種高度不友善的關係。基本上，這八年多的美中台關係呈現為一種以美國為樞紐的羅曼蒂克型三角，直到 2008 年 5 月 20 日之後國民黨重新執政，兩岸關係明顯改善，美中台戰略三角乃轉為三邊家族型。故就個體戰略三角理論觀之，北京與台北終究採取改善彼此關係的做法以提升自己的角色地位，成就了總體戰略三角理論以三邊家族型三角為均衡點的結果。[6]而八年多羅曼蒂克型三角中的三邊波折紛擾，

---

6　理性決策是將國家視為單一決策者（Allison and Zeliknow, 1999: 24），而不計其國內因素或決策者個人因素。1999 年至 2008 年間美中台三角以羅曼蒂克型態出現，而兩岸關係未能即時改善，若從國內政治模式或個人心理因素考量，是受限

特別是美國為防止台灣因走向獨立而造成台海兵戎相見，乃極力以「雙重嚇阻」的策略進行「預防外交」，[7]更見羅曼蒂克型三角樞紐基於個體論規則三所做出的努力以及此一類型戰略三角所潛藏的若干不穩定性。[8]相對而言，2008 年 5 月 20 日之後美中台三邊家族型戰略三角就表現出較羅曼蒂克型更高的穩定性，而美國在台協會理事主席薄瑞光（Raymond F. Burghardt）於 2009 年 3 月 18 日晉見馬英九總統時，對於馬總統美中台三角關係的調處，給予極高的評價，亦可看出美方對此一三邊家族型三角架構是相當能夠接受的（劉尚昀、陳洛薇，2009）。

## 捌、戰略三角理論對現實主義若干觀點的衝擊

　　新現實主義強調國家在國際關係中之相對利得，即關注其他國家是否利得多過自己，因而使得國與國之間的合作不可能（Baylis and Smith, 2005: 210）。而總體戰略三角理論五項指標中「各類型三方利得落後他方利得之總差距」指標即為一種相對利得的概念，而提升己方利得之主要方式即與另兩方合作。易言之，相對利得架構下之合作在戰略三角中是可能的，這也印證了斯奈德（Duncan Snidal）的觀點，他認為新現實主義者所強調的相對收益只適用於兩極關係，因為在兩極體系中，利益競爭

---

雙方領導人及執政黨的自身政治利益、意識型態或主流價值，這是屬於非理性層面，非戰略三角理論討論的範圍。故不論兩岸各自之內在因素為何，均將雙方視為計算國家利益之單一個體，而 1999 年至 2008 年底的演變也就是以理性者追求角色地位提升的脈絡來詮釋，就理性決策模式而言，國家一時間的非理性行為，並不影響其最終追求利益的理性假定，而 2008 年 5 月之後兩岸關係的改善，也就成為理性主義假設的印證與自然的結果。

7　所謂「雙重嚇阻」即一方面嚇阻中國大陸對台動武，一方面嚇阻台灣走向獨立。前者是軍事嚇阻，後者則是政治嚇阻。有關美國對台海兩岸進行「雙重嚇阻」的論述，可參見唐開太（2007：244-264）。

8　個體論規則三是指在戰略三角中，任何一方均不利於另外兩方中的一方影響力、支配力變大，因而危及弱勢一方之生存安全，終致戰略三角關係轉變成不利於己的二元零和賽局（包宗和，1999：343）。

者是處於一種零和的狀態，一方之得就是另一方之失，合作自然很難達成（Baldwin, 1993: 6）。但在一個多元體系（含三元體系）中，他方之得並不必然為己方之失，甚至是一種助力，合作也就變為可能（倪世雄，2003：175）。總體戰略三角理論很明顯為此種論述提供了有力的支持。

總體戰略三角理論的另一項指標「各類型三方利得與樞紐利得之總差距」，則指涉為一種「絕對利得」，此乃新自由主義的概念。事實上，當三方爭取提升自身利得，以便拉近與樞紐地位之距離時，亦在縮小落後他方之差距。此時「絕對利得」和「相對利得」間之界線，一如斯奈德所言，是很難分清楚的，有時是相互交融的。基歐漢（Robert Keohane）也認為國家追求相對利得的行為與追求絕對利得的行為可能是非常相似的（Baldwin, 1993: 6）。故新現實主義「相對利得」之主張與新自由主義「絕對利得」之主張，在實證上有時是同一種行為。

新現實主義一般被目為「守勢現實主義」（defensive realism），國家被視作「安全極大化者」（security maximizer），此有別於「攻勢現實主義」（aggressive realism），後者主張國家為「權力極大化者」（power maximizer）（Baylis and Smith, 2005: 180）。守勢現實主義注重國與國間之相對安全感，很自然地會追求或走向「權力平衡」，在戰略三角中即呈現為三邊家族型態。攻勢現實主義則著重權力之不斷擴張，追求的是「霸權」（hegemony）（Baylis and Smith, 2005: 170），在戰略三角中則類似羅曼蒂克型三角之樞紐位置。惟羅曼蒂克型三角之穩定度不如三邊家族型三角，已如前述。國家處於一個較穩定的國際體系中，其安全感相對於處於一個較不穩定的國際體系，通常是較高的。故其指涉意涵是國家的安全不見得是建立在權力的極大化上，而是建立在一個各方權力較平衡的穩定架構當中。

# 玖、結論

從戰略三角個體論與總體論的探討中，我們可以發現兩者之間的聯結

關係。個體論提供總體論立論基礎，而後者之論述除辨明四種類型的穩定度區別之外，也說明了個體論三方追求之最佳位置的不穩定性，以及追求過程因各方尋求提升自己角色地位所自然造成的追求最佳位置的限制性。其結果可能不是個體論的羅曼蒂克型三角，而是總體論所指涉的三邊家族型三角。

　　戰略三角三方依個體論，當以追求樞紐為目標，但從總體論之意涵思考，或許會考慮接受對己而言並非利益最大，但卻是整體穩定度最高的三邊家族型三角中之朋友位置。此也許更符合國家利益的延續性與恆久性。當然，在三方均具自主性的前提下，三邊家族型三角也往往是各方爭取自身利益提升所自然形成的結果。1999 年至 2009 年初美中台戰略三角之演變與美國的態度，相當程度地印證了這些觀點。

　　就國際關係理論而言，戰略三角個體論與總體論均源自現實主義的論點，而其發展出來的論述，反過來也衝擊到現實主義，特別是新現實主義的一些看法，並對其產生修正或補充的效應。譬如相對利得下的合作在一個多元的國際社會是可能的，相對利得與絕對利得是可能相融的，以及權力極大化並不見得能保證國家的安全。一個各方相對權力較平衡的穩定國際架構可能反而有助於國家安全的保障。戰略三角理論的最大啟示應該是國家利益是可以靠國際合作的方式獲得的。當國家能以整個國際體系的穩定度做考量，則在權力上自我克制，並接受各方多贏的局面，不僅可能，也未嘗不是維護國家利益的一種另類思維和做法。

　　當然，當三角關係三方互動呈現為「合作」或「對抗」定型化狀態，如始終為三邊家族型三角或單位否決型三角，則戰略三角能否存續將是一個問題，因為三方間能維持合作與對抗策略交互運用是戰略三角形構要件之一。上述戰略三角總體論以三邊家族型三角為推論結果是建立在兩大基礎之上，即國家利益源自整個體系穩定以及理性主義所形成的三方合作均衡點。然而，此並非表示戰略三角個體論失去意義。在現實的國際政治當中，大國要做到顧全整個體系之安定而在權力上自我設限，有時並非易事。羅曼蒂克型三角中之「樞紐」位置仍具有相當強烈的吸引力，仍是大

國追求權力巔峰心態下的目標，故設法破壞另兩方合作關係或樂見另兩方
關係適度惡化，恐怕仍是三角關係權力互動架構中的迷思。更何況非理性
因素仍會干擾三方領導者的決策思維，因而使任何雙邊合作關係均有可能
倒退爲「對抗」，凡此均會使總體論中的三邊家族型戰略三角產生變化。
故從個體論而言，三方競逐羅曼蒂克型「樞紐」位置會使戰略三角的存續
活力立於不墜，而總體論中理性主義下所形構出的三邊家族型三角「均衡
點」，也可能因非理性因素的存在而受到破壞，這反而維繫住戰略三角兼
具「合作」與「對抗」的特性本質不至於失去。易言之，儘管總體論標示
出戰略三角各類型的穩定度差異以及三方理性互動下的合理依歸，但因有
個體論的存在和非理性因素的衝撞，以理性主義爲立論基礎的戰略三角理
論就始終有其存在和解釋及預測國際政治現象的空間。

# 參考書目

山君豪，2004，《美國霸權下的台美中戰略三角關係變化，1991 年——2003 年》，台北：台灣大學國家發展研究所碩士論文。

包宗和，1999，〈戰略三角角色轉變與類型變化分析——以美國和台海兩岸三角互動爲例〉，包宗和、吳玉山〈編〉，《爭辯中的兩岸關係理論》，台北：五南，頁 337-364。

包宗和，2004，〈現實主義之自我論辯及其與批判理論間之解構與建構〉，《國際關係學報》（17）：1-21。

行政院大陸委員會，2009，〈兩岸大事記〉：http://www.mac.gov.tw/。檢索日期：2009 年 5 月 20 日。

吳玉山，1997，《抗衡或扈從——兩岸關係新詮：從前蘇聯看台灣與大陸間的關係》，台北：正中。

吳玉山，2000，〈非自願的樞紐：美國在華盛頓－台北－北京之間的地位〉，《政治科學論叢》12（7）：189-222。

倪世雄，2003，《當代國際關係理論》，台北：五南。

倪世雄，2007，《當代國際關係理論》，台北：五南。

唐開太，2007，《冷戰後美國的台海嚇阻戰略》，台北：台灣大學社會科學院政治學系博士論文。

涂志堅，2001，《柯林頓總統時期美中台戰略三角互動之研究》，台北：台灣大學政治學研究所碩士論文。

劉尙昀、陳洛薇，2009，〈薄瑞光：美中台關係，馬政府處理佳〉，《中時電子報》，3 月 19 日：http://n.yam.com/chinatimes/china/200903/20090319082561.html。檢索日期：2009 年 5 月 20 日。

羅致政，1995，〈美國在台海兩岸互動所扮演的角色——結構平衡者〉，《美歐月刊》10（1）：37-54。

Allison, Graham T. and Philip Zelikow. 1999. *Essence of Decision: Explaining the Cuban Missile Crisis*. New York, NY: Longman.

Baldwin, David A. 1993. *Neorealism and Neoliberalism: The Contemporary Debate*. N.Y.: Columbia University Press.

Baylis, John and Steve Smith. 2005. *The Globalization of World Politics*, 3rd. ed. Oxford, UK: Oxford University Press.

Burchill, Scott et al. 2005. *Theories of International Relations*, 3rd ed. New York, NY: Macmilan Palgrave.

Evans, Graham and Jeffrey Newnham. 1998. *Dictionary of International Relations*. New York, NY: Penguin Books.

Keohane, Robert O. and Joseph Nye. 1977. *Power and Interdependence: World Politics in Transition*. Boston, MA: Little, Brown and Company.

Ordeshook, Peter C. 1986. *Game Theory and Political Theory*. New York, NY: Cambridge University Press.

Sterling-Folker, Jennifer, ed. 2006. *Making Sense of International Relations Theory*. London, UK: Lynne Rienner.

Waltz, Kenneth Neal. 1979. *Theory of International Politics*, 1st ed. Reading, MA: Addison-Wesley.

Wu, Yu-Shan. 2005. "From Romantic Triangle to Marriage? Washington-Beijing-Taipei Relations in Historical Comparison." *Issues and Studies* 41(1): 113-159.

# 第十四章

# 規範建構主義與兩岸關係：理論與實踐

## 袁易

## 壹、前言

　　兩岸關係和國際關係理論的發展在過去幾十年間都歷經了相當大的起伏，一方面，兩岸關係自 1996 年國民黨李登輝總統期間的台海導彈危機後，在民進黨執政的八年之間更陷入了一個持續性低潮。2008 年國民黨馬英九政府重新執政後，兩岸關係似乎走向一個較為緩和的局面，日前中共總理溫家寶於 2009 年的博鰲論壇中會晤錢復之際宣稱，此時正逢兩岸轉折大好時機，希望能牢牢把握兩岸和平發展主題，「面向未來，捐棄前嫌，密切合作，攜手並進」（馬英九，2009；溫家寶，2009）。在國關理論的發展方面，社會建構論異軍突起，有別於現實主義強調權力、制度主義強調利益的分析框架，社會建構論強調身分認同與規範的作用，提出了一個有別於主流學派的理論視野。

　　本文的主要目的乃是以上述兩種變遷作為背景，從建構主義的角度出發，並以此學派代表性學者克拉托赫維爾（Friedrich Kratochwil）所創之規範建構主義理論觀點（Kratochwil, 1989），來探討國際規範與兩岸關係之關聯性，正如克氏強調所有規範都是解決問題的手段，其主要目的就是為了處理國際間一再出現的衝突與合作等議題。本文將通過理論與實踐的對話，試圖回答國際規範是如何運作，以及國際規範是以何種類型存在於兩岸之間這兩個重要的問題，進一步剖析兩岸在國際安全規範下如何互動，以及展望未來國際規範在兩岸關係中的意義和作用。

　　為此，本文選擇了與兩岸關係密切相關的一個國際安全建制進行實證研究。這個安全建制包括了 1968 年的《核不擴散條約》（Nuclear Non-Proliferation Treaty，NPT）（Graham and LaVera, 2003: 108-112）以及 1997 年的《關於禁止發展生產儲存和使用化學武器及銷毀此種武器的公約》（簡稱《化武公約》）（Convention on the Prohibition of the Development, Production, Stockpiling and Use of Chemical Weapons and on Their Destruction，CWC）（Graham and LaVera, 2003: 1170-1267），藉此來分析兩岸在此議題上的互動。並與中共國家主席胡錦濤 2008 年 12 月 31 日在紀念「告台灣同胞書」發表 30 週年座談會上的講話中，有關「維護國家主權，協商涉外事務以及結束敵對狀態，達成和平協議」這兩個部分加以對照分析。

　　選擇國際安全建制的原因在於以下各種考量：首先，國際安全建制乃是國際安全的基石，具備跨越冷戰和後冷戰時空的戰略縱深，亦具有和平使用雙重屬性的具體措施。國際安全建制所建立的制度性安排，放在兩岸關係下來審視其意義尤其特殊，綜凡制度性事實只有建立在構成性規範之上才能合理解釋，其價值在於此乃雙方實踐的成果，亦有助於我們準確掌握兩岸關係相關議題之必要考量。其次，制度化或構成性規範對於兩岸關係具有參照作用，這種參照作用是依其規則結構而定，且也只有在該種規範結構中，這些基本因素才有其意義。不過，規範本質上都牽涉到語言行為。因此，規範必須多仰賴成功的不斷溝通行為，而不僅僅止於宣示性主張上而已。目前兩岸關係正值一個新的轉折，這個國際安全建制具有深刻參照作用。第三，規範都具備有轉變現況的潛力，尤其在兩造追求目標產生爭議歧見之時，規範可作為一種非強制性的解決之道，規範可藉由重組雙方彼此之間存在之敵意，從而規範兩造各自的利益，並提供雙方解決之道，或可謂以規範作為第三方以調合兩岸紛爭。第四，由於兩岸關係的漸趨穩定，兩岸學者可藉由對這個國際安全建制之研究，通過理論之探討來進行較有深度的學術對話。為此，本文將以規範建構主義作為一個理想型的分析架構，本文先分別將規範建構主義作為一個知識論、作為一個分析架構，以及作為一個解決問題的工具之內容加以陳述。最後，本文將以上

述國際安全建制為例，藉此來討論規範建構主義與兩岸關係之理論與實踐意義之所在。

## 貳、規範建構主義：國際規範的意義和作用

國際關係理論學界對於規範的研究，始於建制理論有關規範效力之討論，後形成兩派觀點：一為理性主義主張國際規範源自國家利益與權力，規範對國家行為產生制約效果之說（Goldstein and Keohane, 2005: 3-30）；另一面為建構主義，視國際規範起自於理念與認同，規範對國家行為產生構成作用之說（Jepperson, Wendt, and Katzenstein, 1996: 33-75）。基本上，社會建構論的第一波分析架構，建立在所謂國家遵循規範的這個概念，係以人類意識所扮演之角色作為分析焦點之研究途徑，針對國家互動關係主要以理念為其主要內涵，並以溫特（Alexander Wendt）所倡議之「互為主體性」（inter-subjectivity）此一由能動者所共享之信念，從而建構出特定能動者間的關係論述。藉此以勾劃出國際間如何通過「團體能動體」（corporate agency）來形成具有制約和建構雙重屬性的規範來約束國家行為，國家進而通過學習來內化此一規範。而團體能動性乃指具備團體行動觀念，可以使集體行動制度化，且又可以認可集體行動之決策結構（Wendt, 1999: 10, 195, 243）。

眾所周知，社會建構論的產生起源於國際關係理論學界之中，反思主義和理性主義間的辯論，作為反思主義陣營的一員，社會建構論強調國際關係中的觀念與話語作用、體系結構與行為體之相互建構，以及規範作為一種構成性要素等這些核心概念。如同其他派別的理論發展，社會建構論陣營內也有所謂理論分化的現象，而此一分類係以理論建構之代表性學者為座標，其中以溫特為代表的結構建構主義學派，致力於建構介於理性主義和反思主義間的溝通橋樑，其代表作 Social Theory of International Politics 一書自 1999 年問世以來，聲名大噪，溫特強調理念之相互主觀意義。另外奧努弗（Nicholas Onuf）與克氏則為社會建構論的詮釋學派，與

溫特強調本體論不同之處在於，這兩位學者都主張後實證的知識論，提出透過互為主體的詮釋才能解釋社會實體的獨特見解。早在 1989 年奧努弗就以 *World of Our Making* 一書率先將社會建構論引進於國際關係理論中，並以語言和規則作為其核心概念，或可稱為規則建構主義的代表性學者；同年克氏的著作 Rules, Norms and Decisions 一書，明確地以知識論影響人類行為這個論點，說明規範如何形塑人類行為之過程，或可稱為規範建構主義的代表性學者。克氏認為現有建制理論無法解釋規範之效力及規範與具體行為間之關係，因而克氏提出了一個嶄新的分析觀點來解釋規範如何塑造決定進而影響行為。

如前所示，克氏指出現有理論無法解釋規範與具體行為之間的關係，主要原因在於言語行為（speech act）在行為體互動過程中的作用被忽略了。為此，克氏提出了一個新的觀點，特別針對所謂行為體經由互動實踐中產生的主體間性（Kratochwil, 1984: 343-356, 1987: 301-329, 1988: 263-284, 1998: 193-218）。為了對這個現象進行分析，克氏主張要通過掌握言語行為才能了解行為的意義所在。克氏強調言語行為之所以能夠產生溝通的作用，原因在於言語行為都以構成性規範作為要件，通過言語行為才可以達到行為體對相關規範的了解，並達成共識以促進合作。一言蔽之，克氏認為要從新的角度來研究規範究竟通過何種方式塑造決定、進而影響行為，亦即對行為體互動實踐中產生之主體間性進行分析。克氏主張國際規範可以通過下列方式化解一些潛在的衝突（莫大華，2003；惠耕田，2006：30-53）：

1. 行為體互動實踐中產生主體間性。
2. 規範是以權利與義務界定行為標準，且具有構成性的主體間性，是行為體共同持有的關於適當行為之共同期望。
3. 規範可作為衝突調節中的第三方，是通過言語行為來體現實踐推理。
4. 言語行為的使用是以某種構成性規範為指導。
5. 言語行為使用的過程，摻雜了行為體對相關規範的具體理解，通過互動溝通在行為體間達成某種共識，從而保障交往之成功。

6. 規範作爲第三方在解決衝突中之應用，是通過言語行爲體現出實踐推理。

7. 實踐推理之三大特色：平等基礎，群體意識，共同利益。

由此看來，克氏強調國家是否受制於規範制約，和我們擁有的知識概念有關。一般而言，我們可以通過對三種不同世界觀之探討——客觀世界（the world of observational facts）、主觀世界（the world of intention and meaning）、社會世界（the world of institutional facts）及其相對應認識論的討論，來掌握特定世界觀的知識概念，其目的就是通過語言行爲來了解國家在個別議題上行動和意義之所在（Kratochwil, 1989: 21-28）。有鑒於工具理性論述往往著重於語意（syntactic）與句意（semantic）的表述而忽略了語言的其他重要面向（Kratochwil, 1989: 31），克氏建議在分析國際社會的互動時，有必要使用一種針對論述（discourse）與溝通行動（communicative action）的研究方法。他提出一個新的方式來說明規範如何引導抉擇的問題，特別強調規範是透過推論過程（reasoning process）來塑造決定。這個過程和工具理性的行動截然不同，除了不同主張之間的論述要能滿足立足點平等、非暴力等特定基本規範，論述中的論點也具備了價值判斷，例如是否能成爲普世價值的潛力等等。並且，克氏試圖展現實踐推論（practical reasoning）是如何輕易的被推論性論述（discursive treatment）影響，以及說服又是如何變爲可能。克氏指出上述概念都可通過言語行爲來顯示某種構成性規範之內在邏輯之所在（Kratochwil, 1989: 28-34）。

此外，克氏指出規範都具有轉移的潛在能力，尤其可針對爭議兩造所追求目標所產生之歧異，來尋求一種非強制性的解決之道。所以，規範可藉由重組雙方彼此之間存在之敵意，規範兩造各自的利益，並提供雙方標準解決之道，或可謂以規範作爲第三方法則從而調節雙方間的紛爭。規範在應用中，其價值在於作爲衝突各方之間第三方的角色。此一理論有三個要素：1. 第一方／單方情況（first-party context），在此情況下僅考量單方面的利益，以單方指令或命令表示之，具有強制性質。在此情況下言語行爲不起作用，現實主義所強調的權力才是主要因素。2. 第二方／雙

方情況（second-party context），在此情況下考量雙方的利益，主要以戰略互動進行討價還價，工具性理性爲其主導思維。3. 第三方／三方情況（third-party context），在此情況中規範作爲第三方取得一種特殊地位，扮演指導當事方解決衝突，在此種情況中，衝突方的利益可能藉由規範的影響進行調整，行爲將遵循適當性邏輯（logic of appropriateness），一旦達成協議係基於對相關規範的共同理解，規範通過第三方角色遂產生作用（Kratochwil, 1989: 34-39）。

　　不過，克氏提醒在此有兩項概念必須加以澄清：首先所謂的第一方、第二方和第三方的命名恐會讓人產生誤解。的確，這似乎暗示著無論何時我們感受到規範的影響，都會將其稱做是一種法則，而區別法律性與非法律性規範，對於實踐推理來說都是相當重要的。第二項需要澄清的是有關論及各方（parties）之問題，克氏指出，三方理論法則中的各方，指的並不一定是當事方的數目，我們可根據這些規則與規範在推論過程中提供的引導作用來區分第一方、第二方、第三方的規範（norms）則更有助於我們的理解。例如，願將決定交付既有規範來裁決的雙方談判其實和第三方法則極爲類似，因此就分析的角度而言，與其使用數字來區分，不如使用規則規範析論則更佳。規範在具體應用中，其價值主要體現在衝突各方作爲第三方之地位上。因而我們必須從三種脈絡中來進行辨識第一方、第二方及第三方，其中第三方是指傳統上對於法律的概念，涵蓋了第三方在特定爭議下適用既有規則以解決爭議或交付權威性審理之案例。

　　誠如克氏所言，規範是否能扮演一個建立合法秩序的角色取決於規範能否在衝突各方中作爲第三方的角色。克氏所指行動者遵循普遍化平等原則和不傷害他人原則，並以義務的實踐來約束自我承諾。所謂義務的實踐是道德的根本，承諾則是各種規則約束行爲之範例，不過承諾可爲單方面的，協議則必須建立在雙方之上。規範定義了限制衝突的範圍，創造有限共同目標並促進對解決方案的仲裁，從而協商出一個解決之道。不過要達成合作必須同時仰賴規範與利益。規範在行爲者不同動機的衝突中藉由維繫信任或是訴諸懲罰來促成衝突解決之道（Kratochwil, 1989: 69-95）。

　　職是之故，正如克氏所提倡的規範建構主義，主要探討規範在政治過程中所扮演之角色，爲達到此目的則必須依賴我們對於知識的概念而定。克氏指出不同的世界觀建立不同的指涉對象，同時也強調不同的知識概念，因爲部分的世界觀是可以相互轉換的，使得具體現象能以不同的知識概念爲前提而加以解釋或理解。他又強調承諾被視爲具有意圖的行爲，因爲承諾是一種語言表達的行爲，其行爲在特定情況下可被視爲承諾的必要元素。但是，溝通的實用層面往往容易被其他參與者所忽略，因此規範必須多仰賴溝通行爲，而不能僅僅止於主張的表示而已。另外他主張，規則與規範並非僅能發揮邏輯或因果形式之功能，其最重要的功能反而是作爲說服的理由。克氏反覆強調的「實踐推理」，特別強調若以個例來看，則公平不會是重點，如以群體情況來看，所挑選用來規範行動者之間的爭論則具有重要意義。爲此，我們必須要能展現這些規範在特定情況下能產生作用並擴大其影響力，從而建立合法的規範角色，而此一特定合法秩序的存在是否正當，要回答上述問題則必須通過實證研究才能找出答案（Kratochwil, 1989: 181-212）。

# 參、規範建構主義對兩岸關係的意義

　　在全面性理解規範建構主義的主要理論內涵之後，從台灣的角度來看規範建構主義對兩岸關係的意義，當然是此一理論所強調的平等基礎、普遍性原則和不以暴力解決國際爭端等前提要件，以及國際規範作爲調節兩岸衝突的第三方角色，凡此種種都屬於國際社會所公認的一些基本價值與慣例。然而從中國政府之立場看來則是強調其對台灣的主權乃是國際規範經絡之所在，世界各國普遍承認一個中國的格局不斷鞏固和發展，中國政府擁護其國家主權實乃國際規範之基本要素。

　　以國際條約爲例，普遍性原則乃是確保國際條約適用範圍之必要要件。聯合國大會於 1968 年 6 月 12 日通過 NPT，其內容大要爲各核武器締約國不應將核武器等讓與其他國家，各非核武器締約國應接受「國際

原子能總署」（International Atomic Energy Agency，簡稱 IAEA）規約及
該總署防護監督，並須與 IAEA 簽訂防護協定（safeguards agreement）即
所謂 NPT 防護協定，以防止將核能自和平用途移作核武器之用（Schein-
man, 1987）。我國於 1968 年 7 月 1 日簽署此一條約，並於 1970 年 1 月
20 日完成批准手續。本文所引用的這個國際安全建制包括兩個國際條約
以及兩個對應的國際機構，其中又以上述 NPT 制度設計最爲周延。除了
以 NPT 作爲法律架構外，並設有落實該條約內容的常設機構即 IAEA。
由於我國爲 IAEA 創始會員國，當 1969 年我國向加拿大購置核反應設施
後，就於該年與 IAEA 簽訂《中華民國與國際原子能總署關於台灣研究反
應器設施適應防護協定》（簡稱《雙邊協定》）（International Atomic En-
ergy A-gency and Republic of China: Agreement for the Application of Safe-
guards to the Taiwan Research Reactor Facility），作爲必須之協議規範之
本。後於 1971 年美國對我國提供核燃料及核設施之需，我國乃與美國、
IAEA 簽訂《中華民國與美國及 IAEA 間適用保防事項協定》（簡稱《三
邊協定》）（International Atomic Energy Agency, Republic of China and
United States of America: Agreement for the Application of Safeguards），確
立了國際和平使用核能之協議框架（行政院原子能委員會，1971）。1971
年 10 月我國退出聯合國，同年 12 月 8 日 IAEA 理事會議通過排我納中國
政府案，我國在 IAEA 之會員資格被剝奪喪失。不過爲了確保我國繼續和
平使用核能之權益，我國和美國乃於 1973 年得到 IAEA 之首肯，爲使上
述兩項協定繼續有效，且基於中國政府尚未加入該組織，IAEA 乃與我國
簽署《依中華民國與美國保防移轉協定及中華民國與 IAEA 間保防協定適
用於中華民國之輔助辦法》（簡稱《輔助辦法》）（Model Protocol Ad-
ditional to the Agreements between States and the International Atomic Energy
for the Application of Safeguards）（行政院原子能委員會，1973）。依上
述協定及辦法，我國須定期直接向 IAEA 申報台灣地區核物料之控管情形
和數據資料之外，我國並同意 IAEA 派員實施保防核查，惟該組織須將視
察先通知我國政府，我國政府享有針對 IAEA 派員實施保防視察人員名單
的否決權。該項保防協定之主要作用在於防止各國將和平用途的核原料擅
自移作核武器之用。爲達到此項作用，保防協定均規定必要時由 IAEA 派

員視察各國核設施。因此，如無保防協定，則持有核原料之 NPT 締約國不能將核能原料售與至他國。NPT 第三條第二項更進一步規定，禁止將處理、使用或生產而設計或預備之設備或材料，供給任何非核武國家作和平用途，但該核原料或特種裂變材料（fissile material）如果接受 IAEA 防護安排之國家則不在此限制範圍之內（Graham and LaVera, 2003: 108）。

　　由於我國曾是上述條約和機構的會員，並曾以非核武國家（non-nuclear weapon state）身分來確立其享有和平使用核能之權利，並依此接受 IAEA 對其核設施的保障監督。也因為如此，我國確立了一個有別於中國政府屬於核武國家（nuclear weapon state）的不同身分，這個身分上的區別至關重要，原因在於此一條約的原始設計就在區隔兩種不同屬性之締約國，藉以賦予不同的行為規範。通過 NPT 不同規範的制度性安排，我國自始就維持與 IAEA 之工作關係，並充分享有 IAEA 對我核設施進行查核之審批權。中國政府自 1984 年正式成為 IAEA 的會員後，立即抗議該機構所做的決議，要求 IAEA 與台灣的關係必須降級為非官方（non-governmental），並要求 IAEA 須以「Taiwan, China」的方式稱呼我方的非官方身分。但中國政府無法改變的則是 NPT 此一條約對我國以非核武國身分接受規範的制度性安排，從而確立了 IAEA 以國際規範扮演權威性仲裁涉及兩岸議題的第三方角色（IAEA, 2009）。

　　第二個案例為 CWC，聯合國於 1992 年通過 CWC 後，我政府即宣布支持該公約所揭示的目標與宗旨，並於 1997 年 2 月成立「聯合國禁止化學武器公約策略推動小組」，專責此一公約相關事務，藉以顯示我政府將以行動表示對此公約遵守的意願，並表達我國願意參與該公約相關活動。該小組表示：鑒於我國政府強調一向關心國際事務，並積極參與國際公約。為善盡國際社會成員之責任，我國政府即表明積極參與 CWC 相關活動之意願。在軍事方面，國防部除堅決表示我國未擁有化學武器以外，並表明不開發、不製造、不使用化學武器的堅決立場。在產業方面，我國的化學工業在全球佔有重要地位，為因應 CWC 問題，更數次派員出席相關國際活動，表達我國爭取支持 CWC 之意願與決心，以爭取視同締約國之地位，以促進符合 CWC 規範目的之化學品的自由貿易，並兼顧國家經濟

與科技之發展持續向國際社會提出訴求。為此，我國政府早於 1995 年 10 月即由經濟部邀集國防部、外交部、行政院環保署、行政院衛生署、行政院農委會等有關單位協商處理 CWC 相關事務，嗣後為加強公約之推動，於 1997 年 2 月 5 日成立經濟部聯合國禁止化學武器公約策略推動小組，該小組為一跨部會組織，小組成員包括政府機關及產業界專家學者代表，相當於 CWC 要求各締約國為執行該公約所需設立之國家專責機構。此一小組負責綜理 CWC 之相關業務，包括訂定相關國內法規、制定申報制度與表格及國內業者宣導等事項。1 上述作為就是要向國際社會傳遞這個持續性的訊息，來表明我國雖然未曾正式簽署此一公約，然而此一公約所強調的和平使用化學原料的制度性措施亦適用於我國，我國產業界應可以最終用途保證書的方式從締約國進口所需之化學原料。

　　而中國政府對於台灣有關 CWC 的立場則有著明確之不同所在，中國政府之基本立場乃是著眼於積極推進此一公約在台灣地區的實施。中國政府聲稱將在一個中國前提下，妥善解決此公約在台灣地區的實施問題，也就是所謂的履約問題（人民網，2005）。雖然中國政府作為該公約之締約國，北京深知欲達到此目的則必須和台灣達成某種協議，並且就台灣是否能夠以適當身分參與公約所設立之國際機構「禁止化學武器公約組織」（Organization for the Prohibition of Chemical Weapons，簡稱 OPCW）進行討論（Kenyon and Feakes, 2007）。如胡六點所示，對於台灣參與國際組織活動問題可以通過兩岸務實協商做出合情合理安排。不過就現況而言，北京強調解決台灣問題是中國內部事務，不受任何外國勢力干涉之原則。如此一來，以規範作為第三方的角色勢必調整為以公約締約國單方情況，也就是台灣作為中國領土不可分割的一部分，必須在一個中國的原則下履行有關 CWC 之義務。換言之，台灣地區將必須接受中國政府「國家履行 CWC 工作領導小組辦公室」的領導，並依照《中華人民共和國監控化學品管理條例》、《各類監控化學品名錄》、《中華人民共和國監控化學品管理條例實行細則》，以及《包括第三類監控化學品的新增品種清單》和《有關化學品相關設備和技術出口管制辦法含出口清單》等，所有中國政府履行 CWC 的保障體系，以及一整套 CWC 附表化學品的生產、

經營、使用，儲存及進口等管理體系各種法規等。此外，尚有按時按質向 OPCW 提交初始宣布 CWC 附表 1、2、3 及特定有機化學品等類設施的年度宣布和預計宣布資料，並接受 OPCW 的現場視察，包括所有台灣地區軍事用途各項設施以及民生化學的設施等等（中華人民共和國外交部，2003）。

　　上述種種，中國政府勢必將以單方指令表示之，且具有強制性質。另一種可能性則是把公約之國際規範承擔第三方的角色調整至雙方格局，兩岸在此雙方格局框架下進行協商，屆時中國政府恐將以台灣地區須接受履約之種種安排作為討論之標的，而台灣只能以「Taiwan, China」之身分與北京協商並接受相關安排。在第二種情況下，第三方的規範角色恐將被排除，無法承擔一個仲裁兩造歧見的作用。因而我國長期呼籲國際社會協助其參與 CWC 相關活動以及協助其取得 CWC 之合理地位之訴求必受到影響。

　　我們從上述兩個實例中之具體實踐，來進一步了解國際規範在兩岸關係中所扮演的角色。通過這兩個實例，我們清楚的發現這麼一個規律，只要國際規範能忠實的扮演第三方的角色，一如 IAEA 以及 OPCW 執行個別國際公約的和平使用原則之際，台灣作為一個實體的身分基本上都能符合上述國際規範之期待，從而形成與國際社會建立起一種互為主體性的關係。國際規範成為限制中國政府主權意志的遂行，這些國際規範亦保障了所謂普遍化平等原則與不傷害他人之主張，台灣得以展示其自願遵循國際規範來爭取加諸於其身上的特殊義務，並藉以形成一種與國際社會互動的制度性法則，也就是通過台灣單方承諾履約以確保國際社會對其履行國際規範之信任。台灣通過不斷與國際社會的溝通，不斷強化了台灣對國際規範的具體理解並達成某種共識，從而保障與國際社會的繼續交往。綜觀這些在個別議題的溝通作為，公平性、和平手段以及普世價值是構成規範共識的不可或缺要素。通過溝通，台灣與國際社會互動中的規範性論述與行動，似乎已產生了一種更為務實導向的策略，這個策略就是以規範引導抉擇，並以規範通過實踐推理過程來塑造共識。在規範論述的過程，台灣始終是以國際社會作為規範訴求的第三方對象，而在上述的案例中，中國政

府只扮演一個消極的角色。

　　綜合觀之,將上述國際安全建制的規範實踐,放在兩岸關係下來檢視特別具有指標性意義。從理論的角度來看,上述案例都符合規範建構主義所強調以規範作為解決問題的手段這個基本命題,自 1971 年起我國雖然被迫退出與國際安全有關的國際組織,然而我國繼續主動遵循各種國際規範,並且通過持續彰顯互動實踐產生了與國際社會之主體間性,並依此強化了我國與國際社會之共同期望。很明顯的,在上述國際安全議題範疇下,國際規範承擔了第三方角色,我國在不具備正常國家的身分狀況下,依然能通過國際規範與國際組織或是國際組織成員國在平等基礎和共同利益上持續交往,而個別國際組織都能援引國際條約規範來做出權威性之公認決策。我國在有關上述議題之規範實體(norm entity)上的身分充分體現。不過,國際建制以規範來處理我國之訴求,並不能轉化為對我國作為一個獨立主權之國家事實。換言之,國際社會對我國之理解處於介於緘默理解(tacit understanding)和不言明之規範實體地位之間,國際社會亦理解中國政府對台灣的主權宣示和立場。

　　所有國際軍備控制條約都有核查條款,締約國在簽署條約後要依照各別條約所訂之核查準則,配合個別條約所建立之國際機構,依法前赴締約國領地之核查人員執行現場核查任務。中國政府雖然是 NPT 及 CWC 兩個條約的締約主體,然而台灣地區的核設施以及化學品廠區均不在中國政府有效管理範圍之內,台灣因而不能作為上述條約的締約國領土上的設施或區域,即便中國政府堅持以「Taiwan, China」名義承諾履約之義務,IAEA 乃以第三方身分對台灣地區之核設施進行核查,OPCW 截至目前為止尚未進行對台灣地區的核查,足以顯示中國政府默認了國際規範所扮演的第三方角色,而中國政府欲扮演締約主體對台灣地區的核查,只有通過兩岸雙方協議後才有可能執行。

　　誠如克氏所強調言語行為在具體的規範實踐中所扮演的重要角色,包括通過限制言語之意涵、接受相關之證據以及透過規範性穩定之期待三種方式,作為衝突的兩造進行溝通之媒介。對中國政府而言,其反覆強調一

個中國之前提是彰顯一個明確立場，藉以減少曖昧模糊性之產生，藉此以為捍衛其主權概念性框架的一致性。但是這個一致性缺乏彈性，兩岸雙方對於上述案例相關證據的接受要素存在相當大的歧見，因而只能形成獨白式的各說各話，並期待通過繼續的交流雙方較能營造更多的共識基礎。在有關透過規範來穩定彼此間之期待這個方面，雙方期待形成更進一步的共同理解，但是此一共同理解仍建立在雙方各自對國際規範效力之主張，在此基礎上來溝通，協調其行動進而調整彼此偏好。

顯而易見，兩岸對於訴求國際第三方規範的立場互異，對於中國政府而言，其三方策略彰顯出一個明顯的等級制度性安排，兩岸關係總是以中國單方身分對台灣發言，並經由雙方格局進行戰略互動：其對台灣的主權堅持是對國際社會第三方訴求的目的，反覆強調所謂世界各國普遍承認一個中國的格局不斷鞏固和發展，以及多年來國際社會對中國政府和人民維護台海和平、推動兩岸關係、實現國家完成統一的事業給予了積極支持云云就是最佳的寫照。而台灣的三方策略外恰恰與北京相反，其重點主要放在以國際規範作為第三方訴求的這個主軸上，雙方戰略互動則互有勝負，台灣對於中國政府的一方立場也就習以為常、耳熟能詳了。

## 肆、結論

過去 60 年以來，兩岸在政治、外交以及軍事相關的議題上的關係都藉由冷戰和矛盾情結所定義、形塑以及驅使，總體來說也就是軍事對立和外交爭鬥兩極化之衝突。在雙方分離對立 60 年後的今天，兩岸仍然處在一個和前一時期緊密相連的不確定時期。對於一些人而言，繼續依附在過去大家熟悉的現實主義的論述仍然具有強烈的誘惑，但對其他人而言，尋求一個全然不同的理念視野，也就是把兩岸引導進入所謂規範互動時期，藉由充分與國際規範接軌，定義了這個新思潮的特質，同時也是引導未來須要努力之方向。

超過半個世紀以來，關於這些熟悉的慣性思維能繼續為我們帶來什

麼的方向以及替代性新思維又將如何為我們帶來希望，似乎是更迫切的問題。當我們面對著這些理論的爭論，本文認為我們需要同時關注兩岸具體之實踐內容，並且透過從規範性的角度與兩岸關係的未來可能性相連結，藉以重新思考兩岸爭論的概念。自從 2008 年 5 月兩岸關係趨向緩和以來，馬英九總統宣布兩岸關係迫切需要一個全新的視野和願景。這項訴求使得兩岸開始探索新的共識，尤其針對兩岸關係中有關台灣的未來國際身分。長期看來，國際規範的角色是基礎且必要的，素來兩岸關係的爭議都圍繞在這個議題之上。為此，將規範放置在未來兩岸關係之中心位置，也預見了一個以規範扮演更重要地位之所在。從本文所討論的具體實踐看來，國際規範不但扮演關鍵性角色，亦為國際社會共識之所在。未來兩岸追求共同規範發展，兩岸的互動模式有可能被視為引導國際關係理論發展一個新的實踐範例，因此具有對國際政治基本理念開創性的重要意義。一方面，規範對國際政治理論所帶來的挑戰是深邃的，如果想像力創造更多的可能性使人類進步，或許本文所一再強調之實踐推理價值所在亦在此。另一方面，期待兩岸關係進入規範互動以後，能否將排他性主權限制拋之在後，至今仍然是一個現實的課題。兩岸關係顯示出了這麼一個道理，規範的探索和使用不僅是反映國際的現況，同時也是形塑國際秩序的實踐平台。

# 參考書目

人民網，2005，〈中國代表團團長王群在《禁止化學武器公約》第十屆締約國大會上的發言〉，（轉載自新華網），11 月 12 日：http://military.people.com.cn/BIG5/1077/52986/3851547.html。檢索日期：2009 年 6 月 11 日。

中華人民共和國外交部，2003，〈中華人民共和國政府履行《化學武器公約》的報告〉：www.opcw.org/index.php?eID=dam_frontend_download&fileID=5070。檢索日期：2009 年 6 月 11 日。

行政院原子能委員會，1971，〈中華民國與美國及 IAEA 間適用保防事項協定〉：http://www.aec.gov.tw/www/policy/cooperation/files/triangle_treaty_cht.PDF。檢索日期：2009 年 6 月 11 日。

行政院原子能委員會，1973，〈依中華民國與美國保防移轉協定及中華民國與 IAEA 間保防協定適用於中華民國之輔助辦法，簡稱輔助辦法〉：http://www.aec.gov.tw/www/policy/cooperation/files/security_renew_en-INFCIRC540corrected.pdf。檢索日期：2009 年 6 月 11 日。

胡錦濤，2009，〈攜手推動兩岸關系和平發展，同心實現中華民族偉大復興——在紀念《告台灣同胞書》發表 30 周年座談會上的講話〉，人民網，1 月 1 日：http://tw.people.com.cn/BIG5/14810/8610429.html。檢索日期：2009 年 6 月 11 日。

馬英九，2009，〈總統接見「2009 博鰲亞洲論壇」代表團〉，總統府，4 月 15 日：http://www.president.gov.tw/php-bin/prez/shownews.php4?issueDate=&issueYY=&issueMM=&issueDD=&title=&content=%B3%D5%F7%B4&_section=3&_pieceLen=50&_orderBy=issueDate%2Crid&_desc=1&_recNo=0。檢索日期：2009 年 6 月 11 日。

莫大華，2003，《建構主義國際關係理論與安全研究》，台北：時英出版社。

惠耕田，2006，〈克拉托赫維爾與規範建構主義〉，秦亞青（編），《文化與國際社會：建構主義國際關係理論研究》，北京：世界知識出版社，頁 30-53。

溫家寶，2009，〈增強信心，深化合作，實現共贏——在博鰲亞洲論壇2009 年年會開幕式上的演講〉，新華網，4 月 18 日：http://www.boao-forum.org/Html/news.asp?v=4。檢索日期：2009 年 6 月 11 日。

經濟部工業局，2009，〈禁止化學武器公約推廣資訊網〉：http://proj.moeaidb.gov.tw/cwc/commitment/index.htm。檢索日期：2009 年 6 月 11 日。

Goldstein, Judith and Robert Keohane. 2005. "Ideas and Foreign Policy: An analytical Framework." In *Ideas and Foreign Policy: Beliefs, Institutions, and Political Change*, eds. Judith Goldstein and Robert Keohane. Ithaca, NY: Cornell University Press, pp. 3-30.

Graham, Jr. Thomas and Damine J. LaVera, eds. 2003. *Cornerstones of Security: Arms Control Treaties in the Nuclear Era*. Seattle, WA: University of Washington Press.

IAEA. 2009. "Strengthened Safeguards System: Status of Additional Protocols." http://www.iaea.org/OurWork/SV/Safeguards/sg_protocol.html; http://www.iaea.org/OurWork/sv/Safeguards/sir_table.pdf (accessed June 11, 2009).

Jepperson, Ronald L., Alexander Wendt, and Peter J. Katzenstein. 1996. "Norms, Identity, and Culture in National Security." In *The Culture of National Security*, ed. Peter J. Katzenstein. New York, NY: Columbia University Press, pp. 33-75.

Kenyon, Ian R. and Daniel Feakes, eds. 2007. *The Creation of the Organization for the Prohibition of Chemical Weapons*. The Hague, Dutch: TMC Asser Press.

Kratochwil, Friedrich V. 1984. "Thrasymmachos Revisited: On the Relevance of Norms for International Relations." *Journal of International Affairs* 37(2): 343-356.

Kratochwil, Friedrich V. 1987. "Rules, Norms, Values and the Limits of 'Rationality'." *Archiv für Rechts-und Sozialphilosophie* (73): 301-329.

Kratochwil, Friedrich V. 1988. "Regimes, Interpretation and the 'Science' of

Politics." *Milennium: Journal of International Studies* 17(2): 263-284.

Kratochwil, Friedrich V. 1989. *Rules, Norms, and Decisions: On the Conditions of Practical and Legal Reasoning in Internationals and Domestic Affairs*. Cambridge, NY: Cambridge University Press.

Kratochwil, Friedrich V. 1998. "Politics, Norms and Peaceful Change." *Review of International Studies* 24(2): 193-218.

Scheinman, Lawrence. 1987. *The International Atomic Energy Agency and World Nuclear Order*. Washington, DC: Resources for the Future.

Wendt, Alexander. 1999. *Social Theory of International Politics*. Cambridge, UK: Cambridge University Press.

國家圖書館出版品預行編目資料

重新檢視爭辯中的兩岸關係理論／石之瑜等
著. — 二版. — 臺北市：五南，2012.09
　　面；　　公分.--

ISBN 978-957-11-6810-4（平裝）

1.兩岸關係

573.09　　　　　　　　　101016261

1PV3

# 重新檢視爭辯中的兩岸關係理論

主　　編 ─ 包宗和(444)　吳玉山(60.1)

作　　者 ─ 羅德明　張五岳　張亞中　張啓雄　冷則剛
　　　　　　陳陸輝　耿　曙　石之瑜　關弘昌　吳秀光
　　　　　　石冀忻　林繼文　明居正　袁　易

發 行 人 ─ 楊榮川

總 經 理 ─ 楊士清

總 編 輯 ─ 楊秀麗

副總編輯 ─ 劉靜芬

封面設計 ─ P.Design視覺企劃

出 版 者 ─ 五南圖書出版股份有限公司

地　　址：106台北市大安區和平東路二段339號4樓

電　　話：(02)2705-5066　　傳　真：(02)2706-6100

網　　址：http://www.wunan.com.tw

電子郵件：wunan@wunan.com.tw

劃撥帳號：01068953

戶　　名：五南圖書出版股份有限公司

法律顧問　林勝安律師事務所　林勝安律師

出版日期　2009年9月初版一刷
　　　　　2012年9月二版一刷
　　　　　2020年7月二版三刷

定　　價　新臺幣380元

# 經典永恆・名著常在

## 五十週年的獻禮 ── 經典名著文庫

五南，五十年了，半個世紀，人生旅程的一大半，走過來了。

思索著，邁向百年的未來歷程，能為知識界、文化學術界作些什麼？

在速食文化的生態下，有什麼值得讓人雋永品味的？

歷代經典・當今名著，經過時間的洗禮，千錘百鍊，流傳至今，光芒耀人；

不僅使我們能領悟前人的智慧，同時也增深加廣我們思考的深度與視野。

我們決心投入巨資，有計畫的系統梳選，成立「經典名著文庫」，

希望收入古今中外思想性的、充滿睿智與獨見的經典、名著。

這是一項理想性的、永續性的巨大出版工程。

不在意讀者的眾寡，只考慮它的學術價值，力求完整展現先哲思想的軌跡；

為知識界開啟一片智慧之窗，營造一座百花綻放的世界文明公園，

任君遨遊、取菁吸蜜、嘉惠學子！